法解釈講義

笹倉秀夫［著］
Hideo Sasakura

東京大学出版会

CRITICAL STUDIES ON
LEGAL INTERPRETATION IN JAPAN
Hideo SASAKURA
University of Tokyo Press, 2009
ISBN 978-4-13-032356-7

はしがき

　本書がめざすのは，学生・院生・ロースクール生に，判決をじっくり考察することを通じて，法解釈の基本的手法・その手法駆使のために必要な思考を学び取り，かつ法の解釈・適用作業の社会的位置を自覚する場を提供することである．

　学生諸君にとって，法解釈のコツを覚えることは，条文・法概念・法理論を学ぶこと（さらには，事実認定能力・事実構成力を身につけること）と並ぶ大切な課題である．では，そのための道はどこに求められるか．答えは，〈それぞれの分野で，その道の名著・名判決を読んでそれらの思考を追体験し，すぐれた授業や法律相談活動に参加して考え，起案・答案練習で「主要事実」を析出し連関づけつつ法的に処理する訓練を受ける〉といったものであろう．確かに，こうした学習を2，3年も積み上げていけば，実力がかなり身につく．それは，テニスや水泳等での撃合練習・練習試合を毎日やっておれば，それらに必要な身体がかなりの程度自ずと出来上がるのと同様だ．しかし他方では，テニス・水泳等のためには，われわれはそれぞれの「筋トレ」や「型」の習得を独自にするのでもある．同様に法解釈にも独自の「筋トレ」や「型」の習得（とくにいわゆる「法律論」の）が――たとえ補助的意味しかもたないにしても――あってよいのではないか．本書は，この問いから出発する．

　それでは，そうした「筋トレ」や「型」の習得は，法の世界ではどうおこなわれるべきか．考えられるのは，〈それぞれの分野における基礎教育として，法解釈の手法・思考を訓練する〉道であろう．しかし現実には，この種の訓練を民法や刑法等の授業でやるのは，時間的に難しい．この種の訓練のための民法・刑法等の専門書を書こうとするのも，生産的な作業ではない．法解釈を理論考察しかつその手法・思考，法を見る目を訓練するには，相当数の法分野を連関させて考えることが欠かせないし，法解釈の歴史や，法解釈が影響を受ける現実社会との関係をも視野に入れる必要があるのであり，これらは，個別実定法科目の課題を超えた作業だからである．

①法解釈論の著述は，民法学者によるものが圧倒的に多い．確かに，民法分野は，法解釈論に豊かな素材を提供してくれる．しかし，法解釈論は，国家や社会権力とどう向き合うか，司法への政治や経済の影響をどう位置づけるか，哲学・文学での解釈論とどう関連づけるか等の問題意識によって，その視点や射程距離が変わる．②法解釈論にはまた，刑法学者によるものもかなりある．刑法分野の素材は興味深く，議論は緻密である．しかし，刑法的法解釈論では，類推や比附等は主題になりえないし，政策論的判断，条理論なども視野に入りにくい．

法解釈論は，多分野を網羅した総合的・比較法的な研究を必須とするのである．

そこで期待されるのが，第一に，「法学入門」ないし「法学」，第二に，(狭義の)「法理学」Jurisprudence (広義の「法理学」は，法哲学を指す) といった科目である．これらの科目は，法全体を視野に入れており，かつ法解釈をはじめ法の基本問題を主題にしているからである．だが実際には，これらにおいても上記訓練は困難である．というのも，「法学入門」・「法学」は，法や法学の全部門を紹介する「概説」の課題をもたされ，そのため法解釈の手法や思考の考察には集中できないし，「法理学」は，法解釈を含め法と法学の仕組み・方法の考察を主軸としているものの，その学問成立史 (イギリスのオースティンやハートらを法実証主義の伝統に結びついている) からして没社会・没歴史・没政治で概念整理に傾斜するため，「筋トレ」・「型」の習得には向かない，からである．

本書は，法解釈研究史上のこうした欠落を補完しようとする試みである．

本書は，第1部で，法解釈の作業が全体としてどういう構造を成しており，そこではどういう手法や思考が重要な働きをしているかを，判決の分析を基礎にしつつ考える．本書は，続く第2部で，社会や政治のあり方が法解釈の思考や中身をどう規定し，そのことによって法解釈が逆に社会・政治にどう反作用するかを，現代日本の法実務，および古代以来の日本史に即して考える．

「法解釈」という表題で扱われるべきテーマは，もちろん，本書で扱ったものに限られない．なかでも，「法解釈論」と聞くと多くの人がまっさきに思い浮かべるのは，戦後のいわゆる法解釈論争，およびそれに続く，利益衡量 (利益考量) 論等をめぐる諸議論であろう．そこでの論議の中心は，〈法解釈の作業が，解釈者の価値判断に規定された主観的なものなのか，それとも客観的基準 (正しい価値ないし法律の本来の意味) に沿ったものなのか；後者の場合，どうすれば基準認識は可能か〉といったことにあった．すなわち，一方の論者たちは，法解釈の作業を解釈者の価値判断が左右する主観的なも

のだとし，したがって，その価値判断（実質論）の中身を明確にすること，およびそうした価値判断をした自己責任を自覚することを，解釈者に求めた．これに対し，他方の論者たちは，〈解釈作業は，主観的要素が入るとしても，それはまた，法律や先例（判例）のもつ枠に拘束され，「事物のもつ論理」に従い，かつ妥当な法政策や常識知を尊重する〉点でも，合理的で間主観的であること，を強調した．

最近ではまた，①ガダマー的なヘルメノイティクの立場から，立法者の主観を越えた「先入見」Vorurteil（解釈者もそれを共有する）を重視しそれに依拠して法を位置づけようとする立場（ネオ客観説），②コミュニケーション論の立場から，立法者の立法上の発語内行為を重視する立場（ネオ主観説），③対話的合理性論の立場からの，「正しい解釈」に近づく「理想的発話状況」の条件整備，などが論じられている．

これらの議論は，確かに，法学研究者が自己の解釈作業を反省する重要な契機となって来た．しかしこれらの議論は，それ自体は抽象的な方法原論，いわゆる「メタ法解釈論」中心であり，実際の法解釈作業を方向づけられない．大学やロースクールでは，このメタ法解釈論の諸文献を教材にして法学入門の演習がやられているのを，しばしば目にする．しかし筆者に言わせれば，それは，水泳を習いに来ている者に，プールのそばで「水は，泳ぐ者の友か敵か」・「水泳は，コツか科学か」・「水泳する者の責任」等々を延々と講じるようなものだ．学生諸君に解釈の技法，思考・心がまえを教えたいのであれば，やはり，判決を素材にし，そこで実際におこなわれている法解釈作業をていねいに解析しつつ，それを通じて批判的に考えさせる授業が欠かせない，と筆者は思う．

もちろん，一人でのこのような総合研究には大きな限界がある．個々の実定法科目に疎いゆえの誤りも避けられないだろう．しかしどんな試みも，まず始めなければ，何も進まない．誤りは，今後各方面からのご教示を受けて直していきたい．本書が——なお不十分のものであるとしても——学生諸君にとって，法解釈において，その森の全体を見渡しながら個々の樹木群をその中に位置づけつつ手当てしていく思考形成の一助となり，また，無意識下に陥っている「最高裁判例絶対視」から自分を引き離す契機となれば，と筆者は願う．

本書の全体は，筆者がこの35年間におこなってきた学部・大学院・ロースクールでの授業を踏まえており，拙著『法哲学講義』（東京大学出版会，2002）の第1章・第20章等を改訂・敷衍した位置にある（すべて書き下ろしである）．

顧みれば筆者は，最初の著書『近代ドイツの国家と法学』（東京大学出版会，1979）において，ドイツ19世紀の私法学をめぐって，法解釈の仕方やその際

の思考の態様を法学者ごとに相互に比較し，さらには法解釈と国家・経済・時代思想等との関わりを考察対象にした．同様に2年前の『法思想史講義』（上・下巻，東京大学出版会，2007）においても，法学（法解釈学）の展開をヨーロッパ古代以来の社会や国家・政治との関係において考察することをも，一つの基軸にしたのだった．こうして今回の五里霧中の行軍をここで止めるに当たって筆者がもつのは，ポジティブにもネガティブにも，「やはりまた，この道をたどっていたのか」という感慨だった．

　本書は，東京大学出版会から出版される，筆者の第4冊目の本である．今回も快く出版を引き受けて下さった東京大学出版会に，心より感謝申し上げる．編集部の山田秀樹氏は，はるか前の，粗稿の段階から，貴重な助言と暖かい励ましをくださった．そして本書の作成過程においても，前回の『法思想史講義』と同様，原稿に綿密なチェックを加えて下さった．そのご尽力に対し，深く謝意を表したい．

　なお，本書の一部は，文科省科学研究費（2007-10：課題番号19530011）による研究成果としてある．

2009年9月

笹　倉　秀　夫

目　次

はしがき　i
凡　例　x

第 1 部　法解釈の構造と展開

第 1 章　法解釈の構造図 …………………………………………… 3
1-1　解釈時の参照事項——図の左列 …………………………… 5
1-2　条文適用の仕方——図の右列 ……………………………… 8
　　【第 1 章の補論】　24

第 2 章　判決に見る法解釈の手法 ………………………………… 27
2-1　「文字通りの適用」 ………………………………………… 27
　　2-1-1　チャタレー事件判決　28
　　2-1-2　猿払事件判決　31
　　2-1-3　不発弾暴発被害事件判決　35
　　2-1-4　シティズ貸金訴訟判決　39
　　【2-1-4 の補論】「ヴェニスの商人」の判決　43
2-2　宣言的解釈 ………………………………………………… 44
　　2-2-1　札幌税関検閲違憲訴訟判決　44
　　2-2-2　福岡県青少年保護育成条例違反事件判決　49
　　2-2-3　外国人の基本的人権判決　52
　　2-2-4　「火炎瓶は爆発物でない」判決　54
　　2-2-5　退職願撤回容認判決　56
　　2-2-6　「譲渡担保か買戻特約付契約か」判決　58
2-3　拡張解釈 …………………………………………………… 61
　　2-3-1　「会社のジープ無断使用で事故」の判決　61

   2-3-2　譲渡担保への課税事件判決　63

   2-3-3　「鉄道会社は炭鉱経営できる」判決　66

   2-3-4　未整備踏切での事故判決　67

 2-4　縮小解釈……………………………………………………………… 71

   2-4-1　法廷での自白に関する判決　72

   2-4-2　登記なしに対抗できる第三者判決　76

   2-4-3　「踏んだり蹴ったり事件」判決　79

   2-4-4　離婚等絶対無効判決　81

 2-5　反対解釈……………………………………………………………… 82

   2-5-1　死刑合憲判決　83

   2-5-2　共犯者の自白をめぐる判決　86

   2-5-3　少年法上の審判不開始決定を受けた者を訴追した事件判決　90

   2-5-4　田植機総代理店契約破棄事件札幌高裁判決　93

 2-6　「もちろん解釈」……………………………………………………… 96

   2-6-1　労働基準法違反被告事件　96

   2-6-2　東京都公安条例巣鴨事件東京地裁判決　98

   2-6-3　大阪空港公害事件大阪地裁判決　100

   2-6-4　予防接種禍事件大阪地裁判決　102

 2-7　類　推………………………………………………………………… 104

   2-7-1　電気窃盗事件判決　105

   2-7-2　ムジナ・タヌキ事件判決　108

   2-7-3　ガソリンカー転覆事件判決　110

   2-7-4　内縁破棄事件判決　114

   2-7-5　内縁の子の日本国籍確認請求事件判決　117

   2-7-6　「所有者不関与の虚偽移転登記も対抗力なし」判決　123

   【2-7の補論1】類推と「準用」　126

   【2-7の補論2】類推と「擬制」・「推定」　127

 2-8　比　附………………………………………………………………… 127

   2-8-1　衆議院選挙無効請求事件判決　128

   2-8-2　丸子警報機臨時社員差別事件長野地裁判決　130

   2-8-3　民法711条にもとづく慰謝料請求の諸判決　133

2-8-4　債権者代位による所有権の行使事件判決　139
　　　2-8-5　代理権消滅後の権限踰越代理事件判決　144
　　　2-8-6　実体のない移転登記を不注意でさせた事件判決　146
　2-9　反制定法的解釈 …………………………………………………148
　　　2-9-1　超過制限利息を元本充当させる判決　148
　　　2-9-2　超過制限利息を返還させる判決　151
　　　2-9-3　根抵当公認判決　152
　総　括 …………………………………………………………………154

第3章　条　理——もう一つの解釈手法 …………………157
　はじめに ………………………………………………………………157
　3-1　「事物のもつ論理」 ……………………………………………159
　　　3-1-1　東大ポポロ座事件東京地裁判決　160
　　　3-1-2　苫米地事件判決　162
　　　3-1-3　中国人強制連行・強制労働訴訟福岡高裁判決　166
　　　3-1-4　諸学説　167
　3-2　「正義・公平」・「裁判の適正・迅速」 ………………………173
　　　3-2-1　婚姻予約破棄損害賠償請求事件判決　173
　　　3-2-2　祇園歌舞練場損害補償請求事件東京地裁判決　175
　　　3-2-3　日本の裁判管轄の範囲についての2判決　177
　　　3-2-4　対中国人戦後処理に関わる2判決　180
　　　3-2-5　予防接種禍事件判決　182
　　　3-2-6　インターネット上の不法行為に関わる2判決　185
　　　3-2-7　遺体秘匿の殺人犯に対する損害賠償請求事件東京高裁判決　188
　3-3　条理解釈の考察 ………………………………………………192
　　　3-3-1　「第四の実定法」の可能性　192
　　　3-3-2　法解釈の構造図中での条理の位置　195

【第1部の補論】裁判所の解釈と民主主義・自由主義 …………197

第2部　法解釈と政治社会

第4章　法をめぐる複合思考と単純思考 …………………………… 207
　はじめに ……………………………………………………………… 207
　4-1　複合思考判決の分析 ………………………………………… 212
　　4-1-1　全逓中郵事件判決　212
　　4-1-2　都教組事件判決　215
　　4-1-3　猿払事件旭川地裁判決　217
　4-2　単純思考判決の分析 ………………………………………… 219
　　4-2-1　全農林事件判決　219
　　4-2-2　大阪空港公害事件判決　224
　　4-2-3　大東水害損害賠償請求事件判決　226
　　4-2-4　自衛官合祀訴訟判決　230
　4-3　総括的考察 …………………………………………………… 235
　　4-3-1　津地鎮祭事件判決　236
　　4-3-2　参議院議員選挙の無効請求事件判決　238
　　4-3-3　薬事法違憲判決　240
　　4-3-4　森林法違憲判決　242

第5章　最高裁と政治 ……………………………………………… 245
　はじめに ……………………………………………………………… 245
　5-1　司法政治史と「企業社会」化 ……………………………… 245
　　5-1-1　司法をめぐる政治　248
　　5-1-2　最高裁裁判官の人事　254
　　5-1-3　下級審裁判官の情況変化　258
　5-2　「企業社会」化への判決例 ………………………………… 263
　　5-2-1　三菱樹脂事件判決（企業による思想差別是認）　263
　　5-2-2　大成観光リボン闘争事件判決（職務専念義務論）　268
　　5-2-3　国労札幌駅事件判決（施設管理権・企業秩序論）　271
　　5-2-4　昭和女子大事件判決（施設管理権・企業秩序論）　273

  5-2-5 八幡製鉄所政治献金事件判決（金権政治擁護） 275
 おわりに……………………………………………………………………281

第6章 日本史上の法解釈……………………………………283
 6-1 古代・中世初期………………………………………………283
  6-1-1 法と法曹 283
  6-1-2 法解釈 284
 6-2 中世中期以降…………………………………………………290
 6-3 近　世…………………………………………………………291
  6-3-1 法と裁判 291
  6-3-2 哲学・文学における解釈学——本居宣長を中心に 294
   (1) 江戸時代の文献学 294 (2) 本居宣長 297
 6-4 近　代…………………………………………………………306
  6-4-1 法創設期 306
   (1) 法の学識者養成 306 (2) ごく初期大審院の法解釈 307
   (3) 江木衷の『法律解釈学』 314 (4) 大津事件と法解釈 315
   (5) 日本民法典の編纂 318
  6-4-2 ドイツ法学化の時期 319
 おわりに……………………………………………………………………321

事項索引 323
人名索引 328

凡　例

- 〔…〕は，筆者が省略した部分を示す．
- 〔　〕は，筆者が挿入した部分を示す．
- 〈　〉は，筆者によるまとめ・整理箇所を示す．
- 引用文中の下線部・傍点は，筆者による強調箇所を示す．
- 引用した判決文はすべて，筆者の観点からの抜粋である．
- 「LEX/DB-xxx」は，TKC 法律情報データベースの LEX/DB インターネット版の「文献番号」を意味している．
- 明治以来の四つの元号は，それぞれ，M（明治），T（大正），S（昭和），H（平成）で示す．

第1部　法解釈の構造と展開

第1章　法解釈の構造図

　生じた紛争を法律にもとづいて処理しているとき，人は頭をどのように回転させているか．
　(i)　かれはまず，処理の基準となりそうな諸法文（制定法などの法源が明示する語句，ないしその条文全体）に目星を付け，それと照らし合わせつつ諸事実から法的に重要な要素を選び出す（主要事実を構成する）．
　(ii)　かれは次に，主要事実をにらみながら，目星を付けた諸法文に関し，どの点で妥当しどの点ですんなりとは妥当しないか等，射程（「本来，意味しているところ」）を確認する（＝狭義の「解釈」だが，法解釈の場合には，すでにここで「適用」のことをも考慮している．301頁をも参照）．その際には，〈この法文をこういうかたちで使うことが，論理的・歴史的に可能か〉だけでなく，〈妥当な結果をもたらすか〉をも考える．（つまり，ここで「解釈」とは，「意味の確認」である認識作業を前提にするが，同時に「意味の構成」，すなわち（許された範囲内で）好都合な意味を「引き出す」意味付与行為をも中身とする．）
　(iii)　かれは最後に，ある方向への帰結がそれらの法文から理路整然と，それらの法文が主要事実を包み込む（包摂する）かたちで出て来たかのように論述する（＝「適用」面での仕上げをする）．
　「法解釈」とは，こうした態様で法の解釈・適用を進める作業である（法源への論理的被拘束を重視しない立場もあるが，ここでは通常の実務を前提にしている）．この法解釈の作業態様を具象的にとらえるため，以下ではまず，法解釈の構造図（拙著『法哲学講義』（東京大学出版会，2002）364頁の図の改訂版）を提示する（次頁参照）．

　これまでに内外でおびただしい数の本や論文が「法解釈」を扱って来た．しかしそれらの多くにおいて，概念の混同や重要概念の欠落が見られる．とくに，

4　第1部　法解釈の構造と展開

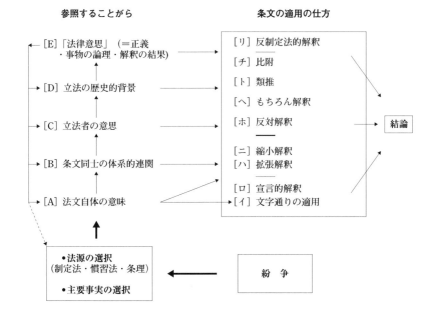

　上の図で右列に入るものと左列に入るものとが分別されないまま扱われている（たとえば，しばしば拡張解釈・縮小解釈や類推が，文理解釈や立法者意思解釈，法律意思解釈（とくに目的論的解釈）などと同じレヴェルで論じられる）．また図の右列については，重要ないくつかの概念がこれまで見落とされていた．「〇〇解釈」と呼ばれる概念は数多く，もともと混同は必至なのである．

　錯綜した諸概念の連関，解釈作業の複雑構造の説明には，図面が欠かせない．
　卑近な例を挙げれば，ディズニー・リゾートのガイドブックを書くときがそうであろう；図面を使わなければ，ディズニー・シーとディズニー・ランドとの二つの「国」の位置関係や，たとえば前者に属す「アラビアン・コースト」と後者に属す「トゥーン・タウン」との接近関係等を相手にイメージさせることは困難だろう；当のガイドブックの作者においても，歩いた経験に頼るだけで一度も図面を見ていないのであっては，記述漏れの建物や二つの「国」の間で建物群の混同も出て来るだろう．

　法解釈論についても，これとまったく同様である；作業全体の構造図を参照して各作業の配置関係を考え，それを使いつつ判決の世界を，自分の足で歩いて点検してみてはじめて，「解釈」に関わる諸概念を明晰なものにでき，法的

処理のやり方が効率的に覚えられ，見落としていたり混同したりしていた概念に気付くこととなる．可視化の効用，ビジュアル効果は，あなどれない．

1-1　解釈時の参照事項──図の左列

さて，前頁の図においては，(1) 左列の［A］～［E］が解釈の際に「参照することがら」，(2) 右列の［イ］～［リ］が，解釈の際の「条文の適用の仕方」に属す．まず，これら両者が，相互に明確に区分されるべきである[1]．

図の左列は，（処理の基準になりそうだとされた）或る法文の意味を大枠において確定し事件の処理方向を定める作業に関わり，その際に参考にする（事後的には，正統化の根拠にする）ものの一覧である．すなわち，図のうち，

［A］では，法文の，それ自体としての意味を考える（＝他の条文との関連や立法者の意思，歴史的背景，法原理や政策論などは一応，度外視する）．これには，①常用の意味（日常生活における・法実務上での・科学上での一般的な使い方）を，とくに問題がないので採用するという場合（その結果はたいていは立法者の意図と重なる．しかし，立法者の意図が明らかでない場合でも［A］は重んじられる）と，②常用の意味があいまいであったり，意味をめぐって争いがあったり，常用の意味では不都合が生じたりする場合において，法学ないしその他の学問を応用して意味選択・意味確定をおこなう場合とがある．

［B］では，他の条文や法命題（法律・慣習法・先例・条理の）との関連で意味を絞る．この作業が重要なのは，①他の法律・条文を参照することによって，使いたい条文の意味やその射程距離等が分かることがあるからである．また，②上位の法律ないし同位の法律と矛盾しない解釈が重要であるからである（とくに，法律等は，裁判所で憲法違反だと解釈されれば，その事件において無効となる）．

［C］では，立法者が明示した立法目的，条文についてのかれの定義，かれによる，その条文の体系的な位置づけ・先例との関係づけ（＝先例はどうか；先例と違う場合，正統・正当な理由があるか）等に従って意味を絞る．

［D］では，その条文・それを含む関係法律がつくられた歴史的背景などの客観的な事実を参考にして意味を絞る．

---

[1]　この点を明確にしたのは，五十嵐清『法学入門』（一粒社，1979．悠々社，2002）である．

しかし，これら［A］～［D］を参照しても，それらだけでは決め手にならないとか，それらだけで決めるとまずい結果を生むとか，そもそも参照しようにも適当な資料がないとかいったことがある．そこで，

　［E］で，解釈者は，主体的に次の点を考えつつ，意味を確定する際の方向性（「落としどころ」）を得る：①問題となる条文・制度や関係の本来の目的は何か，それに照らして現状にはどういう問題点があるか，②（紛争の原因・経過・解決方向が）正義にかなうか，③問題になるものの根本概念からの論理的帰結や，問題になるものが前提にしていることに応えた（＝「事物のもつ論理」に合った）運用ができるか，④この解決で妥当な結果が得られるか・この解決案がルール化しても大丈夫か（一般化可能性があるか），などである[2]（これら①～④を総称して ratio legis＝規定の合理的な存在基盤と言う）．

　この［E］の考察から直接右列にいくこともあるが，また［E］に導かれつつ再び［A］～［D］の考察に立ち返って意味を確定することもある．さらには，それらの考察を踏まえた上で，再度，根拠に使いうる法源や主要事実を選び直すこともある（図の左端の矢印群参照）．（罪刑法定主義や権力規制が重要な公法の解釈等では，［E］から直接右列にいくことはありえず，［E］の考察のあと，［A］ないし［B］を必ず媒介にしなければならない．刑法や不法行為法では［A］・［B］で〈構成要件に該当する〉となった場合，［E］に立ち返り，正義判断で違法性・有責性を審査する．）

　以上のうち，［A］は文理解釈，［B］は体系（的）解釈，［C］は立法者意思解釈，［D］は歴史的解釈，［E］は「法律意思」解釈[3]，と呼ばれる．以下では，この呼び方を使う[4]．

2）　これら，①～④は，相互に重なることが多い．たとえば，問題となる事物・制度や関係の本来の目的や実態，正義に合った解決でないと，また「事物のもつ論理」に適合しないと，現実生活の場で困ることが起こり，結果が妥当と言えなくなり，関係法律そのものが実質的に無効ともなる（それゆえ「事物のもつ論理」＝「事物の本性」は，実定法を超える自然法だともされる．しかし，「事物のもつ論理」は，第一義的には，実定法が採用した制度・関係の論理に関わる）．

3）　［E］では，法律・制度の本来の目的や実態，正義・「事物のもつ論理」・政策的妥当性を考える．すなわち条文ないし法律自体を超えて，法生活ないし法秩序（＝「法」）が立つところ・めざすところを考える．したがって正確には，「法律意思」ではなく「法意思」と呼ぶべきである（より正確には，「解釈者意思」である）．しかし以下では，「法律意思」と呼ぶ慣用に従う．

4）　「論理（的）解釈」という語がある．これは，西洋でも本来は［B］の体系的解釈を指す．しかし，その後，人によっては，［C］立法者意思解釈などをも含めたり，さらには図で右列の「縮小解釈」・「拡張解釈」などをも含めたりする．このように用法が混乱しているし，そもそも

[C]の立法者意思解釈について，〈立法者の意図を判断根拠にするのだから，[E]のうちの目的論的解釈 teleologische Interpretation に入る〉とする人もいる．しかし，[C]立法者意思を参照するとは，前述のように（5頁），①立法者が明示している立法目的，②その条文について立法者が明示した定義，③その条文について立法者が明示している体系的位置づけ・先例との関係づけ等，を参照することを意味している．これに対して[E]のうちの目的論的解釈とは，解釈者が――立法者は明示していないが・あるいは立法者の明示したものとは別に――〈この種の法律・制度が本来めざしているのは何か〉を考え，それを参考にして解釈することである．それゆえ，[C]を[E]の一種とすることはできない．明示されている立法者意思から外れる目的論的解釈が許されるのは，①立法者が本来他の法律（とくに憲法）や「事物のもつ論理」等を遵守・尊重すべきなのに，そうしていない時，是正が必要だし，②立法後の事情変更が解釈者に是正を求めることがあるからである．

　他方，[E]のうちの，解釈者が，政策論的に妥当な方向＝あるべき結果をめざして解釈を工夫する作業は，解釈者が自分の目的を追求しようとして採るのであるから――目的論的解釈ではなく――目的的解釈 finale（＝zweckbestimmte）Interpretation と言う（解釈者が自分の目的的判断を，〈立法者ないしこの法が本来めざしているもの〉として押し出すことはあるが）（72頁参照）．

　法解釈にはこのように，法源ないし事実からの論理的帰結にもとづく判断（[A]〜[D]）と，〈関係物の目的・実態，正義・「事物のもつ論理」ないし結果の妥当性〉にかんがみた判断（[E]）とが欠かせない．文言・直接的な文意（＝[A]），条文の相互関係（体系的連関）から見えてくるもの（＝[B]），作成者の意図（＝[C]），それを推定する手がかりとなる史的事実（＝[D]）だけでなく，[E]の，事柄が実際にどういう帰結をし，その帰結が正義感情や人間味，効率性に照らして妥当かの判断が重要なのである．しかしまた，これら[E]の判断ばかりを考えて，[A]〜[D]の判断を無視してはならない．両判断の結合・バランスが重要なのである（これは別に，法解釈の作業に限らない．人間が生きていく上でも，そうである[5]）．

　　解釈はすべて論理にも関わるものなので，「論理（的）解釈」の語は廃止すべきである．
　5）これら[A]〜[E]によって思考するのは，古今東西共通である．というのも，こうした思考手続で思考することが，人の思考作用に固有の「事物のもつ論理」に適合しているからである．すなわち，人は，あるものを考察するとき，[A]それがそれ自体としてどういうものかを考察し，[B]それを他のものと比較して考察し，[C]それをつくった人の意図から理解し，[D]それができた背景・つくられた背景から理解し，[E]それの本来の目的は何か・それがわれわれ

［A］〜［D］は，それぞれに客観的資料にもとづく判断であるが，〈対象に即するがゆえに解釈者の主体的構成がもっとも少ないもの〉は［A］であり，以下，順に解釈者の主体的構成が強まり，［E］にいたってもっとも強くなる（主観的になる）．解釈を法律の忠実な適用とする立場からは，［A］がもっとも優先され，［B］以降，次第に敬遠・拒否が強まる．

　①〈法解釈者は立法者の意図に忠実でなければならない〉とする立場（主観説）からは，［C］と［A］がもっとも重視される．②法の秩序＝体系的整合性を重視する立場からは，［C］も［B］に従属させられる．③解釈結果の妥当性を重視する立場からは，［E］がもっとも重視され，［E］以外のものの使用は，〈結論を正統化するための飾り〉程度のものとなる（②・③は客観説と言う）．このように立場によって，どれを優先するかが変わるのである．

　本章で筆者は，解釈作業の構造分析を課題にしているので，［A］〜［E］のどれを最優先すべきかの提言はしない．そもそも筆者は，そうした提言に意味があるとは思わない．

1-2　条文適用の仕方——図の右列

　左列の［A］〜［E］のどれか（複数選択もありうる）を参考にした考察で結論への方向性が固まるが，作業はそのあと，その方向性に導かれつつ，関係する条文をどのようにケースと論理的に結びつけて結論を法的に正統化するか（条

に何をもたらしており・もたらすべきかの観点から理解する．そしてこれら5観点の他には，考えられる観点はない．これが，人が思考する際の態様であり，それゆえに古今東西共通としてあるのである．
　　実際このことは，古代以来の智恵からもうかがわれる．たとえば，(α) 孟子が「詩を説く者は文を以て辞を害せず，辞を以て志を害せず，意を以て志を迎う．これを得たりとなす」（『万章章句上』）と言っているのは，「文」が文字のことであるから［A］に対応し，「辞」が文意を文字を超えて文の全体から理解することであるから［B］に対応し，「志」が作者の真意であるから［C］（と［D］）に対応し，「意」が文意を実生活に対してもつ意味・方向性から読者が判断することであるから［E］に対応する．「詩を説く」作業，すなわち『詩経』の解釈は，これら全体の判断を踏まえないと不完全なのである．
　　(β) 孔子が，「学んで思わざれば則ち罔し，思うて学ばざれば則ち危うし」（『論語』為政編）と言うのは，学ぶとは客観的データを踏まえることだから［A］〜［D］に対応し，思うとは読者がそれらから実生活への意味・方向性を引き出すことだから［E］に対応する，と考えられる．情報は，客観的把握と主体的関わりとを結合してこそ，活用しうるのである．
　　このように第1章のテーマは，法の解釈の世界にしか妥当しないといったものではない．

文をどう適用するか，別言すれば，事実を条文にどう包摂するか）の検討に向かう．この検討作業は，まず大別して次の四つ（さらに細分すれば，九つ）に分かれる：

　(i)　あるケースを既存の条文の「本来の意味」に沿って処理する道．これには［イ］「文字通りの適用」と，［ロ］宣言的解釈とが入る．

　(ii)　あるケースの処理に使える既存の条文はある（＝法律に欠缺はない）が，常用の意味で処理してはまずい結果が生じると判断される——この場合は，常用の意味を拡張ないし縮小して適用する（［ハ］拡張解釈と，［ニ］縮小解釈）．拡張・縮小の正統化は，体系的連関や立法者の意図や歴史的コンテクスト，さらには結果の妥当性等の考察に求められる．

　(iii)　あるケースを既存の条文を使っては処理できない場合（＝法律の欠缺がある場合）に，類比できる既存の或る条文からヒントを得て，それで処理する．これには，［ホ］反対解釈，［ヘ］「もちろん解釈」，［ト］類推，［チ］比附とが入る．

　〈欠缺がある〉とは，①そもそも該当する条文が欠落している場合，および，②一応条文はあるが，図の右列の［イ］・［ロ］・［ハ］・［ニ］のレヴェルでは，なお正当化ができそうになく，［ホ］・［ヘ］・［ト］・［チ］に向かわざるをえない場合，である（②の場合，欠缺は自覚されにくい）．

　いわゆる〈裁判官による法発見＝欠缺補充〉とは，これら，(iii)の4作業のことである．ということは，自由法論以来しばしば語られてきたようには，〈法律の欠缺がある時には裁判官の裁量に委ねるしかない〉というものではなく，またドヴォーキンがいうようには（本書194-195頁参照）「法原則」legal principles に依拠するというだけのものでもなく，結論にいたるべく法の緻密な取り扱い（［ホ］〜［チ］を使った理路整然たる処理）がなされる，ということになる．

　なお，(iii)では法律に欠缺があるので，(iii)の4作業では，罪刑法定・課税法律主義との関係で，原則，被告人・被課税者に不利な適用はできない（ただし，「罪刑・課税法定」とは，〈何が犯罪・課税対象であるか一般人に予測可能である〉ということであるから，ある法規の適用が十分道理にかなう場合，すなわち予測可能性が高い場合は，被告人・被課税者に不利な適用であっても許される．2-6-1参照）．

　(iv)　あるケースに関わる条文が時代遅れだったり不都合極まったりする場合に，それをもう使うべきでないと判断して，文言の指示とは別様に運用するのが，［リ］反制定法的解釈（変更解釈）である．

条文適用の仕方は，これら，大別して (i) ～ (iv) の四つ，さらに細分して [イ] ～ [リ] の九つに尽きる．これらは，主として法律（制定法）についておこなわれるが，さらに慣習法や判例についてもおこなわれる．それらで埒が明かなかったら，さらに条理が使われるが，その際にもおこなわれる．

法解釈において，これら九つを使うことは，また前述の [A] ～ [E] を参照することは，時代・地域によって重点にちがいがあるものの，かなりの程度において，古今東西共通である（ヨーロッパ大陸だけではなく，独自の動きを見せたイングランドでも，古代以来の中国でも，また第6章で見るように古代以来の日本にも，見られる）．相互に影響がないのに，法律家はなぜ同じ解釈の技術（技法）を駆使するのかについては，本書注24を参照されたい．

包摂　法解釈者は，事件に出会ってそれを或る条文に依拠して解決するために，①関連条文や先例を参照しつつ事実の中から主要事実を構成していく作業，②事件を見すえつつ関連条文や先例の意味を確定していく作業（図の [A] ～ [D] の作業），③結果の妥当性等を考える作業（[E] の作業），を踏まえた上で，④関連条文や先例を，図の [イ] ～ [リ] のうちのどれか一つを使って処理する．こうして対応する条文は，まるでその結論をあらかじめ予定していたかのように，事件をカバーする．これが包摂 Subsumtion（Subsumption）の構造である[6]．カバーの仕方が理路整然としたものであればあるほど，法解釈の，技としての見事さ＝美が感じられる．美とは，カントが『判断力批判』で言っているように，普遍的なものが個々のものの中に具象化されており，われわれがその個々のものから普遍的なものを生き生きと感じ取るところにあるからである．

アブダクション　法解釈者はその際，上の①～④をめぐる思考を通じて，しだいに「落としどころ」（妥当な解決方向）をつかむ（＝結論を仮説として設定する．そのためには，永年の経験に基づく，プロとしての勘・コツや相互了解事項＝「前理解」の活用が重要である）[7]．そして，それを念頭に置きつつ，その仮説を支え

---

[6]　法的「包摂」には狭義のそれと広義のそれとがある．狭義のそれは，ケースを或る条文からの論理的演繹で処理することである．これは，「文字通りの適用」にしか妥当しない．これに対して広義の「包摂」とは，条文を，ケースの特性に応じて，その条文の射程を広げたり狭めたり・当該条文から命題を抽出しその命題で処理したりして，適用する作業である．

[7]　法解釈者はその際，先例や外国の事例から，似た事件の処理の仕方を探し出し，それらを参考にして処理の方向性を考える（＝類比的考察 analogy）．このためには，当面する事件がどの点で先例に似ているか，パターン認識をすることが重要となる．似た諸事件の処理は蓄積し，そこからの帰納によって処理法が定式化され，その処理法を正当化する言説も精緻化される．これが法理ないし法理論の形成である．こうしたものの活用も，法解釈においては重要である．

てくれそうなものを求めて，上の①・②・③・④を検討し直し，次第に最終結論へと収斂していく．かれはその際，その作業において仮説が〈条文や先例に照らして無理だ〉と判断すれば，仮説を考え直して再度，そして再々度，上の作業を進める．解釈の方向は，こうした螺旋状の思考によって固まっていく．この態様の作業が「アブダクション」abduction と呼ばれる，思考の展開ぶりである．

　法解釈作業は，アブダクションとして位置づけることによって，(α)〈勘や価値判断が重要ではあるものの〉，まったく恣意的だというものでないことも明らかになる．アブダクションは，リアリズム法学や利益衡量論が考えたような，〈まず結論を出し，次いでそれにかなう条文と論理を適当に塩梅する〉といった一方向的な思考運動ではないからである．アブダクションでは，その結論自体が諸判断とそれの検証の結晶物であ（りつつ，なお仮説として，修正されることを待ってい）るものだからである．(β) この作業はまた，法律実証主義者が考えたような，条文から論理的に結論が引き出せるという，利益衡量論とは反対方向をとる一方向的な思考運動でも，もちろん，ない[8]．

8）アブダクションを演繹および帰納と並ぶ重要な思考手続として明確化したのは，パース（Charles Sanders Peirce, 1839-1914）である．かれによればアブダクションとは，（思索とひらめきとによって）個々の現象の背後に法則等を仮定する作業である；こうした仮説設定は，〈上位概念・原理・法則から種々の下位概念・命題を論理に従って引き出す演繹〉や，〈個々のデータから共通概念・命題をつくり出す帰納〉には解消されない，第三の思考である．人は，仮説から出発して現象全体の説明を試み，うまくいかなければ仮説を練り直し新たに説明を試みるという作業を重ねて，対象認識を進めていく．法学においてアブダクションは，法解釈の他に，法の体系的叙述（狭義の法教義学）や法の社会科学的研究においても使いうる．アブダクションについては，米盛裕二『パースの記号学』（勁草書房，1981）；伊藤邦武『パースのプラグマティズム』（勁草書房，1985）；カウフマン（Arthur Kaufmann）『法概念と法考』（上田健二訳，昭和堂，2001）；米盛裕二『アブダクション　仮説と発見の論理』（勁草書房，2007）．

　筆者自身は，パースやかれの分類を採用している人びととは異なり，アブダクションが演繹および帰納と並ぶ第三の，独立した推論形式だとは思わない．第一に，命題の確かさの質が違いすぎるからである．確かに，仮説思考は，演繹的思考や帰納的思考には解消されない．しかし，アブダクション作業中の仮説は，ある程度は，原理からの演繹，ないし諸データからの帰納によって正当化されている必要がある（もちろん，それらによって正当化されないものが残るのではあるが）．第二に，(α) 演繹が出発点とする究極原理の発見は，アブダクションによっておこなわれる（デカルトが cogito の原理を発見した際，かれはまず，すべてを検討しその結論を踏まえる帰納によって全体を考えた．かれは，そうした検討の上に立って，思索しその中でのひらめきによって cogito の原理を発見した．しかしこの発見も，それを出発点とした全体の検討が進むまでは仮説に留まっていた——デカルトは，最終的には絶対的真実としてしまったが）．(β) 帰納においてもまた，どういう事実を集め・その事実からどういう帰結を引き出すかに際しては，仮説が重要である．したがって演繹・帰納も，アブダクションなしには作用しえない（拙著『法思想史講義』下巻，東京大学出版会，2007，85頁）．第三に，逆にアブダクションを獲得するためには，ある程度は演繹・帰納を前提にして思考していなければならない．

　以上からすれば，アブダクションは，思考の実存形態（思考作用の現実態）そのものであり，これに対し演繹・帰納は，そうした思考過程中の一局面としての〈思考を準備し，結論を検証するための2作業〉である，とすべきであろう．

上の［イ］〜［リ］を，相互のちがいや，これまでの見方と本書の見方とのちがいを浮かび上がらせつつ，説明しておこう．

［イ］「**文字通りの適用**」　これは，法文の，①日常生活上の，②法実務上の，もしくは③科学上の，通常の意味に沿って解釈することである．構成要件が明確で，かつ「違法性あり」とする場合は，「文字通りの適用」でいっていることになる（「違法性なし」とする場合は，［ニ］縮小解釈をしていることになる）．

〈「文字通りの適用」などという珍語は必要ない；「文理解釈」の語を使えば十分だ〉という意見がありえよう．この意見が出て来る背景には，古来，文理解釈は「法文に忠実な解釈」と定義され，「文字通りの適用」と混同されてきた，という事情がある．文理解釈は，先の図で言えば，左列に属するとされつつも，無意識下に右列にも入れられてきたのである（そもそも，図で示したような，左列・右列の区別が意識されてこなかった）．しかし本書は，この慣用には従わない．われわれの図では，文理解釈は，左列に属しており，右列の一つである「文字通りの適用」とははっきり区別されている．すなわち文理解釈とは，関係する法文のそれ自体の意味を確認する作業である（この定義自体が，慣用とは異なる）．この過程上では，第一に，とくに問題がなければ，常用の意味（日常における・法実務上での・科学上での）を使う．第二に，常用の意味があいまいであったり，意味をめぐって争いがあったり，常用の意味では不都合が生じたりする場合には，法学ないしその他の学問によって意味選択・意味確定をおこなう．

このうち，第一の場合は，そこから右にいって，「文字通りの適用」で処理することになる．すなわち，法文それ自体の意味が明らかであるとして，そこで得た概念を（無造作に）適用する解釈である．これでいけるケースは多い．第二の場合は，後述の［ロ］宣言的解釈から［リ］反制定法解釈までの「条文の適用の仕方」のどれか一つに向かうことになる．たとえば，［ハ］拡張解釈や［ニ］縮小解釈では，ある法文の文理解釈等で得た概念を前提にしつつ，ある観点からそれを拡張，あるいは縮小して適用する；［ト］類推では，ある法文の文理解釈等で得た概念を前提にしつつ，ある観点からしてそれと類似したことがらにその法文を適用する，といったようにである．したがって，「文字通りの適用」以外においても，〈この法文の，それ自体としての意味は何か〉を確認しておくことは，作業上で欠かせない；つまり文理解釈は，［ロ］から［リ］においても前提作業となっている（この認識も，従来の法学では欠けていた）．

文理解釈と「文字通りの適用」との区別を知らない伝統は，このように多くのものを見逃してきたのである．

［ロ］**宣言的解釈**　上述のようにこれは，法文が著しく漠然としていたり，意味が複数あったり，明白な誤記であったりするときに，解釈者が主体的に定

義したり，中身を特定したり，（対立する意味の中から）ヨリ妥当な，従来とは別の意味の方を選んだり，誤記を修正したりしつつ適用する作業である．

　ヨーロッパでは，すでに 1500 年頃から，①法文の（拡張・縮小等のない）そのままの読み取りと，②法文の拡張・縮小等による加工とが，区別されていた．①は，法文の「本来の意味」を宣言（＝告知・宣告）すること（＝Deklaration）であり，「宣言的解釈」die deklarative Interpretation と呼ばれた．②は，適用範囲を広げたり狭めたりするために法文に手を加える作業で，拡張解釈（類推を含む）や縮小解釈等がそれに属した[9]．したがって，歴史的には［イ］「文字通りの適用」も［ロ］宣言的解釈に含まれる．しかし，本書では，厳密に考えて［イ］と［ロ］をあえて区別する（［イ］と［ロ］，［ロ］と［ニ］等々との区別がしにくいケースもあるが[10]）．

　［ハ］**拡張解釈**　　通常の用法としては α の概念に入らないが，他の条文との関係，立法者の意図，立法時の歴史的背景，規定の通常の目的・常識・正義・政策的判断など（以下，「諸事項」と記す）にもとづくと「本質的類似性」が極めて高いと判断される β を，α の概念に入れて（α の一種として）扱うこと[11]．

　［ニ］**縮小解釈**　　通常の用法としては α の概念に入る β に関して，「諸事項」を参照して，α のルールを適用しない．つまり，ある種の配慮にもとづいて，α の概念を縮小しその適用から β を除外する．これが「縮小解釈」である．

　以上四つの場合には，適用すべき法律がない（欠缺している）とは認識され

---

9) Jan Schröder, *Recht als Wissenschaft*, 2001, S. 57ff.
10) たとえば，民法 712 条に言う，「自己の行為の責任を弁識するに足りる知能」とは，「道徳上不正ノ行為タルコトヲ弁識スル知能」ではなく，「加害行為ノ法律上ノ責任ヲ弁識スルニ足ルヘキ知能」のことだとした大審院判決（1917（T6）年 4 月 30 日第二民事部判決　LEX/DB-27522412）がある．この解釈は，縮小解釈とされる．しかしこの作業は，〈民法 712 条が位置する民法第 5 章は，法的責任を主題にしている〉とする［B］体系的連関の認識，および［E］被害者救済の政策的判断，によって「責任」の中身を確定する作業であり，宣言的解釈である．他に，後述する，2-2-1, 2-2-2 判決をも参照．
11) 本質的類似性の概念については，拙著『法哲学講義』（東京大学出版会，2002）370 頁以下参照．拡張解釈には〈極めて高い「本質的類似性」〉が必要なのだが，あえて数量化すれば，それは次の程度くらいのものだと言えよう：（馬の危険性や馬的な力が重要なケースでは）ラバを「馬」の概念に含ませるのが拡張解釈で，ロバを「馬」の概念に含ませるのは類推，となる．この場合，ラバは，母が馬，父がロバである（半分馬である）のに加えて大きさ・力も馬に似ている．つまり本ケースでは，説得的な拡張解釈には最低でも 55-70％ の本質的類似性が必要ということになる．これに対して，ロバと馬の間の本質的類似性は，ロバは，かたち・用途は若干似るが母も父も馬ではなく大きさ・力もちがうため，25-35％ 程度である．これがため，ロバと馬の間では類推しかできない．類似性がそれより低い，犬と馬，人と馬間では，類推もできない．

ていない．

　これに対して次の四つの場合には，法律が欠缺しているとの認識が前提になっている．

　［ホ］**反対解釈**　βについて問題が生じたが，βについての条文がない．この場合に，「諸事項」を参照して，βと中身と程度が対比できそうなαについて条文があるので，それを参考に使って，たとえば，①αはこういう特徴が理由となって禁止されているが，βはそういう特徴をもたないので（すなわちαとちがうので）かまわない；②αはこういう特徴が理由となって保護されているが，βはそういう特徴をもたないので（αとちがうので）保護されない，等々と解釈すること．

　［ヘ］**「もちろん解釈」**　βについての条文がない場合に，βと対比が或る程度は可能なαの条文を参考にしてβを処理するのだが，その際の論理として，①αが禁止されているなら，βはなおさら禁止される必要があるとして，α禁止の条文をβに適用する；あるいは，②αが保護されるならβはなおさら保護されるべきだ，等々とするのが，「もちろん解釈」である．したがって，「もちろん解釈」は，あるところまでは類推と似るが，最後のところでは，βとαとの類似性ではなく，むしろβがはるかにαより危険だとか，βがはるかにαより大切だとかといったかたちで，βとαとのちがいが重要となる．

　［ト］**類推**　βについての条文がない場合に，βと類似性が或る程度はあるαの条文を，αとの類似性を根拠にして，βに適用すること．

　［チ］**比附**　βについての条文がない場合に，ある程度は関係するαの条文から一般的な法命題を抽出して，β処理に使うこと．

　これは，聞き慣れない語であろうから，以下でやや詳しく説明する．

　比附（Bifu．引き合わせること，すなわち他の条文を参考にして処理すること．比付，比照とも呼ばれる）は，古代以来の中国（中国に影響を受けた古代日本）で発達した[12]．身分・地位や行為態様のちがいに敏感な前近代の人びとの法では，細か

12）　中国唐代における比附については，小林宏「因准ノ文ヲ以テ折中ノ理ヲ案ズベシ」（『國學院法学』第28巻4号，1991）4頁以下．中国清代の比附については，小口彦太『現代中国の裁判と法』（成文堂，2003）．
　　滋賀は，「処理すべき目前の案件の犯罪事実を微細な側面まで正確に構成要件化した条文が存

く個々の行為態様に応じて刑罰が定められている．現代であれば，「人を殺した者は，死刑又は無期若しくは五年以上の懲役に処する」という〈人一般〉のかたちをとる．しかし前近代では，①身分・地位の上下関係が重要なので，「父を殺した場合」・「義父を殺した場合」・「祖父母を殺した場合」・「兄を殺した場合」・「親方を殺した場合」などと，関係に対応させて条文が一つひとつ規定された（日本刑法が尊属殺人（第200条＝1973年に最高裁で違憲とされた）を規定していたのは，この思考の名残りであった）．②また前近代においては抽象的な論理で思考することは発達せず，もっぱら個別事例ごとに（カズイスティックに）思考するほかなかった．③加えて前近代においては刑罰は，裁判官による量刑の余地が狭い絶対的法定刑主義を採っていた（一般に専制国家の官吏には，裁量権の余地は狭い）．このため，実務（警察や裁判）を個別的に指導するよう，細かに規定することが避けられなかった．

だが，こういう規定の仕方をすると，条文が多くなる割には，〈規定事項には該当しない；しかし似ている〉ケースに直面することも多くなる．また，対象がちょっと変化しただけで，もはや適用できなくなる．こうした場合，西洋近代に発達した罪刑法定主義と無縁の社会では，そういうややはずれたケースをも——「各人にかれが値するものを帰属させる」という正義の観点からして——見逃すことはできない．そこで，直接の条文がないケースについては，既存の或る条文を参考に使って罰したのである．

中国清朝の法典『大清律例』の「巻五，断罪無正条〔罪を裁くに直接規定した条文がない〕」には，「凡律令該載，不尽事理，<u>若断罪無正条者，（援）引（他）律比附，応加応減，定擬罪名</u>，（申該上司），議定奏聞，若概断決，致罪有出入，以故失論」（下線部分の意味：その犯罪を罰するための直接に規定した条文がない場合

在しないときに，この存在しない幻のA条と類似した構成要件を立てて刑罰を規定している別条Bを探出して，これを量刑の基準として——B条の刑罰そのまま若しくはそれに一等加重または軽減して——適正な刑罰を定めるのが，比附という技法である」とし，「比附というような手法を生み出していたのは，世界史上において帝制中国法だけであったこと——どうもこれが事実であるらしいが——の持つ意味，その射程は，かなり大きいように思われる」と述べている（滋賀秀三「比附と類推」，『東洋法制史研究会通信』第15号，2006年8月21日）．滋賀は，比附が見られたのは「帝制中国法だけであった」とするのだが，比附は現代中国刑事法でも見られるし，後述するように，民事法については日本や西欧にも見られる．また，滋賀も中国法制史家は，比附を〈類推とは異なる何か〉としているが，それが何であるかの定式化（したがってまた比較法を踏まえた原理的把握）は，していない．

は，他の或る条文を参考に使って，違いに応じて罰を増減させつつ，処理せよ）とある．これが，比附を定めた規定の一例である[13]．（前近代においては民事事件も，律（刑法）や令（行政法）の規定を参考にして処理された．これ自体が比附であるが，民事内部でも，あるケースに対し別の条文を参考にして処理した．比附は，このかたちでも使われた．）

「似たケース」の程度に応じて，比附には，数種類のものがある．第一は，われわれの言うところの類推である．第二は，「もちろん解釈」である．第三は，もう一つの技法に属するものであり，<u>本書ではこの第三の比附が重要である</u>．以下では簡便化のために，これのみを「比附」と呼ぶ．

これらを，以下で分けて説明する（清朝でおこなわれていた比附には，きわめて粗雑で，上のどれにも入らないものもあるが，それらは扱わない）．

①類推としての比附　古代以来の中国で比附と呼ばれるもののうち，類推の例は，次のようなものである：たとえば或る刑法の第〇〇条には，「実父を罵れば，徒〔徒罪＝懲役刑〕3年」とある．Xが，養父を罵った．このケースに直接該当する条文がない時には，どう対処するか．「養父」は「実父」と概念的に異なるが，かなり似た点がある．この点に着目して第〇〇条をこのケースに使う．これが中国でも類推（としての比附）である．

②「もちろん解釈」としての比附　中国での「もちろん解釈」の例は，次のようなものである．或る法の第△△条には，「兄を罵ったら，徒1年」とある．Xが，叔父を罵った．このケースに直接該当する条文はない．これをどう処理するか．「叔父」は「兄」と概念的に異なるが，叔父は兄より地位が上であることにかんがみ，〈「兄」を罵ってさえ罰せられるのであれば，叔父を罵れば当然罰せられる〉として「徒1年」とするのが，中国でも，「もちろん解釈」（としての比附）である[14]．（この場合に，罰を若干重くする，たとえば「徒2年」とする，のであれば，次の③の比附である．兄の規定を――類推や「もちろん解釈」の場合のように――そのまま適用したのではないからである．）

③本書での「比附」　この例は，次のようなものである：或る法の第××

---

13) 中村茂夫『清代刑法研究』（東京大学出版会，1973）153頁．
14) 「もちろん解釈」の規定は，たとえば唐律や『養老律令』の中に，「諸（凡）断罪而無正条，其応出罪者，則挙重以明軽，其応入罪者，則挙軽以明重」とある（「名例律」50条）．条文に欠缺がある場合，ヨリ重い罪でも免除されているならヨリ軽い罪は免除される；ヨリ軽い罪でも罰せられているならヨリ重い罪も罰せられる，というものである．

条には,「父を罵ったら,徒3年」とある.ある人物が,その叔父を罵った.このケースについて規定した条文はない(＝叔父については,法律が欠缺している).これをどう処理するか.「兄」についての条文があれば,上述のように「もちろん解釈」でいける.しかしこれがなければ,父に関する条文を参考に使う.とはいえ,類推はできない(そもそも叔父は,類似点をもちつつも,父とはちがう;罵った息子の家長ではないので,家長権保護をねらった規定は妥当しないのである.しかも,父に関する条文を類推適用すれば「徒3年」となるが,これは重すぎる).そこで解釈者は,第××条の中に,〈父を敬すべき,したがって父の兄弟をも相応に敬すべき原則〉といったヨリ一般的な保護法益を読み取り,父の兄弟を罵ることを父を罵ることを基準にして罰す.すなわち,〈その罰は,父を罵る時ほどのものではないが,それに近寄らせることはできる〉として若干軽く,たとえば「徒2年」とする.これが比附である.

　すなわち定式化すれば,<u>本書での比附とは,「諸事項」を参照して,ある条文をベースにしてそこから一定の一般的な法命題を獲得し,関係する条文の規定対象とは異なる(類推も不可能な)ケースを処理するために使う技法である</u>[15](したがって,一般的な法命題をいかに説得的に獲得するかが,ポイントになる).

　比附は,刑事裁判では不適切な技法である(罪刑法定主義に反するから).しかし現代中国では,1997年の新刑法までは似た手法が刑事裁判でも使われていた.比附と共通する〈既存の条文から一般的な法命題を引き出して適用する技法〉はまた,民事裁判や(権力行使ではない)行政の現場では,今日の日本やさらには今日の西洋でも,実はよく使われている[16].条文や判例から,一般的な

---

15) 比附は,類推とよく混同される.後で見るように,今日の日本の判決の中には,実際には比附をやっているのに,その概念を知らぬため,「類推によって」とするものがある.しかし,①類推とは,あるケースの主要語(中核となる語)が,ある条文の主要語と本質的に類似していることを根拠にその条文をそのまま適用することである(たとえば,犬とタヌキ,馬とロバとの間で).したがって,ある条文の全体(条文中の主要語でなく)が(漠然と)似ているとして適用するような類推適用は,その根拠があいまいになるから,許されない(この場合は,ある条文の法意を適用しているのであって,実は比附をやっているのである).類推の場合にも,条文の趣旨(目的)を参照しはする.しかしそれは,主要語との類似性を判断する際に参考にするためであって,条文から法意を抽出してそれを適用するためではない.②類推の場合,条文はそのまま適用する.これに対し比附の場合,条文の規定する効果(たとえば罰)を加減できる.

16) 比附は,難しいもの・特別のものではない.比附的思考は,古今東西,日常生活で使われてきたのでもある.たとえば,説話の思考がそうである.われわれは「舌切り雀」や「花咲爺さん」の事例から,〈欲張ると,良いことはない〉の一般的命題(＝教訓)を引き出して,生活に

法命題を抽出し法概念や「法理」（本書注7, 23頁）に仕上げるのは，古来，法学の重要な学問的課題であり続けてきた．比附の作業をさらに深いレヴェルで進め（比附のように特定条文の法意の直接適用で留まるのではなく），それをかなり普遍化させれば，この法概念・「法理」獲得の作業となる（第3章167頁）．

【補論】比附の事例——東西における——

比附の具体例として分かりやすいのは，現代日本での比附の判決例であろうが，これらは「2-8」（127頁以下）で示すので，以下では，中国と西洋における比附の事例を示しておこう（古代日本での比附の活用については，「6-1」で見る）．

(1) 中　国

唐代　唐代の比附の例としては，次のようなものがある：唐律には，〈良人〔自由人〕を掠奪して奴婢にした者は絞首刑〉と規定されている；ところがこれの未遂罪に直接該当する条文はない；しかし唐律には，〈強盗して財物10匹を得た者は絞首刑，その未遂は徒2年〉との条文がある；そこで，これに比附して，〈掠奪未遂は徒2年〉とするのがその一例である．掠奪と強盗とで既遂の罪は同等であり，かつ犯罪も〈暴力によって奪い取る〉という原理を共有しているから（人を奪うのと物を奪うのとは異なるし，人自身を奪うのと人からその物を奪うのとも異なるが），上記の強盗の罰則規定が使えると判断したのである[17]．

清朝　清朝における比附については，中村（前掲注13）『清代刑法研究』に多くの事例が挙げられている．

(i)　ある男が，蛇が顔にかみついている子供を助けようと鎌で蛇に切りかかったところ，誤ってその子供を切って死なせてしまった．裁判官は，『大清律例』の「巻二六庸医殺傷人条」（ヤブ医者が治療を誤って人を死なせてしまった場合，賠償金を遺族に渡す規定）を適用した．病気を治療することと蛇から救うこととが身体の救済の点で似ており，かつ両行為が〈救済に失敗して死なせてしまった〉という原理を共有している点を根拠にして，既存の条文にヒントを得て処理したのである[18]．

(ii)　ある家長が卵を煮て婿にごちそうしようとして，胡椒と間違えて殺鼠剤をかけ婿を死なせてしまった．このケースを直接規定した条文はない．そこで裁判官は，『大

生かす．あるケースから抽出した一般的な命題で，中身が異質な別のケースを処理するのである（抽象化された命題を取り出すので，ケース間に類似がなくとも，先例による処理が可能になる．〈教訓を生かす〉とはそういうものである）．そもそも，人が経験知を豊かにしていくのは，この思考手続によってである（判例法の思考，法学が条文や判例から法概念や法理をつくっていく作業も，類推等の他に，この手続にもよっている）．

17)　小林（前掲注12）「因准ノ文ヲ以テ折中ノ理ヲ案ズベシ」8頁．
18)　中村（前掲注13）『清代刑法研究』167-168頁．

清律例』の「巻二六　弓箭傷人条」，すなわち「凡無故向城市及有人居止宅舎，放弾射箭，投擲磚石者，（雖不傷人），笞四十，傷人者，減凡闘傷一等，〔…〕因而致死者，杖一百流三千里」（正当な理由なく，集落ないし人の住む家に向かって銃を射たり，矢を放ったり，石を投げたりした者は，傷害を与えなかった場合には笞打ち 40 回，傷害を与えた場合には，けんかして相手を傷つけた罪から一等を減じて，杖打ち 100 回の上 3000 里外に流刑）に比附して，流罪とした[19]．集落や人の住む家に向かって矢を射る行為と，相手が食べるものに誤って殺鼠剤を入れた行為とが，構成要件が離れているものの，〈殺意はないが，人がいるので害が発生する可能性がある場所で，危険な行為をする〉という原理を共有しているとして，「弓箭傷人条」を罰を増減しつつ使ったのである．

(iii)　『大清律例』の「巻二八　殴期親尊長条」は，「杖一百徒三年」（期親の尊長〔その死に際し 1 年服喪すべき親族である祖父母・おじ・兄〕を殴った者は，杖打ち 100 回の上，懲役 3 年）と定めている．ある者が，年上のいとこを過失で死なせてしまった．このケースについて直接適用できる条文はない．そこで裁判官は，上の規定から〈目上の親族に対する加害の重罰〉の原理を抽出し，ただ過失の点で（期親の尊長に対する故意の加害より軽いので）刑を軽くして，杖一百と遺族への賠償とを命じた[20]．

(2)　西　洋

西洋で比附に対応する思考を見せる作業には，次のようなものがある．

(i)　18 世紀後半のドイツで，条文の根底にある，法の一般的原理を適用して欠缺補充する法類推 analogia iuris が発見され，1794 年の『プロイセン一般ラント法』等に規定された．しかしまもなく，フーフェラント（Gottlieb Hufeland, 1760-1817）やサヴィニーがこれを（通常の）類推と混同してしまい，その後永く混乱が続いた（前掲注 9 のシュレーダーの本の S. 108f.・176ff. 等参照）．イェーリングは，1859 年の論文「売買契約における危険」や 1860 年の論文「契約締結上の過失」において，この技法を使った（拙著『法思想史講義』下巻（東京大学出版会，2007）152 頁．イェーリングの認識では，これは類推適用であったが）．

(ii)　ナチスは，1935 年 6 月 28 日の刑法改正法によって，刑法 2 条を次のように変えた：「法律が刑罰を科し，あるいは刑法の根本思想や健全な民族感情に照らして刑罰に値する行為をおこなった者は，罰せられる．<u>その行為について直接規定した，刑法の明文規定が欠缺している場合には，その行為は根本思想がその行為にもっとも関連している法律にもとづいて罰せられる</u>」„Bestraft wird, wer eine Tat begeht, die das Gesetz für strafbar erklärt oder die nach dem Grundgedanken des Strafgesetzes und nach gesundem Volksempfinden Bestrafung verdient. Findet auf die Tat kein bestimmtes Strafgesetz unmittelbar Anwendung, so wird die Tat nach dem Gesetz bestraft, dessen Grundgedanken

---

19)　中村・同上 157 頁以下，53 頁以下．
20)　中村・同上 167 頁．

auf sie am besten zutrifft". これは，単に類推の導入に留まらず，比附の導入でもある．

(iii) ラレンツやとくにカナーリスが提起している，「一般的法原則」allgemeine Rechtsprinzipien が，比附の思考に近い．カナーリスによると，法律の欠缺があるケースにおいて法律家は，反対解釈や類推と並んで「一般的法原則」を使った欠缺補充をする．それは，既存の諸条文から帰納 Induktion によって，一般性をもった法命題を獲得し，当面するケースに適用する技法である[21]．かれは，したがってこの技法も反対解釈や類推と同様，「法律の枠外」außer-gesetzlich にあるが，「法の枠内」inner-rechtlich にある（「法の枠外」außer-rechtlich にはない）ものによる処理だ[22]，と言う．

〔ただし，私見によれば，類推は或る条文の主要概念が，当面しているケースの主要概念と似ていることを根拠にその条文を適用し，比附は或る条文から一般的な法命題を抽出して処理するのであるから，ともに条文＝法律となお連続したかたちでの処理であ

---

21) Claus-Wilhelm Canaris, *Die Feststellung von Lücken im Gesetz*, 1964, 2. Aufl., 1983, S. 93ff. たとえば，有限会社社員除名の明文規定はない．しかし，ドイツ民法 737，626，712 条等から〈継続的契約の両当事者は，正当事由があれば契約解除ができる〉という一般的命題を引き出して適用するのである．; Karl Larenz u. Canaris, *Methodenlehre der Rechtswissenschaft*, 1960, 3. Aufl., 1995, S. 204ff. これらをベースにした日本の議論としては，石田穣『法解釈学の方法』（青林書院新社，1976）がある．石田が提示している例としては，たとえば民法 508 条の「時効によって消滅した債権がその消滅以前に相殺に適するようになっていた場合には，その債権者は，相殺をすることができる」という規定から，〈自己の権利を攻撃的に行使することができない場合でも，防衛的に行使することはできる〉という法命題を引き出し異種のケースに適用する，というものがある．

ちなみに石田は，「条理」とは条文から読み取れる法命題（「条理は法律と調和した法命題，あるいは，法律と矛盾しない法命題」）のことであり，法解釈者はそれを取り出して類推や反対解釈でも使うと言う．かれによれば，「一般的法原則は条理の一内容」であった．石田のこの「条理」概念はかれ独自のものであり，今日一般的な概念とも本書第 3 章の概念とも異なる．（ちなみに，林修三の「条理」概念は，もっと広い：かれは，「文理解釈」以外のすべてを「条理解釈」（ないし論理解釈）と呼び，その中に，拡張解釈・縮小解釈・類推・「もちろん解釈」などを含めている．林修三「法律的な物の考え方について〈七・八〉」『法学セミナー』106・107 号，1965）．林においては，図の左列と右列は混同されており，かつ「条理」は「論理」と同値となっている．）もっとも，かれらのような条理概念は，明治初期にはあった（注 49 頁参照）．

22) Canaris, a. a. O., S. 37. 戦後ドイツの実定法学で今日まで大きな影響力をもちつづけている「評価法学」が基軸にしているのは，「法律を超えて・しかし法の範囲内で」extra legem intra ius，基本的な法原理や法価値をとらえ，それに依拠して法律の欠缺を補充する手法である（青井秀夫『法理学概説』（有斐閣，2007）317 頁以下参照）．したがってドイツでも比附に当たる作業が，今日きわめて重要な意味をもっているのである．

ちなみに，法律の厳密な運用を重視する青井は，「評価法学」（その多数派）のこの手法にナチスとの関係を感じるので警戒的である．しかし筆者は，この点が問題だとは思わない．比附は，戦中・戦後のドイツだけでなく，古代の中国・日本，現代日本でも採られている法的技術であり，そもそも人間の思考に広く見られるものだからである．ナチスもそれに依拠したまでのことであり，刑法で使った点に問題があったが，「評価法学」のそれは，私法での議論である．

なお，カナーリスによれば，上のものと似た欠缺補充の手法としては，条文ではなく「法理念」や「事物のもつ論理」から法命題を取り出して適用する手法もある．これは比附を超えた作業であり，後述の「条理」の問題に関わるので，ここでは扱わない（本書第 3 章参照）．

る（第二種の inner-gesetzlich とでも呼ぶべきものである）。これに対して後述する「条理」（第3章参照）は，法律とは異なるレヴェルで，「事物のもつ論理」や正義に関連させて法源を見出すのであるから，「法律の枠外」außer-gesetzlich のものだが，しかし自然法とは異なり，なお「法の枠内」にある inner-rechtlich ものによる処理である。〕

　(iv)　アメリカでウォレンとブランダイスは，保護規定がないとして否認され続けてきたプライバシーの権利 the right to privacy を初めて法的権利として定式化したのだが，その技法も内容的には比附であった：他人の日記や手紙を無断で公開することは，コモン・ロー上の諸判決が禁じて来た．それら諸判決はその際，所有権保護や契約・信頼の保護を理由にして来た．しかしウォレンらは，当面している問題は所有権・契約・信頼の保護ではカバーできない広がりをもっていると考え，これに対応するために，それら諸判決の根底に「人格の不可侵性」an inviolate personality を保護する原則を読み取り，それを広くプライバシー侵害事件に適用するという技法を採った[23]．すなわちこれも，ケースの主要概念同士の類似性に依拠して処理する類推適用ではなく，異質なケースから一般的な法命題を読み取って適用する（西洋版の）比附である．

　(v)　このプライバシーの権利は，アメリカ連邦最高裁判所の1965年の判決：Griswold v. Connecticut, 381 U. S. 479 で，連邦憲法に根拠をもつとされたのだが，その際のダグラス判事　William O. Douglas らの思考も，実は比附である．すなわち，本判決は，避妊薬・避妊具を使用した者，およびその使用を指導・処方した者（医師等）に刑罰を科していたコネチカット州1879年法を，憲法が保障しているプライバシーの権利を侵害していることを理由に違憲だとした．その際，判決が依拠した考え方とは，〈連邦憲法にはプライバシーの権利を明示的に保障した条文はない；しかし，プライバシーを重視する姿勢は，次の諸条文から帰結する憲法の penumbra（日食・月食等の際に出現する，輝部と影部の中間のうっすらと明るい部分）に属するものとして，憲法に根拠を有している（[S]pecific guarantees in the Bill of Rights have penumbras, formed by emanations from those guarantees that help give them life and substance. [...] Various guarantees create zones of privacy.）；その条文とは，第1修正（結社の自由），第3修正（平和時に兵士が所有者の同意なしにその家に分宿することの禁止），第4修正（正当な理由のない捜索・逮捕の禁止），第5修正（黙秘権）である〉というものであった．

　ここでの技法は，われわれの観点から整理すると，〈上記憲法の諸条文は，プライバシーの権利を直接規定しているわけではない；また，それらの類推適用も不可能である；しかし，それらの条文のそれぞれの根底には，正当な理由なくして他人の私的領域に立ち入ってはならないという一般的な命題（「法意」．注47参照）を読み取ることができる；これを憲法上の第二次的な規定として適用できる〉と推論することなのである．

---

23)　S. D. Warren & L. D. Brandeis, The Right to Privacy, in : 4 *Harvard Law Review* 193（1890）．

つまり，penumbra とは，〈明示的には規定されていないが，比附で獲得できた〉法命題・法意を意味する語なのである．

〔日本においても，プライバシーの権利を——よくあるように憲法 13 条からではなく——第 34 条（令状によらない逮捕の禁止），35 条（令状のない，侵入・捜索・押収の禁止），38 条（黙秘権）などから，比附によって引き出すことが考えられる（これに対して，日本国憲法 13 条やアメリカ連邦憲法の Due Process 条項（第 5，第 14 修正）から引き出すのは，「幸福追求」・「Due」の語の中身を確定する作業によるから，宣言的解釈である）．比附は，このように，新しい権利の創出にとって，効果を発揮する技法なのである．〕

(vi) 比附は，欧州裁判所に関しても，たとえば次の判決 (P v. S and Cornwall County Council, Case C-13/94, [1996] IRLR 347) に見られる：性同一症に悩む，イギリスの或るマネージャーが手術によって女性として再出発しようとしたところ，解雇された．先に，この事件に関してイギリス当局は，関係する EEC の指令（Directive 76/207/EEC of 9 February 1976, on the implementation of the principle of equal treatment for men and women as regards access to employment, vocational training and promotion, and working conditions）を，〈規定されているのは「男性」および「女性」のみであり，性転換者には規定は該当しない〉と解釈した．イギリスによく見られる「文字通りの適用」である．これに不服のマネージャーが欧州裁判所に救済を求めたのに対し，同裁判所は，〈この指令は差別をなくするという立場の規定である〉と見，そこから「性にもとづく差別」を許さないという一般的な法命題を引き出し（= "The Directive is the expression of the principle of equality, which is one of the fundamental principles of Community law. In view of its purpose and the fundamental nature of the rights which it seeks to safeguard, the scope of the Directive also applies to discrimination based essentially, if not exclusively, on the sex of the person concerned."），それをこのケースに適用して救済した．上記条文を前提にすると，「男性」ないし「女性」の概念の拡張ないし類推では性転換者は救済できない（"men and women" を person の意とする宣言的解釈はありうるが）．そこで欧州裁判所は，上記指令の目的を読み取り（[E] 法律意思），比附を経て結論にいく道を採ったのである．

EU（や国際諸裁判所——たとえば国際司法裁判所規定 38 条 1 項 C は，法源の一つとして，general principles of law recognized by civilized nations を規定している）は，多くの国の規定を前提にして法実務を進めるので，（禁反言や不遡及といった）「法の一般原則」，さらには比附に頼るべき傾向を構造上もっている（前掲拙著『法思想史講義』下巻 367 頁以下）．

以上六つの西洋の事例は，時には複数の条文から帰納によって法命題を獲得するところにまでいたったのであり，東洋の比附に比べて，獲得する原則の「一般性」度がかな

り高いものとなる．西洋においてはさらに，複数の条文・判例や法制度から帰納によって法概念（法律行為，安全配慮義務，製造物責任といった）や法理（契約締結上の過失，差額説，権利外観法理といった理論的定着物）を獲得するところにまで進んだ．これは，高度の法解釈学として位置づけられる（狭義の）「法教義学」の一作業である．

〔このような高度の近代的技法を，前近代中国の技法と同列扱いすることには，反発があろう．しかし，思考の構造が似ていることは否定できないと思われる．それに，比附をめぐっては〈古今東西を一緒くたにする〉と反発する人も，拡張解釈や縮小解釈，類推等については，「古今東西共通である」と聞いても，ほとんど反発しないだろう，という事情もある[24]．〕

中国古代ないし清代の比附の技法は，現代日本や現代ヨーロッパで見られる技法と，そう異質ではない．また，これら比附をおこなう人びとは，〈法は恣意的に運用できる〉という発想をもっているのではなく，むしろ，厳格に法に根拠を置かなければならないと考えている．しかし同時にかれらは，〈法の運用とは文言に拘泥することではなく，条文の根底にある原理＝精神を生かすことだ〉，〈法は，死せるものさしではなく，日々処理の指針を生む生きたルールである〉と考えている．これら，法に対する厳格な態度と柔軟な態度との緊張が，比附を発達させたのだ．こうした緊張自体も，東西の法生活に共通である．

[リ] **反制定法的解釈**　これまで妥当してきた条文を，〈時代遅れだ〉と判断したり，〈他の諸条文ないし，関係する法全体の趣旨と矛盾したり，正義や効果の点から考えて不都合極まったりしている〉と判断したりする場合で，その事実が社会でかなり広く認識され問題化しているが，立法府が怠慢であったりして改正がすぐには期待できないとき，[E] 法律意思に関わる判断によって〈それはもう使わない〉として，別のやり方を採る（＝別の方向に変更する）．これが反制定法的解釈（変更解釈）である．

こうした解釈をおこなうことは，司法権が立法権を侵すことになる，という見解がある．しかし，第一に，上記のような条件下では例外的に必要である．第二に，司法権は解釈に際して，その条文には従っていないとしても，関連する他の諸条文ないし法の全体の趣旨には従っている可能性があり，この場合に

---

24) 〈中国・日本，西洋間で，比附ないし「一般的法原則」の手法が相互に影響し合った〉事実は，もちろんない．問題はここでも，拙著『法思想史講義』上巻（東京大学出版会，2007）263頁で示した，「ことがらの性質（＝論理 Sachlogik）が，それに携わる人々の思考を規定して，相互に近似したものの見方・考え方を産み出したということ」に関係している．

は，形式面では立法権に反して法を運用しているわけではない（この点で違憲判決の時と構造は同じである．ちがうのは，憲法でなく同位の別条文に依拠して，適用停止・変更がされる点である）．第三に，〈立法者の本来の意図はここにあったのだ〉としてこの解釈が採られることが多く，その場合は〈反立法権の姿勢〉は，解釈する側にも公衆にも見えにくい（以上については，197頁以下をも参照）．

【第1章の補論】
(1) 左列と右列の相互関係の例示

左列の［A］〜［E］と右列の［イ］〜［リ］との相互関係は，憲法9条解釈の例で示せば，次のようになる：

9条は，「1　日本国民は，正義と秩序を基調とする国際平和を誠実に希求し，国権の発動たる戦争と，武力による威嚇又は武力の行使は，国際紛争を解決する手段としては，永久にこれを放棄する．2　前項の目的を達するため，陸海空軍その他の戦力は，これを保持しない．国の交戦権は，これを認めない．」となっている．この「前項の目的を達するため」とは，(α)「永久にこれを放棄する」ことを意味するのか，あるいは(β)「国際紛争を解決する」ことを意味するのかが争われている．(β)だとしても，「国際紛争を解決する」行為とは何か，自衛戦争もそれに含まれるのか，が争われる．これらの点について，

(i)　「戦力は，これを保持しない」の「戦力」とは，文字通り一切の戦力を意味するとする立場をとった場合，「文字通りの適用」である．その理由づけとしては，①日本国憲法ができるまでの歴史，すなわち戦争の惨禍と日本軍の侵略行動や反国民的活動などの経験を踏まえたもの，②憲法に軍や戦争に関する諸規定が（第66条2項を除き）存在しない事実に立脚したもの（軍や戦争を認めておれば，宣戦布告・戦時立法・徴兵等の仕方など重要事項が憲法に規定されているはずである），③戦後直後の世論や政府見解を引き合いに出すもの，④自衛のための軍隊・戦争と紛争解決ないし侵略のためのそれらとの区別は無理だとするもの，などがある．①は［D］立法の歴史的背景を踏まえた解釈，②は［B］体系的連関に依拠した解釈，③は［C］立法者の意図を踏まえた解釈，④は［E］法律意思に関わる判断によっている．

(ii)　「戦力」とは自衛のためのものを含まないとする立場をとった場合，縮小解釈である（あるいは，条文が「戦力」を禁止しているのに「戦力」を認めるのだから，反制定法的解釈である）．その理由づけとしては，〈自然権としての正当防衛の権利があるから，自衛のための軍備まで禁止できない〉というものがある．また，最近出てきた議論として，〈日本国憲法は，立憲主義を採る；立憲主義はリベラリズムを基調としているので，一定の価値観で国民を縛ることはこれに反する；したがって第9条を非武装中

立主義の条文とするのは，立憲主義と相容れない．むしろ一定の自衛のための武装が自然である〉というのがある．ともに［E］法律意思に関わる判断，すなわち条文を超えて，〈関係物の目的や実態，正義・「事物のもつ論理」・結果の考察〉に依拠している[25]．

(2) 図の左列と右列のちがい

図中の左列の［A］～［E］と右列の［イ］～［リ］とがはっきりと区別されるべきなのは，次の点からも明らかである．すなわち，右列の［イ］～［リ］は，どれか一つだけを採用するべきものとしてある．たとえば，縮小解釈と拡張解釈とは併用できない，また，それらのどれかと類推や「もちろん解釈」等も，併せては使えない（択一で使うほかない）．

これに対して左列の［A］～［E］は，参照する（ないし根拠にする）事項であるから，複数のものをともに参照する（根拠にする）ことができる（併用できる）し，そうする方が説得的になる．たとえば上記の例で，憲法9条に自衛隊が反しているとする解釈は，①9条の文言の常用の意味を根拠にしつつ，併せて，②立法者意思を根拠にしたり，③前文との体系的連関を根拠にしたり，④当時の歴史的背景や，さらには，⑤政策的判断を根拠にしたりして，展開される．すなわち複数の根拠づけを一度に挙げることが可能である，といった具合である．

実際，多くの判決では，左列の［A］～［E］は正統化の根拠として併用されている．

---

25) 以下は蛇足だが，話のついでに書いておく．(ii)の解釈が妥当かについては，解釈論上，次の6点が問題になる．①憲法9条は，国家権力の作用を（国民の権利保護のために）規制した条文だから，罪刑法定主義の観点からの刑法と同様，厳格に解釈しなければならない．それゆえ刑法規定の解釈と同様，［E］から直接右列にいくのではなく，［E］の考察のあと［A］ないし［B］を通過しなければならない．ましてや［E］から直接反制定法的解釈にいくようなことは，許されない．②防衛戦争も，文理解釈上「国際紛争を解決する手段」としての「戦争」に入る．したがって，「放棄」の対象となっている．③個々人の自然権としての正当防衛権から，国家の正当防衛権が直ちに出てくるか．個人は社会が結成される以前からの存在であり，社会結成の目的でもある．個人の自然権は，そうした本源性に根拠をもつ．しかし，国家は社会結成の後の存在であり，かつ社会維持の道具にすぎない．このようにレヴェルが違うから，類推もできない．④正当防衛の権利があることは，武器（武力）を常時携行できることを意味しない．自然人でさえ，そうである．その際，一般人に武器携行が禁止されているのは，それが攻撃用に使われる危険性（銃所持社会アメリカでの銃犯罪を想起せよ）があるからである．ましてや集団である国家となると，群集心理が作用するから，この危険性はもっと高くなる．⑤一般に軍隊や戦争が自由を制約してきたものであること，とりわけ日本の軍隊がそうであったこと（自衛隊においても人権・平和教育ではなく，全体主義・好戦の教育がおこなわれている）を考えれば，リベラリズム・立憲主義憲法と軍隊をもつこととは，日本ではすんなりとは結びつかない．⑥近代憲法，日本国憲法は，立憲主義だけではなく，民主主義をも基軸にしている（本書「第1部の補論」197頁以下；拙著（前掲注11）『法哲学講義』第13章）．（立憲主義が多元的な価値の共存のための原理であるとしても），民主主義は一つの理想・国家意思を選択して共同行動でその達成をめざす傾向をもつ原理である．それを基軸にしている点では，完全な「戦争放棄」をそうした達成目標とすることは，日本国憲法と矛盾しない．

「○○解釈」と名のつく作業は多いが，この〈併用できるか，どれか一つしか使えないか〉をメルクマールにすれば，それが左列に入るか右列に入るかは，簡単に判明する．

また，別のメルクマールとして，左列の「解釈」の語が「参照」ないし「参考」・「根拠」に置き換えられるのに対して，右列の「解釈」の語は「適用」に置き換えられる，という点がある．つまり，左列には，処理の方向性を定めるために，「文理を参照する」，「体系連関を参照する」，「立法者意思を参照する」，「歴史的背景を参照する」，「法律意思を参照する」といった表現が適合的である．これに対し右列の九つについては，それぞれ，「文字通りの適用」，「宣言的適用」，「拡張による適用」，「縮小による適用」，「反対推論による適用」，「もちろん推論による適用」，「類推適用」，「比附的適用」，「適用せず（適用回避）」といった表現が適合的である．そして逆に，左列に「適用」，右列に「参照」は使えない．

(3) ガダマーの議論との関係

ちなみに，以上の議論は，有名なガダマー（Hans-Georg Gadamer, 1900-2002; *Wahrheit und Methode,* 1960）の解釈論とどう関係するかをも，ここで考えておこう．ガダマーが強調したのは，[A]～[D]の判断作業における先入見 Vorurteil の重要性である．かれの場合，われわれの左列の[E]は，あまり重視されてはいない（ハバーマスのガダマー批判は，〈多様な先入見同士の突き合わせによる，自己の先入見からの反省的解放〉という作業と，この[E]における〈原理的なものを追求することによって解釈者は主体性を得る〉という点を重視する立場としてある）．またガダマーでは，われわれの意味での，ルールの適用（＝法的正統化）が問題になっていない（したがって，右列の問題は論じられていない．本書 301 頁以下をも参照）．かれも「適用」Applicatio の契機を強調するが，それは，当面する個別ケースとの関係で[A]～[D]の判断がおこなわれることである．その際には，[E]が多少は関わるが）．

第2章　判決に見る法解釈の手法

　以下では，判決に見られる解釈（とくに条文適用）の手法を，第1章で見た解釈の構造図に位置づけつつ考察する．最初に，それぞれの解釈について判決文の抜粋を紹介し（判決は，原則として大審院・最高裁のものである．下級審判決のみ判決タイトルに，その旨を明記する），そのあとで【コメント】のかたちで，判決文で使われている法解釈手法，その背後にある思考構造，手法使用上の問題点などの分析をおこなう（いわゆる判例解説・注解ではないので，すべての重要論点・関連諸学説に言及はしない）．

　以下の記述は一見複雑そうだが，分かりやすい・興味深い内容の判決文が選んであるし，【コメント】において，専門知識がなくとも理解できるよう嚙み砕いて説明してある．これらの判決文を読むと，①拡張・縮小解釈や類推などの技法が，判決の重要部分に関わっている場合が少なくないこと，②これらの技法を論じることは，それゆえ単に分類のための分類に終始するものではなく，法を運用する際に重要な示唆を与えてくれるものであること，③これらの技法を説得力をもって使いこなすには，緻密な論証能力，正義・常識・政策的な判断が必要なこと等々が分かり，④裁判官の実際の工夫ぶりも理解できる，と思われる．

2-1　「文字通りの適用」

　使おうとする条文の語句があいまいではなく，かつ多義的でない場合には，その常用の意味のまま適用することができる．これが，「文字通りの適用」die wörtliche Anwendung である．立法時にはそういう法運用が可能になるよう，細心の注意が払われる．したがって，「文字通りの適用」で処理できるケースは多い．

ただ，下記の諸判決に見られるように，被告と原告の間で条文の理解が別れることがある．この場合には裁判官は，どちらかを選ばねばならない．その際，裁判官が常用の意味でケースを処理する道を採れば「文字通りの適用」であるが，意味を学問的に問い直して再定義して処理するのであれば，もはや「文字通りの適用」を越えている：裁判官が意味を新たに主体的に再定義するなら，宣言的解釈である．裁判官が，条文の意味を自分で主体的に拡張ないし縮小する処理を施して適用するなら，拡張解釈ないし縮小解釈である．

「文字通りの適用」で処理した場合，もっともあざやかに，三段論法で処理したかのように映る．しかし，最終的に「文字通りの適用」で処理したケースでも，裁判官は多くの場合，実はその作業の前提として，問題に対し正義や政策的妥当性等を考えつつ判断をし，すなわち先に「落としどころ」を考え，それを指針にしてその後の処理の道を探っている（それでつまずけば，「落としどころ」を選び直している）．したがって，三段論法だけに頼っての処理＝機械的処理は，実際には少ない．以下では，図の左列，「諸事項」を参照した形跡がとくに鮮明である，「文字通りの適用」のケースを扱う．

2-1-1　チャタレー事件判決

本件（猥褻文書販売被告事件，最高裁大法廷 1957（S32）年 3 月 13 日判決　LEX/DB-27760577　『最高裁判所裁判集』刑事 118 号 59 頁）は，D. H. Lawrence の小説『チャタレー夫人の恋人』*Lady Chatterley's Lover*（1928）の出版がわいせつ罪（刑法 175 条）に問われた事件である．本判決で多数意見は〈この小説のいくつかの箇所の記述は，わいせつの概念にあてはまる．したがって有罪だ〉という端的な処理，条文の「文字通りの適用」でいった．しかしその際，本判決は，裁判官の道徳的態度（〔E〕の判断）に深く規定されていた：

<u>「刑法の前記法条〔175 条〕の猥褻文書（および図画その他の物）とは如何なるものを意味するか</u>．従来の大審院の判例は「性欲を刺戟興奮し又は之を満足せしむべき文書図画その他一切の物品を指称し，従つて猥褻物たるには人をして羞恥嫌悪の感念を生ぜしむるものたることを要する」ものとしており（例えば大正七年（れ）第一四六五号同年六月一〇日刑事第二部判決），また最高裁の判決は「徒らに性欲を興奮又は刺戟せしめ，且つ普通人の正常な性的羞恥心を害し，善良な

性的道義観念に反するものをいう」としている（第一小法廷判決，最高裁判所刑事判例集五巻六号一〇二六頁以下）．そして原審判決は右大審院および最高裁判所の判例に従うをもつて正当と認めており，我々もまたこれらの判例を是認するものである．

　要するに判例によれば猥褻文書たるためには，羞恥心を害することと性欲の興奮，刺戟を来すことと善良な性的道義観念に反することが要求される．」

「しかし著作自体が刑法一七五条の猥褻文書にあたるかどうかの判断は，当該著作についてなされる事実認定の問題でなく，法解釈の問題である．問題の著作は現存しており，裁判所はただ法の解釈，適用をすればよいのである．このことは刑法各本条の個々の犯罪の構成要件に関する規定の解釈の場合と異るところがない．〔…〕」

「かりに一歩譲つて相当多数の国民層の倫理的感覚が麻痺しており，真に猥褻なものを猥褻と認めないとしても，裁判所は良識をそなえた健全な人間の観念である社会通念の規範に従つて，社会を道徳的頽廃から守らなければならない．けだし法と裁判とは社会的現実を必ずしも常に肯定するものではなく，病弊堕落に対して批判的態度を以て臨み，臨床医的役割を演じなければならぬのである．」

「本書の芸術性はその全部についてばかりでなく，検察官が指摘した一二箇所に及ぶ性的描写の部分についても認め得られないではない．しかし芸術性と猥褻性とは別異の次元に属する概念であり，両立し得ないものではない．〔…〕猥褻性の存否は純客観的に，つまり作品自体からして判断されなければならず，作者の主観的意図によつて影響さるべきものではない．」

「この原則を出版その他表現の自由に適用すれば，この種の自由は極めて重要なものではあるが，しかしやはり公共の福祉によつて制限されるものと認めなければならない．そして性的秩序を守り，最少限度の性道徳を維持することが公共の福祉の内容をなすことについて疑問の余地がないのであるから，本件訳書を猥褻文書と認めその出版を公共の福祉に違反するものとなした原判決は正当であり，論旨は理由がない．」

　【関連条文】現刑法 175 条：「わいせつな文書，図画その他の物を頒布し，販売し，又は公然と陳列した者は，二年以下の懲役又は二百五十万円以下の罰金若しくは科料に処する．販売の目的でこれらの物を所持した者も，同様とする．」

【コメント】本判決は，「裁判所が右の判断をなす場合の規準は，一般社会において行われている良識すなわち社会通念である」としながらも，「かりに一歩

譲つて相当多数の国民層の倫理的感覚が麻痺しており，真に猥褻なものを猥褻と認めないとしても，裁判所は良識をそなえた健全な人間の観念である社会通念の規範に従つて，社会を道徳的頽廃から守らなければならない」としている．すなわち本判決は，〈裁判官は，一般社会の意識に反してでも，道徳の護り手でなければならない〉という強い使命感をもって臨んでいること（＝[E] 法律意思に関わる判断が判決を導いていること）を，はっきり示している．

　本判決は，このスタンスを前提にしつつ，「問題の著作は現存しており，裁判所はただ法の解釈，適用をすればよいのである．このことは刑法各本条の個々の犯罪の構成要件に関する規定の解釈の場合と異るところがない」という姿勢で問題に向かう．しかも，「我々もまたこれらの判例を是認するものである」と言う．すなわち，「わいせつ」の意味は，すでに明確であり（〈これまでの判決で宣言的解釈が積み上げられ，意味が確定している〉とするのである．判決はそれを，「羞恥心を害することと性欲の興奮，刺戟を来すことと善良な性的道義観念に反すること」とした），後はそれを「文字通りに適用」すればよい，とするのだ．したがって，ここでは処理の仕方自体は，単純なかたちの三段論法による．[大前提] わいせつ物の出版は罰す，[小前提] 被告人はわいせつ物を出版した．[結論] したがって被告を罰す，という論理である．

　作品が思想・芸術表現に関わっている場合，憲法 21 条の「表現の自由」との関係で「わいせつ」概念の厳密な限定（あるいは「わいせつ」とされる行為の違法性判断）が必要となるという意見がある（この道を採るときには，憲法との関連をベースにする [B] 体系的解釈を通って，場合によっては「わいせつ」概念の縮小解釈に至ることになる）．しかし本判決は，①「芸術性と猥褻性とは別異の次元」の問題として処理し（猥褻性は誰の性欲にも共通に作用する間主観的なものだが，芸術性は書き手・読み手の主観によるから間主観性がない，と考えているのである），また②「この種の自由は極めて重要なものではあるが，しかしやはり公共の福祉によつて制限されるものと認めなければならない」と判断した．〈わいせつ物排除〉を一面的に押し出したのだ．このため，表現の自由と「わいせつ」規制との，さらには「自由」と「公共の福祉」との比較考量（自由に対する制約自体もまた，どの程度必要か・どういうかたちなら許されるか等のチェック・制約を受ける．注 73 参照）の余地はなくなり，従来どおりの運用，すなわち「文字通りの適用」が貫徹したのである．

本判決とは反対の思考（上述した，「わいせつ」概念の厳密な限定の思考）は，『悪徳の栄え』判決（猥褻文書販売・同所持被告事件，1969 (S44) 年 10 月 15 日最高裁大法廷判決　LEX/DB-27760887　『最高裁判所刑事判例集』23 巻 10 号 1239 頁）の反対意見の中で，田中二郎裁判官が次のように前面に押し出した（横田正俊裁判官も同じ思考を示している）：

「法律の規定は，元来，可能な限り，憲法の精神に即し，これと調和し得るように合理的に解釈されるべきものであつて，この見地からすれば，刑法一七五条の猥褻罪に関する規定は，憲法の保障する表現の自由や学問の自由に内在する制約の一つの具体的表現にすぎないものとして，憲法の諸規定と調和し得るように解釈されなければならない．そうとすれば，刑法一七五条にいう猥褻の概念も，おのずから厳格に限定的に解釈されるべきものであり，その規定の具体的適用にあたつても，言論表現の自由や学問の自由を保障する憲法の精神に背馳することのないように配慮されなければならないのである．」

憲法が保障している基本的人権を，下位の法律によって制限する場合には，その法律は――たとえそうした制限自体は合憲であっても――憲法との体系的連関において，限定的に運用されなければならない，という原則がある[26]．田中の解釈には，根底にこの思考が働いている．これは，[B] 体系的解釈によって縮小解釈にいたる思考である．田中らのこうした思考は，全逓中郵事件判決（郵便法違反教唆被告事件，最高裁 1966 (S41) 年 10 月 26 日判決）や都教組事件判決（地方公務員法違反被告事件，最高裁判所 1969 (S44) 年 4 月 2 日判決）では多数意見となった．しかし，わいせつ裁判では，この思考（＝後述する「複合思考」）が定着し出すのは，「四畳半襖の下張」事件上告審判決（1980 (S55) 年 11 月 28 日）からであった．

2-1-2　猿払事件判決

本判決（国家公務員法違反被告事件，最高裁大法廷 1974 (S49) 年 11 月 6 日判決　LEX/DB-27670762　『最高裁判所刑事判例集』28 巻 9 号 393 頁）は，北海道北端部，猿払村の郵便局職員が勤務時間外に地域において社会党のポスターを貼った行為が〈国家公務員の政治活動を禁じている国家公務員法 102 条 1 項に違反している〉として訴追された事件に関わっている．ここでも多数意見は，〈国家公務員である者が政治活動をしたのだから，有罪だ〉とする「文字通りの適用」

---

26) Stefan Vogenauer, *Die Auslegung von Gesetzen in England und auf dem Kontinent*, Bd. 1, 2001, S. 128ff. 後述（218 頁）する「比例原則」や Less Restrictive Alternatives (LRA) の基準につながる思考である．

で処理した：

「第一審判決は，その違憲判断の根拠として，被告人の本件行為が，非管理職である現業公務員でその職務内容が機械的労務の提供にとどまるものにより，勤務時間外に，国の施設を利用することなく，かつ，職務を利用せず又はその公正を害する意図なく，労働組合活動の一環として行われたものであることをあげ，原判決もこれを是認している．しかしながら，本件行為のような政治的行為が公務員によってされる場合には，当該公務員の管理職・非管理職の別，現業・非現業の別，裁量権の範囲の広狭などは，公務員の政治的中立性を維持することにより行政の中立的運営とこれに対する国民の信頼を確保しようとする法の目的を阻害する点に，差異をもたらすものではない．右各判決が，個々の公務員の担当する職務を問題とし，本件被告人の職務内容が裁量の余地のない機械的業務であることを理由として，禁止違反による弊害が小さいものであるとしている点も，有機的統一体として機能している行政組織における公務の全体の中立性が問題とされるべきものである以上，失当である．郵便や郵便貯金のような業務は，もともと，あまねく公平に，役務を提供し，利用させることを目的としているのであるから（郵便法一条，郵便貯金法一条参照），国民全体への公平な奉仕を旨として運営されなければならないのであつて，原判決の指摘するように，その業務の性質上，機械的労務が重い比重を占めるからといつて，そのことのゆえに，その種の業務に従事する現業公務員を公務員の政治的中立性について例外視する理由はない．また，前述のような公務員の政治的行為の禁止の趣旨からすれば，勤務時間の内外，国の施設の利用の有無，職務利用の有無などは，その政治的行為の禁止の合憲性を判断するうえにおいては，必ずしも重要な意味をもつものではない．」

「公務員の政治的行為の禁止が国民全体の共同利益を擁護する見地からされたものであつて，その違反行為が刑罰の対象となる違法性を帯びることが認められ，かつ，その禁止が，前述のとおり，憲法二一条に違反するものではないと判断される以上，その違反行為を構成要件として罰則を法定しても，そのことが憲法二一条に違反することとなる道理は，ありえない．」

裁判官大隅健一郎，同関根小郷，同小川信雄，同坂本吉勝の反対意見：

「およそ刑罰は，一般統治権に基づき，その統治権に服する者に対して一方的に行使される最も強力な権能であり，国家が一般統治上の見地から特に重大な反国家性，反社会性をもつと認める個人の行為，すなわち，国家，社会の秩序を害

する行為に対してのみ向けられるべきものである．単なる私人間の法律関係上の義務違背や，公私の団体又は組織の内部的規律侵犯行為のように，間接に国家，社会の秩序に悪影響を及ぼす危険があるにすぎない行為は，当然には処罰の対象とはなりえない．一般に個人の自由は，多種多様の関係において種種の理由により法的拘束を受けるが，それらの拘束が法的に是認される範囲は，それぞれの関係と理由において必ずしも同一ではないのであつて，公務員の政治活動の自由についても，事は同様である．究極的には当事者の合意に基づいて成立する公務員関係上の権利義務として公務員の政治活動の自由に課せられる法的制限と，一般統治権に基づき刑罰の制裁をもつて課せられるかかる自由の制限とは，その目的，根拠，性質及び効果を全く異にするのであり，このことにこそ民事責任と刑事責任との分化と各その発展が見られるのである．

したがつてまた，右両種の制限が憲法上是認されるかどうかについても，おのずから別個に考察，論定されなければならないのであつて，公務員が公務外において一市民としてする政治活動を刑罰の制裁をもつて制限，禁止しうる範囲は，一般に国が一定の統治目的のために，国民の政治活動を刑罰の制裁をもつて制限，禁止する場合について適用される憲法上の規準と原理とによつて，決せられなければならないのである．

右の見地に立つて考えると，刑罰の制裁をもつてする公務員の政治活動の自由の制限が憲法上是認されるのは，禁止される政治的行為が，単に行政の中立性保持の目的のために設けられた公務員関係上の義務に違反するというだけでは足りず，公務員の職務活動そのものをわい曲する顕著な危険を生じさせる場合，公務員制度の維持，運営そのものを積極的に阻害し，内部的手段のみでこれを防止し難い場合，民主的政治過程そのものを不当にゆがめるような性質のものである場合等，それ自体において直接，国家的又は社会的利益に重大な侵害をもたらし，又はもたらす危険があり，刑罰によるその禁圧が要請される場合に限られなければならない．

更に，個人の政治活動の自由が憲法上極めて重大な権利であることにかんがみるときは，一般統治権に基づく刑罰の制裁をもつてするその制限は，これによつて影響を受ける政治的自由の利益に明らかに優越する重大な国家的，社会的利益を守るために真にやむをえない場合で，かつ，その内容が真に必要やむをえない最小限の範囲にとどまるかぎりにおいてのみ，憲法上容認されるものというべきである．すなわち，単に国家的，社会的利益を守る必要性があるとか，当該行為に右の利益侵害の観念的な可能性ないしは抽象的な危険性があるとか，右利益を

守るための万全の措置として刑罰を伴う強力な禁止措置が要請される等の理由だけでは，かかる形における自由の制限を合憲とすることはできない.」

　　【関連条文】**国家公務員法102条**：「職員は，政党又は政治的目的のために，寄附金その他の利益を求め，若しくは受領し，又は何らの方法を以てするを問わず，これらの行為に関与し，あるいは選挙権の行使を除く外，人事院規則で定める政治的行為をしてはならない.」

【コメント】「文字通りの適用」は多数意見に見られるのだが，ここでは反対意見から検討を始めよう.

　反対意見は，第一に，公務員も憲法21条によって表現の自由を保障されているのだから，〈一律に政治行為を禁止することによってその人権を制限する〉国家公務員法102条の運用は，そうした不必要な規制を含んでいる限りで違憲であるとした（規制できるのは「真にやむをえない場合で，かつ，その内容が真に必要やむをえない最小限の範囲にとどまるかぎりにおいてのみ」）. 反対意見は，第二に，当該公務員の行為を可罰的違法性の観点から評価し，政治活動禁止の構成要件に該当するからといっても，それだけで（「文字通りの適用」で）刑罰を科すことは許されない；加罰は，違反行為ごとにその違法性の度合いを慎重に審査しておこなわなければならない，としたのでもある. こうした判断の結果，反対意見は，国家公務員法102条1項の縮小解釈にいたった（＝[B]条文同士（憲法との）の体系的連関を踏まえた，「公務員」ないし「政治行為」概念の縮小解釈）.

　これに対して，多数意見は，「行政の中立的運営とこれに対する国民の信頼」を前面に押し出す. その際，「有機的統一体として機能している行政組織における公務の全体の中立性が問題とされるべきものである」とする立場をとる. 〈「個々の公務員の担当する職務」上で，中立性を損なう結果をどうもたらしたか〉ではなく（本件の場合，政治行為は職務と無関係であるため，この点からは処罰できない），〈その公務員を含む行政全体を見た場合，その行為が公務の中立性を疑わさせるおそれを生むものとしてあるか否か〉がポイントだとするのである. 〈全体〉と〈おそれ〉とのレヴェルに移ったことによって，判断はきわめて抽象的なものとなった.

　この場合でも，〈そういう中立性問題と，他方での，公務員である個人の人権保障（表現の自由）とが，ともに尊重されるべき価値物としてあるのだから，両者が緊張関係にあり，相互を限定し合うことになる〉という見方もありうる

（本書注73参照）．この場合には，①中立性確保が重要としても，そのための手段＝自由制限が適切か，②当該公務員の行為が実際にどの点で行政全体の中立性を損なったか，が問題になる．しかし多数意見は，そうした緊張関係において考えることはしなかった．その理由の一つは，〈国家公務員法102条の目的が表現の自由の規制にではなく，中立性確保にあるから，表現の自由を念頭に置いた「厳格な審査」や，可罰的違法性の判断は不要である〉とする点にあった．当該法律の直接の規定対象でない事項については違憲審査基準はゆるやかでよい，とする「付随的規制論」の立場である．

　本判決は，一見，細かに場合分けして緻密に検討しているようだが，しかし実際には二者択一的発想に立っていることが，上から明らかとなる[27]．

　本判決の多数意見は，その1年前の1973年にあった全農林警職法闘争事件判決の多数意見と人的に重なる（反対意見も人的に重なる）（254頁参照）．しかも，本件は，全農林警職法闘争事件と並び，この時代の司法政治上の一大争点であった．したがってここでの「文字通りの適用」は，（多数意見が形成された）司法政治過程と不可分なのであり，実は純法的に出て来たものではない．この点は，本書第4・5章で扱う．

2-1-3　不発弾暴発被害事件判決

　本判決（国家賠償請求事件，最高裁第一小法廷1989 (H1) 年12月21日判決　LEX/DB-27805392　『最高裁判所民事判例集』43巻12号2209頁）は，ボランティア消防団員として不発弾処理に従事した市民が，警察官の誤った指図に従って行動して暴発事故に遭い，国家賠償を求めた訴訟に関わる．最高裁は，「民法724条後段の規定」を，除斥期間とし，その概念を端的に適用して，市民の請求を斥

---

27) 香城敏麿（こうじょう・としまろ．石田長官（1969-73）・村上長官（1973-76）下の最高裁で重要事件の担当調査官を務めたエリート）は，『憲法解釈の法理』（信山社，2004）39頁以下で，これら多数派の議論の重要性を強調する．香城の思考の詳細な検討は今後の課題だが，かれは，ことがらを様々な観点から場合分けし・利益衡量の必要を説き・かつLRAの基準にも言及するので，一見，第4章で扱う「複合思考」の人のように見える．しかし，2-1-2判決や4-2-1判決などをめぐるかれの議論では，場合分け思考で得た選択肢はその都度二者択一的に処理され，選ばれた一方の側の論理だけが貫徹していく．このためかれの議論は，結果としては，多数意見と同様「文字通りの適用」でいくものとなっている．LRAの基準等が法技術としてのみ扱われ，それらの精神（＝人権尊重）や思考方法（＝人権尊重の立場から人権と「公共の福祉」とを不断に緊張関係に置き後者を限定する思考）が獲得されていないためと思われる（注73参照）．

けた：

　最高裁のここでの「文字通りの適用」による処理の特徴は，高裁判決との関わりで鮮明になる．福岡高裁宮崎支部は，1984（S59）年 9 月 28 日判決（LEX/DB-27490108『最高裁判所民事判例集』43 巻 12 号 2233 頁）で，〈本件事故発生の日から本訴提起の日まで 28 年 10 ケ月余が経過しており，損害賠償請求権は民法 724 条後段に規定する 20 年の除斥期間の経過により消滅した〉という国側の主張について，「たとえ，これを除斥期間を定めたものと解するとしても，被害者保護の観点から時効の停止，中断を認めるいわゆる弱い除斥期間（混合除斥期間）であるというべきである」とした．そして，これに加えて，次のように言う：

　「いやしくも自己の損害賠償責任が明らかであるのにその責任を免れるため加害行為への関与を隠蔽するような公文書を作成するなどして責任回避の言動をすることは許されないと解すべきところ，前示第一の三の事実，とくに同三（三）において説示したとおり本件事故直後鹿児島地区警察署長名で同署が本件不発弾処理に全く関与せず不意に駐在所に訪れた米軍兵士二名を派出所巡査が現場を案内したに過ぎないという事実に反した被害調査書（乙第五号証）が作成されたため，爾後その責任の所在が不明となり，その結果控訴人らが前認定第一の二（一九）のとおり被控訴人の委任事務を担当する鹿児島県庁の係員などに必死に被害の救済を訴えても要領を得ず，たらい回しにされ所管部局も判明しないこととなったことが認められる．

　（二）〔…〕本件事故当時鹿児島地区警察署係員においては被控訴人の損害賠償義務を知り，少なくとも容易に知り得べかりし状況にあったというべきであり，しかも右両係員とも被控訴人の被用者であるから，前示給付金の支給の際に被控訴人が米軍兵士との前示のとおり不真正連帯債務の関係にある被控訴人の損害賠償義務を知らなかったことには過失があるというべきであること，しかも，右給付金の支給はその前示法的性質に照らし被控訴人の本件事故による損害賠償の一部に塡補，充当されるべきものであると考えられる．

　（三）　そして，控訴人らは前認定第一の二（一九）のとおり本件事故後現在にいたるまで鹿児島市役所，鹿児島県庁などの被控訴人の出先機関等に何度となく被害の救済を求めているのであって決して権利の上に眠る者とはいえないし，そもそも消滅時効ないし除斥期間は主として弁済者の二重弁済を避けさせるための制度であるから，本件のように被控訴人が損害賠償債務を履行していないことが当事者間に争いがなく明白な場合には時効などの保護を与える必要性に乏しく，時効等はできるだけ制限して解釈するのが相当であることに照らし以上の各事由を総合して考えると，被控訴人が本件事実関係のもとにおいて控訴人らの本件損害賠償請求権につき消滅時効を援用ないし除斥期間の徒過を主張することは，信義則に反し，権利の濫用として許されな

いというべきである.」

　ここで高裁は，(最高裁のまとめによれば)「本件事故当時，上告人の被用者である前記鹿児島地区警察署係員らにおいて上告人の右損害賠償義務を知り，又は容易に知りうべかりし状況にあった上，右事故直後，同警察署長名で本件事故の責任の所在を不明確にしたと認められる被害調査書が作成されたこと，被上告人らは，本件事故後，鹿児島市役所，鹿児島県庁等上告人の出先機関等に何度となく被害の救済を求めており，権利の上に眠る者とはいえないこと等原判示の事情」を再確認した．高裁はそれを踏まえて，「上告人が本訴において被上告人らの本件請求権につき二〇年の長期の消滅時効を援用し，又は前記除斥期間の徒過を主張することは<u>信義則に反し，権利の濫用</u>として許されない」と判示したのである．

　最高裁はこの判決を破棄し，次のように，除斥期間を理由に被害者の請求を斥けた：

　「民法七二四条後段の規定は，不法行為によって発生した損害賠償請求権の除斥期間を定めたものと解するのが相当である．けだし，同条がその前段で三年の短期の時効について規定し，更に同条後段で二〇年の長期の時効を規定していると解することは，不法行為をめぐる法律関係の速やかな確定を意図する同条の規定の趣旨に沿わず，むしろ同条前段の三年の時効は損害及び加害者の認識という被害者側の主観的な事情によってその完成が左右されるが，同条後段の二〇年の期間は被害者側の認識のいかんを問わず一定の時の経過によって法律関係を確定させるため請求権の存続期間を画一的に定めたものと解するのが相当であるからである．

　これを本件についてみるに，被上告人らは，本件事故発生の日である昭和二四年二月一四日から二〇年以上経過した後の昭和五二年一二月一七日に本訴を提起して損害賠償を求めたものであるところ，被上告人らの本件請求権は，すでに本訴提起前の右二〇年の除斥期間が経過した時点で法律上当然に消滅したことになる．そして，このような場合には，裁判所は，除斥期間の性質にかんがみ，本件請求権が除斥期間の経過により消滅した旨の主張がなくても，<u>右期間の経過により本件請求権が消滅したものと判断すべきであり，したがって，被上告人ら主張に係る信義則違反又は権利濫用の主張は，主張自体失当であって採用の限りではない</u>．」

　【関連条文】現民法1条2項：「権利の行使及び義務の履行は，信義に従い誠実に行

わなければならない.」

　同 724 条:「不法行為による損害賠償の請求権は,被害者又はその法定代理人が損害及び加害者を知った時から三年間行使しないときは,時効によって消滅する.不法行為の時から二十年を経過したときも,同様とする.」

【コメント】福岡高裁が,警察等に不正行為があったとする正義の観点,および被害者を保護しようとする人道的観点から(すなわち [E] 法律意思にかんがみて),民法 724 条後段(除斥期間)について縮小解釈をしたのに対し,最高裁は,端的な三段論法で,除斥期間概念の「文字通りの適用」にいく道を採った.その結果,警察の不正に対処する必要も,被害者救済の必要も,判決には影響を与えなかった.

　最高裁が,〈除斥期間を経過していれば,債務者が援用するまでもなく請求権は絶対的に消滅するから,権利濫用等を問題にするのは失当である〉とした判示は,確かに「除斥期間」の [A] 文理解釈(法文自体の意味理解)からは帰結しうる判断ではある[28].しかし本件は——福岡高裁が採ったような(論理的にまずい)「権利濫用」による法的構成ではなく——〈このケースで裁判所が除斥期間を理由に被害者の請求を斥けるのは,除斥期間の制度目的に反するし,裁判所が自ら正義・公平に反する事態を招来させることになるので許されない〉とする法的構成も可能なケースであった.アメリカで言われるように,裁判所は不公平・不正義の手先となることはできない.だとすれば裁判所は,「法律の適用」(=除斥期間)が不公平・不正義を帰結させる場合には,「法律」を超えた公平・正義の「法」によって帰結を回避しなければならない(181 頁以下参照).これが([A] に加えて)[E] 法律意思的判断をすることであり,さらには後述(第 3 章)の「条理」に訴えることである.

　ところで,本件での最高裁には,独自の [E] 法律意思的判断はなかったのであろうか:(α) 除斥期間に関する自分たちの従来の見方を本件においても踏襲しただけであれば,文理解釈(法文自体の意味)から「文字通りの適用」に

---

28) 除斥期間の正当性は,たとえば次の点に求められる:「法の目的の一つは,法的安定性を創り出すことにあることから分かるとおり,法的安定性は大変重視すべき考慮要素である.一定の時の経過により,どこかの時点で権利(請求権)が消滅すると規定するのは,法的安定性という別の意味での正義の一顕現としての法政策として,十分合理性があり,容認し得るところである.」(福岡高裁 2004 (H16) 年 5 月 24 日判決 LEX/DB-28091628 『判例時報』1875 号 62 頁).しかし,本件の場合,法的安定性に依拠するとは,不正義状態を維持することに他ならない.

いったことになるが，(β) そうではなくて，〈警察ないし国家をその不正に対する世間の非難から救うために，あるいは被害者救済を排除するために〉，この解釈を採ったのであれば，最高裁は，そうした独自の［E］法律意思を背景にして解釈していたことになる．通常では (β) など考えられないが，しかし本件で最高裁は，福岡高裁が指摘した，警察等の深刻な不正行為をも問題にしなかった．この点で，後者の可能性も排除しにくい．

本判決に対しては，強い批判が起こった．このためもあって最高裁は，後述するように，9 年後の 3-2-5「予防接種禍事件判決」(1998 年) において，除斥期間の扱い方を――基本姿勢は変えないものの――若干変化させた．

2-1-4 シティズ貸金訴訟判決

本件（貸金請求事件，最高裁第二小法廷 2006 (H18) 年 1 月 13 日判決 LEX/DB-28110244『最高裁判所民事判例集』60 巻 1 号 1 頁）は，消費者金融「シティズ」から金を借りた上告人が，約束した多額の利息（利息制限法 1 条 1 項に定める利息の制限額を超える）の支払いに遅れたため，「期限の利益喪失約款」通り一括支払いと多額の遅滞損害金（同法 4 条 1 項に定める賠償額を超えた）の支払いとを「シティズ」側から請求された事件に関わる．最高裁は，下記のように論じて「シティズ」側を敗訴させた（「シティズ」は，本判決の影響もあって，2009 年 3 月 19 日に全店舗を閉店した）：

「(1)〔貸金業規制法〕43 条 1 項は，貸金業者が業として行う金銭消費貸借上の利息の契約に基づき，債務者が利息として支払った金銭の額が，利息の制限額を超える場合において，貸金業者が，貸金業に係る業務規制として定められた法 17 条 1 項及び 18 条 1 項所定の各要件を具備した各書面を交付する義務を遵守しているときには，その支払が任意に行われた場合に限って，例外的に，利息制限法 1 条 1 項の規定にかかわらず，制限超過部分の支払を有効な利息の債務の弁済とみなす旨を定めている．貸金業者の業務の適正な運営を確保し，資金需要者等の利益の保護を図ること等を目的として貸金業に対する必要な規制等を定める法の趣旨，目的（法 1 条）等にかんがみると，法 43 条 1 項の規定の適用要件については，これを厳格に解釈すべきである〔…〕．

法 43 条 1 項にいう「債務者が利息として任意に支払った」とは，債務者が利息の契約に基づく利息の支払に充当されることを認識した上，自己の自由な意思

によってこれを支払ったことをいい，債務者において，その支払った金銭の額が利息の制限額を超えていることあるいは当該超過部分の契約が無効であることまで認識していることを要しないと解される（最高裁昭和 62 年（オ）第 1531 号平成 2 年 1 月 22 日第二小法廷判決・民集 44 巻 1 号 332 頁参照）けれども，債務者が，事実上にせよ強制を受けて利息の制限額を超える額の金銭の支払をした場合には，制限超過部分を自己の自由な意思によって支払ったものということはできず，法 43 条 1 項の規定の適用要件を欠くというべきである．

　(2)　本件期限の利益喪失特約がその文言どおりの効力を有するとすると，上告人完田は，支払期日に制限超過部分を含む約定利息の支払を怠った場合には，元本についての期限の利益を当然に喪失し，残元本全額及び経過利息を直ちに一括して支払う義務を負うことになる上，残元本全額に対して年 29.2% の割合による遅延損害金を支払うべき義務も負うことになる．このような結果は，上告人完田に対し，期限の利益を喪失する等の不利益を避けるため，本来は利息制限法 1 条 1 項によって支払義務を負わない制限超過部分の支払を強制することとなるから，同項の趣旨に反し容認することができず，本件期限の利益喪失特約のうち，上告人完田が支払期日に制限超過部分の支払を怠った場合に期限の利益を喪失するとする部分は，同項の趣旨に反して無効であり，上告人完田は，支払期日に約定の元本及び利息の制限額を支払いさえすれば，制限超過部分の支払を怠ったとしても，期限の利益を喪失することはなく，支払期日に約定の元本又は利息の制限額の支払を怠った場合に限り，期限の利益を喪失するものと解するのが相当である．

　そして，本件期限の利益喪失特約は，法律上は，上記のように一部無効であって，制限超過部分の支払を怠ったとしても期限の利益を喪失することはないけれども，この特約の存在は，通常，債務者に対し，支払期日に約定の元本と共に制限超過部分を含む約定利息を支払わない限り，期限の利益を喪失し，残元本全額を直ちに一括して支払い，これに対する遅延損害金を支払うべき義務を負うことになるとの誤解を与え，その結果，このような不利益を回避するために，制限超過部分を支払うことを債務者に事実上強制することになるものというべきである．

　したがって，本件期限の利益喪失特約の下で，債務者が，利息として，利息の制限額を超える額の金銭を支払った場合には，上記のような誤解が生じなかったといえるような特段の事情のない限り，債務者が自己の自由な意思によって制限超過部分を支払ったものということはできないと解するのが相当である.」

【関連条文】

利息制限法（1954年）**1条**：「金銭を目的とする消費貸借上の利息の契約は，その利息が左の利率により計算した金額をこえるときは，その超過部分につき無効とする．元本が十万円未満の場合　年二割，元本が十万円以上百万円未満の場合　年一割八分，元本が百万円以上の場合　年一割五分」．

当時の**貸金業の規制等に関する法律**（1983年）**43条**（「みなし弁済」規定）の要旨：貸主が①貸金業者の登録を受け，②貸付の際に法で定められた項目が記載された書類を借主及び保証人に渡し，③返済の際に法で定められた項目が記載された受け取り証書を債務者に遅滞なく渡し，④借主が利息制限法を越える金利を利息として任意に支払った場合は，「[利息制限法第1条第1] 項の規定にかかわらず，有効な利息の債務の弁済とみなす」．

【コメント】「見なし弁済」は，一旦は，後述の2-9-1判決（1964年），2-9-2判決（1968年）によって事実上無効となったのだが，サラ金業者が巻き返しを図り，与党を動かして1983年の貸金業規制法によって法認させた．本判決は，これを実質的に再度廃止にした判決である．

本判決で最高裁は，貸金業規制法43条をきわめて厳格に解釈した；すなわち，「任意に支払った場合は」の文言の「文字通りの適用」を貫いた．そして，「任意」でないことには「事実上にせよ強制を受け」ることも含まれるとし，かつ，期限の利益喪失約款は，「通常，債務者に対し，支払期日に約定の元本と共に制限超過部分を含む約定利息を支払わない限り，期限の利益を喪失し，残元本全額を直ちに一括して支払い，これに対する遅延損害金を支払うべき義務を負うことになるとの誤解を与え，その結果，このような不利益を回避するために，制限超過部分を支払うことを債務者に事実上強制することになる」から，債務者は事実上の強制を受ける（＝「任意に支払った」ことにならない），と判示した．この結果，サラ金契約に付きものの，「期限の利益喪失約款」を伴った貸金契約は，ほとんど機能しえないこととなった．

最高裁がこのような厳格な「文字通りの適用」を貫いた根拠は，「貸金業者の業務の適正な運営を確保し，資金需要者等の利益の保護を図ること等を目的として貸金業に対する必要な規制等を定める法の趣旨，目的（法1条）等にかんがみると」とあるように，目的論的解釈で，借り手保護を重視する点にあった．こうして本判決は，[E] 法律意思解釈から「文字通りの適用」を経て結

論に向かったのである．

　しかしながら，本判決の解釈は，次の点で説得力に欠けている．すなわち，サラ金で借りた人は誰でも，たとえ遅延損害金等が制限内であっても，〈支払いが遅れると期限の利益を喪失し，かつ遅延損害金を支払わなければならない〉ので，「しぶしぶ」返済するものだ．つまり，判決がいう「事実上にせよ強制を受け」て支払うという事態は，サラ金契約には一般的である．そして立法者は，〈サラ金契約に厳しい約款条項が付きものであり，したがって消費者は「しぶしぶ」の意識をもって，「事実上にせよ強制を受け」て支払うのだ〉という点を前提にした上で，43条であえて「任意に支払」うの語を使っているのである．実際には「任意」ではないが，それでも，その程度の「しぶしぶ」の支払いは，自分で承知の上で支払ったのだから，（超過部分は1条によって無効となるのだが）特則で「有効な弁済」とするということである（「擬制」については，『法哲学講義』第24章）．逆に言えば，43条で「任意に支払」っていないとは，判決が言うような程度の「事実上」の（心理的）強制とは別のもの，すなわち民法96条「詐欺又は強迫による意思表示は，取り消すことができる」の「詐欺」・「強迫」には入らないものの，法秩序上許されない，支払時の直接的強制を意味するとすべきである．これが，立法者意思である[29]．（このことは，遅延損害金等が制限超過部分か否かには関係ない；制限超過部分を支払わせるのは，不当だが，貸金業規制法43条がある以上，この点は争えない．「出資法」規定の金利を超えない限り，利息制限法の規定を越えるグレイゾーン金利であってもそれ自体としては違法とはならない）．

---

29) この点は，別の判決（不当利得返還請求事件，最高裁第三小法廷 2006 (H18) 年1月24日判決 LEX/DB-28110290『判例タイムズ』1205号93頁）で上田豊三裁判官が，次のように論じている：「期限の利益喪失条項がある場合において，債務者が約定利息を支払っても，そのことだけでその支払の任意性が否定されるものではないと解するのが相当である．このような場合に債務者が約定利息を支払う動機には様々なものがあり，約束をしたのでそれを守るという場合もあるであろうし，あるいは約定利息を支払わなければ期限の利益を失い，残元本全額と経過利息を直ちに一括して支払わなければならなくなると認識し，そのような不利益を回避するためにやむなく支払うという場合もあろうと思われる．前者の場合には，およそ約定利息の支払に対する心理的強制を債務者に及ぼしているとはいい難い．これに対し，後者の場合には，約定利息の支払に対する心理的強制を債務者に及ぼしていることは否定することができない．しかし，このような心理的強制は，詐欺や強迫あるいは同法21条で禁止している債権者等の取立行為と同視することのできる程度の違法不当な心理的圧迫を債務者に加え，あるいは違法不当に支払を強要するものとは評価することができず，なお債務者の「自由な」意思に基づく支払というべきである．」

この「名判決」は，以上の点で「迷判決」ではないかと思われる．最高裁は，このような（明白な立法者意思をも無視した）解釈によらず，不当な直接的強制を認定するか，利息制限法違反の利息支払いを認めている貸金業規制法43条を，やむをえず借金する困窮者が多い現状にかんがみ，〈かれらの弱みにつけ込む条項として，「正義・公平」の理念，すなわち条理に照らして許されない〉と判示するかすればよかったのではなかろうか（条理に訴えることは，けっしてdeus ex machina ではない．第3章参照）．

　【2-1-4の補論】「ヴェニスの商人」の判決――――――――――――――――――
　2-1-4の判決と同様に，人道的な動機から出発しかつ不細工な手口でその目的を達したのが，シェークスピアの有名な本喜劇に見られる判決である．参考のため，これを上の観点からここで扱っておく：この喜劇においてポーシャが扮する裁判官は，〈もしアントーニオがその借金を期限内に返済しなかった場合，シャイロックはアントーニオの身体のどこからでも肉1ポンドを切り取ることができる〉旨の，アントーニオとシャイロックの契約について，①「肉」とは文字通り肉だけであって，血を入れてはならない，②肉「1ポンド」は文字通り1ポンドであって，切り取る量がそれより多くても少なくてもいけない；これらに反すると，傷害・殺人の罪を問われる，と判示した（ここで問題になるのは，法律の解釈でなく契約の解釈であるが）．

　【コメント】ポーシャが扮する裁判官は，[E] 法律意思レヴェルの判断，すなわち夫の友人アントーニオの命を救おう・救うことが人道にかなうという判断を踏まえて，「文字通りの適用」に進み，結論に達したのである．しかし，この「名判決」は，実はとんでもない「迷判決」である：この種の契約解釈の場合，[A] 文理解釈のうち，語句の慣用，[C] 立法者意思（契約当事者の意思）の考察，ないし [D] 歴史的背景の考察（契約の基盤となる，世間の常識の認識）が必要である．それらの点からは，①「肉」とは血を付けたものであることは，自明の前提として含意されていた，という判断がごく自然に帰結する．イェーリング『権利のための闘争』も言っているように，肉屋で肉1ポンド（約500グラムの固まり）を注文して，「一切，血は取り除いてください」と言う人がいるだろうか．②また，「1ポンド」も，ある程度の近似値が許容されていた；とりわけ，本ケースのような場合，「1ポンド以下」しか切り取らない場合には，何の問題もない（債権者が，取り立て額をまけてやるのだから）ことになる．したがって，ポーシャの判決のような厳格な「文字通りの適用」は，ありえない．
　筆者のこのような解釈は，契約の文言を慣例・常識を踏まえて確認する解釈（そのことによって非常識な「文字通りの適用」は避ける）であるから，宣言的解釈である．

2-2 宣言的解釈

前述のように，［A］文理解釈に際して，法文が漠然としていて意味するところが不明確であるとき（一般条項の場合を含む），法文の意味について争いがあるとき，従来の法文の意味で処理する（「文字通りの適用」でいく）のでは不都合が生じるとき（明白な誤記の場合を含む）などには，解釈者が（論理分析・体系的連関の分析・資料分析等の学問的加工によって）主体的に意味を，確定したり，一般条項の場合には当面するケース向けに中身を特定したり，（対立する意味の中から）ヨリ妥当な，従来とは別の意味を選んだり，誤記を修正したりする必要がある．その結果，再定義された意味や，新たに選択された（従来とは別の）意味――拡張も縮小もされていない――で適用するのが，（「これが意味するところだ．これでいくのだ」というかたちを採るので）「宣言的解釈」die deklarative Interpretation である．したがって宣言的解釈は，［A］文理解釈を前提にしてはいる．ただ，それだけでは意味を確定できないと判断して，［B］他の条文や資料，［C］立法者の意図，［D］歴史的背景等をも参照するのである．

2-2-1 札幌税関検閲違憲訴訟判決

本件（輸入禁制品該当通知処分等取消請求事件，最高裁大法廷 1984（S59）年 12 月 12 日判決 LEX/DB-21080910 『最高裁判所民事判例集』38 巻 12 号 1308 頁）は，ヨーロッパより郵便で取り寄せたフィルム等が，税関職員によって，わいせつ物に当たるとして輸入を禁止された事件に関わる．原告は上告し，〈このような輸入規制は検閲に当たり，また国民の知る自由を事前に規制するから，憲法 21 条 2 項前段又は 1 項の規定に違反する；関税定率法 21 条 1 項 3 号の規定にある「公安又は風俗を害すべき」との文言は著しく不明確であり，このような基準による輸入規制は憲法 21 条 1 項，29 条及び 31 条の規定に違反する〉などとしてその違憲性を争った．最高裁は，次のように上告を棄却した：

「2　上告人は，関税定率法二一条一項三号の規定が明確性を欠き，その文言不明確の故に当該規定自体が違憲無効である旨主張するので，以下，この点について判断する．〔…〕

(一) 同法二一条一項三号は，輸入を禁止すべき物品として，「風俗を害すべき書籍，図画」等と規定する．この規定のうち，「風俗」という用語そのものの意味内容は，性的風俗，社会的風俗，宗教的風俗等多義にわたり，その文言自体から直ちに一義的に明らかであるといえないことは所論のとおりであるが，およそ法的規制の対象として「風俗を害すべき書籍，図画」等というときは，性的風俗を害すべきもの，すなわち猥褻な書籍，図画等を意味するものと解することができるのであつて，この間の消息は，旧刑法（明治一三年太政官布告第三六号）が「風俗ヲ害スル罪」の章の中に書籍，図画等の表現物に関する罪として猥褻物公然陳列と同販売の罪のみを規定し，また，現行刑法上，表現物で風俗を害すべきものとして規制の対象とされるのは一七五条の猥褻文書，図画等のみであることによつても窺うことができるのである．

　したがつて，関税定率法二一条一項三号にいう「風俗を害すべき書籍，図画」等との規定を合理的に解釈すれば，右にいう「風俗」とは専ら性的風俗を意味し，右規定により輸入禁止の対象とされるのは猥褻な書籍，図画等に限られるものということができ，このような限定的な解釈が可能である以上，右規定は，何ら明確性に欠けるものではなく，憲法二一条一項の規定に反しない合憲的なものというべきである．以下，これを詳述する．

　(二) 表現物の規制についての関係法令をみるのに，刑法の規定は前述のとおりであり，旧関税定率法（明治三九年法律第一九号）一〇条三号及びこれを踏襲した関税定率法二一条一項三号にいう「風俗を害すべき」との用語は，旧憲法の下においては，当時施行されていた出版法が「風俗ヲ壊乱スルモノ」を，また新聞紙法が「風俗ヲ害スルモノ」を規制の対象としていた関係規定との対比において，「猥褻」を中核としつつ，なお「不倫」その他若干の観念を含む余地があつたものと解され得るのである．しかしながら，日本国憲法施行後においては，右出版法，新聞紙法等の廃止により，猥褻物以外の表現物については，その頒布，販売等の規制が解除されたため，その限りにおいてその輸入を禁止すべき理由は消滅し，これに対し猥褻表現物については，なお刑法一七五条の規定の存置により輸入禁止の必要が存続しているのであつて，以上にみるような一般法としての刑法の規定を背景とした「風俗」という用語の趣旨及び表現物の規制に関する法規の変遷に徴し，関税定率法二一条一項三号にいう「風俗を害すべき書籍，図画」等を猥褻な書籍，図画等に限定して解釈することは，十分な合理性を有するものということができるのである．

　〔…〕表現の自由を規制する法律の規定について限定解釈をすることが許され

るのは，その解釈により，規制の対象となるものとそうでないものとが明確に区別され，かつ，合憲的に規制し得るもののみが規制の対象となることが明らかにされる場合でなければならず，また，一般国民の理解において，具体的場合に当該表現物が規制の対象となるかどうかの判断を可能ならしめるような基準をその規定から読みとることができるものでなければならない〔…〕．

　（四）これを本件についてみるのに，猥褻表現物の輸入を禁止することによる表現の自由の制限が憲法二一条一項の規定に違反するものでないことは，前述したとおりであつて，関税定率法二一条一項三号の「風俗を害すべき書籍，図画」等を猥褻な書籍，図画等のみを指すものと限定的に解釈することによつて，合憲的に規制し得るもののみがその対象となることが明らかにされたものということができる．また，右規定において「風俗を害すべき書籍，図画」とある文言が専ら猥褻な書籍，図画を意味することは，現在の社会事情の下において，わが国内における社会通念に合致するものといつて妨げない．そして，猥褻性の概念は刑法一七五条の規定の解釈に関する判例の蓄積により明確化されており，規制の対象となるものとそうでないものとの区別の基準につき，明確性の要請に欠けるところはなく，前記三号の規定を右のように限定的に解釈すれば，憲法上保護に値する表現行為をしようとする者を萎縮させ，表現の自由を不当に制限する結果を招来するおそれのないものということができる．

　（五）以上要するに，関税定率法二一条一項三号の「風俗を害すべき書籍，図画」等の中に猥褻物以外のものを含めて解釈するときは，規制の対象となる書籍，図画等の範囲が広汎，不明確となることを免れず，憲法二一条一項の規定の法意に照らして，かかる法律の規定は違憲無効となるものというべく，前記のような限定解釈によつて初めて合憲なものとして是認し得るのである．

　そして，本件のように，日本国憲法施行前に制定された法律の規定の如きについては，合理的な法解釈の範囲内において可能である限り，憲法と調和するように解釈してその効力を維持すべく，法律の文言にとらわれてその効力を否定するのは相当でない．」

　4名の反対意見：「多数意見は，関税定率法二一条一項三号の「風俗を害すべき書籍，図画」等を猥褻表現物に限ると限定解釈をした上で，合憲であるという．しかし，表現の自由が基本的人権の中でも最も重要なものであることからすると，これを規制する法律の規定についての限定解釈には他の場合よりも厳しい枠があるべきであり，規制の目的，文理及び他の条規との関係から合理的に導き出し得

る限定解釈のみが許されるのである.「風俗を害すべき書籍,図画」等を猥褻表現物に限るとする解釈は,右の限界を超えるものというべきであるのみならず,右のような解釈が通常の判断能力を有する一般人に可能であるとは考えられない.」

　【関連条文】当時の**関税定率法 21 条**:「左の各号に掲げる貨物は,輸入してはならない.〔…〕三　公安又は風俗を害すべき書籍,図画,彫刻物その他の物品」
　(関税定率法等の一部を改正する法律(2006 年)により,関税定率法旧第 21 条第 1 項は,関税法第 69 条の 11 になった.**関税法 69 条の 11**:「次に掲げる貨物は,輸入してはならない.七　公安又は風俗を害すべき書籍,図画,彫刻物その他の物品(次号に掲げる貨物に該当するものを除く.)」)

【コメント】「風俗を害すべき」という語句の意味を「わいせつ表現であること」に限定するのであるから,これは縮小解釈をしているように見える.しかし,ここでの作業の主眼は,法文が漠然としており中身が不明なので,それを確定する作業にある.

　ある概念の意味がもともとはっきりしている場合(たとえば 4-1-3「猿払事件旭川地裁判決」の「公務員」,2-5-2「共犯者の自白」の「自白」など)において,〈それを本ケースでそのまま適用するのでは問題が起こる;そこまでの適用は許されない〉などとして意味を狭くとり,構成要件の中身を限定したり,論理的には包摂されるケースの一部に適用をしないのは,縮小解釈である.

　しかし本件では,「風俗を害すべき」があいまいであることが出発点を成している.事情がちがうのである.本件のような解釈を「限定解釈」と呼び,それによって合憲とする手法を「合憲限定解釈」と呼ぶが,以上の点からしてそれは,縮小解釈のことではない(「文字通りの適用」でももちろんない).ここでおこなわれているのは,漠然としている概念を明確化する作業,すなわち宣言的解釈である.

　後述のように最高裁は,猿払事件や全逓中郵事件・全農林警職法闘争事件の判決においても「限定解釈」の語を使っている.たとえば全農林警職法闘争事件判決は,次のように言う:「しかしながら,国公法九八条五項,一一〇条一項一七号の解釈に関して,〔…〕公務員の行なう争議行為のうち,同法によって違法とされるものとそうでないものとの区別を認め,さらに違法とされる争議行為にも違法性の強いものと弱いものとの区別を立て,あおり行為等の罪として刑事制裁を科されるのはそのうち違法性の強い争

議行為に対するものに限るとし，あるいはまた，あおり行為等につき，争議行為の企画，共謀，説得，慫慂，指令等を争議行為にいわゆる通常随伴するものとして，国公法上不処罰とされる争議行為自体と同一視し，かかるあおり等の行為自体の違法性の強弱または社会的許容性の有無を論ずることは，いずれも，とうてい是認することができない．〔…〕いずれにしても，このように不明確な限定解釈は，かえって犯罪構成要件の保障的機能を失わせることとなり，その明確性を要請する憲法三一条に違反する疑いすら存するものといわなければならない．」この議論が妥当かはともかくとして，ここでは，「公務員」や「争議行為」，「あおり行為」など，すでにかなり明確である構成要件が前提になっている．それらの構成要件に該当する行為を，〈条文はこの程度のものまで規制してはいない・この程度の行為には違法性はない〉として処罰しない解釈，すなわち刑法上の縮小解釈に関わっている．同様に「限定解釈」の語を使うにしても，〈猿払事件や全逓中郵事件・全農林警職法闘争事件の判決でおこなわれているのは縮小解釈であり，札幌税関事件（や後述の 2-2-2 事件）では宣言的解釈がおこなわれているのだ〉ということを弁えていなければならない．

　判決はどのようにして，こうした解釈にいたったか．それは，〔B〕体系的解釈によってである．判決によれば，旧刑法（1880 年）には「風俗ヲ害スル罪」と題した章があったが，そこでは「書籍，図画等の表現物に関する罪として猥褻物公然陳列と同販売の罪」のみが規定されていた．加えて，現行の刑法が「表現物で風俗を害すべきものとして規制の対象と」しているのは「一七五条の猥褻文書」だけである．この二点から，「風俗を害す」ものとは，今日では「わいせつ」物だけを意味することは明らかだ，と判決は言う．

　この議論には，疑問がある．第一に，〔D〕歴史的解釈としておかしい：

（i）　判決は，旧刑法第 6 章「風俗ヲ害スル罪」の中に「書籍，図画等の表現物に関する罪として猥褻物公然陳列と同販売の罪のみを規定し」てあると言う．確かにその中の 259 条は，「風俗ヲ害スル冊子図画其他猥褻ノ物品ヲ公然陳列シ又ハ販売シタル者ハ四円以上四十円以下ノ罰金ニ処ス」とあり，「風俗ヲ害スル」と「猥褻ノ」とが対応させられている．しかし他方，その中の 263 条は「神祠仏堂墓所其他礼拝所ニ対シ公然不敬ノ所為アル者ハ二円以上二十円以下ノ罰金ニ処ス」となっている．周知のように，不敬罪（旧刑法 117 条）は，天皇等に対する「不敬ノ所為」を罰したのだが，そこでは「不敬」に当たる「表現物」（表現行為や出版）も罰せられた．だとすると，263 条もまた「不敬ノ所為」として「表現物」に関わる行為を含む可能性がある．よって，旧刑法第

6章「風俗ヲ害スル罪」の中の「書籍，図画等の表現物に関する罪として規制の対象と」されているのは「猥褻文書」だけだった，とは言えない（なお，民法90条，法例2, 33条でも，「風俗」は「わいせつ」に限定されていない）．

(ii) 判決によれば，関税定率法21条1項3号の「風俗を害すべき書籍，図画」の基になっている規定は，1906年の旧関税定率法10条3号であるが，この1906年当時には，出版法が「風俗ヲ壊乱スルモノ」を，また新聞紙法が「風俗ヲ害スルモノ」を規制対象としていた．その際，「風俗を害す」ものには，「わいせつ物」だけではなく「不倫」も入っていた．だとすると，逆に，「風俗を害す」ものとは，本来「わいせつ物」だけを意味していなかったことになる．判決は，「日本国憲法施行後においては，右出版法，新聞紙法等の廃止により，猥褻物以外の表現物については，その頒布，販売等の規制が解除されたため」，「わいせつ」だけが「風俗を害すべき」の中身を成すようになっていることが明らかだ，というが，そのような議論は，刑法自体での「風俗」の概念がはっきり変わったことの根拠づけにはなっていないし（事実上の妥当範囲が変ったにすぎない），そのような推論を踏まえなければ確認できない事実が，十分な明白性をもっているとも思えない．

第二に，[B] 体系的解釈としても，おかしい：刑法と関税定率法とは，法律の目的・手段が異なる．すなわち，刑法はわいせつ物を陳列・販売する者を事後的に罰す（すでに見た者は罰せられない）のに対し，関税定率法は，わいせつ物を見るだけの者からも，水際作戦での事前の排除によって，見る可能性を奪う．関税定率法では，刑法（＝事後の処罰）以上のこと（＝国内での表現を事前抑制で不可能にし，他の人びとが見ることをも許さなくする措置）がおこなわれているのであるから，刑法に関わる事実を持ち出すだけでは不十分である．

2-2-2 福岡県青少年保護育成条例違反事件判決

本件（最高裁大法廷1985 (S60) 年10月23日判決 LEX/DB-27803700 『最高裁判所刑事判例集』39巻6号413頁）は，相手の女性が18歳未満であることを知りながら，ホテルで性交し標記条例10条1項（「何人も青少年に対し，淫行又はわいせつの行為をしてはならない．」）に違反したとして，ある成人男性が訴追された事件に関わる．被告人は，「青少年とその自由意思に基づいて行う性行為についても，それが結婚を前提とする真摯な合意に基づくものであるような場合

を含め，すべて一律に規制しようとするものであるから」処罰の範囲が広すぎ，かつ「淫行」の語があいまいで，憲法 31 条に違反すると主張したが，最高裁は次のように述べてその上告を棄却した：

　「本条例は，青少年の健全な育成を図るため青少年を保護することを目的として定められ（一条一項），他の法令により成年者と同一の能力を有する者を除き，小学校就学の始期から満一八歳に達するまでの者を青少年と定義した（三条一項）上で，「何人も青少年に対し，淫行又はわいせつの行為をしてはならない.」（一〇条一項）と規定し，その違反者に対しては二年以下の懲役又は一〇万円以下の罰金を科し（一六条一項），違反者が青年少者であるときは，これに対して罰則を適用しない（一七条）こととしている．これらの条項の規定するところを総合すると，本条例一〇条一項，一六条一項の規定（以下，両者を併せて「本件各規定」という．）の趣旨は，一般に青少年が，その心身の未成熟や発育程度の不均衡から，精神的に未だ十分に安定していないため，性行為等によつて精神的な痛手を受け易く，また，その痛手からの回復が困難となりがちである等の事情にかんがみ，青少年の健全な育成を図るため，青少年を対象としてなされる性行為等のうち，その育成を阻害するおそれのあるものとして社会通念上非難を受けるべき性質のものを禁止することとしたものであることが明らかであつて，右のような本件各規定の趣旨及びその文理等に徴すると，本条例一〇条一項の規定にいう「淫行」とは，広く青少年に対する性行為一般をいうものと解すべきでなく，青少年を誘惑し，威迫し，欺罔し又は困惑させる等その心身の未成熟に乗じた不当な手段により行う性交又は性交類似行為のほか，青少年を単に自己の性的欲望を満足させるための対象として扱つているとしか認められないような性交又は性交類似行為をいうものと解するのが相当である．けだし，右の「淫行」を広く青少年に対する性行為一般を指すものと解するときは，「淫らな」性行為を指す「淫行」の用語自体の意義に添わないばかりでなく，例えば婚約中の青少年又はこれに準ずる真摯な交際関係にある青少年との間で行われる性行為等，社会通念上およそ処罰の対象として考え難いものを含むこととなつて，その解釈は広きに失することが明らかであり，また，前記「淫行」を目にして単に反倫理的あるいは不純な性行為と解するのでは，犯罪の構成要件として不明確であるとの批判を免れないのであつて，前記の規定の文理から合理的に導き出され得る解釈の範囲内で，前叙のように限定して解するのを相当とする．このような解釈は通常の判断能力を有する一般人の理解にも適うものであり，「淫行」の意義を右のように

解釈するときは，同規定につき処罰の範囲が不当に広過ぎるとも不明確であるともいえないから，本件各規定が憲法三一条の規定に違反するものとはいえず，憲法一一条，一三条，一九条，二一条違反をいう所論も前提を欠くに帰し，すべて採用することができない．」

【関連条文】福岡県青少年保護育成条例 10 条 1 項：「何人も青少年に対し，淫行又はわいせつの行為をしてはならない．」は，現在は，福岡県青少年健全育成条例 31 条「何人も，青少年に対し，いん行又はわいせつな行為をしてはならない」となっている．

【コメント】本判決は，福岡県青少年保護育成条例 10 条 1 項にある「淫行」の範囲が不明確であること自体は認める．しかし「淫行」という語の意味は，本条が立法目的にしているものは何かを考えることによって（すなわち [E] 目的論的解釈をおこなうことによって）確定できる，とする．判決は言う：「本条例一〇条一項，一六条一項の規定（以下，両者を併せて「本件各規定」という．）の趣旨は，一般に青少年が，その心身の未成熟や発育程度の不均衡から，精神的に未だ十分に安定していないため，性行為等によって精神的な痛手を受け易く，また，その痛手からの回復が困難となりがちである等の事情にかんがみ，青少年の健全な育成を図るため，青少年を対象としてなされる性行為等のうち，その育成を阻害するおそれのあるものとして社会通念上非難を受けるべき性質のものを禁止することとしたものである」と．判決は，この認識を基礎にして，「淫行」という語の意味を，青少年の人格を傷つける性的関係，すなわち「青少年を誘惑し，威迫し，欺罔し又は困惑させる等その心身の未成熟に乗じた不当な手段により行う性交又は性交類似行為のほか，青少年を単に自己の性的欲望を満足させるための対象として扱っているとしか認められないような性交又は性交類似行為」だと解釈した．これも，あいまいな語を確定する解釈，すなわち宣言的解釈である．[E] から宣言的解釈を経て結論にいたったのである．

ここでも，〈「淫行」という語の本来広い意味を限定して適用したのだから，縮小解釈だ〉と言う人があるかも知れない．しかし，縮小解釈とは，条文中の明確な概念を，本来それに含まれるものの一部に対し，なんらかの配慮にもとづいて適用しないことである．これに対して，ここでおこなわれているのは，上の 2-2-1 の判決と同様，本来あいまいな概念の中身を確定する作業である．したがって，縮小解釈ではなく，宣言的解釈である．

しかしながら「淫行」の「淫」＝「淫らな」という語は，日常生活において，単に特定態様の性的行為だけではなく，「淫らな関係」・「淫らな話」といった用法と関連して，性行為をおこなうこと一般や，性行為に関わることがら一般を指すものでもある．とりわけ，自分の未成年の娘／息子が結婚もしないで或る成人男性／成人女性と性的関係（とくに不倫交際）にあることを知った親や，自分たちの女生徒がそういう関係にあることを知った学校関係者は，その成人男性／成人女性を，未成年をかどわかして「淫行」を働く，「淫らな」性行の者と見るであろう．この場合，それが「真摯な交際関係にあ」っても，上のような社会通念に規定されて「淫らな」行為に含まれるとされる可能性は大いにあり，論理的には，過度の取り締まり，それに伴う，恋愛行為に対する chilling effect が発生しかねない危険をともなっている．

2-2-3 外国人の基本的人権判決

本判決（外国為替及外国貿易管理法違反関税法違反物品税法違反被告事件判決，最高裁大法廷 1964 (S39) 年 11 月 18 日判決 LEX/DB-21020111 『最高裁判所刑事判例集』18 巻 9 号 579 頁）での争点は，「国民」に保障された基本的人権を日本において外国人にも享受させうるか，どのような理屈で享受させうるかの問題である．すなわちここでは，憲法 14 条の「国民」概念とその扱い方が争われており，これに決着を付ける作業が課題となる：

> 「憲法一四条は「すべて国民は，法の下に平等であつて，……」と規定し，直接には日本国民を対象とするものではあるが，法の下における平等の原則は，近代民主主義諸国の憲法における基礎的な政治原理の一としてひろく承認されており，また既にわが国も加入した国際連合が一九四八年の第三回総会において採択した世界人権宣言の七条においても，「すべて人は法の前において平等であり，また，いかなる差別もなしに法の平等な保護を受ける権利を有する．……」と定めているところに鑑みれば，わが憲法一四条の趣旨は，特段の事情の認められない限り，外国人に対しても類推さるべきものと解するのが相当である．」

【コメント】「法の下の平等」をできる限り外国人にも享受させるべきなのは，国際国家ないし人権尊重国家の常識である．しかしそれを憲法の規定に根拠づけるには，工夫を要する．判決は，憲法 14 条に言う「国民」とは日本国籍を

もつ人のことであるが，世界人権宣言の7条などとの[B]体系的連関からして，外国籍の人にも類推適用するのだとした．類推だと言いたくなるのは，理解できる．後述のように「国民」を拡張解釈して外国人を含めるというのは不可能なので，解釈者は――「宣言的解釈」の概念をもっていなければ――「類推」の概念に飛びつく他ないのである．しかし，「類推」とするには，まず，〈憲法14条の「国民」とは，本来厳密な意味での国民だけを意味するのだ〉ということを証明しなければならない．これを前提にしつつ，〈しかし外国人にも適用する必要があるから〉として，同じ人間としての「本質的類似性」を根拠にして適用するのが，類推である．だが，この前提は，(α) 14条の成立事情（立法者意思）の点からも，(β) また基本的人権の性質の点からも，成り立ちえない．すなわち，

　(α) について　　憲法14条はマッカーサー草案では All natural persons となっており[30]，「国民」とはもともと無関係である．これを日本語に訳すとき，〈人権は「国民」に限定するべきだから〉として「国民」にした，という記録はない．すなわち，草案の文言，および日本人制定者がそれを公式に否定しなかった事実にかんがみると（[C]立法者意思），14条にある「国民」は，「すべての自然人」を「国民」の語で表現しただけのことである．（マッカーサー草案の他の条文に関しても同様に，The people of Japan が――「人びと」・「人民」ではなく――「国民」とされている．つまり日本国憲法の「国民」には，厳密な意味（＝日本国籍の保有者）と，ゆるやかな意味（＝「人びと」・「人民」）とがあるのだ．）

　(β) について　　ほとんどの基本的人権がもつ性質から考えても（＝[E]法律意思），同様の結論となる．すなわち基本的人権の多くは，人間が国家を形成する以前から人間として――国民としてではなく――もつ権利である．したがって，その権利の必然的帰結として，基本的人権が本来国民にのみ保障されていると考えるのは，まちがっている．（上告人も，「ここに国民とあるは日本国民を意味するがそれは現在の世界が国家と云う単位をその法体制の基礎としているから人間と云う表言を国民と云う表言にしているまでである」とする．）

　以上の2点によって，14条解釈は，上のように [C] ないし [E] の考察から出発しつつ，〈14条の規定は「国民」となっているが，ここで「国民」とは

---

30)　マッカーサー草案（1946年2月10日に成立）の13条前段には，All natural persons are equal before the law. とある．

実は「国内にある・国内活動が関係する，すべての人」を意味している〉とするかたちの方向にいく道を採る．この道は，①明らかに「文字通りの適用」ではない．「国民」の通常の意味は，「国籍保有者」であり，「外国人」は含まれない．②「国民」にあえて「外国人」を入れるのだとしたら拡張解釈だが，それでは或る概念にその反対概念を入れることになるので，不可能なことである．③上述のように「外国人」に類推適用するための前提条件もない．④そこでこの解釈は，宣言的解釈であるということになる[31]．

2-2-4 「火炎瓶は爆発物でない」判決

本判決（爆発物取締罰則違反被告事件，最高裁大法廷 1956 (S31) 年 6 月 27 日判決 LEX/DB-27680756 『最高裁判所刑事判例集』10 巻 6 号 921 頁）で問題となっているのは，火炎瓶が「爆発物取締罰則にいわゆる爆発物」に当たるかである．通常の観念では火炎瓶は，ものに当たって激しく燃え上がるのだから，爆発物である．しかし本判決は，次のように論じ，「爆発物」でないとした：

> 「爆発物取締罰則にいわゆる爆発物とは，理化学上の爆発現象を惹起するような不安定な平衡状態において，薬品その他の資材が結合せる物体であつて，その爆発作用そのものによつて公共の安全をみだし又は人の身体財産を害するに足る破壊力を有するものを指称すると解するのを相当とする．けだしこの罰則は爆発物に関する特別法として一般法たる刑法に対比し，互に相似する犯罪行為を規定する場合にも著しく重い刑罰を定めている外〔…〕著しく犯罪行為の範囲を拡大規定しているのであるが，それは一に爆発物がその爆発作用そのものによつて前段説示するような破壊力を有する顕著な危険物たることに着目したために外ならないからである．
> 　そしてここに「理化学上の爆発現象」というのは通常，ある物体系の体積が物理的に急激迅速に増大する現象（物理的爆発）及び物質の分解又は化合が極めて急速に進行しかかる化学変化に伴つて一時に多量の反応熱及び多数のガス分子を発生して体積の急速な増大を来たす現象（化学的爆発）を指すのである．従つて

---

31) 多くの裁判官は，手堅い処理への傾斜が強く，人びとに権利を付与すべきかどうかが問題になるときには，法律の文言にこだわって「権利」拡大に消極的になる．この点を前提にすると，〈争いのない〈国民の人権〉を，（人として同じだから，として）外国人にも類推適用する〉，あるいは（人一般を保護する法意だからとして）比附するかたちの方が，親実務的であろう．

塩素酸カリウムを主剤として製作されるマッチ軸頭薬の如きも理化学上の爆発現象を起し得るものたること勿論であろうけれど，その薬量極めて僅少であり，その爆発に当つても多量の反応熱を生ずることもなく，また多数のガス分子を生成することもなく爆発作用そのものによる直接の破壊力の認められないようなものは，もとよりこの罰則にいわゆる爆発物ということはできない．

　事実審において適法に確定されたところによれば，本件火焔瓶はガラス瓶に濃硫酸と揮発性油を入れ瓶の外側に塩素酸カリウムを紙片に塗つて貼付した構造のもので，これを路面床板などに投げて瓶を破壊すると，瓶外側に附着してある塩素酸カリウムに内部の濃硫酸が接触化合して化学反応を生じ爆発的分解による発火が起り，これが瓶の破壊によつて同時に撒布された揮発性油に引火し燃焼作用が起るものであつて，右塩素酸カリウムと濃硫酸が接触すれば化学の爆発が起るけれど，<u>その爆発は塩素酸カリウムの量が僅少であるため爆発作用そのものによる直接の破壊力は認められず，また右発火により揮発性油に引火燃焼して人の身体財産を損傷することもあり得るが，この場合も硫酸の代りにマッチで点火した場合と燃焼の時間範囲と燃焼程度において同一である</u>というのである．〔…〕もしそれ，本件火焔瓶の如きものが公共の安全をみだす危険物であり，<u>これが製造及び行使等を特段に取締る必要があるとすれば，須らく特別なる立法に俟つ外はない</u>のであつてこの事たるや罪刑法定主義の原則に照らし多言を要しないところである．」

【コメント】本判決は，爆発物取締罰則（1885 年施行の前時代的法律）が刑法に比して重い刑（死刑・無期を含む）を定めていることにかんがみて，「爆発物」の概念を厳密に定義しようとする（これも，〔E〕「法律意思」に関わる判断である）．そこで判決は，「爆発」・「爆発現象」とは何か，を科学的に考える．そしてそれを踏まえて「爆発物」の定義をおこない，それに照らすと火炎瓶がどう見えてくるか，したがってそれは法的にどう位置づけられるか，を考える．

　判決が確認した「爆発」・「爆発現象」とは，「ある物体系の体積が物理的に急激迅速に増大する現象（物理的爆発）及び物質の分解又は化合が極めて急速に進行しかかる化学変化に伴つて一時に多量の反応熱及び多数のガス分子を発生して体積の急速な増大を来たす現象（化学的爆発）」であった．このような「爆発現象」がある場合には，公共の安全に対する大きな危険が生じる．「爆発物」とは，こうした「爆発」・「爆発現象」を起こす物体である．判決は，こう

いうかたちで，まず「爆発物」の科学的定義を得た．

判決は次に，本件での火炎瓶（立法当時には存在しなかった）がこの「爆発物」に入るかを考える．そして判決は，この火炎瓶は，日常用語としては爆発する物体であろうが，ここでは少量の塩素酸カリウムが濃硫酸に接触して燃焼現象を起こすだけで，激しい「化学変化に伴つて一時に多量の反応熱及び多数のガス分子を発生して体積の急速な増大を来たす現象（化学的爆発）」は伴わないのであるから，「爆発物」には該当しないとしたのである．

判決はここでは，「爆発物」という語と火炎瓶という対象物との関係についての通常の観念を科学的厳密化によって崩した．法文のそれ自体の意味が日常的意味と科学的意味とに分かれる場合に，後者を採るのも，〔A〕文理解釈である．判決はこれを踏まえた意味選択によって，宣言的解釈を経て結論にいたったのである．

後述のように (235 頁)，日本の最高裁判決を分析したドイツの或る学者は，「〔日本の〕最高裁判所の判決の中には，細かく要素に分け一つひとつ検討していく (detailliert-diskursive) ものはなく，根拠づけがきわめて簡単であるものが多い」と言っている．しかし，日本の最高裁でも，条文のこういう緻密な適用（「包摂」の作業）をおこなうことがないわけではないのである（他に，2-2-6，2-8-4，4-1-1，4-1-2 も）．

2-2-5　退職願撤回容認判決

本判決（解職処分取消請求事件，最高裁第二小法廷 1959 (S34) 年 6 月 26 日判決 LEX/DB-27002560 『最高裁判所民事判例集』13 巻 6 号 846 頁）は，退職願を出し，免職辞令の交付前にそれを撤回したケースに関わる．教育委員会が 55 歳以上の者に勇退を求めたところ原告の教員がそれに応えて退職願を出した．しかしかれは，そのあとで，退職願を出さなかった 55 歳以上の同僚がいることを知り，「聞知後遅怠なく，かつ退職願の提出後一週間足らずの間」に，教育委員長に電話で退職願撤回の意思を伝えた．ところが教育委員会は，撤回を認めず，退職手続を進めてしまった．この件につき最高裁は，〈退職願は，いつから撤回できなくなるか〉を示した明文規定がないため，ものごとの道理を考えつつ法命題を引き出し適用する道をとった．そして，〈免職辞令の交付前は，撤回可能である〉とし，それでもって判示した：

「公務員の退職願の撤回がいつまで許されるかは，この点につき明文の規定を欠く現行法の下では，一般法理上の見地からこれを決定せざるを得ない．この見地から考えれば，退職願の提出者に対し，免職辞令の交付があり，免職処分が提出者に対する関係で有効に成立した後においては，もはや，これを撤回する余地がないと解すべきことは勿論であるが，その前においては，退職願は，それ自体で独立に法的意義を有する行為ではないから，これを撤回することは原則として自由であると解さざるを得ず，退職願の提出に対し任命権者の側で内部的に一定の手続がなされた時点以後絶対に撤回が許されないとする論旨の見解は，明文の規定のない現行法の下では，これをとることはできない．ただ，免職辞令の交付前において，無制限に撤回の自由が認められるとすれば，場合により，信義に反する退職願の撤回によつて，退職願の提出を前提として進められた爾後の手続がすべて徒労に帰し，個人の恣意により行政秩序が犠牲に供される結果となるので，免職辞令の交付前においても，退職願を撤回することが信義に反すると認められるような特段の事情がある場合には，その撤回は許されないものと解するのが相当である．本件において，原審の認定する事情によれば，退職願の提出は，被上告人の都合に基き進んでなされたものではなく五五才以上の者に勇退を求めるという任免権者の側の都合に基く勧告に応じてなされたものであり，撤回の動機も，五五才以上の者で残存者があることを聞き及んだことによるもので，あながちとがめ得ない性質のものである．しかも，撤回の意思表示は，右聞知後遅怠なく，かつ退職願の提出後一週間足らずの間になされており，その時には，すでに任免権者である村教育委員会において内部的に退職承認の決議がなされていたとはいえ，被上告人が退職願の提出前に右事情を知つていた形跡はないのみならず，任免権者の側で，本人の自由意思を尊重する建前から撤回の意思表示につき考慮し善処したとすれば，爾後の手続の進行による任免権者の側の不都合は十分避け得べき状況にあつたものと認められる．かような事情の下では，退職願を撤回することが信義に反すると認むべき特段の事情があるものとは解されないから，被上告人の退職願の撤回は，有効になされたものと解すべきである．」

【コメント】最高裁は，ケースを処理するのに直接使える明文の規定がないため，民法1条2項（「権利の行使及び義務の履行は，信義に従い誠実に行わなければならない．」）に依拠した（その限りでは，根拠条文は存在している）．しかしここでも，「信義に従い誠実に行わなければならない」は，抽象的であるため，それだけでは本ケース向けに中身が決まらない．このため最高裁は，〈本件におい

て「信義に従い誠実に行」うとは，どういうことを意味するか〉と，その中身を特定しようとした．その際，最高裁は，①退職願の法的性質，②免職辞令の交付前に撤回できるとすることが，もたらすマイナス点，および③退職願を出した者の事情（出した理由・撤回した理由）を検討対象にした．

そして最高裁は，①については，退職願そのものは，「それ自体で独立に法的意義を有する行為ではないから，これを撤回することは原則として自由である」とし，②については，マイナス点を認めず，③については，本ケースでは本人が退職願を出したのは，〈55歳以上の者は勇退しなければならないのだから，みんな勇退するだろう〉と誤って判断したのだ；勇退勧奨に応じなかった者がいることを聞知したあとで，かれが「遅怠なく，かつ退職願の提出後一週間足らずの間」に撤回したのは，このことを物語っている，と見た．最高裁は，これらの考慮にもとづいて，撤回は「あながちとがめ得ない性質のものである」としたのである．

最高裁は，このように民法1条2項をにらみつつ，法生活（＝法秩序）上で広く妥当とされるあり方（道理 ratio legis）を考え（［E］法律意思），そこから撤回がいつまで可能かについての原則をつくり，それを本件の事情に応用して，撤回に「信義に反すると認むべき特段の事情があるものとは解されないから」，依願免職処分は無効だとしたのである．

一般条項の解釈の場合，条文の文言からの演繹（法文の分析）で処理すること（すなわち「文字通りの適用」）は不可能である（一般条項については，縮小解釈や類推等もありえない）．一般条項の解釈の場合，人は〈本ケースでは，何が「信義・誠実」等に当たるか〉を，［E］法律意思等を考察することによって確定していく，すなわち一般条項の中身づけをおこなうのである．したがって，解釈は，意味が漠然とした条文を，法学的作業によって〈このケースでは，こういう意味だ〉と特定する，宣言的解釈のかたちを採る[32]．

2-2-6 「譲渡担保か買戻特約付契約か」判決

本件（最高裁第三小法廷 2006（H18）年2月7日判決　LEX/DB-28110352 『最高裁判所民事判例集』60巻2号480頁）は，土地について「買戻約款付土地建物売買

[32) 同様の指摘が，広中俊雄『民法解釈方法に関する十二講』（有斐閣，1997）73頁以下にある．

契約書」という標題が付された契約書を締結した両当事者のうち，一方が〈この契約は，標題通り真正な買戻特約付売買契約だ〉と主張し，他方が〈それは実質的には譲渡担保契約であった〉と主張して争っている事件である．高裁は，これを真正な買戻特約付売買契約だとした．これに対し最高裁は，実態を次のように把握して，譲渡担保契約だとした：

「しかしながら，原審の上記判断は是認することができない．その理由は，次のとおりである．
　(1)　真正な買戻特約付売買契約においては，売主は，買戻しの期間内に買主が支払った代金及び契約の費用を返還することができなければ，目的不動産を取り戻すことができなくなり，目的不動産の価額（目的不動産を適正に評価した金額）が買主が支払った代金及び契約の費用を上回る場合も，買主は，譲渡担保契約であれば認められる清算金の支払義務（最高裁昭和42年（オ）第1279号同46年3月25日第一小法廷判決・民集25巻2号208頁参照）を負わない（民法579条前段，580条，583条1項）．このような効果は，当該契約が債権担保の目的を有する場合には認めることができず，買戻特約付売買契約の形式が採られていても，目的不動産を何らかの債権の担保とする目的で締結された契約は，譲渡担保契約と解するのが相当である．
　そして，真正な買戻特約付売買契約であれば，売主から買主への目的不動産の占有の移転を伴うのが通常であり，民法も，これを前提に，売主が売買契約を解除した場合，当事者が別段の意思を表示しなかったときは，不動産の果実と代金の利息とは相殺したものとみなしている（579条後段）．そうすると，買戻特約付売買契約の形式が採られていても，目的不動産の占有の移転を伴わない契約は，特段の事情のない限り，債権担保の目的で締結されたものと推認され，その性質は譲渡担保契約と解するのが相当である．
　(2)　前記事実関係によれば，本件契約は，目的不動産である本件建物の占有の移転を伴わないものであることが明らかであり，しかも，債権担保の目的を有することの推認を覆すような特段の事情の存在がうかがわれないだけでなく，かえって，①被上告人が本件契約を締結した主たる動機は，別件貸付けの利息を回収することにあり，実際にも，別件貸付けの元金1000万円に対する月3分の利息9か月分に相当する270万円を代金から控除していること，②真正な買戻特約付売買契約においては，買戻しの代金は，買主の支払った代金及び契約の費用を超えることが許されないが（民法579条前段），被上告人は，買戻権付与の対価と

して，67万5000円（代金額750万円に対する買戻期間3か月分の月3分の利息金額と一致する．）を代金から控除しており，上告会社はこの金額も支払わなければ買戻しができないことになることなど，本件契約が債権担保の目的を有することをうかがわせる事情が存在することが明らかである．

したがって，本件契約は，真正な買戻特約付売買契約ではなく，譲渡担保契約と解すべきである〔…〕．」

【コメント】事実認定の問題に見えるが，契約の種類（その契約が保護する法的関係）について当事者が争っており，本契約のどの点をどの程度評価することによって〈全体をどう構成しどの種の契約だと判断するか〉が問題なのである．したがって，条文の解釈と同じく，[A] 文理のほか，[D] コンテクスト，[E]「事物のもつ論理」・帰結の考察が重要となる．

高裁が真正な買戻特約付売買契約だとした理由は，次のとおりである：①契約書の標題が「買戻約款付土地建物売買契約書」となっている．②買戻権付与の対価として支払われた「675,000円」分の領収証には，貸付金の利子であるとの記載がない．③売り主の〈土地の時価が買い手から受け取った額に比してはるかに低額であり，売買であるはずがない〉とする主張には，それを裏付ける証拠がない．以上の全体を踏まえて高裁は，契約書（の標題や記載事項）の [A] 文理解釈（法文自体の意味）を重視し，それを [E]「事物のもつ論理」などによって補強しつつ，「文字通りの適用」によって処理したのである．

これに対して最高裁は，次の点を踏まえるかたちで実質的に考えて，「買戻約款付土地建物売買契約書」という標題があるものの，その中身からすると「譲渡担保」だとした（＝標題の「文字通りの適用」を避けて，標題にはない別の概念に当てはめた）：①売買契約後も，売り主が目的不動産を占有し続けている．②買い手が「本件契約を締結した主たる動機は，別件貸付けの利息を回収することにある」．③実際に，利子分が代金から控除されているので，利息回収が目的であることが分かる．④売り主は，買い戻しの際には，買い主が支払った金額以上の金額を支払うべきものとされているが，これは真正な買戻特約付売買契約では起こりえないことである．

最高裁のこの解釈は，本契約の実態がどういうものであるかを探り直し，それを買戻特約付売買および譲渡担保の，それぞれの [E]「事物のもつ論理」

に照らして整理し，意味ある全体に構成して種類を識別する作業を基礎にしている．最高裁はこうして，〈契約の中身を主体的に判断し，それを踏まえて全体を構成して特定の種類に当てはめる道〉，すなわち宣言的解釈への道を採ったのである．

2-3　拡張解釈

「拡張解釈」interpretatio extentiva とは，ある法文の概念を，「諸事項」を参照して，拡大させて適用することである．この作業のためには，そこまで概念を拡大させることに世間が納得してくれる必要がある（とくに，人民の権利を制限したり，その利益を損なう結果をもたらしたりする規定を拡張解釈することには，抵抗が多いから）．このため，拡張解釈には，一定の条件が必要である．具体的には，対象となるものが（関係する観点からして），法が予定している本来の対象とおよそ半分を越えるところまで似ている（その程度の「本質的類似性」をもっている）ことが求められる（注11参照）．「本質的類似性」がそこまでないのに，その条文を適用する場合は，類推，さらには比附などによる他ない．

2-3-1　「会社のジープ無断使用で事故」の判決

本判決（損害賠償請求事件，最高裁第三小法廷 1964（S39）年 2 月 4 日判決　LEX/DB-27001941『最高裁判所民事判例集』18 巻 2 号 252 頁）は，従業員が，会社の「ウイルス・ジープ」を無断で帰宅に利用し途中で交通事故を起こした不法行為に関わる．本判決は，それが民法 715 条に規定する「事業ノ執行ニ付キ」に該当するとした：

「このような事実関係の下においては，上告人岩根の本件事故当夜における右ジープの運行は，会社業務の適正な執行行為ではなく，主観的には同上告人の私用を弁ずる為であつたというべきであるから，上告会社の内規に違反してなされた行為ではあるが，民法七一五条に規定する「事業ノ執行ニ付キ」というのは，必ずしも被用者がその担当する業務を適正に執行する場合だけを指すのでなく，広く被用者の行為の外形を捉えて客観的に観察したとき，使用者の事業の態様，規模等からしてそれが被用者の職務行為の範囲内に属するものと認められる場合で足りるものと解すべきであるとし，この見地よりすれば，上告人岩根の前記行

為は，結局，その職務の範囲内の行為と認められ，その結果惹起された本件事故による損害は上告会社の事業の執行について生じたものと解するのが相当であるから，被用者である上告人岩根の本件不法行為につき使用者である上告会社がその責任を負担すべきものであるとした原審の判断は，正当である．」

【コメント】社員岩根は，会社の車を無断で私用に使ったのである．しかし判決は，利用の外形が公用と変わらない（「広く被用者の行為の外形を捉えて客観的に観察したとき，使用者の事業の態様，規模等からしてそれが被用者の職務行為の範囲内に属するものと認められる」）から，こういう場合には，被害者との関係では「公用」に入れて考え「民法七一五条に規定する「事業ノ執行ニ付キ」に当たるとした．

裁判所は取引的不法行為では，「被用者の職務執行行為そのものには属しないが，その行為の外形から観察して，あたかも被用者の職務の範囲内の行為に属するものとみられる場合をも包含する」としてきた（たとえば，最高裁第三小法廷 1965 (S40) 年 11 月 30 日判決）．その理由は，①権限外か否かは，被害者側からは見分けにくい．②会社に車の管理上，不備があった．③会社に社員採用・監督上，落ち度があった，などである．判決はまた，この外形理論・外形標準説を「使用者ノ事業ノ範囲内」にある限り非取引的不法行為に適用してきた．

本判決は，これを車の無断での私用のケースに及ぼしたのである（この適用そのものは，疑問である．被害者は，公用車だから安心して車にひかれたわけではない）．その際，本件の場合は，車が「ウイルス・ジープ」であり，これを社員岩根が日頃業務用に使っていた（第一審の認定）ことが重要である（この車種は，元は進駐軍が軍用に使っていたもので，当時の日本では，市民が自家用車にする車種ではなく，役所・会社等が業務用に使う点で，外形上「公用」性の高い車であった）．裁判所は，この点をも「公用」の判断要素とした．常識からすると，内実ともに「公用」である場合が法的に「公用」である．しかし裁判所は本判決では，内実が無断での私用でも公務用のものが使われて事故を起こした場合をも，「公用」に含まれるとした．したがってここでは，「公用」概念が拡張解釈されたと言える．

裁判所がどういう実質判断で拡張解釈をおこなったかは，示されていない．考えられる理由ないし動機は，次のようなものである：①被害者（一般人）か

ら見れば，〈「公用」性の強い車を使っている以上，（本当に公用であったか私用であったかとは別に，）会社の車が事故を起こし自分が被害を受けた〉と映るので，裁判官は，被害者のこうした認識（に立った訴え）を〈無理のないことだ〉と判断した．②被害者の視点を越えて本件を見てみても，〈無断で私用に使うような質の悪い社員を使っていたことが，会社の落ち度だ；その自己責任をとれ〉となる（控訴審は，「同会社が使用者たる岩根の監督につき相当の注意をなしたものと認めることはできない」としている）．③被害者保護の観点から政策的に配慮して，あえて「公用」にした可能性がある．社員個人の責任に限定すると——社員の資力の点でも自賠責保険の点でも——被害者は損害賠償が十分得られない（こういうケースでは，被害者の損失を社会的に分散した方がよい）．これらの判断は，[E] 法律意思に関わる判断である．判決はここでも，そこから出発し「落としどころ」を見定めつつ理由づけを探る法的構成を進めたのである．

なお，以上において，〈内実ともに公用であるものだけが「公用」で，本件は厳密には「私用」だ〉という前提に立った上で，〈しかし，退社時の「公用」車による事故である点では「公用」の要素も入っているので，「公用」に準じて扱う〉としたのであれば，類推である．

2-3-2 譲渡担保への課税事件判決

本判決（不動産取得税課税処分取消請求事件，最高裁第二小法廷 1973 (S48) 年 11 月 16 日判決　LEX/DB-21044401　『最高裁判所民事判例集』27 巻 10 号 1333 頁）は，債務者がその不動産に譲渡担保を設定し債権者名義にしたところ，東京都が不動産取得税をその債権者に課税したケースに関わる．最高裁は，こうした場合でも「所有権移転の形式による以上」，「不動産の取得」に当たるとして，東京都の上告を認めた：

「不動産取得税は，いわゆる流通税に属し，不動産の移転の事実自体に着目して課せられるものであつて，不動産の取得者がその不動産を使用・収益・処分することにより得られるであろう利益に着目して課せられるものではないことに照らすと，地方税法七三条の二第一項にいう「不動産の取得」とは，不動産の取得者が実質的に完全な内容の所有権を取得するか否かには関係なく，所有権移転の形式による不動産の取得のすべての場合を含むものと解するのが相当であり，譲

渡担保についても，それが所有権移転の形式による以上，担保権者が右不動産に対する権利を行使するにつき実質的に制約をうけるとしても，それは不動産の取得にあたるものと解すべきである．このことは，地方税法が七三条の二第一項において，原則的に，一切の不動産の取得に対する課税を規定したうえで，とくに七三条の三以下において，例外的に非課税とすべき場合を規定しながら，<u>譲渡担保による不動産の取得については非課税規定を設けていなかったこと</u>，および前記地方税法の改正規定においては，譲渡担保による不動産の取得も七三条の二第一項により課税の対象となることを前提としたうえで，とくに七三条の二七の二において納税義務を免除しあるいは徴収の猶予をする場合を定めていることとも符合する．

　原審が当事者間に争いのない事実として確定したところによれば，被上告人は譲渡担保として本件不動産の所有権の移転をうけたというのであるから，被上告人の右不動産の取得は，地方税法七三条の二第一項にいう「不動産の取得」にあたるものといわなければならない．そして，<u>地方税法七三条の七第三号は信託財産を移す場合における不動産の取得についてだけ非課税とすべき旨を定めたものであり，租税法の規定はみだりに拡張適用すべきものではないから，譲渡担保による不動産の取得についてはこれを類推適用すべきものではない</u>．そうすると，被上告人の本件不動産の取得に対し不動産取得税を課することは許されないとした原判決およびこれと同趣旨の第一審判決は，地方税法七三条の二第一項，七三条の七第三号の解釈適用を誤つた違法があり，右違法は判決に影響を及ぼすことが明らかであるから，論旨は理由があり，原判決は破棄を，第一審判決は取消を免れない.」

【関連条文】当時の**地方税法73条の7**（形式的な所有権の移転等に対する不動産取得税の非課税）：「道府県は，左の各号に掲げる不動産の取得に対しては，不動産取得税を課することができない．〔…〕

　三　委託者から受託者に信託財産を移す場合における不動産の取得（当該信託財産の移転が第七十三条の二第二項本文の規定に該当する場合における不動産の取得を除く.）」

【コメント】本判決は，次の点で問題がある．判決は，租税法はむやみに拡張・類推すべきでないと言いながら，第二の下線部分（63頁下から3行目以下）では，拡張解釈をしている．すなわち，「地方税法七三条の二第一項にいう「不動産の取得」とは，「不動産の取得者が実質的に完全な内容の所有権を取

得するか否か」には関係なく,「所有権移転の形式による不動産の取得のすべての場合を含む」という,としたのである.判決は,〈不動産取得税は,「不動産の移転の事実自体に着目して課せられるもの」だから,中身はともかく,登記簿に記載された以上,課税できる:登記簿通りの処理＝「文字通りの適用」でいける〉と考えた.だが,譲渡担保を原因とする名義変更は,(所有権説に立てばともかく,抵当権説によれば)所有権者が本当に変更したことを意味してはいない.ここでは帳簿上・法形式上では「不動産の移転」がおこなわれているものの,実際には移転は担保のためにすぎず,その結果,設定権者は,公示なくして物権的対抗権をもつ.また世間には,〈譲渡担保が判例で認められて久しいのだから,税法上の扱いもそれを前提にしているはずだ〉という常識がある.したがって,これに課税することは,「不動産の移転」の語の常用の意味に照らすと(＝文理解釈からすると),この語の不当な拡張解釈となる.(また別言すれば,「譲渡担保」の語の常用の意味に照らすと(＝文理解釈からすると),譲渡担保の効果を不当に縮減した,すなわち「譲渡担保」概念の不当な縮小解釈となる.)

　本最高裁判決は,「七三条の三以下において,例外的に非課税とすべき場合を規定しながら,譲渡担保による不動産の取得については非課税規定を設けてなかつたこと」を指摘し,反対解釈によって譲渡担保を非課税扱いしなかった.その理由は,〈租税法は,むやみに拡張・類推すべきでない〉という点にあった.しかし,このルールは,(刑法における被告人保護と同様な)被課税者保護のためのものである.そうだとすると,被課税者の利益のために拡張・類推(ないし「もちろん解釈」)をすることは,それが筋道の立つものである限りは,かまわないと思われる(現在においては,担保物権に関しては,物件の復帰による非課税が,設定後2年内に限り認められている).

　被課税者の利益のための拡張・類推については第一審(東京地裁 1964 (S39) 年7月18日判決　LEX/DB-21019432　『最高裁判所民事判例集』27巻10号1351頁)が,次のように述べている:

　　「広く譲渡担保と呼ばれるもののうちには,広狭さまざまの態様のものがあるが,いずれの場合においても,当事者間においては,<u>所有権の移転</u>は,<u>法律形式的,手段的意義をもつに過ぎず</u>,その経済的実質は,一種の担保方法と観念されるものであり,従ってその法律的構成においても,現行法の許す範囲で,できるかぎり,本来の経済

的，実質的目的を充足するのにふさわしい構成がとられている点において共通の特質があり，その点において，完全，実質的な所有権の移転の場合とは，趣きを異にするものがあることは否定し得ないところである。〔…〕

かような場合の税法の解釈適用に当たつては，行政庁は，問題の行為が経済的，実質的に考察して，法が課税対象として予想しているところのものと同一実質のものと断定し得ないかぎり，課税を放棄すべきものであり，その意味において，疑わしい場合には納税者に利益に，そして納税者に有利な方向において合理的類推解釈が可能であるかぎり，この途を選ぶことが，行政庁のとるべき態度であるといわねばならない．

ちなみに，当裁判所の見解によれば，税法の解釈適用に当たつては，法の予想するところを超えて実質的に新たな課税対象を創設若しくは課税対象を拡張し，又は納税者に不利益を来たす方向において類推ないし拡張解釈を行なうことは慎しまるべきものであるが，納税者の有利に，課税の公平，公正を図る方向において合理的類推解釈を行なうことは，これを禁ずべき理由はないものといわねばならない．」

東京地裁は，〈地方税法73条の7の第3号が規定する「委託者から受託者に信託財産を移す場合」とは，典型的ケースの例示であって，〈これだけしか非課税にしない〉という限定と解する理由がないのであるから，それを類推適用して，例外的に非課税とすべきだ〉としたのである．ただし，ここでおこなわれているのは，厳密に言えば，類推ではなく比附である．（信託と譲渡担保とが本質的に似ている，としているのではなく，）上記第3号から，〈法形式の面からはうかがわれない実際の法的関係を尊重する〉という精神，法原理を抽出し，本件に反映させたものだからである．

2-3-3 「鉄道会社は炭鉱経営できる」判決

本判決（大審院1931（S6）年12月17日判決　LEX/DB-27541177　『法律新聞』3364号17頁）は，鉄道会社が炭鉱経営をすることが民法34条の「定款ニ定メタル目的」に該当するかどうかの問題に関わっている：

「会社ハ定款ニ定メタル目的ノ範囲内ニ於テ権利ヲ有シ義務ヲ負フモノナレハ其ノ目的ノ範囲外ニ渉ル行為ヲ為ス能力ヲ有セサレトモ定款ニ定メタル目的ノ範囲ハ之ニ記載シタル文言ニ拘泥シテ制限的ニ解釈スヘキモノニ非スシテ其ノ記載文言ヨリ推理演繹シ得ヘキ事項ヲモ包含スルモノト解スヘキノミナラス定款ニ具体的ニ記載シタル事業ヲ遂行スルニ必要ナル事項モ亦目的ノ範囲内ニ属スルモノトシテ之ヲ為スノ能力ヲ有スルモノト謂ハサルヘカラス〔…〕而シテ或事項カ会社ノ定款ニ定メタル事業ヲ遂行スルニ必要ナルモノナルヤ否ハ各場合ニ付判断ス

ヘキ事実問題ニシテ鉄道事業ヲ経営スル株式会社カ炭坑採掘事業ノ兼営ニ依リ会社ノ金融ヲ図リ其ノ経済ヲ充実セシメントスル場合ナルニ於テハ其ノ採掘事業ハ会社ノ目的タル事業ヲ遂行スルニ必要ナルモノト謂フヲ得ヘク而カモ特別ナル事情ナキ限リハ其兼営ハ会社ノ金融ヲ図リ経済ヲ充実セシムル趣旨ニ出テタルモノト推測スヘキモノトス本件被上告会社カ福岡県鞍手郡西川村新延炭坑ニ於テ石炭ノ採掘権ヲ取得シ之カ登録ヲ為セルコトハ当事者間ニ争ナキ所ニシテ該採掘事業カ被上告会社ノ定款ニ明記ナキコト同炭坑ヨリ採掘スル石炭カ原料炭ニシテ燃料用ニ適セサルコトハ原判決ノ認定シタル所ナレトモ縦令其ノ石炭カ燃料用ニ適セサレハトテ之ヲ売却シ若ハ其ノ他ノ処分ヲ為シテ<u>会社ノ金融ニ資スルコトヲ得サルニ非サル</u>ヲ以テ斯カル事実ハ右採掘事業カ被上告会社ノ鉄道事業ヲ遂行スルニ必要ナラサルコトヲ判断スヘキ理由ト為スニ足ラサルモノトス」

【コメント】判決は,「定款ニ定メタル目的」を厳密に解釈することを排し,定款に目的として明示されていない営利行為についても,明示されている目的から論理的に帰結するなら,たとえば「会社ノ金融ヲ図リ其ノ経済ヲ充実セシメントスル場合ナルニ於テハ」,「定款ニ定メタル目的」に当たるとした.「定款ニ定メタル目的」の拡張解釈である.

しかしこのような判決の論理では,要するに儲かる仕事であれば何でもかまわないというものとなる.確かに儲かっているなら,誰も文句を言わないだろう.しかし,営利法人の営利行為が規制されているのは,定款に記されたこと以外の事業に手を出すと,準備不足で,儲からないどころか大損する危険があり,株主や融資銀行等が予想外の損失を被るからである.判決は,それが出されたのが大恐慌下の1931年なのに,まだ,儲かる場合のことだけを考えている.「推理演繹シ得ヘキ事項」が無限定すぎるのである.

2-3-4 未整備踏切での事故判決

本件(損害賠償請求事件,最高裁第二小法廷 1971 (S46) 年 4 月 23 日判決 LEX/DB-27000640 『最高裁判所民事判例集』25 巻 3 号 351 頁)は,警報機・遮断機がない未整備の第 4 種踏切(地方鉄道建設規程第 21 条第 3 項の「保安設備」を設置しなければならない踏切には該当しない)で 3 歳児が親の不注意のため一人歩きして列車にはねられた事故に関わる.東京高裁 (1965 (S40) 年 2 月 10 日 LEX/DB-27201210) は,警報機・遮断機がないことは「土地の工作物たる軌道施設

の設置に瑕疵あること」に該当する；規程上で設置義務がない踏切であっても民事責任は免れない，と判示した．最高裁は，これを支持した：

「列車運行のための専用軌道と道路との交差するところに設けられる踏切道は，本来列車運行の確保と道路交通の安全とを調整するために存するものであるから，必要な保安のための施設が設けられてはじめて踏切道の機能を果たすことができるものというべく，したがつて，土地の工作物たる踏切道の軌道施設は，保安設備と併せ一体としてこれを考察すべきであり，もしあるべき保安設備を欠く場合には，土地の工作物たる軌道施設の設置に瑕疵があるものとして，民法七一七条所定の帰責原因となるものといわなければならない．」

「踏切道における軌道施設に保安設備を欠くことをもつて，工作物としての軌道施設の設置に瑕疵があるというべきか否かは，当該踏切道における見通しの良否，交通量，列車回数等の具体的状況を基礎として，前示のような踏切道設置の趣旨を充たすに足りる状況にあるかどうかという観点から，定められなければならない．そして，保安設備を欠くことにより，その踏切道における列車運行の確保と道路交通の安全との調整が全うされず，列車と横断しようとする人車との接触による事故を生ずる危険が少なくない状況にあるとすれば，踏切道における軌道施設として本来具えるべき設備を欠き，踏切道としての機能が果されていないものというべきであるから，かかる軌道設備には，設置上の瑕疵があるものといわなければならない．」

　敗訴した京王電鉄の主張：(i) 踏切道は，人や自動車に対しては，道路の一部でもある．「踏切道は一方において鉄道乃至軌道であり，他方において道路である部分である．その機能は，列車電車等の運行するときは鉄道軌道として人，自動車等の通行するときは道路として使用にたえるということである．」

　(ii) 安全装置を設定していなければ，安全装置に「瑕疵があった」とは言えないから──709条の問題ではあっても──717条の問題ではない．「一旦保安設備が設けられた以上，その作動に欠陥がある場合（例えば遮断機の故障による不降下，警報器の停電等による不作動等）は，踏切とは別個の，土地工作物たる保安設備そのものの瑕疵としては否定できないが，初めから保安設備が存在しない場合には，企業者の保安設備の設置義務の有無，ひいては不設置という不作為による不法行為の成否として検討の余地はあつても，踏切の瑕疵として，踏切道所有者の無過失責任を云々することはできないのである．」

(iii) 709条については，努力しても第4種まで完全に整備することは不可能なので，過失はない．「結局すべての踏切を立体交叉にでもしなければ原裁判所の満足をえられないであろうということである．現在のわが国企業の経済力がこれに堪ええないことは何人にも明らかであろう．結局実際的な処理としては，この種小規模な踏切の廃止閉鎖の外に方法はないことになる．」

【関連条文】現民法717条：「土地の工作物の設置又は保存に瑕疵があることによって他人に損害を生じたときは，その工作物の占有者は，被害者に対してその損害を賠償する責任を負う．ただし，占有者が損害の発生を防止するのに必要な注意をしたときは，所有者がその損害を賠償しなければならない．」

同709条：「故意又は過失によって他人の権利又は法律上保護される利益を侵害した者は，これによって生じた損害を賠償する責任を負う．」

【コメント】本事件は，概念法学的法思考——これは法的思考の訓練のためそれなりに役立つ——を体験する格好の素材となる：

判決は，〈踏切施設は，列車が人車との接触なく走行するための施設であるので，軌道の一部である〉と考えた．その上で，〈保安設備（警報機・遮断機）を欠いた踏切をその一部とする軌道施設（の総体）は，「土地の工作物の設置又は保存に瑕疵があること」に該当する〉とし，民法717条の「文字通りの適用」で処理した（つもりである）．

これに対し，京王電鉄は，第一に，踏切施設は人車の側から見れば（線路の一部ではなく）道路の一部であり，道路上の工作物であるとする．京王電鉄は，第二に，「土地の工作物の設置又は保存に瑕疵がある」ことと「そもそも土地の工作物がない」こととは本質的に異なる，と主張する．この第二点からは，事故が起こったのは，民法709条には関わるが，717条には関わらないことになる．京王電鉄はその上で，全箇所に完全な踏切施設をつくるのは不可能だから，709条における過失責任を負わないと主張した．

思うに踏切は，第一義的には，電車が利用するためにあるのではない（電車が利用するのは，線路である）．踏切は，鉄道を横切って道路上を人車が通るためにある．つまり踏切は，線路にとっては本来的には例外的・障害的施設であり，踏切は第一義的には道路の一部である（第一義的には線路の一部ではない）．しかし，線路を引くということは，人車が通っていた道を遮断し通行妨害する行為であるから，鉄道側に対策義務がある．この見方からすれば，踏切施設は，鉄

道を敷設することに不可避的に伴う負荷施設である．この観点からは踏切は，線路の必須的部分であると言える．また，踏切に保守施設がなかったことは，踏切部分だけに注目すれば，たしかに「そもそも土地の工作物がない」ことになる．しかし，線路全体に位置づければ，線路の一部に構造上の欠陥，瑕疵があったことになる．それゆえ，717 条の「文字通りの適用」でいける条件は，かなりある．

　本判決のこの論理には，だが問題点もある．判決は，「保安設備を欠くことにより，その踏切道における列車運行の確保と道路交通の安全との調整が全うされず，列車と横断しようとする人車との接触による事故を生ずる危険が少くない状況にあるとすれば，踏切道における軌道施設として本来具えるべき設備を欠き，踏切道としての機能が果されていないものというべきであるから」と言う．踏切道の機能として「列車運行の確保」がある点を考えに入れたのである．確かに踏切道は「列車運行の確保」のためにあり，「列車運行」は線路の本来的機能である．したがって踏切は，この機能の点で〈線路の機能の一部〉とはなる．しかし判決は，他方では，踏切道が「道路交通の安全」の確保の機能をももっているとしている．この点に着目すると，踏切道は，〈道路の一部〉であることにもなる．

　要するに本ケースは，正確には，〈踏切は，その存在の大半が線路に関わり，残りが道路に関わる〉との認定の上で問題を考えねばならない．これを踏まえるならば，〈大半が線路に関わっている工作物に瑕疵があることも，線路に関わっている工作物に瑕疵があることに含まれる〉と議論するのが妥当な解釈ということになる（踏切がある以上，「純線路」ではない）．これは，線路に関わっている工作物に瑕疵があるという規定を，〈大半が線路に関わっている工作物に瑕疵がある〉にも及ぼす点で，拡張解釈である（「大半」とは，鉄道が走っていなければ踏切もなかったという点を考えると，「70％程度」というところだろう）．本件では，「線路」と「道路」をめぐって二者択一で一方を採って「文字通りの適用」で処理する思考では，不十分なのである．

　判決が，次の論理で 717 条を適用していたならば，類推でいったことになる．しかし判決は，この解釈は採用していない：〔踏切は，道路の一部であり線路の一部ではないが，その道路部分の管理は鉄道会社が責任を負うと認定した上で，〕717 条に言う「土地

の工作物の設置又は保存に瑕疵があること」は，本来は，すでに工作物が存在しておりそれに瑕疵があること，を意味するが，本件のように，そもそも工作物がない場合も，瑕疵があるのと同様に危険であるのだから，同じに扱うべきだ〉という論理で[33].

2-4 縮小解釈

前述のように，ある法文に関して，「諸事項」を参照して，その常用の意味を限定して適用する（＝あるケースについて，ある種の配慮にもとづいて，その一部に該当法文を適用をしない）のが「縮小解釈」interpretatio restrictiva である．

縮小解釈をするということは，立法者の意図するところにかなり限定を加えることである．この限定が強まると，限りなく反制定法的解釈に近づいていく．すなわち，縮小解釈は，立法者にとっては，解釈者が立法者の意図に反して法文を運用することを意味し，それゆえ気にくわないものである（拡張解釈の場合は，これとは反対に，立法者の意図することを解釈者がさらに促進してくれるのである．もっとも，立法者が〈ここまでしか認めない〉としている法文について認める範囲を拡張解釈する場合は別だが．199頁参照）．他方，人民の権利保障を縮小解釈によって限定するような場合には，関係人民の側から，反発が出る．

こうしたことのため，とりわけ縮小解釈をする際には，正統化・正当化が重要となる．この必要に応えるため，縮小解釈に際しては，様々な論点・理論・理念が活用される．たとえば，①〈この法律・制度の客観的目的ないし，上位の法律・憲法の指令からして，この条文はこのように限定的に解釈されるべきである〉とするのは，「目的論的縮小解釈」teleologische Reduktion である[34]．②これに対し，民法177条に関わる「背信的悪意者」論，民法612条に関わる「信頼関係」論，民法709条に関わる「受忍限度」論や「可罰的違法性」論，「期待可能性」論，民法770条1項5号に関わる「有責配偶者」論等に依拠する場合は，それらの多くが，正義や「事物のもつ論理」に照らして構築された理論であるので，解釈者はこれらを使って自分の価値を実務に反映させるかたちで縮小解釈をおこなうことになる．これは，「目的的縮小解釈」finale（＝

---

33) 五十嵐（前掲注1)『法学入門』157頁以下は，この論理での適用を指して，拡張解釈によるものとしている．

34) Vogenauer (fn. 26), *Die Auslegung von Gesetzen in England und auf dem Kontinent*, S. 70.

zweckbestimmte) Reduktion と呼ばれる[35]．(縮小解釈の例としては，以下に挙げるものの他に，2-1-1 と 2-1-2 との【コメント】，および 4-1-1，4-1-2，4-1-3，4-3-1 を参照.)

2-4-1 法廷での自白に関する判決

本判決（食糧管理法違反被告事件，最高裁大法廷 1948（S23）年 7 月 29 日判決 LEX/DB-27760045 『最高裁判所刑事判例集』2 巻 9 号 1012 頁）は，憲法 38 条 3 項「何人も，自己に不利益な唯一の証拠が本人の自白である場合は，有罪とされ，又は刑罰を科せられない」の規定が，公判廷で本人がした自白を含まない，と判示した：

> 「公判廷における被告人の自白は，身体の拘束をうけず，又強制，拷問，脅迫その他不当な干渉を受けることなく，自由の状態において供述されるものである．しかも，憲法第三十八条第一項によれば，「何人も自己に不利益な供述を強要されない」ことになつている．それ故，公判廷において被告人は，自己の真意に反してまで軽々しく自白し，真実にあらざる自己に不利益な供述をするようなことはないと見るのが相当であろう．又新憲法の下においては，被告人はいつでも弁護士を附け得られる建前になつているから，若し被告人が虚偽の自白をしたと認められる場合には，その弁護士は直ちに再訊問の方法によつてこれを訂正せしめることもできるであろう．
>
> なお，公判廷の自白は，裁判所の直接審理に基くものである．従つて，裁判所の面前でなされる自白は，被告人の発言，挙動，顔色，態度並びにこれらの変化等からも，その真実に合するか，否か，又，自発的な任意のものであるか，否かは，多くの場合において裁判所が他の証拠を待つまでもなく，自ら判断し得るものと言わなければならない．又，公判廷外の自白は，それ自身既に完結している自白であつて，果していかなる状態において，いかなる事情の下に，いかなる動機から，いかにして供述が形成されたかの経路は全く不明であるが，公判廷の自白は，裁判所の面前で親しくつぎつぎに供述が展開されて行くものであるから，

---

[35] 「目的論的」解釈と「目的的」解釈の区別については，青井（前掲注22）『法理学概説』460頁．被告人に不利益な目的論的（ないし目的的）縮小解釈が，原則許されない点については，増田豊『語用論的意味理論と法解釈方法論』（勁草書房，2008）274 頁以下．萩原滋『罪刑法定主義と刑法解釈』（成文堂，1998）135 頁以下は，（一般人に予測可能であるか否か）を，目的論的縮小解釈や類推が刑法上（罪刑法定主義との関係で）許されるか否かの重要なメルクマルとする．

現行法の下では裁判所はその心証が得られるまで種々の面と観点から被告人を根堀り葉堀り十分訊問することもできるのである．そして，若し裁判所が心証を得なければ自白は固より証拠価値がなく，裁判所が心証を得たときに初めて自白は証拠として役立つのである．従つて，公判廷における被告人の自白が，裁判所の自由心証によつて真実に合するものと認められる場合には，公判廷外における被告人の自白とは異り，更に他の補強証拠を要せずして犯罪事実の認定ができると解するのが相当である．<u>すなわち，前記法条のいわゆる「本人の自白」には，公判廷における被告人の自白を含まないと解釈するを相当とする．」</u>

【コメント】この時点で最高裁はなぜ，憲法38条3項には公判廷での自白が含まれないとする縮小解釈を採ったか．それは，政策的判断によってである．すなわち，「公判廷における被告人の自白は，身体の拘束をうけず，又強制，拷問，脅迫その他不当な干渉を受けることなく，自由の状態において供述されるものである」から，人身の自由も自白の真実性も護られるとしたのである．しかもその自由・自白の真実性は，弁護士によって確保され，裁判官も被告人の行動態様を注視しているので，自発性・真実性が識別できる，と言う．すなわち判決は，［E］の「法律意思」に関わる判断にもとづきつつ縮小解釈への道を採った（注35の「被告人に不利な目的論的縮小解釈」である）．

　この判断が正しいかは，別問題である．被告人が公判において，①裁判とそれに伴う拘留が長引き精神的・肉体的に追い込まれたり（罰金刑でも，罪状を否認する者は1年以上拘留されることがある），②裁判官のかたくなな態度や法廷・拘置所の雰囲気などから自暴自棄になって，③何らかの理由で恐怖・妄想等をもって，真実でない「自白」をすることはありうる[36]．弁護士が付いていない

---

36) 富山地裁で2007（H19）年10月10日に再審無罪判決（LEX/DB-28135488）があった強姦冤罪事件（氷見事件）では，冤罪被害者（元被告人）は，法廷でも犯行を認める自白を維持した．かれは後日，自白を維持した心境について，次のように語った：「勾留理由開示公判では，『本当はやってません』と訴えましたが，裁判官はマトモに聞いてくれませんでした．第1回公判でも同じ裁判官が出てきたため，もうダメだと絶望的な気持ちになった．先に話したように兄が示談金を払っていましたし〔示談は国選弁護人が，拘留中の本人に無断で進め，既遂の被害者に200万円，未遂の被害者に50万円，本人の兄に支払わせた〕，否認すると，<u>あとで刑事に殴られるような気がして怖かった</u>．法廷でも自白を覆せる状況ではなかったです」（http://enzai.org/masumi_hayashi/houkoku9.html#yanagihara）．
　この心境告白は，鹿児島地裁2007（H19）年2月23日の公職選挙法違反被告事件（志布志事件）判決（LEX/DB-28135108）での，被告人の法廷での自白についての，次のような認定と照応している（本件では，幸いにも，他の被告人にアリバイが成立したので裁判官が法廷での自白

とか，付いた弁護士（とりわけ国選弁護人）が熱心でない（この場合に自白だけでの処理がとくに起こる）とかということもありうる．

しかも，ここでの縮小解釈は，被告人である国民の人権を制限する方向でのものである．したがって，それをするためには，「（疑わしきは）被告人の利益に」の原則にかんがみて，〈この種の人権制限が危険を生じさせる疑いが全くない〉という程度にまで確かな理由を出すのが，裁判所の務めであろう．

この〈縮小解釈等がどこまで許されか〉をめぐっては，同種の事件に関わる 1949（S24）年4月20日贓物牙保被告事件最高裁大法廷判決（LEX/DB-27760115 『最高裁判所刑事判例集』3巻5号581頁）における穂積重遠裁判官の反対意見と真野毅裁判官の補足意見とが対立している．

穂積裁判官は，「なお法律の解釈が文字解釈のみを事とすべきでないことはもちろんであるが，憲法民法刑法というごとき国民直接の行為規範たる根本法にあつては，出来得る限り読んで字のごとく解釈すること，すなわち軽々に拡張解釈又は縮小解釈をしないことが，国民の法律生活を安定せしめるゆえんであるから，その意味からも，憲法の文面には無条件に「自白」とあるがそれは公判廷における自白を除外する意味である，というごとき縮小解釈は，そう解釈せねばならぬ特に有力な理由のない限り，避けたいものと考える，ということをも申し添えたい」とした．法的安定性・予測可能性を確保するために，「文字通りの適用」を優先したのである．

これに対し真野裁判官は，「刑法の領域において一般に類推適用が許されないのは，罪刑法定主義の堅牢な城壁があるからに過ぎないことが，知られるのである．これに反して他の法律の領域においては，それが「国民直接の行為規範たる根本法」であろうとなかろうと，否むしろ根本法であればある程，法文の字句の末に捉われることなく，（それは法律の解釈に理由なく字句を無視又は軽視してよいとい

の信憑性にも疑いをもてた）．①被告人Cについて：「「裁判では，間違いありませんと言って事実を認めて，早く（a）に帰りたいです．」などの記載があるが，ここからも，長期間にわたる身柄拘束及び取調べにより，精神的，肉体的に相当疲弊し，裁判を早く終わらせて自宅に帰りたいとの一心で，自白を維持した当時の被告人Cの心情を垣間見ることができる．」②被告人Dについて：「「房の中の暑さに負けて体調を崩し，週明けの取調べの途中で血を吐いたりしました」などの記載が見られ，長期間にわたる身柄拘束及び取調べにより，精神的，肉体的に相当疲弊した状況に置かれていたことがうかがわれる．このような状況にあっては，たとえ強制や誘導の契機が全くない公判廷であっても，虚偽の自白をする危険性が低いとはいえない．」被告人たちの証言によると，かれらは，公判中も代用監獄に入れられていたため，取り調べを担当した刑事から法廷での自白に関し圧力を受けた．「刑事が怖くて」という証言は，こういうケースに関しても，多い．

う意味ではない）深い思索と広い実証に基ずく真の合理的な法律解釈が必要とせら
れる．〔…〕憲法は，決して固定したものではなく，一定不動のものでもない．そ
れは，常に時代と社会情勢に応じて変化しゝある，高度の柔軟性と弾力性をもっ
た道具であり，又しかあらねばならない．だから，憲法を形式的・文字的・抽象論
理的・静態的に解釈するは甚だ危険である．すべからく歴史的・社会的・現実的・
動態的・価値論的に把握して解釈すべきものである」と反論した．「真の合理的な
法律解釈」，すなわち結果が妥当であること——公平や正義・政策的有効性にかな
うこと——を，かれは求めたのである．

　私見では，双方の意見とも一面的である．これを考える際には，憲法には2側面
があり，法解釈は，それぞれを踏まえるべき（本書199参照）ことを忘れてはなら
ない．すなわち，①権力の濫用を防ぐため権力行使を規制している規定は，この限
りでは刑法と同じ意図のものであるから，解釈においても厳格でなければならない．
②国民に基本的人権を保障している規定は，〈これだけしか保障しない〉という趣
旨のものではないから，拡大する場合には柔軟に，しかし制約する場合は厳格
に[37]，運用するべきなのである（刑法で被告人に有利な方向での解釈も，これと同様
であろう）．

　なお，1949 (S24) 年4月1日に新刑事訴訟法が施行され，その第319条2項
に「被告人は，公判廷における自白であると否とを問わず，その自白が自己に
不利益な唯一の証拠である場合には，有罪とされない」と規定された．しかる
に最高裁はこの法改正に関し，1949 (S24) 年6月29日の大法廷判決（物価統制
令違反並びに食糧管理法違反被告事件，LEX/DB-27760126『最高裁判所刑事判例集』3
巻7号1150頁）で次のように判示した：

　　「而して当裁判所の解釈するところによれば憲法第三八条第三項は判決裁判所
　の公判廷外の自白について規定したものであり，前記新刑訴の規定はさらに憲法
　の趣旨を一歩前進せしめて前記公判廷外の自白の外に公判廷の自白についても補
　強証拠を要する旨を規定したものであつてその間何等抵触するところはない．そ

---

[37] 公判廷における自白をめぐる上記1948 (S23) 年7月29日の最高裁判決で栗山裁判官は，次
のように言っている：「然るに多数意見は，第三項の本人の自白には，公判廷の自白を含まない
として，同項を制限的に解釈せんとするのであるが，憲法上認められている国民の特権は，その
利益に解すべきものであつて，その不利益に解すべきものでないことは，憲法解釈の根本原則で
なくてはならぬと信ずる．」

れ故当裁判所の見解を是認しても前記新刑訴法の規定を憲法に違反するものと言うことはできない．

然らば当裁判所の前掲判例は新刑訴施行の今日でも毫もこれを変更する必要を見ないのであつて，論旨は理由がない．」

公判廷における自白について，新刑事訴訟法（すなわち立法府）の「補強証拠を要する」とする立場と，最高裁の「補強証拠を要しない」とする立場とは矛盾すると思われるが，最高裁は，〈憲法 38 条第 3 項は，公判廷における自白には言及していない．それゆえ新刑事訴訟 319 条 2 項は，憲法 38 条第 3 項を「一歩前進せしめ」たまでのことであって，憲法 38 条第 3 項に矛盾しない（＝違憲ではない）とするのである．これは，筆者にはどうも「負け犬の遠吠え」に聞こえる．最高裁が自分の 2-4-1 判決に自信をもっておれば，〈319 条 2 項は，自分たちの憲法解釈に合致しないし，そもそも不必要な規定だ〉とすべきであろう．

2-4-2 登記なしに対抗できる第三者判決

本件（建物所有権確認請求事件，大審院民事聯合部 1908（M41）年 12 月 15 日判決 LEX/DB-27521286 『大審院民事判決録』14 輯 1276 頁）では，上告人はその家屋を前の所有者から買い受けたと主張し，被上告人はそれを自分で建てて所有していると主張している．原審は，両者の主張の真偽を調べず，〈上告人が登記していなかったので被上告人に対抗できない〉とした．これに対し大審院は，不動産を取得した者は登記がなくとも下記の理由によって無権利の第三者には対抗できるとし，それゆえ権利者が誰かを調べる必要があるとして，破棄差し戻しにした：

「按スルニ物権ハ本来絶対ノ権利ニシテ待対ノ権利ニ非ス而シテ民法第百七十七条ニハ不動産ニ関スル物権ノ得喪及ヒ変更ハ登記法ノ定ムル所ニ従ヒ其登記ヲ為スニ非サレハ之ヲ以テ第三者ニ対抗スルコトヲ得ス規定シ第三者ノ意義ニ付テ明ニ制限ヲ加ヘタル文詞アルヲ見ス是故ニ之ヲ物権ノ性質ニ考ヘ之ヲ民法ノ条文ニ徴シテ卒然之ヲ論スルトキハ所謂第三者トハ不動産ニ関スル物権ノ得喪及ヒ変更ノ事為ニ於ケル当事者及ヒ其包括承継人ニ非サル者ヲ挙テ指称スト云ヘル

説ハ誠ニ間然スヘキ所ナキカ如シ然レトモ精思深考スルトキハ未タ必シモ其然ラサルコトヲ知ルニ難カラス抑民法ニ於テ登記ヲ以テ不動産ニ関スル物権ノ得喪及ヒ変更ニ付テノ成立要件ト為サスシテ之ヲ対抗条件ト為シタルハ既ニ其絶対ノ権利タル性質ヲ貫徹セシムルコト能ハサル素因ヲ為シタルモノト謂ハサルヲ得ス然レハ則チ其時ニ或ハ待対ノ権利ニ類スル嫌アルコトハ必至ノ理ニシテ毫モ怪ムニ足ラサルナリ是ヲ以テ物権ハ其性質絶対ナリトノ一事ハ本条第三者ノ意義ヲ定ムルニ於テ未タ必シモ之ヲ重視スルヲ得ス加之本条ノ規定ハ同一ノ不動産ニ関シテ正当ノ権利若クハ利益ヲ有スル第三者ヲシテ登記ニ依リテ物権ノ得喪及ヒ変更ノ事状ヲ知悉シ以テ不慮ノ損害ヲ免ルルコトヲ得セシメンカ為メニ存スルモノナレハ其条文ニハ特ニ第三者ノ意義ヲ制限スル文詞ナシト雖モ其自ラ多少ノ制限アルヘキコトハ之ヲ字句ノ外ニ求ムルコト豈難シト言フヘケンヤ何トナレハ対抗トハ彼此利害相反スル時ニ於テ始メテ発生スル事項ナルヲ以テ不動産ニ関スル物権ノ得喪及ヒ変更ニ付テ利害関係アラサル者ハ本条第三者ニ該当セサルコト尤著明ナリト謂ハサルヲ得ス又本条制定ノ理由ニ視テ其規定シタル保障ヲ享受スルニ直セサル利害関係ヲ有スル者ハ亦之ヲ除外スヘキハ蓋疑ヲ容ヘキニ非ス由是之ヲ観レハ本条ニ所謂第三者トハ当事者若クハ其包括承継人ニ非スシテ不動産ニ関スル物権ノ得喪及ヒ変更ノ登記欠缺ヲ主張スル正当ノ利益ヲ有スル者ヲ指称スト論定スルヲ得ヘシ即チ同一ノ不動産ニ関スル所有権抵当権等ノ物権又ハ賃借権ヲ正当ノ権原ニ因リテ取得シタル者ノ如キ又同一ノ不動産ヲ差押ヘタル債権者若クハ其差押ニ付テ配当加入ヲ申立テタル債権者ノ如キ皆均シク所謂第三者ナリ之ニ反シテ同一ノ不動産ニ関シ正当ノ権原ニ因ラスシテ権利ヲ主張シ或ハ不法行為ニ因リテ損害ヲ加ヘタル者ノ類ハ皆第三者ト称スルコトヲ得ス本件ニ於テ上告人ハ係争家屋ヲ前所有者戸叶秀利ヨリ買受ケテ之ヲ所有スル事実ヲ主張シ又被上告人ハ自ラ之ヲ建築シテ所有スル事実ヲ主張シタルコトハ原判決及ヒ第一審判決ノ事実摘示ニ明記スル所ナリ故ニ若シ上告人ノ主張真実ニシテ被上告人ノ主張真実ナラサルトキハ被上告人ハ帰スル所係争家屋ニ関シテハ正当ノ権利若クハ利益ヲ有セサル者ナルヲ以テ民法第百七十七条ニ所謂第三者ニ該当セサル者ト謂ハサルヲ得ス.」

【関連条文】当時の**民法 176 条**:「物権ノ設定及ヒ移転ハ当事者ノ意思表示ノミニ因リテ其効力ヲ生ス.」

同 **177 条**:「不動産ニ関スル物権ノ得喪及ヒ変更ハ登記法ノ定ムル所ニ従ヒ其登記ヲ為スニ非サレハ之ヲ以テ第三者ニ対抗スルコトヲ得ス.」

【コメント】判決は，[A]文理解釈（法文自体の意味）からすれば民法177条の「第三者」に限定がないことを，「第三者ノ意義ニ付テ明ニ制限ヲ加ヘタル文詞アルヲ見ス」とか，「其条文ニハ特ニ第三者ノ意義ヲ制限スル文詞ナシ」とかという語句で認めている．しかし判決は，「精思深考スル」ことによって本来の意味を「字句ノ外ニ求」めようとした．その結果，判決は「第三者」を「物権ノ得喪及ヒ変更ノ登記欠缺ヲ主張スル正当ノ利益ヲ有スル者」に限定する縮小解釈を採った．

その際，判決が訴えたのは，[E]法律意思解釈のうちの目的論的考察である．すなわち判決は，登記制度を「正当ノ権利若クハ利益ヲ有スル第三者ヲシテ登記ニ依リテ物権ノ得喪及ヒ変更ノ事状ヲ知悉シ以テ不慮ノ損害ヲ免ルルコトヲ得セシメンカ為メニ存スル」ことにあるとする．正当な権利・利益をもつ第三者に予め事情を知らせるための制度だというのである．そしてそうだとすれば，「同一ノ不動産ニ関シ正当ノ権原ニ因ラスシテ権利ヲ主張シ或ハ不法行為ニ因リテ損害ヲ加ヘタル者」は，保護する必要がない（制度の保護目的の範囲外にある）ので，「皆第三者ト称スルコトヲ得ス」ということになる．

では判決は，何を根拠にして，登記制度では「正当ノ権利若クハ利益ヲ有スル」者のみが保護対象となる，とする主張を，どの条文に結びつけるのだろうか．判決はその根拠を，民法177条と176条との関係に求める．物権の取得は，176条によると，意思表示がありさえすれば効力を生じる．したがって177条は，「物権ノ得喪及ヒ変更ニ付テノ成立要件ト為サスシテ之ヲ対抗条件ト為シタ」ものと理解できる．権利は，登記する前に成立しており，登記の有無は対抗要件に過ぎない．ところが，ここに規定されている「対抗」という語は，「彼此利害相反スル時ニ於テ始メテ発生スル事項」である．したがって，登記を援用する第三者は，対抗するに足りるちゃんとした権利・利益を備えていなければならない，ということになる．

つまり判決は，[B]体系的解釈を踏まえ，そこから浮かび上がった「対抗」の概念に関し，「対抗」できるための条件を示し（これは[E]法律意思中の「事物のもつ論理」の考察である），その条件を充たさない者を排除する縮小解釈を採った．このような解釈は，権利濫用や信義則違反，公序良俗違反といった一般条項で片付けるよりは説得的である．

なお，その後の研究は，上の解釈が[C]立法者意思の観点からも肯定され

ることを示している．たとえば大河純夫によれば，民法起草者の富井政章は，〈物権の取得は意思表示があればすでに効力を生じるのであるから，登記がなくとも，争いがない限りは不動産取得は有効だし，正当に対抗できない相手に対しては「其効力を主張することは妨げざる所なり」〉と考えていた．富井はただ，民法の立法の際に，条文中にそれを明記しなかっただけである．この事実を踏まえれば，解釈者が立法者の本来の意図を汲んで，縮小解釈で処理できる，ということにもなる[38]．

2-4-3 「踏んだり蹴ったり事件」判決

本判決（離婚請求事件，最高裁第三小法廷 1952（S27）年 2 月 19 日判決 LEX/DB-27003429 『最高裁判所民事判例集』6 巻 2 号 110 頁）は，次のような論理で，有責配偶者（不倫中の夫）は離婚請求ができる資格をもたないとした：

> 「本件は新民法七七〇条一項五号にいう婚姻関係を継続し難い重大な事由ある場合に該当するというけれども，原審の認定した事実によれば，婚姻関係を継続し難いのは上告人が妻たる被上告人を差し置いて他に情婦を有するからである．〔…〕結局上告人が勝手に情婦を持ち，その為め最早被上告人とは同棲出来ないから，これを追い出すということに帰着するのであつて，もしかかる請求が是認されるならば，被上告人は全く俗にいう踏んだり蹴ったりである．法はかくの如き不徳義勝手気侭を許すものではない．道徳を守り，不徳義を許さないことが法の最重要な職分である．総て法はこの趣旨において解釈されなければならない．〔…〕前記民法の規定は相手方に有責行為のあることを要件とするものでないことは認めるけれども，さりとて前記の様な不徳義，得手勝手の請求を許すものではない．」

【コメント】不倫はけしからん；不倫された妻がかわいそうだ；不倫しておいて離婚請求する夫は図々しい，という先行判断が明示されているケースである．すなわち判決は，道徳論（ないし正義論）を前面に出した［E］法律意思レヴェルの考察によって，上告人（夫）に対して厳しい姿勢で臨んだのである．

判決は，本件が民法 770 条 1 項 5 号「婚姻を継続し難い重大な事由」に該当することは認めている．しかし，「前記の様な不徳義，得手勝手の請求を許す

---

38) 大河純夫「「背信的悪意者」は民法 177 条の「第三者」に当たらないとの法命題について」（『立命館法学』304 号，2005）31 頁．

ものではない」として,「婚姻を継続し難い重大な事由」を主張できる者の中から,不倫をした本人を除外したのである.これは上記条文の文言そのものからはストレイトには出てこない,すなわち法文のそれ自体としての意味を確認する「文理解釈」だけでは帰結しない除外である.判決はこのことを,「前記民法の規定は相手方に有責行為のあることを要件とするものでないことは認めるけれども」として,前提にしている.その上で,この規定は「さりとて前記の様な不徳義,得手勝手の請求を許すものではない」とし,規定におのずと制約が内在していると解したのである.判決はこのような解釈をするに当たって,一般的な道徳論以外になんら根拠を示していない.結局ここで判決は,条文の根拠なしに,価値判断を前面に押し出した裁判官の能動的行為の結果である.すなわち判決は,〔E〕法律意思から出発してストレイトに縮小解釈（目的的縮小解釈）への道を採ったのである.

　ちなみに最高裁は,1987（S62）年9月2日の離婚請求事件大法廷判決（LEX/DB-27800202 『最高裁判所民事判例集』41巻6号1423頁）において,36年間別居中の有責配偶者からの離婚請求を認めた.そしてさらに,1990（H2）年11月8日の第一小法廷判決（LEX/DB-27807922 『家庭裁判月報』43巻3号72頁）では,8年の別居期間中の有責配偶者からの離婚請求を認めた.

　このうち1987年判決はまず,文理解釈としては,民法770条1項5号自体には限定が付いていないとする：「以上のような民法七七〇条の立法経緯及び規定の文言からみる限り,同条一項五号は,夫婦が婚姻の目的である共同生活を達成しえなくなり,その回復の見込みがなくなつた場合には,夫婦の一方は他方に対し訴えにより離婚を請求することができる旨を定めたものと解されるのであつて,同号所定の事由（以下「五号所定の事由」という.）につき責任のある一方の当事者からの離婚請求を許容すべきでないという趣旨までを読みとることはできない.」判決はしかし,民法1条2項に規定された信義誠実の原則との関連で,離婚請求の限定が可能であると考えた：「しかしながら,離婚は社会的・法的秩序としての婚姻を廃絶するものであるから,離婚請求は,正義・公平の観念,社会的倫理観に反するものであってはならないことは当然であって,この意味で離婚請求は,身分法をも包含する民法全体の指導理念たる信義誠実の原則に照らしても容認されうるものであることを要するものといわなければならない.」つまり,民法770条1項5号は,1条2項との〔B〕体系的連関において請求権者について縮小解釈ができるとしたのである.ここに解釈論上,前進が見られる.（1987年判決はその上で,本件においては離婚請求は信義誠実に反しない；縮小解釈の必要はない,としたのである：「有責配偶者からされた離婚請求であっても,夫婦の別居が両当事者の

年齢及び同居期間との対比において相当の長期間に及び，その間に未成熟の子が存在しない場合には，相手方配偶者が離婚により精神的・社会的・経済的に極めて苛酷な状態におかれる等離婚請求を認容することが著しく社会正義に反するといえるような特段の事情の認められない限り，当該請求は，有責配偶者からの請求であるとの一事をもって許されないとすることはできないものと解するのが相当である．」）

2-4-4 離婚等絶対無効判決

本判決（土地登記抹消請求事件，大審院第三民事部 1922（T11）年 2 月 25 日判決 LEX/DB-27511082 『大審院民事判例集』1 巻 69 頁）は，偽装離婚・偽装分家等の行為が無効になった場合に，その偽装行為を働いた者から所有権を取得した善意の第三者は，その権利取得が有効であることを主張できるか，に関わる．

長男が放蕩息子であったため，その父母は，長男による家族財産の蕩尽を防ごうと対策を練った．父母はまず，父の宅地を母に譲渡し，売買による移転登記〔贈与税逃れのため？〕をし，次いで二人は偽装で協議離婚し離婚届を提出した．そして母は分家の偽装を採り，さらに次男を偽装で養子とした．次男は母の死後，家督相続をし宅地の所有権を取得した．こうして宅地は，母に，そして次男に──偽装で──移転した．本件は，この次男から宅地を買い受けた善意の第三者 A（上告人）が，長男（なぜか既に宅地を自分名義で登記していた）からその宅地を買い受け登記した第三者 B に，抹消登記を求めた事件である．大審院は，下記のように，（本件で重要な位置を占めている）離婚は偽装の離婚のゆえに無効であり，この無効は善意の第三者 A にもおよび，したがって A は保護されないと判示した：

「婚姻ニ付無効ノ原因ヲ民法第七百四十八条〔778 条の誤り〕ノ特別規定ヲ以テ制限シタル法意ニ依リテ之ヲ観レハ意思表示ノ無効ニ関スル民法総則ノ規定ハ婚姻ニ適用セラレサルコト明ニシテ従テ之ト同一ノ性質ヲ有スル離婚ニモ適用セラレサルモノト解釈スルヲ相当トス即チ民法第九十四条ノ規定ハ離婚ニ適用ナキモノナレハ当事者カ離婚ヲ為スノ意思ナクシテ相通シテ仮装ノ離婚届出ヲ為シタルトキハ之ヲ民法第九十四条ニ所謂無効ヲ以テ論シ其ノ無効ヲ善意ノ第三者ニ対抗スルコトヲ得サルモノト為スヲ得ス而シテ其ノ無効ヲ第三者ニ対抗スルニハ上告人所論ノ如ク離婚無効ノ判決ヲ得ルコトヲ要セサルモノトス何トナレハ離婚無効ノ判決ハ確認判決ニシテ創設的ノ判決ニ非サレハナリ故ニ原院カ林長吉同マツ間

ノ離婚ハ無効ニシテ之ヲ以テ第三者タル上告人ニ対抗スルコトヲ得ヘシト判示シタルハ不法ニ非ス又上告人ノ主張ハ千代吉ノ有スル土地所有権ヲ譲受ケタリト云フニ在ルヲ以テ其ノ所有権ノ持分ヲ譲受ケタリトノ主張ヲモ包含スルコト明ナレハ原院カ千代吉ハマツノ遺産相続ヲ為シタルモノト認メ上告人カ千代吉ノ持分ヲ取得シタルヤ否ヤ判断シタルハ当事者ノ主張セサル事実ニ基キ裁判シタルモノト云フヲ得ス仍テ論旨ハ理由ナシ」

【関連条文】当時の**民法 94 条**:「相手方ト通シテ為シタル虚偽ノ意思表示ハ無効トス. ②前項ノ意思表示ノ無効ハ之ヲ以テ善意ノ第三者ニ対抗スルコトヲ得ス.」

同 778 条:「婚姻ハ左ノ場合ニ限リ無効トス 一 人違其他ノ事由ニ因リ当事者間ニ婚姻ヲ為ス意思ナキトキ 二 当事者カ婚姻ノ届出ヲ為ササル時 但其届出カ第七百七十五条第二項ニ掲ケタル条件ヲ欠クニ止マルトキハ婚姻ハ之カ為メニ其効力ヲ妨ケラルルコトナシ」

【コメント】民法 778 条(当時)は,婚姻の無効を定めているが,この無効の効果については規定していない.そこで,当時の民法 94 条の規定する,意思表示無効の効果を,婚姻無効の場合にどこまで及ぼせるか,が問題となる.

この点について本判決は,〈民法 778 条は,婚姻が無効となる場合を厳しく限定している;この事実にかんがみると,この規定における「無効」は,民法 94 条における「無効」よりも,その意味が重いことになる;すなわち民法 778 条の「無効」は,絶対無効であり,「善意ノ第三者」に対しても「無効」の効果は及ぶ;したがって,本件の偽装離婚もまた,この連関において絶対無効であり,それを前提におこなわれた偽装分家・偽装家督相続という法律行為も絶対的に無効であるから,民法 94 条の規定である「善意ノ第三者ニ対抗スルコトヲ得ス」は,本件には妥当しない〉としたのである.

これは,民法 778 条を参照することによって,すなわち [B] 体系的解釈によって,民法 94 条の縮小解釈を導き出したものである(ただし本件は,94 条が前提にしているような,財産関係にもっぱら関わっている).

2-5 反対解釈

「反対解釈」argumentum e contrario とは,当面するケースについて直接規定している条文が欠缺している場合に使う処理法の一つである.すなわちここで

は，そのケースのポイントが，「諸事項」を参照して，関連する或る規定のポイントと反対ないし異種であるなら，「異なるものは別様に扱え」の原則に従って，その規定がAと定めている点を非Aとし，非Aとしている点をAとするかたちで処理する．

2-5-1 死刑合憲判決

本判決（最高裁第三小法廷 1948 (S23) 年9月7日判決　LEX/DB-27760052 『最高裁判所裁判集』刑事4号5頁）は，次のような論理によりつつ，死刑が合憲であると判示した（同年3月12日の最高裁大法廷判決　LEX/DB-27760012 も，本判決と同じ発想である）：

> 「憲法第三十一条の反面解釈によれば法律の定める手続によれば生命を奪う刑罰をも科し得ることを定めているので日本国憲法は我国の社会情勢にかんがみ公共の福祉の為死刑制度の必要を認めたものであることが明かである，従つて判示の罪を犯した被告人に対し死刑を科したからとて所論の如き基本的人権を無視したことには当らないばかりでなく死刑を科したことは時代錯誤であるという論旨もまた当を得ない．」

【コメント】最高裁は，憲法31条「何人も，法律の定める手続によらなければ，その生命若しくは自由を奪はれ，又はその他の刑罰を科せられない」の反対解釈（「反面解釈」）として，〈法律の定める手続によるなら，生命を奪える〉とした．この解釈は，刑法学界の通説でもあるようだが，妥当な反対解釈か？

(i)　反対解釈は，当該条文の眼目（中核を成す命題．中核が何かは，条文の目的や文脈から判断する）に対しておこなわれなければならない；そうでないことがらについて不注意に反対解釈をおこなうと，立法者が予定していない事項について帰結を引き出すことになる．憲法31条の眼目は，生命・自由・その他に関わる刑罰を科す場合に法律に定められた手続の遵守が必要だということにある．したがってこの条文に関しては反対解釈は，「手続の遵守が必要でないのは，どういう場合か」をめぐるものであり，可能なのは，〈生命・自由・その他に関わる刑罰を免除する場合には，そうした手続の遵守〔裁判など〕は必要でない〉といった解釈だけである．別言すれば，憲法31条は，国家行為に規制を加えた条文である（「法律の定める手続」によって行為せよという規制）．この

国家規制の条文を，国家に死刑の権限を与えた条文として使うのは，「目的外使用」，「流用」である（「手続重視」が条文の眼目であり，死刑権限付与が眼目ではない）．

加えて，31条での，「法律の定める手続」と死刑との関係について言えば，「法律の定める手続」は死刑等を科すときに充足する必要のある前提の一つにすぎない（必要条件にすぎない）のだから，「法律の定める手続」を踏まえさえすれば死刑が可能，ということ（十分条件化していること）にはもちろんならない．

この点は，次のような（エセ）「反対解釈」のケースを考えれば，分かりやすいだろう：①教師が学生に「何人も，ゼミを休む時には事前にメールするように」と言った．すると学生は，それの反対解釈として，「メールしさえすれば，いつでも，何度でもゼミを休める権利を，先生から与えられた」とできるか．休むには――メールしただけでは不十分で――正当な理由が別途必要であると，特別の怠け学生以外は考えるだろう．教師の言明の眼目は「無断欠席禁止」にあるのに，学生はこれを「欠席権付与」に使ったのである．②「何人も司法試験に通らなければ，裁判官になれない」の反対解釈として，「司法試験に通れば，裁判官になれる」と言えるか．なれるためには多くの関門があることは，司法研修所に入ればすぐ分かる．

(ii) 31条についてはせいぜい，〈憲法制定当時の通念が〈死刑は当然〉というものであり，立法者もそれを前提にしていた〉という事実が推定できる，と言える程度であろう．しかしこれは，立法者の（意思ではなく，）ぼんやりした観念への言及に過ぎず，立法者が死刑制度を31条に規定したとの主張を支えるものではない．加えて本条は，現状のように広く死刑を科してよいか・現行の手続で死刑制度を運用してよいか等についても，何も言っていない．

(iii) 本条が置かれている箇所・文脈に着目する必要がある．憲法31条は，第3章「国民の権利および義務」中の一条である．国民に基本的人権を保障することを主眼としている，そのような箇所に置かれた規定が，国民を殺す権限を国家に付与するなどということがあろうか．

「国民の権利および義務」のうちの「義務」の一部だ，という意見もあろうが，死刑を受けるのが国民の憲法上の義務であるというのもおかしい．しかも憲法31条がそのような義務を特記しているのだとしたら，それと比肩しうるような「国民の義務」を定めた条文がその周辺にはないのだから，憲法31条は文脈から突出した変な規定だということになる．

以下は蛇足であるが，(iv) 死刑制度の目的的正当化について，話のついでにここで考えておこう．

憲法が沈黙している死刑制度を，日本で肯定するためには，結局，（憲法 31 条にではなく，）刑法の死刑条項をめぐって，[E] 法律意思に関わる判断をするしかない．

(α) その際，まず考えられる事情としては，①国民の大多数がそれを求めている，②犯罪予防にとってプラスである，③「死には死を」が正義（応報的正義）であり被害者の親族の感情に沿う，といったことがあるだろう．

このうち，①に関しては，〈そういう制度が既成事実だから，それを是認する〉という傾向が人間にある点も無視できない．フランスは，国民には死刑賛成が多かった 1981 年に，ミッテラン大統領のイニシアティブで死刑を廃止したのだが，死刑賛成はその後，減っていき，現在それで定着している．

②に関しては，死刑をなくしたからといって凶悪犯罪が増えなかったヨーロッパ諸国の例が示すように，根拠がない．不安なら，イギリスが（死刑執行してしまった冤罪事件のエヴァンズ（Timothy Evans）事件を反省して）1965 年からしたように，死刑をしばらくは実験的に停止して，凶悪犯罪が増えるか見てみることだ．

③に関しては，第一に，復讐感情の制御が刑事制度のたどってきた道である；応報的正義・復讐の感情や倫理がすべてではない．そもそも科刑は，国家が独占するようになって久しいのだが，この動きは，〈復讐の感情・倫理は相対化されるべし〉との原理の選択に他ならない．人類史はまた，赦しの道徳や相手の生命・人間性の尊重という高貴な価値に向かって進んで来たのでもある．死刑存続は，そうした努力の放棄，野蛮性への居直りを意味し，逆に国家による殺人を通じて，人を殺す雰囲気を高める「残忍化の効果」をももつ．第二に，犯罪への落とし穴には誰でも陥る可能性がある．われわれは，たまたま自分は今のところ陥っていないだけだ，という事実を受け止めるべきだろう．そうすれば，犯人が誤りから再起しようとすることを拒絶する死刑という制度が，いかに冷たい制度であるかが分かる．第三に，犯罪被害者を手当するという観点からも，死刑廃止が望ましい．死刑は，〈その宣告によって，ことが終わった〉とする，国家と社会の態度を助長するからである．第四に，多数派である死刑肯定者も，〈狂乱している死刑囚をその手で殺す，また逆に，悔い改めているのにかれを殺さなければならない〉刑務官，目も当てられない遺体を処理する担当者，死刑宣告に加わる裁判員等の苦痛を考えるべきだろう．自分たちが絶対したくないことを他人にさせて平気でいるのは，正義に反するからである．

要するに，〈誤判で死刑にした場合，あるいは政治犯で死刑にした場合，後で取り返しがつかない〉という重大な危険，人間性・倫理性の放棄，残忍化の効果，野蛮な国民であるという国際的評価（すでに 70% の国が死刑を止めている）等を冒してまで，死刑を存続させる強い理由はない，と思われる．

(β) 上記の判決にあった，憲法は「公共の福祉の為死刑制度の必要を認めたものである」という点はどうであろうか.〈死刑を廃止したので，冤罪の場合の回復が可能になった〉,〈死刑を廃止したので，裁判員になって死刑に荷担する恐怖や苦痛がなくなった〉,〈死刑を廃止したので，「命を尊重する国家」の世風が高まった〉というのは，人びとにとって大きな安心であり誇りであり，幸福であろう．多くの人びとにとってのこの幸福こそ，「人を殺すこと」のもたらす福祉（復讐欲の満足）に比べてはるかに大きい，最大の，公共の福祉ではなかろうか（「公共の福祉」については，注73をも参照）.

かつて江戸時代の国家は，犯罪者を残酷にも次々と殺していった．戦前の国家もそうであった．今日の国家がやる死刑はそうした残酷国家の死刑とは異質のものだ，と言えるだろうか．

2-5-2 共犯者の自白をめぐる判決

本判決（傷害致死暴行暴力行為等処罰ニ関スル法律違反窃盗各被告事件, 最高裁大法廷1958 (S33) 年5月28日判決 LEX/DB-27760617 『最高裁判所刑事判例集』12巻8号1718頁）は，憲法38条3項「本人の自白」に共犯者（ないし共同被告人）の自白が含まれるかの問題に関わっている．多数意見は，共犯者といえども，被告人とは別人なのだから，その自白は「本人の自白」ではない，とする「文字通りの適用」で処理したが，その前提作業として，憲法38条2項の（問題のある）反対解釈が重要な意味をもっていた：

「憲法三八条二項は，強制，拷問若しくは脅迫による自白又は不当に長く抑留若しくは拘禁された後の自白は，これを証拠とすることができないと規定して，かかる自白の証拠能力を否定しているが，然らざる自白の証拠能力を肯定しているのである．しかし，実体的真実でない架空な犯罪事実が時として被告人本人の自白のみによつて認定される危険と弊害とを防止するため，特に，同条三項は，何人も，自己に不利益な唯一の証拠が本人の自白である場合には，有罪とされ，又は刑罰を科せられないと規定して，被告人本人の自白だけを唯一の証拠として犯罪事実全部を肯認することができる場合であつても，それだけで有罪とされ又は刑罰を科せられないものとし，かかる自白の証明力（すなわち証拠価値）に対する自由心証を制限し，もつて，被告人本人を処罰するには，さらに，その自白の証明力を補充し又は強化すべき他の証拠（いわゆる補強証拠）を要するものとしているのである．すなわち，<u>憲法三八条三項の規定は，被告人本人の自白の証拠能力を否定又は制限したものではなく，また，その証明力が犯罪事実全部を肯</u>

認できない場合の規定でもなく，かえつて，証拠能力ある被告人本人の供述であつて，しかも，本来犯罪事実全部を肯認することのできる証明力を有するもの，換言すれば，いわゆる完全な自白のあることを前提とする規定と解するを相当とし，従つて，わが刑訴三一九条（旧刑訴三三七条）で採用している証拠の証明力に対する自由心証主義に対する例外規定としてこれを厳格に解釈すべきであつて，共犯者の自白をいわゆる「本人の自白」と同一視し又はこれに準ずるものとすることはできない．けだし共同審理を受けていない単なる共犯者は勿論，共同審理を受けている共犯者（共同被告人）であつても，被告人本人との関係においては，被告人以外の者であつて，被害者その他の純然たる証人とその本質を異にするものではないからである．されば，かかる共犯者又は共同被告人の犯罪事実に関する供述は，憲法三八条二項のごとき証拠能力を有しないものでない限り，自由心証に委かさるべき独立，完全な証明力を有するものといわざるを得ない．」

6人の少数意見：「多数意見は，共同被告人であつても，ある被告人本人との関係においては，被告人以外の者であつて，被害者その他の純然たる証人とその本質を異にするものではないから，一人の共同被告人の供述だけで他の被告人を有罪とするを妨げないとしている．しかし，共同被告人が数人（ABC）ある場合に，一人の被告人（A）を中心として観察すれば，他の共同被告人（BC）は被告人（A）以外の者であり，他の共同被告人の自白は被告人（A）「本人の自白」でないことは，形式論理たるにすぎない．しかし，この形式論で憲法三八条三項を割切つて解釈する多数意見は，前に述べた同条項に含まれている趣旨を深く考慮せざるものであつて，裁判における共同被告人の人権の保障の見地からすれば著しい後退を示すものであつて是認することを得ない．」

【参考】上の判決に関しては，別の，最高裁第一小法廷判決（公職選挙法違反被告事件 1976 (S51) 年 2 月 19 日判決　LEX/DB-27761061 『最高裁判所刑事判例集』30 巻 1 号 25 頁）での，裁判官団藤重光の次の反対意見が注目に値する：

「憲法三八条三項は「何人も，自己に不利益な唯一の証拠が本人の自白である場合には，有罪とされ，又は刑罰を科せられない」と規定しているが，ここにいう「本人の自白」の中に共犯者の自白が含まれるかどうかについては，はげしい論争のあるところである．私見によれば，この規定が，自白の偏重を避けて誤判を防止する趣旨である以上，本人の自白と共犯者（必要的共犯者を含む．以下，同じ．）の自白とのあいだに区別はないはずである．自白強要のおそれという見

地からみて共犯者の全員について差異がないばかりでなく,誤判の危険という観点からすれば,共犯者甲の自白を唯一の証拠として共犯者乙を処罰することは,本人の自白を唯一の証拠としてこれを処罰することと比較して,むしろ,その危険はまさるともおとらない.共犯者は,動機はともあれ,ややもすれば当局者の意をむかえるために,自分の相棒に不利な事実を誇張し有利な事実を隠蔽しようとする積極的意図のみとめられる場合がかならずしも稀ではないといわれる.共犯者の自白を唯一の証拠として処罰することを許すのは,憲法三八条三項の趣旨を没却するものといわなければならない.

そればかりではない.共犯者中の一人が自白をし他の一人が否認をしていて,しかも,他に補強証拠がないという事案を想定するときは,反対説においては,自白をした者は自分の自白しかないから無罪となり,否認をした者は共犯者の自白があるから有罪となるという結果になる.自白をしたものが有罪,否認をしたものが無罪というのならばまだしも,自白をした者が無罪,否認をした者が有罪というのは,はなはだしく非常識な結論である.」

【コメント】本判決は,どう結論に達したか.①判決は,まず憲法38条2項について,反対解釈をおこなう:〈強制・拷問等を受けてした自白は,これを証拠とすることができない〉ということは,〈強制・拷問等を受けずにした自白は,これを証拠とすることができる〉ことをも意味している,と.ここから,「本来犯罪事実全部を肯認することのできる証明力を有する」ところの「いわゆる完全な自白」がある,という認識が出て来る.

②判決は,①の前提上で,憲法38条3項に関して言う:「わが刑訴三一八条(旧刑訴三三七条)で採用している証拠の証明力に対する自由心証主義に対する例外規定としてこれを厳格に解釈すべきであ」る,と.すなわち判決は,刑訴318条にある自由心証主義が大原則であるところ,憲法38条3項はそれの例外規定としてある;それゆえ憲法38条3項は,「厳格に」,すなわち限定的に解釈すべきだとする.この結果,憲法38条3項の「本人」については,それを文字通りに理解し,「共同審理を受けていない単なる共犯者は勿論,共同審理を受けている共犯者(共同被告人)であつても,被告人本人との関係においては,被告人以外の者であつて」とする.すなわち「文字通りの適用」である.そしてここから,「本人」については,「自白の証明力を補充し又は強化すべき他の証拠(いわゆる補強証拠)」が必要だが,「本人」でない者については,①の

「完全な自白」があればよい，とする

　しかし，以上の解釈に関しては，まず①における反対解釈が問題になる．最高裁のおこなった〈強制，拷問等を受けずにした自白は，これを証拠とすることができる〉という解釈は，はっきりした言い方で示すと，〈強制・拷問等を受けてさえいなければ，どんな自白でも証拠とすることができる〉ということであるが，この命題の非常識さは一目瞭然だろう．ここで最高裁がやっているのは，先に 2-5-1 で見た，「ゼミを休む時には事前にメールするように」に関してあの怠慢学生がしたのと同じタイプの「反対解釈」なのである．

　すなわち，たとえ強制・拷問等を受けていなくとも，他の理由によって証拠力が落ちる自白はいくらでもある．したがって，共犯者の自白についても，この危険と問題性について考えなければならないのである．

　まさにこの点を，【参考】の事件の反対意見（87-88 頁）において団藤裁判官が主張している：第一に，「共犯者は，動機はともあれ，ややもすれば当局者の意をむかえるために，自分の相棒に不利な事実を誇張し有利な事実を隠蔽しようとする」．しかも，仲間を裏切って最初に，全面的に自白した者が，軽い刑となる可能性があるので，虚偽の自白を促すシステムが働く．「囚人のディレンマ」の問題である．第二に，「自白をした者は自分の自白しかないから無罪となり，否認をした者は共犯者の自白があるから有罪となるという結果になる」．共犯者の法廷自白も，反対尋問において〈崩せていないな〉という心証を裁判官に与えれば，そうなる．これもまた，虚偽の自白を促す要因である．

　また，上の②に関しては，憲法 38 条 3 項を刑事訴訟法 318 条の例外規定とするのであっては，下位の法である刑事訴訟法が上位の法である憲法の上にあることになる点が問題である．むしろ，憲法から刑事訴訟を位置づけるべきである．その際，憲法 38 条 3 項が重視しているのは，その人に「不利益な唯一の証拠」が「自白である場合」に，それによって有罪とされる危険であることに着目する必要がある．刑事訴訟法 318 条の自由心証主義こそが，この危険を避ける観点から（むしろ限定的に）構成されるべきである．だとすれば，「本人」を文字通り本人だけと解さなければならない必然性はない．共犯者の自白でも本人に「不利益」な自白となり，補強証拠を欠けば，それが「唯一の証拠」となって本人が有罪とされうるからである．

　ちなみに，反対意見においては，「本人の自白と共犯者（必要的共犯者を含む．

以下，同じ．）の自白とのあいだに区別はない」とされているのであるから，①〈共犯者がいる場合，「本人」とは本人とその共犯者を意味し，「本人たち」の意である〉と論じているのであって，「本人」の拡張解釈をしている，あるいは，②「本人の自白」の規定を，〈本人と不可分に関係する「共犯者」の自白〉に類推適用している，あるいは，③虚偽となりがちの，「共犯者」の自白にもちろん解釈で適用している，と理解できる．

2-5-3　少年法上の審判不開始決定を受けた者を訴追した事件判決

本判決（道路交通取締法違反被告事件，最高裁大法廷 1965（S40）年 4 月 28 日判決 LEX/DB-27760782 『最高裁判所刑事判例集』19 巻 3 号 240 頁）は，次の事件に関わる：A は，道路交通取締法違反で逮捕されたが，旭川家庭裁判所において「事案が罪とならない等の理由により」少年法 19 条 1 項に基づく審判不開始の決定を受けた．ところが検察側は，A が成年に達したとき，右の事案につき旭川地裁に公訴提起をした．旭川地裁は，いわゆる一事不再理の効力は，審判不開始決定にも及ぶとして免訴の判決をした．札幌高裁も，地裁判決を維持して，検察官の控訴を棄却した．これに対し本最高裁判決は，これを破棄差し戻ししたのである．

判決文の中で最高裁は，「他の少年法上の処分が行なわれる場合と同様に，終局において，少年法の所期する少年審判の目的達成のためになされるものであつて，刑事法の所期する刑事裁判の目的達成のためになされるものではない．したがつて，同じく事実又は法律に関する判断であつても，刑事訴訟において，対審公開の原則の下に，当事者が攻撃防禦を尽くし，厳格な証拠調を経た上で，刑罰権の存否を決定するためになされる事実認定又は法律判断とは，その手続を異にする．それ故，本件の如く，審判不開始の決定が事案の罪とならないことを理由とするものであつても，これを刑事訴訟における無罪の判決と同視すべきではなく，これに対する不服申立の方法がないからといつて，その判断に刑事訴訟におけるいわゆる既判力が生ずることはないものといわなければならない」等としている．〈保護処分にのみ，刑事訴追禁止が認められている．審判不開始決定は，保護処分とは異なる．したがって，審判不開始決定には，刑事訴追禁止がない〉とする論理，すなわち反対解釈をとったのである．以下には，この点が明快でかつ反対解釈の語が出てくる奥野健一裁判官の補足意見を示し，加えて田中二郎裁判官の反対意見を示す：

奥野健一裁判官：「少年法一九条一項の審判不開始決定は，読んで字の如く，単に審判を開始しない旨の，いわば門前払的な処分であつて，少年に関する犯罪の有無についての実体的判断をしているものではない．勿論審判不開始の決定をなす前提として，家庭裁判所は少年の非行事実の有無，犯罪の成否，要保護性の有無等に関して，事実上調査を行なうことがあるとしても，調査の結果なされる審判不開始決定自体は，何ら犯罪の不存在，無罪等の実体的判断をしたものとして法律上の効力を有するものではないと考える．従つて，右決定は憲法三九条の「無罪とされた」ものでもなく，「刑事上の責任を問われ」たものでもない．それ故，右不開始決定があつたからといつて，憲法三九条の適用があるものではない．

これに反して，少年法二四条一項の保護処分は，審判を開始したうえ，証拠調をなし，少年が罪を犯したものと認めた場合に，罪となるべき事実及びその事実に適用すべき法令を示して，これをなすのであつて（少年審判規則三六条），有罪判決に類する手続が要求されている．かつ，保護処分は実質上も少年の身体の自由を制約する場合がある点において，刑事事件の有罪判決と類似するが故に，同法四六条は保護処分がなされた事件に限つて刑事訴追をすることを禁止しているのである．

叙上の点にかんがみ，法は保護処分と全く法律上の性質を異にする不開始決定については，刑事訴追を禁止する旨の規定を設けなかつたものであり，また解釈上も保護処分についてのみ規定する刑事訴追禁止規定を，右不開始決定に準用又は類推適用する実質上の合理的理由もないのであるから，明文のない以上反対解釈を採るべきことは当然である．」

田中二郎裁判官：「少年法四六条は，罪を犯した少年に対して二四条一項の保護処分がなされた場合にのみ一事不再理の効力が生ずることを規定しているようにみえる．しかし，そのことから直ちに，審判不開始・不処分の決定等に一事不再理の効力を否定するのは，あまりにも字句に捉われた解釈といわなくてはならぬ．そのような解釈のもとでは，いわゆる触法少年や虞犯少年に対して保護処分がなされた場合等については，一事不再理の効力について何らの規定がないため，一事不再理の効力を否定せざるを得ないことになるが，果してそう解釈すべきものであろうか．これらの点をあわせ考えると，少年法四六条の規定は，柏原裁判官の反対意見にも述べられているように，むしろ注意的な規定と解すべきであつて，家庭裁判所が事件の実体について調査し判断をしたような場合には，法的安定の理想に照らし，その判断の有権性を尊重し，その最終性を認めるのが妥当で

ある.」

　【関連条文】当時の少年法 19 条：「家庭裁判所は，調査の結果，審判に付することができず，又は審判に付するのが相当でないと認めるときは，審判を開始しない旨の決定をしなければならない.」
　同 24 条：「家庭裁判所は，前条の場合を除いて，審判を開始した事件につき，決定をもって，次に掲げる保護処分をしなければならない．一．保護観察所の保護観察に付すること．二．教護院又は養護施設に送致すること．三．少年院に送致すること．」
　同 46 条：「罪を犯した少年に対して第二十四条第一項の保護処分等がなされたときは，審判を経た事件について，刑事訴追をし，又は家庭裁判所の審判に付することができない．」
　憲法 39 条：「何人も，実行の時に適法であつた行為又は既に無罪とされた行為については，刑事上の責任を問はれない．又，同一の犯罪について，重ねて刑事上の責任を問はれない．」

　【コメント】保護処分については，少年法 46 条が，「保護処分等がなされたときは」刑事訴追等をすることができない，と定めている．しかし審判不開始決定については，少年法には，訴追等禁止の規定がない．そこで本最高裁判決，とくに奥野補足意見は，〈保護処分等がなされなかったとき（審判不開始決定があったときもその一つである）は，刑事訴追等をすることができる〉という反対解釈をおこなったのである．

　しかし，この反対解釈には問題がある．少年法 46 条は，「保護処分等がなされたときは」刑事訴追等をすることができない，と定めている．これは，憲法 39 条の「同一の犯罪について，重ねて刑事上の責任を問はれない」に対応させたものである．したがって，少年法は，保護処分が少年に対する科刑に当たるという前提に立っている，と言える．ところで，少年法 24 条は，「家庭裁判所は，前条の場合を除いて，審判を開始した事件につき，決定をもって，次に掲げる保護処分をしなければならない」とする．つまり，審判を開始した事件は，保護処分を免れないのである．だとすれば，審理を開始するとは，有罪を認定した上での，その処分行為だと言える．逆に言えば，審判不開始決定については，〈それは，保護処分を免れさす決定なのだから，有罪の認定をしないことを意味する〉と言える．

　上記〈有罪の認定をしないこと〉には，いろんな理由があろう．①無罪と認

定できるから，罰せない，②すでに社会的制裁を受けているから罰しない，③反省しているから罰しない，等々である．このうち——②・③の場合はともかく——①の場合には，「審判不開始の決定」は無罪判断に立ったものだと言える．だとすると，憲法 39 条の「既に無罪とされた」に対応することになる．すると，この場合には，「既に無罪とされた行為」については，「刑事上の責任を問はれない」ことになる．とりわけ本件の場合，「事案が罪とならない」ことが審判不開始決定の理由に入っていたのだから，このケースに属している．

田中裁判官の反対意見には，この論理（＝諸要素に分けて検討する，第 4 章で扱う「複合思考」）が見られる．（これに対し多数意見は，①と②・③の区別をせず，すべてが「保護処分と全く法律上の性質を異にする」としたのである（これは，後述の「単純思考」である）．）

2-5-4　田植機総代理店契約破棄事件札幌高裁判決

本決定（仮処分申請却下決定に対する抗告事件，札幌高裁第二部 1987 (S62) 年 9 月 30 日決定　LEX/DB-27800871　『判例タイムズ』667 号 145 頁）は，田植機製造会社から田植機を当該地域で独占的に販売できる「総代理店」の指定を受け，大量の田植機を購入し事業していた販売店が，その田植機製造会社から合理化を理由に契約終了を一方的に通告された事件に関わる．契約には，「この契約の有効期間は，昭和五七〔1982〕年一〇月一日より昭和五八年九月三〇日迄とする．但し，期間満了の三ケ月前迄に甲又は乙から契約内容の変更又は契約を継続しない旨の申し出のないときは，この契約は同一の条件で更に一年間継続するものとし，その後もこの例による」とあり，契約は 1987 (S62) 年まで 5 年間継続していた：

> 「しかしながら，本件のような独占的販売総代理店契約において右のような定めがあるからといって，この一事によって右の期間満了により当然契約が終了するものと解することは相当でなく，当事者の一方的告知により期間満了によって終了するかどうかは契約締結の経緯，その性質，終了によって受ける当事者の利害得失等，事案の特質に則して考察しなければならない．〔…〕
> 　以上の事実が疎明され，これらの事実，即ち，本件契約締結時の事情，本件契約の特質，その実態，昭和五七年の基本契約書改定の経緯，当事者の利害得失等に照らせば，たとえ基本契約書に本件契約の有効期間を一年間とする．期間満了

三ケ月前に当事者の申し出のない限り更に一ケ年延長する旨の定めがあったとしても，それが期間満了三ケ月前の当事者の一方的終了の意思表示によって契約を終了させ得るものと解することは妥当ではなく，債務不履行又はこれに準ずる事由には限らないが，契約を存続させることが当事者にとって酷であり，契約を終了させてもやむを得ないという事情がある場合には契約〔解除〕を告知し得る旨を定めたものと解するのが相当である．そして，相手方の主張する合理化の必要性その他の事由は未だ本件契約を終了させることを肯認するに足るやむを得ない事由とは認め難い．」

【コメント】「期間満了の三ケ月前迄〔…〕申し出のないときは，この契約は同一の条件で更に一年間継続するものとし，その後もこの例による」の文言は，反対解釈すれば，〈期間満了の三ケ月前までに当事者が申し出さえすれば，契約は無条件に終了する〉となる，と田植機製造会社は解釈した．

そもそもこの反対解釈は，妥当か．先にも述べたように，反対解釈は，眼目（中核を成す命題）に対しておこなわれなければならない．本契約条項の眼目は，〈契約延長をし̇な̇い̇ときには三ケ月前までに申し出るべきだ〉ということであろう（抜き打ちの契約終了阻止が条文の目的であり，契約終了権限付与が目的ではない）．したがって反対解釈としてありうるのは，〈契約を延長するときには，三ケ月前までに申し出る必要はない〉といったことに限られる．また，常識的に言っても，この種の契約で〈三ケ月前までに申し出さえすれば，理由の如何を問わず終了できる〉と当事者（とくに総代理店側）が決めるはずはない．当事者は，「信義誠実」に沿って契約を運用することを前提に契約する．したがって本件は，この契約者の契約時の意思を基準に解釈すればよいケースである．

高裁は，「右のような定めがあるからといって」と言っているので，〈田植機製造会社がした反対解釈も可能〉と理解しているかのようであるが，しかしまた，「やむを得ないという事情がある場合には契約を告知し得る旨を定めたものと解するのが相当である」とも言っている．つまり高裁は，〈当事者の，契約時の意思は，申し出後に話し合い「やむを得ない」となった場合にのみ解約を許す，というものであった〉と解しているのである．つまり高裁は実際には，田植機製造会社がやった反対解釈は妥当でない，と考えているのである[39]．

---

39) これに対して札幌地裁は次のように決定した：「販売代理店契約においては，契約条項中に一年間等の有効期間の定めがある場合であっても，契約当事者双方とも右期間を超えて契約が継続

そして高裁は，本件ではこの「契約を終了させてもやむを得ないという事情」があるかどうかについては，〈この種の機械を販売する場合，契約は長期間継続せざるをえないことを前提している；その事実は，総代理店が大量の田植機を予め購入していることからも明らかである〉として，また，「以上のように抗告人は莫大な損害を被むるのに反し，相手方は何らの犠牲を払うこともなく，抗告人がこれまでに開拓した販売権益をその手中に納めることができ，極めて不合理である」として，そのような事情はないとした．田植機製造会社「の主張する合理化の必要性その他の事由は未だ本件契約を終了させることを肯認するに足るやむを得ない事由とは認め難い」というのである．高裁は，[E] 法律意思に関わる判断によっても，上述の反対解釈を否定したのである[40]．

されることを期待し，あるいは予定するのが通常であり，実際に長期にわたって契約が継続される例が多いことは窺うに難くないところであり，本件のような田植機等の販売に関しても同様であることもまた，債権者提出の疎明資料をまつまでもなく容易に推察できるところである．そして，債権者と債務者との間の取引関係が昭和四六年以来今日まで継続されてきたことも疎明資料から明らかである．しかし，右をもって直ちに，契約期間に関する明文の条項が法的効力を持たないものと解するのは相当でない．すなわち，明文の条項を設けているにもかかわらず，相手方が解約に同意する場合及び相手方に明白な債務不履行がある場合のほかには契約関係を終了させることができないとするのが契約当事者の意思に合致するとは考え難く，むしろ，相手方に対して契約関係を維持し難いような不信の念を抱いた場合や，より有利な条件で第三者と同種の契約を結ぼうとする場合など，自己の意思のみで契約を終了させることができる余地を残しておくことが当事者の意思に適合するうえ，条理にかなうものと考えられるからである」(1987 (S62) 年9月4日決定 LEX/DB-25402761)．すなわち札幌地裁も，〈正当事由がなければ，契約は終了できない〉とするのが元々の契約意思であったと見ている．地裁はしかし，「より有利な条件で第三者と同種の契約を結ぼうとする場合」も，正当事由に該当するとして，総代理店を負かしたのである．

[40] 内田貴『契約の時代』(岩波書店, 2000) は，本判決を「意思を中核とする古典的な契約像に対して，社会関係そのものが契約の拘束力を生み出し，またさまざまな契約上の義務を生み出す」(30頁)「関係的契約」像を示した重要判決と位置づける (81頁以下)．しかし，実際には，本件は，上述のように契約締結時の意思の解釈で，つまり古典的契約論で，処理されている．そもそも，第一に，上記の反対解釈は，論理的に正しくない．第二に，当事者 (とくに総代理店側) は，契約時に上記の反対解釈のようなことは意思していない．第三に，一般に古典的契約も，〈契約解除には正当事由がなければならない；契約は信義誠実によって運用しなければならない〉という原則を基底に置いて締結されるものである．したがって，事後の裁判で契約解釈に信義誠実が持ち出されたからといって，古典的契約論を越えて関係的契約論に至った，ということを必ずしも常に意味するわけではない．

2-6 「もちろん解釈」

「もちろん解釈」とは，当面するケースに適用されるべき条文が欠缺している場合に，「諸事項」を参照して，既存の条文から指針を獲得して適用する解釈の一つであり，前述のように，それには次の二通りの態様のものがある．①一つは，〈ヨリ害悪・危険のあるものでも許されているのだから，それよりも害悪・危険のはるかに少ないものは当然許される〉とするものである．これを〈大きなもの・強いものから，ヨリ小さなもの・弱いものを判断すること〉argumentum a maiori (fortiori) ad minus と言う．森の道での乗馬が認められているなら，ハイカーにとって危険がヨリ小さなロバに乗ることは当然許される，とする場合である．②もう一つは，〈ヨリ害悪・危険の少ないものですら禁止されているのだから，それよりも害悪・危険の大きいものは当然禁止される〉とするものである．これを〈小さなもの・弱いものから，ヨリ大きなもの・強いものを判断すること〉argumentum a minori ad maius と言う．〈公園に犬を連れて入ってはならない〉とあれば，犬より噛む危険の大きいライオンは，当然禁止されるとする場合である．①の場合，ロバについての規定はない．②の場合，ライオンについての規定はない．しかし，それぞれ馬，犬についての規定に目的論的考察等を加え，馬とロバの，犬とライオンの程度差を考え，結論を出すのである．①ではロバを馬に，②ではライオンを犬になぞらえるのではないので，ともに類推ではない．ある程度の「本質的類似性」は前提になるが，むしろ程度の差が関心事である．

2-6-1 労働基準法違反被告事件

本件（最高裁第一小法廷 1960 (S35) 年 7 月 14 日判決　LEX/DB-27611202　『最高裁判所刑事判例集』14 巻 9 号 1139 頁）は，労働基準法 33 条所定の「災害等による臨時の必要がある場合の時間外労働」には該当しないのに，女子労働者に長時間の時間外労働および休日労働を強いながら，同法 37 条所定の割増賃金を支払わなかったため，使用者が同法 119 条 1 号の罪に当たるとして起訴された事件に関わる：

「法三三条または三六条所定の条件を充足した時間外労働ないしは休日労働に対して、使用者が割増賃金支払の義務あることは法三七条一項の明定するところであるが、右条件を充足していない違法な時間外労働等の場合はどうであろうか。法はこの点明示するところがないが、適法な時間外労働等について割増金支払義務があるならば、違法な時間外労働等の場合には一層強い理由でその支払義務あるものと解すべきは事理の当然とすべきであるから法三七条一項は右の条件が充足された場合たると否とにかかわらず、時間外労働等に対し割増賃金支払義務を認めた趣意と解するを相当とする。果して、そうだとすれば、右割増賃金の支払義務の履行を確保しようとする法一一九条一号の罰則は時間外労働等が適法たると違法たるとを問わず、適用あるものと解すべきは条理上当然である。さすれば被告人は右罰則の適用を免れない筋合であり、従つて原判決が前示認定事実について被告人に対し無罪を言い渡したのは違法であり、論旨は理由あるに帰する。」

【関連条文】当時の労働基準法第37条：「使用者が、第三十三条若しくは前条の規定によつて労働時間を延長し、若しくは休日に労働させた場合〔…〕においては、〔…〕その時間又はその日の労働については、通常の労働時間又は労働日の賃金の計算額の二割五分以上の率で計算した割増賃金を支払わなければならない。」

なお、本件について、名古屋高裁（1958（S33）年2月5日判決　LEX/DB-27610980『高等裁判所刑事判例集』11巻1号17頁）は、次のような理由により無罪と判示していた：

「原判決第二の事実は、使用者が同法第三十三条および第三十六条規定の条件を満たさずして労働者をして時間外労働および休日労働をさせ、この超過労働に対し基本賃金の二割五分以上の割増賃金を支払わなかつた場合であつて、使用者の右所為中、労働者をして時間外労働および休日労働をなさしめた点は、同法第三十二条第一項第百十九条第一号の罪に該当することは当然であるが、右割増賃金不払の点は、（支払義務ありと解するが）同法第三十七条第一項第百十九条第一号の罪に該当しないものといわなければならない。

もしこの点をも、同法条の罪に該当すると解釈するには、この罰条を被告人の不利益に類推解釈するもので罪刑法定主義の原則に反するものと断ぜざるを得ない。」

【コメント】違法な超過労働に対し割増賃金を支払わなかった場合の処罰規定はない。名古屋高裁はこれを踏まえて、〈本件では罰則規定が欠缺しているので、罪刑法定主義との関係で、被告人に不利な類推適用はできない〉と解した。これに対し最高裁は、〈適法な超過労働に対してすら割増賃金を支払うべきな

のだから，違法な超過労働に対してはもちろん支払うべきである．したがって，その不払いは，当然処罰される〉と解した．

本件でおこなわれているのは，類推適用ではなく，「もちろん解釈」である．確かに，「もちろん解釈」が無理なく成り立つ場合には，例外的に，その道理が罪刑法定主義に勝つ可能性がかなりある（類推の場合にもある．2-7-3 参照）．罪刑法定主義が基底にしている予測可能性が，ごく自然な道理をたどることによって確保しうるからである．本件の場合，解釈が道理にかなっているばかりか，立法者は，違法な超過労働を排する立場だから，それに対する割増賃金を命じる規定を置くわけもない．こうした事情にある本解釈は例外的に許される，と考えられる（9 頁参照）．

2-6-2　東京都公安条例巣鴨事件東京地裁判決

本判決（東京都条例第 44 号違反・公務執行妨害傷害被告事件，東京地裁 1958（S33）8 月 29 日刑九部判決　LEX/DB-27660586　『判例時報』164 号 10 頁）の論点は多岐にわたるが，次の重要点が「もちろん解釈」に関係している．すなわち，東京都の「集会，集団行進及び集団示威運動に関する条例」（条例第 44 号，1950 年）の第 3 条 2 項には，「公安委員会は，前項の許可をしたときは，申請書の一通にその旨を記入し，特別の事由のない限り集会，集団行進又は集団示威運動を行う日時の二十四時間前までに，主催者又は連絡責任者に交付しなければならない」とある．ところが公安委員会は，その時刻までに「許否いずれかの裁決」を交付しなかった．この場合，集会・集団行進は許可されたことになるか，という点である（「不許可」決定をいつまでに交付すべきかに関する規定はなかった）：

「(2)〔イ〕集団行進等所定の行動の主催者が公安委員会に対して条例第二条に基き許可申請をした場合，主催者は申請人として公安委員会に対しその申請について許否いずれかを行動実施前相当の時限内に裁決すべきことを求め得る権利を有し，公安委員会は申請人に対しこれに対応する義務を負うものと解するのが相当である．けだし，これらの行動はいわゆる基本的人権に基くものであつて，公共の福祉に反しない限り，国政の上で最大の尊重が払わるべきものであることは憲法の保障するところである．而して許可申請はその行動実施の前提として求めているのであるから，これに対する裁決は単に公安委員会に対してその職権の発動を求めるというが如き程度のものではなく権利として認められたものであり，

且つ許否いずれであろうとも裁決が行動に対して有する影響並びにこれらの行動の実施日時が行動に対して占める生命線ともいうべき地位，機能等に鑑みると，裁決が行動実施前相当の時限内になされることをも併せ求め得るものとするのが，憲法の趣旨に適合するからである．

　［ロ］裁決をなすべき時限につき，許可については，条例第三条第二項で，告知時限に関してではあるが，「公安委員会は，前項の許可をしたときは，申請書の一通にその旨を記入し，特別の事由のない限り集会，集団行進又は集団示威運動を行う日時の二十四時間前までに，主催者又は連絡責任者に交付しなければならない」と定めて居り，これは当然許可の裁決自体が行動実施時刻の二十四時間前に為されるべき旨をも併せ定めているものと解される．一方不許可については明文としては何等定めがないようにも見受けられるが，条例第三条第一項本文は許否の基準について，「公安委員会は，前項の規定による申請があつたときは，集会，集団行進又は集団示威運動の実施が公共の安寧を保持する上に直接危険を及ぼすと明らかに認められる場合の外は，これを許可しなければならない」と規定して居り，これによると，<u>裁決に当つては案件につき所定の不許可事由が存在するかの点についてまず判断がなされるべきものであつて，この建前上裁決の順序としては不許可の方が許可よりも先行する関係にあることを窺知できるから，条例第三条第二項の勿論解釈として不許可についても許可と同様行動開始の時刻の二十四時間前までに裁決すべきことが定められているものと解するのが相当である．</u>」

【コメント】東京地裁は，公安委員会が集会・集団行動申請について，上記時間内に「許否いずれかの裁決」を交付しなかった場合，許可したものとみなした．その理由は，（申請者の利益になる）許可の裁決の時にさえ，24時間前までにその裁決を交付すべきである；だとすれば，不許可の裁決の時には，申請者の不利益になるのだから，24時間以内に交付すべき必要がもっと高い，というものであった．これも，「もちろん解釈」である．

なぜそのような解釈が可能かという点については，引用部分に，三つの根拠が挙げられている．すなわち，①集会・集団行動が表現の自由に関わる基本的人権であり，したがって，一定時間以内に裁決し結果を交付することを求めるのは，市民の権利である，という点，②公安委員会が裁決する際には，〈まず不許可にすべきかどうかを判断し，不許可の必要がなければ許可する〉という

思考をとるのであるから，不許可判断の後に来る許可判断についてさえ「24時間前まで」の交付が義務づけられているのであれば，先におこなわれる不許可判断には，当然その時間内の交付が義務づけられる，という点，③許可よりも不許可の方が関係者にもたらす不利益が大きいのであるから，許可について定められた「24時間前まで」の交付は，不許可の場合には当然妥当するという点，である．以上の理由づけのうち，①は，憲法21条との関連からする判断であり，[B] 体系的解釈に該当する．②と③とは，「事物のもつ論理」(ことがらの本質から，必要な前提ないし必然的な帰結として出てくるもの)を考えたものであり，[E] 法律意思解釈に該当する．

ちなみに，「蒲田事件」東京地裁1958 (S33) 年5月6日判決 (LEX/DB-27660571) は，本東京都公安条例が違憲であると判示したが，その理由の一つとして「仮に公安委員会が行動実施日時まで許否を決せず放置した場合にも行動実施は禁止されこれを強行すれば無許可の行動として取締の対象となることを免れないのであり，また，右の二十四時間の時限の前後を問わず不許可となつた場合にも主催者はその通知を受けず，従つてその処分を了知し得ないため同様抗告訴訟による救済を求めることができないのである」点を挙げていた．同地裁の公安条例事件1959 (S34) 年8月8日判決 (LEX/DB-27660660) も，同様であった．2-6-2判決は，この違憲判断を，「もちろん解釈」によってうまく回避したのである．

2-6-3　大阪空港公害事件大阪地裁判決

本判決（大阪空港夜間飛行禁止等請求事件，大阪地裁1974 (S49) 年2月27日判決 LEX/DB-27200217 『最高裁判所民事判例集』35巻10号1621頁）は，伊丹にある大阪空港の周辺に住む300人の住民が，騒音を理由に，午後9時から翌日午前7時までの飛行停止と損害賠償を求めて提訴した事件に関わる．本判決は，人格権にもとづいて，午後10時から翌日午前7時までの飛行停止と損害賠償を認めた．判決自体は，人格権にもとづく差止を，所有権や占有権などの物権に認められている差止の類推というかたちで処理した．しかしこの処理方法は，正確には「もちろん解釈」に関わっている：

「個人の生命，自由，名誉その他人間としての生活上の利益に対するいわれのない侵害行為は許されないことであり，かかる個人の利益は，それ自体法的保護

に値するものであつて，これを財産権と対比して人格権と呼称することができる．そして，本件における航空機騒音の如く，個人の日常生活に対し極めて深刻な影響をもたらしひいては健康にも影響を及ぼすおそれのあるような生活妨害が継続的かつ反覆的に行われている場合において，これが救済の手段として，既に生じた損害の塡補のため不法行為による損害賠償を請求するほかないものとすれば，被害者の保護に欠けることはいうまでもないから，損害を生じさせている侵害行為そのものを排除することを求める差止請求が一定の要件の下に認められてしかるべきである．この場合，差止請求の法的根拠としては，妨害排除請求権が認められている所有権その他の物権に求めることができるが，物権を有しない者であつても，かかる個人の生活上の利益は物権と同等に保護に値するものであるから，人格権についてもこれに対する侵害を排除することができる権能を認め，人格権に基づく差止請求ができるものと解するのが相当である．」

【コメント】前掲の解釈の構造図に関連して説明すると，判決は，①まず，〔E〕法律意思レヴェルの考察で，空港周辺住民を騒音から保護する必要性を確認し（それは，「本件における航空機騒音の如く，個人の日常生活に対し極めて深刻な影響をもたらしひいては健康にも影響を及ぼすおそれのあるような生活妨害が継続的かつ反覆的に行われている」という箇所からうかがえる），次に，②憲法13条の〔E〕法律意思解釈（歴史的解釈を含む）で，「人格権」を構成し，さらに，③この人格権に，類推によって妨害排除請求権を付与した．その際この類推は，所有権その他の物権に妨害排除請求権が認められていることから出発し，人格権という「かかる個人の生活上の利益は物権と同等に保護に値するものであるから」とあるように，物権と人格権とがともに，人間にとって重要で「同等に保護に値するものである」という点を類推のための「本質的類似性」としつつ，おこなわれている．

　しかしながら，厳密に言えば，これは，類推ではなく，「もちろん解釈」（上述の2種のうち，argumentum a minori ad maius に当たる）である．〈物権ですら妨害排除請求権で保護されている；ましてやその物権以上に重要な人格権は，もっと妨害排除請求権で保護されるべきである〉とするのが，理の当然であるからだ．物権は各人が人間にとって外物である物を支配する権利であるが，人格権は，各人が自分自身の身体や精神を自分自身で支配する権利であり，その権利の対象物は各人自体を構成しているのだからである．

2-6-4　予防接種禍事件大阪地裁判決

本判決（大阪地裁 1987 (S62) 年 9 月 30 日民事 23 部判決　LEX/DB-27800839　『判例タイムズ』649 号 147 頁）では，被告（国）側は，〈所有権の補償に関する憲法 29 条 3 項の規定を薬害被害に適用（ないし類推適用）することはできない〉と主張した．国側のこの主張に対して裁判所は，憲法 29 条 3 項を「もちろん解釈」で適用し，原告を救済した（原告が，なぜ民法上の不法行為損害賠償ではなく，直接に憲法 29 条 3 項に依拠して国家による補償を求めたかというと，それは，その方が相手方の過失を立証する必要がないからである）：

> 「原告らの本件各予防接種による被害を特別な犠牲とみても，被害を受けたものが生命，身体であって，財産権のように損失補償をすることにより収用できることが予定されているものではないから，右被害に対する補償を憲法二九条三項の規定の適用（ないし類推適用）により解決することができないことは，被告の主張するとおりである．しかしながら，前判示のとおり，本件各予防接種は，伝染病の発生及びまん延を予防し，公衆衛生の向上と増進に寄与するとの公益目的を実現するため，被告が罰則ある法律により強制し，または事実上の拘束力のある勧奨によりこれを実施させ，その結果，被接種者中の極く一部である本件各被害児らが前判示のとおりの重篤な健康上の被害という社会生活上の受忍限度を超える損失，すなわち特別な犠牲を強いられることとなった反面，その余の者は伝染病からの集団防衛の目的が達成されたことによる利益を受けることとなったのであり，この公共の利益のために特定の個人が特別な犠牲を強いられる結果が生じているという点において，憲法二九条三項における損失補償を必要とする状況と共通の状況が出現しているものと評価することができる．しかして，右状況における損失補償の必要性の程度については，憲法上，一方が本来的に公共のための収用の可能性を背負わされている財産権であるのに対し，他方にはかかる収用の可能性が全くないことはもとより，憲法がその一三条において国政上最大の尊重を保障する生命，自由及び幸福追求の権利であるうえに，右権利に関してはその二五条一項において健康で文化的な生活を営むことができることを保障しているのであるから，損失補償の必要性の程度は，保障されている権利の性質において，前者の財産権についてよりも後者の生命等について格段に高いことが憲法上明白であるといわなければならない．〔…〕右副作用としての特別な犠牲は，意図された結果でないとしても，単なる偶然の結果ではなく，当初から予測され，

しかもやむをえないものとしてではあれ，当初から認容されていた結果であるから，発生した結果に対する補償の必要性の観点からは，当初から意図された結果としての特別な犠牲と同視し得るものということができる．そうすると，被告が主張する特別な犠牲の発生経緯の差異を考慮しても，財産権と生命等とにおける補償の必要性についての前記判断を左右するものでないというべきである．

4 結局，憲法一三条，二五条一項，二九条の各規定をみると，<u>憲法は，国民の生命，身体を財産権よりも格段に厚く保障していることが明らかであり</u>，その憲法が一四条一項で国民が法の下に平等であることを保障し，二九条三項で公共のために財産権につきなされた特別な犠牲に対して損失補償の必要を規定しているところよりすれば，憲法は，右二九条三項の規定の当然の含意として，公共のためになされた本件各予防接種のような予防接種により本件各被害児がその生命，身体に受けたような特別な犠牲である副作用による重篤な被害に対して，財産権につき保障している損失補償を下廻ることのない，換言すれば，右財産権につき保障している補償と少なくとも同程度の損失補償が必要であることを規定しているものと解するのが相当である．<u>すなわち，憲法が一三条，一四条一項，二五条一項，二九条の各条項を規定する趣旨に照らした二九条三項の規定の勿論解釈により，原告ら主張の損失補償請求権（但し，その内容については，後記三に判示するとおりである．）を肯認することができる．</u>」

【コメント】　本判決の解釈の論理は，2-6-3 判決で筆者が提示した，〈物権 対 人格権〉の関係が基底においている論理と，まったく同じである；本判決は，〈所有権よりも人格権の方が，はるかに重い；したがって，憲法 29 条 3 項で所有権侵害に補償を規定している以上，人格権侵害に対する補償は——明文規定がなくとも——当然認められる〉としたのである．

本判決については，所有権と人格権は本質的類似性が低いから，憲法 29 条 3 項の類推適用はできないという説がある（本判決には実際，両ケースの類似性を強調している部分もある）．しかし，先にも述べたように，「もちろん解釈」は，類推とは異なり，〈本質的に類似していること〉を根拠にして適用するものではない．むしろ，本件での所有権と人格権のように，一方が物支配，他方が人の自己支配と，相互に本質的に異なっている（＝本質的異質性が大きい）ものの間でも，〈価値の小さいものの支配権（所有権）を保護しているなら，それより価値の大きいものの支配権（人格権）は当然保護される〉との論理を使うもの

なのである．

　しかも，まったく関係が相互に無関係というわけでもない．所有権とは，ある主体が自分の外のものを排他的に支配する権利である．これに対して人格権は，ある主体が自分自身の身体と精神とを排他的に支配することである．したがって「排他的支配」という点では同質である．その上で，外のものを支配する権能と自分自身を支配する権能とどちらがヨリ大切か，を考えるのである．

　予防接種の副作用に関する判決としては，他に東京地裁損害賠償請求事件 1984 (S59) 年 5 月 18 日判決（LEX/DB-27490027　『判例タイムズ』527 号 165 頁）がある．次のように，この判決は，「類推適用」によっている：

　　「憲法二九条三項は「私有財産は，正当な補償の下に，これを公共のために用いることができる．」と規定しており，公共のためにする財産権の制限が，社会生活上一般に受忍すべきものとされる限度を超え，特定の個人に対し，特別の財産上の犠牲を強いるものである場合には，これについて損失補償を認めた規定がなくても，直接憲法二九条三項を根拠として補償請求をすることができないわけではないと解される〔…〕．

　　そして，右憲法一三条後段，二五条一項の規定の趣旨に照らせば，財産上特別の犠牲が課せられた場合と生命，身体に対し特別の犠牲が課せられた場合とで，後者の方を不利に扱うことが許されるとする合理的理由は全くない．

　　<u>従って，生命，身体に対して特別の犠牲が課せられた場合においても，右憲法二九条三項を類進適用し，かかる犠牲を強いられた者は，直接憲法二九条三項に基づき，被告国に対し正当な補償を請求することができると解するのが相当である．</u>」

2-7　類　推

　「類推」Analogie とは，β について直接規定している条文が欠缺している場合に，「諸事項」を参照して，β と似ている α についての規定を引き合いに出し，〈α の規定の立法の趣旨に照らすと α と β との間には「本質的類似性」が認められるから，「同様のものは同様に扱え」の原則に従って β に α の規定を適用できる〉として処理する解釈のことである（したがって，「本質的類似性」があまりにも低い場合には，類推はできない）．

2-7-1 電気窃盗事件判決

本判決（大審院 1903 年（M36）5 月 21 日判決　LEX/DB-27531444 『大審院刑事判決録』9 輯 874 頁）では，電気を盗むことが旧刑法 366 条にいう「人ノ所有物」の「竊取」に当たるかが問題になった：

「刑法第三百六十六条ニ所謂窃取トハ他人ノ所持スル物ヲ不法ニ自己ノ所持内ニ移スノ所為ヲ意味シ人ノ理想ノミニ存スル無形物ハ之ヲ所持スルコト能ハサルモノナレハ窃盗ノ目的タルコトヲ得サルハ論ヲ待タス然レトモ所持ノ可能ナルカ為メニハ五官ノ作用ニ依リテ認識シ得ヘキ形而下ノ物タルヲ以テ足レリトシ<u>有体物タルコトヲ必要トセス</u>何トナレハ此種ノ物ニシテ独立ノ存在ヲ有シ人力ヲ以テ任意ニ支配セラレ得ヘキ特性ヲ有スルニ於テハ之ヲ所持シ其所持ヲ継続シ移転スルコトヲ得ヘケレハナリ約言スレハ<u>可動性及ヒ管理可能性ノ有無ヲ以テ窃盗罪ノ目的タルコトヲ得ヘキ物ト否ラサル物トヲ区別スルノ唯一ノ標準トナスヘキモノトス</u>而シテ電流ハ有体物ニアラサルモ五官ノ作用ニ依リテ其存在ヲ認識スルコトヲ得ヘキモノニシテ之ヲ<u>容器ニ収容</u>シテ独立ノ存在ヲ有セシムルコトヲ得ルハ勿論<u>容器ニ蓄積</u>シテ之ヲ所持シ一ノ場所ヨリ他ノ場所ニ移転スル等人力ヲ以テ任意ニ支配スルコトヲ得ヘク可動性ト管理可能性トヲ有スルヲ以テ優ニ窃盗罪ノ成立ニ必要ナル窃取ノ要件ヲ充タスコトヲ得ヘシ故ニ他人ノ所持スル他人ノ電流ヲ不法ニ奪取シテ之ヲ自己ノ所持内ニ置キタル者ハ刑法第三百六十六条ニ所謂他人ノ所有物ヲ窃取シタルモノニシテ窃盗罪ノ犯人トシテ刑罰ノ制裁ヲ受ケサルヘカラサルヤ明ナリ然ルニ原院ニ於テ窃盗罪ノ目的物ハ有体物ニ限ルモノトシ而シテ電流ハ有体物ニアラサルカ故ニ窃盗罪ノ目的物タルコトヲ得ストノ理由ヲ以テ被告ニ無罪ヲ言渡シタルハ失当ノ判決タルヲ免レスシテ原院検事長ノ上告ハ其理由アルモノトス」

【関連条文】旧刑法（1880 年）366 条：「人ノ所有物ヲ竊取シタル者ハ竊盗ノ罪ト爲シ二月以上四年以下ノ重禁錮ニ處ス．」
現民法（1896 年施行）第 85 条：「この法律において「物」とは，有体物をいう．」
第 86 条「土地及びその定着物は，不動産とする．二　不動産以外の物は，すべて動産とする．」
現刑法 245 条：「この章の罪については，電気は，財物とみなす．」

【コメント（i）】本判決は，旧刑法 366 条「人ノ所有物」の「物」を，ここでの「物」とは「可動性及ヒ管理可能性」をもった物質であると法学的考察で主

体的に意味づけし、電気は、この概念に包摂される、と判示した．しかし実際には、電気を同条で処理したのは、本来「有体物」でも「物質」でもないものに、「可動性及ヒ管理可能性」の点で似ている点を根拠に366条を適用したものであり、（悪しき）類推適用である．

　判決はなぜ、下記に見る無理な構成をしてまでこの行為を罰しようとしたか．それは、〈他人の所有に属する，価値あるもの〉を無断で使うこの行為を、「けしからん」と判断したからである．この点は、「他人ノ所持スル他人ノ電流ヲ不法ニ奪取シテ」という箇所に表わされている．こうして判決は、第一には、刑法の「窃盗罪」を、〈（日常的意味で）「盗む」行為一般を取り締まる規定だ〉と目的論的に解釈し、第二には、[E]法律意思中の正義判断から出発し、〈この行為を処罰してやろう〉との意図の下に条文解釈をした．そして判決は、旧刑法366条の「物」概念を主体的に再構成した．

　判決は、「物」のこの再構成をおこなう際に、[B]体系的解釈等はやっておらず、ただ旧刑法366条の[A]文理解釈（法文自体の意味）のみを踏まえ、（宣言的解釈で）処理している．しかしすでにここに、解釈上、問題がある：

　第一に、「物」を——たとえば民法85条にある有体物とするのではなく（これをやるのであれば、[B]体系的解釈である）——〈「可動性及ヒ管理可能性」をもった無体物をも含む物質〉と自分で定義づけたのであるが、この定義の根拠が示されていない（そういう定義をする学説があって、それに従ったのだとしても、そう定義することが妥当だという根拠づけは、自分で示さなければならない）．

　判決は、〈刑法は民法とは別だ〉とした上で、〈窃盗罪が目的にしているのは、他者の財物保全だ〉とした．盗むためには、誰かが管理している財物を自分の管理下に置く必要，「管理可能」な価値物を「動」かす必要，がある．そこで、「可動性及ヒ管理可能性」が前提になる．ここから、「可動性及ヒ管理可能性」を備えておれば、無体物でも窃盗対象たりうる、となる．しかし、その際には366条が、「可動性及ヒ管理可能性」さえあれば他の要素は不要、としていることを証明しておかなければならない．

　第二に、さらにその前提として、そもそも電気は「所有物」の「物」であるかをも（素朴な日常観念によってではなく、（法）学的に（50頁参照））説明しておかなければならない．というのも電気は、物質現象によってエネルギーを生む；しかしそれは、物質自体ではない．「物」概念に包摂されがたいからである．

第三に，本判決の定義を前提にしても疑問が残る．財産価値があり「可動性及ヒ管理可能性」があれば可というが，電気が「可動性及ヒ管理可能性」をもつとされる根拠は，判決によれば，バッテリーを利用できるからである（「容器ニ蓄積シテ之ヲ所持シ一ノ場所ヨリ他ノ場所ニ移転スル等人力ヲ以テ任意ニ支配スルコトヲ得」．電線自体は「収容」・「蓄積」できる「容器」ではない）．しかし，そもそも①バッテリーで電気を管理できるのは，電気のごく一部にすぎない．もし判決の手法で，電気を「可動性及ヒ管理可能性」があるから「物」だとできるのであれば，〈技術を使えば炭酸ガス（の一部）をドライアイスにできるのだから，炭酸ガスは固体物だ〉とも言えることになる．また，②本件で被告人はバッテリーを利用して窃盗したわけではない．したがって，本件に関して，電気のバッテリー利用可能性を電気が「可動性及ヒ管理可能性」をもつ根拠にするのは，妥当ではない．

【コメント (ii)】本判決はまた，(α) 体系的解釈，(β) 歴史的解釈の点から疑問となる．

　(α)　まず，体系的解釈との関係では，民法 85 条，86 条との関係が問題となる．この民法は，この事件発生の前に制定された（第一審の裁判開始は，横浜地裁 1901 (M34) 年 4 月 11 日．翌年 7 月 1 日に有罪判決が出た．控訴審判決は，1903 (M36) 年 3 月 20 日に無罪判決を下した）．この民法では，「物トハ有体物イフ」となっている．（ちなみに，その前の旧民法 (1890 年公布) では，「物」には有体物と無体物とがあるという考えが前提になっていたが，この無体物には（梅謙次郎が『訂正増補　民法要義　巻の 1 総則編』において，旧民法で「無体物トイヘルハ大抵権利ノミヲイヘリ」と言っているように）電気のようなものを意味していたわけではない．確かに一般論としては，刑法上の「（所有）物」が必ずしも民法上の「物」と同一である必要はない．しかし，刑法に「物」の定義がない場合，所有との関連で「物」を定義している民法から離れすぎることは，人びとをかれらの予想している概念を越えたものによって罰する結果を生む．

　(β)　歴史的にも，近代の刑法は窃盗の対象を動産（つまり有体物）に限定してきた．たとえば，アンセルム・フォイエルバッハが起草したバイエルン刑法典 (1813 年制定) の第 209 条は，窃盗犯について次のように厳密に定義している．「自己の所有に属さない<u>動産</u>を正当な権限をもたず，人に暴力を加えることなく違法に自己の所有にするために領得した者は，窃盗を犯した者である」．

これが，現行刑法まで続くドイツ刑法――日本刑法と深い関係にある――の伝統である．

また，そもそも旧刑法が制定されたのは，電気が供給される前のことであり，したがって立法者は，「所有物」に「電気」を含むとの意思をもっていない．

これら (α)・(β) を踏まえると，〈「物トハ有体物イフ」のであり，電気は有体物ではないので，電気の窃盗は，旧刑法 366 条には該当しない〉となる．これは，「文字通りの適用」である．

2-7-2 ムジナ・タヌキ事件判決

本判決（狩猟法違反被告事件，大審院第一刑事部 1925（T14）年 6 月 9 日判決 LEX/DB-27539793『大審院刑事判例集』4 巻 378 頁）は，狩猟禁止期間が始まる直前に，（かなり大きい）岩穴に逃げ込んだタヌキを穴をふさいで脱出不可能にした行為が「捕獲」に当たるかに関わる．本判決は，「捕獲」の意味を日常の意味よりは広く解し，その意味での「捕獲」に当たると判示した．しかし，この拡張解釈には無理があった．素直な解釈は，「類推」であろう：

「本件公訴事實ハ被告人ハ狩獵免許ヲ受ケ居リタルモ狸ノ狩獵期間外ナル大正十三年三月三日朽〔栃〕木縣上都賀郡東大芦村大字深岩山林内ニ於テ村田銃ヲ使用シテ狸二頭ヲ捕獲シタリト謂フニ在リ仍テ按スルニ被告人ハ大正十三年一月二十八日狩獵ノ免許ヲ受ケタルモノニシテ同年二月二十九日狩獵ノ目的ヲ以テ前記深岩ノ山林ニ赴キ同所ニ於テ狸二頭ヲ發見シ所持ノ村田銃ヲ以テ之ヲ射撃シ其ノ奔竄シテ附近ノ岩窟中ニ潜匿スルヤ之ヲ追跡シ石塊ヲ以テ該岩窟ノ入口ヲ閉塞シ<u>狸ノ他ニ逸走スルコト能ハサル如ク施設ヲ爲シテ歸宅シタルコト</u>及被告人ハ其ノ後同年三月三日再ヒ前同所ニ到リ嚢ニ窟口ヲ塞キタル石塊ヲ除去シ獵犬ヲ驅使シ且村田銃ヲ發射シ遂ニ獵犬ヲシテ狸二頭ヲ咬殺セシメタルコトハ〔…〕之ヲ認メ得ヘク<u>前記岩窟ハ被告人カ匍匐シテ僅ニ出入シ得ル程度ノ廣サニシテ二間位奥ニ延長シ更ニ一間位上方ニ向ヘル自然ノ洞窟ナルコト</u>ハ被告人ニ對スル檢事ノ聽取書中其ノ旨ノ供述記載アルニ依リ明白ナリ而シテ被告人カ狩獵ノ目的ヲ以テ野生ノ狸ヲ發見シテ射撃シ之ヲ追跡シテ右説示ノ如ク狹隘ナル岩窟中ニ竄入セシメ石塊ヲ以テ其ノ入口ヲ閉塞シ逸走スルコト能ハサル施設ヲ爲シタル以上ハ<u>被告人ノ執リタル手段方法ハ狸ノ占有ニ必要ナル管理可能性ト排他性トヲ具備スルモノト謂フ可ク被告人ハ自然ノ岩窟ヲ利用シ狸ニ對シテ事實上ノ支配力ヲ獲得シ確實ニ</u>

之ヲ先占シタルモノニシテ此ノ事實ハ狩獵法ニ所謂捕獲ニ外ナラスト解スヘク而シテ右捕獲ハ前段説明ノ如ク大正十三年二月二十九日ニ完了シタルモノナルヲ以テ狩獵法施行規則第二條第二項ニ定ムル狸ノ狩獵期間中ノ行爲ニシテ毫モ違法ニアラス從テ狩獵禁止期間中ナル大正十三年三月三日ニ至リ被告人カ銃器及獵犬ヲ使用シ遂ニ獵犬ヲシテ狸ヲ咬殺セシメタル所爲ハ其ノ時ニ於テ狸ノ捕獲行爲ヲ完了シタルモノニアラスシテ寧ロ適法ナル捕獲行爲完了後ニ於ケル狸ノ處分行爲ノ事實ニ係ルモノト斷定スルヲ妥當ナリトスルカ故ニ被告カ狸ノ狩獵禁止期間中之ヲ捕獲シタリトノ公訴事實ニ付テハ結局其ノ證明ナキニ歸着スルモノト謂ハサルヘカラス.」

【コメント】判決は，まず，〔A〕語句の法生活上の意味を考える．そして，タヌキの「捕獲」とは，タヌキを「占有ニ必要ナル管理可能性ト排他性」を伴った状態下におくことだと定義し，「岩窟中ニ」逃れたタヌキを，「石塊ヲ以テ該岩窟ノ入口ヲ閉塞シ狸ノ他ニ逸走スルコト能ハサル」ものとしたこと，すなわち猟師が2月29日にタヌキを岩穴に閉じ込め「袋のタヌキ」にした行為は，「捕獲」に当たるとしたのである．そして判決は，猟師が後日（狩猟禁止期間が始まった後の3月3日），犬をけしかけ「銃器及獵犬ヲ使用シ遂ニ獵犬ヲシテ狸ヲ咬殺セシメタル」行為は，「捕獲行爲完了後ニ於ケル狸ノ處分行爲」だとした．後日の上記処分は，しかけたワナに捕獲されているイノシシを現場にいって殺害するような行為と変わらない，と見たのである．

　しかしながら，「岩窟中ニ」逃れたタヌキに対するこの処置が「捕獲」の日常の意味に該当するかは，疑問である．「捕獲」とは，相手を自由に動きまわれない程度にその身柄を確保することであろう．タヌキの場合は，縛るとか，罠でとらえるとか，檻に入れるとか，飛び道具で殺すとかが捕獲であろう．したがって本ケースへの「捕獲」概念の適用は，次の点で「捕獲」概念の無理な拡張である．すなわち，確かに，鹿やペクーニャなら，狭い柵の中に追い込んでその入り口を閉鎖すれば，捕獲したと観念できる．しかし，タヌキや狐を捕獲できたとするためには，一匹ずつ，個体ごとに拘束しなければならない．

　現にこのケースの場合，猟師は後日，二匹のタヌキを確保しようとしたが，それにはさらに「ひと苦労」を要した．すなわち，「窟口ヲ塞キタル石塊ヲ除去シ獵犬ヲ驅使シ且村田銃ヲ發射シ遂ニ獵犬ヲシテ狸二頭ヲ咬殺セシメタ」という大作業を要したのであった．したがって，2月29日の，岩窟の中に追い

込んだ行為は，相手を自由に動きまわれない程度に身柄を確保した行為だとは言えない，すなわち「捕獲」の語には熟さない行為だった．そもそも「管理可能性」がまだなかったのである．

　素直な解釈は，〈猟師は，2月29日には捕獲作業を中途で止め，3月3日に残りの作業を続行して捕獲を完了した〉というものであろう．大審院が被告人を救いたいのであれば，2月29日の行為を「捕獲」そのものだとする無理な構成を採るよりも，〈2月29日には，捕獲行為は中断され捕獲は未完だったが，捕獲の前提はかなり確保していたので，捕獲に準じるものと見られる〉として，「捕獲」の語の類推適用のケースとした方が，すっきりしたと思われる．刑法で類推を使うことに懸念する人がいるだろうが，被告人の罪を軽減・無罪にするために類推を使うことは，罪刑法定主義の目的論的解釈からして許されるのである（この点については，65-66頁の東京地裁1964年7月18日判決参照）．

2-7-3　ガソリンカー転覆事件判決

　本判決（業務上過失致死傷並業務上過失列車顚覆破壊被告事件，大審院第二刑事部1940（S15）年8月22日判決　LEX/DB-27922558　『大審院刑事判例集』19巻540頁）は，ガソリンカー（後述）をスピードの出し過ぎで転覆させた運転手が，刑法129条に規定されている「汽車」の転覆を犯したとして起訴された事件に関わる．判決自身は拡張解釈をしたつもりだが，本件でおこなわれているのは実際には，類推（ないし比附）であった：

> 〔被告は〕「ガソリンカーニ機關手トシテ乘務シ乘客九十餘名ヲ滿載シ午前七時二十八分頃久居驛ヲ發車シタルカ同驛發車定時刻カ午前七時二十二分ニシテ約六分ノ遲發ナリシヨリ遲延時間ノ回復ニ努メ速力ヲ増大シテ時速三十四，五粁ノ高速度ニテ疾走ヲ續ケ相川驛ヲ通過シ二重池驛ニ向フ途中津市大字垂水地内通稱Sカーブニ差蒐ルヤ右カーブ曲線度急ニシテ常ニ制限速度時速十五粁以内ニテ運行スヘキモノナルコトヲ知悉セルニ拘ラス遲延時間ノ回復ニノミ心ヲ奪ハレ僅カニ速度ヲ緩メタル時速二十七，八粁ノ高速度ニテ漫然驀進ヲ續ケタル爲メ午前七時三十五分頃右Sカーブニ於テ該曲線ニ適セサル過速度運轉ニ因リ該ガソリンカーヲ顚覆セシメ冷却機其ノ他ヲ破壞シタル上乘客〔…〕ヲ死ニ致シ〔…〕重輕傷ヲ負ハシメタルモノナリ」

第 2 章 判決に見る法解釈の手法

「刑法第百二十九條ニハ其ノ犯罪ノ客體ヲ汽車，電車又ハ艦船ト明記シアリ而モ汽車ナル用語ハ蒸氣機關車ヲ以テ列車ヲ牽引シタルモノヲ指稱スルヲ通常トスルモ同條ニ定ムル汽車トハ汽車ハ勿論本件ノ如キ汽車代用ノ「ガソリンカー」ヲモ包含スル趣旨ナリト解スルヲ相當トス蓋シ刑法第百二十四條乃至第百二十九條ノ規定ヲ設ケタル所以ノモノハ交通機關ニ依ル交通往來ノ安全ヲ維持スルカ爲メ之カ防害ト爲ルヘキ行爲ヲ禁シ以テ危害ノ發生ヲ防止セントスルニ在ルコト勿論ナレハ汽車ノミヲ該犯罪ノ客體ト爲シ汽車代用ノ「ガソリンカー」ヲ除外スル理由ナキノミナラス右兩者ハ單ニ其ノ動力ノ種類ヲ異ニスル點ニ於テ重ナル差異アルニ過キスシテ共ニ鐵道線路上ヲ運轉シ多數ノ貨客ヲ迅速安全且ツ容易ニ運輸スル陸上交通機關ナル點ニ於テ全然其ノ撰ヲ一ニシ現ニ國有鐵道運轉規定軌道建設規程等ニ於テモ汽動車ハ蒸氣機關車及客車ニ準シテ之ヲ取扱ヒ居レル事實ニ徴スルモ之カ取締ニ付テモ亦兩者間何等ノ差等ヲ設クヘキ理據アルコトナク〔…〕」

【参照条文】 現刑法 129 条：「過失により，汽車，電車若しくは艦船の往来の危険を生じさせ，又は汽車若しくは電車を転覆させ，若しくは破壊し，若しくは艦船を転覆させ，沈没させ，若しくは破壊した者は，三十万円以下の罰金に処する．」

【注記】 ①刑法は，1907 (M40) 年に法律第 45 号として制定された．

②蒸気機関車が最初に走ったのは，新橋駅―横浜駅間で，1872 (M5) 年 10 月 14 日である．

③電車が最初に走ったのは，1895 年京都電気鉄道（後の京都市電）による路面電車（街路上をゆっくり走る乗り合い電車）の導入によってである．

④インターアーバン路線（今日の郊外電車）の電車が最初に走ったのは，1905 年 4 月に阪神電気鉄道が大阪出入橋―神戸三宮間で開業して以来のことである．1905 年 12 月には，京浜電気鉄道が品川―神奈川（横浜）間の都市間運行を行うようになった．その他に，1910 年の名古屋電気鉄道郡部線（後の名鉄犬山線，津島線など），京阪電気鉄道京阪本線などがある．

⑤「ガソリンカー」とは，日本では 1920 年から走るようになった鉄道車で，ガソリンで動く内燃機関を各車両が備えている．外見は，パンタグラフの有無を除くと，電車と同様である（かつ電車も，各車両にモーターが付いている）．ガソリンカーは，燃費が悪いし転覆すると火災になることが多いので 1950 年代以降，廃れた．今日ではもっぱらディーゼルカーが使われている．

⑥したがって，刑法制定時には「汽車」とは蒸気機関車，「電車」とは，第一義的には路面電車のことを指した．しかし，事故があった 1939 (S14) 年 11 月 1 日，判決があった 1940 年頃には，インターアーバン路線の電車が定着していたのだから，電車とはもはや路面電車だけを意味していない．

【コメント】本判決も，厳密に概念を連関させる思考の訓練に役立つので，あえてこの観点からコメントしよう．

(i) 判決はどのようにして，刑法 129 条の「汽車トハ」の「汽車」に，「ガソリンカー」も含ましめる拡張解釈をおこなった（つもり）か．判決は，第一に，規定の目的が「交通往來ノ安全ヲ維持スルカ爲メ之カ妨害ト爲ルヘキ行爲ヲ禁シ以テ危害ノ發生ヲ防止セントスルニ在ルコト」を理由に挙げている．しかしこれは，拡張解釈の理由となるものではない．〈規定のこの目的を変化した時代に生かす立場からすると，確かに，〈「汽車トハ」の「汽車」〉にすべての列車を含めるのが望ましい．しかし残念だが，条文のかたち（構成要件）からして「ガソリンカー」は含められない〉ということもまた出て来うるからである（規定を歴史の変化に合わせる目的論的考察は重要だが，しかし万能ではない）．

判決は，第二に，「右兩者ハ單ニ其ノ動力ノ種類ヲ異ニスル點ニ於テ重ナル差異アルニ過キシテ共ニ鐵道線路上ヲ運轉シ多數ノ貨客ヲ迅速安全且ツ容易ニ運輸スル陸上交通機關ナル點ニ於テ全然其ノ撰ヲ一ニシ」とする．しかしこの類似性が，〈「汽車トハ」の「汽車」〉に「ガソリンカー」を入れる（拡張解釈する）ことを可能にするほどの類似性かは，別途検討が必要である（類推適用しかできない程度かも知れない）．判決は，「汽車トハ汽車ハ勿論本件ノ如キ汽車代用」という言い方をしている．つまり判決は，〈「汽車ハ勿論」の「汽車」〉（蒸気機関車のこと）が，〈「汽車トハ」の「汽車」〉（列車ないし鉄道車とでも呼ぶべきもの）と概念を異にすることを前提にしている．そして「ガソリンカー」は，〈「汽車ハ勿論」の「汽車」〉そのものではなく，その「代用」だとする．この言明を前提にすれば，（判決の自己理解とは逆に，）「ガソリンカー」を〈「汽車ハ勿論」の「汽車」〉に類推して〈「汽車トハ」の「汽車」〉に当たるとしたのであって（ただし類推相手は，汽車より電車が妥当だろう），〈「汽車ハ勿論」の「汽車」〉の概念を拡張したものではないことになる．

判決は第三に，「國有鐵道運轉規定軌道建設規程等」を引き合いに出す．しかしこの種の規程を刑法解釈の基準にするというのは，筋ちがいである．法律のジャンルも目的も，違う．また，そうした規程等を上位の刑法の解釈に使え，という立法者意思もない．

(ii) 判決の解釈は，論理的にも誤っている．刑法 129 条は，「汽車」と「電車」を区別している．判決は，「共ニ鐵道線路上ヲ運轉シ多數ノ貨客ヲ迅速

安全且ツ容易ニ運輸スル陸上交通機關ナル點ニ於テ全然其ノ揆ヲ一ニシ」と言っているが，それなら汽車と電車を併記せず，「汽車」だけを規定していたはずだ．しかし刑法 129 条は，わざわざ「汽車」と「電車」を区別し併記しているのだ．

①刑法制定当時の [C] 立法者意思からすれば「電車」とは本来，路面電車のことで，したがって〈蒸気機関車としての汽車〉とは大ちがいであったから，条文のようなかたちになったのだ，という意見もありえよう．しかしそれならなおさら，立法者は「汽車」とは蒸気機関車だけを意味すると考えていた，と言うほかなくなる．

②本件の事故発生の頃には，蒸気機関車と電車がともにインターアーバンの鉄道上を走っていた．そういう事実を前提にしつつ刑法が「汽車」と「電車」とを並記したのであるから，両者を区別したのは，動力のちがいに着目してのことだと判断できる（刑法 129 条において「汽車」と「電車」のちがいは，蒸気機関で走るか，電動モーターで走るかである．外見のちがいはそれに起因するに過ぎない）．この条文を前提にすると，「汽車」は，「電車」とは区別される動力をもつものとして，蒸気機関車に限定されることになる．

もしこの解釈を避けたかったのなら，(α) 電車が路面だけでなくインターアーバンの鉄道上を走りだした時点（汽車代用となった時点）で，「電車」を削除する必要があった（その際，「汽車」を「列車」ないし「鉄道車」にした方が，なお良かった）．(β) あるいは，「ガソリンカー」が登場した時点で，それを書き入れるべきであった．立法者が「汽車」のあとに「電車」を入れたのは，新しいタイプの車両が登場するたび毎に，それを 129 条に追加していくつもりだったから，と言われている．以上，(α)・(β) からすれば，「電車」が残り，また「ガソリンカー」が欠けているのは，立法の怠慢である（前述の電気窃盗事件と同じ事情なのだから，本条についても刑法 245 条のような手当が必要なのである）．立法の怠慢を司法がカバーしようとして，解釈に無理を生じさせてしまったのである．

(iii) ちなみに，刑法 129 条では「汽車若シクハ電車」で一語であり，それが上述の「陸上交通機関」を表現しているのだ，という意見もあろう．しかし，それであっては，129 条からそうした「陸上交通機関」を保護しようとする法意を読み取って，それでもって「ガソリンカー」を処理しているのであって，

後述の「比附」をやっていることになる．

確かに，今日のディーゼル・カーなども本条で処理しないと不都合が生じる．どうしても不都合を回避したい，ということであれば，「被告人に不利な類推ないし比附」をやっていることを自覚した上で，〈本条の規定の目的（上の (i) の「第一」）が明白で，かつ社会的に妥当なので，その限りで，そういう目的論的な類推ないし比附も，<u>例外的に許される</u>〉と考える他ないだろう．

2-7-4　内縁破棄事件判決

本判決（慰謝料請求事件，最高裁第二小法廷 1958 (S33) 年 4 月 11 日判決　LEX/DB-27002684　『最高裁判所民事判例集』12 巻 5 号 789 頁）は，内縁の妻を正当な理由なく追い出したことの不法行為責任が問われた事件に関わる．夫婦は，結婚式を挙げ結婚したつもりであったが，婚姻届を怠っていた．妻は──未婚の時にははつらつたる女性であったが──夫の家業手伝いの過酷さのため，および姑による嫁いびりのひどさのため，過労がたたって同居半年後に結核になった．夫側はこの病気を理由に，1 年半後に（事実上の）婚姻関係を一方的に破棄した．このため妻が，損害賠償を請求した．本判決の主要論点は，二つある．一つは，内縁の関係を婚姻に類推した点である．もう一つは，民法 709 条にある「権利」には「法的に保護すべき利益」も含まれる，とする拡張解釈をした点である：

> 「ところで，いわゆる内縁は，婚姻の届出を欠くがゆえに，法律上の婚姻ということはできないが，<u>男女が相協力して夫婦としての生活を営む結合</u>であるという点においては，婚姻関係と異るものではなく，これを婚姻に準ずる関係というを妨げない．そして民法七〇九条にいう「権利」は，厳密な意味で権利と云えなくても，<u>法律上保護せらるべき利益</u>があれば足りるとされるのであり〔…〕，内縁も保護せられるべき生活関係に外ならないのであるから，内縁が正当の理由なく破棄された場合には，故意又は過失により権利が侵害されたものとして，不法行為の責任を肯定することができるのである．されば，内縁を不当に破棄された者は，相手方に対し婚姻予約の不履行を理由として損害賠償を求めることができるとともに，不法行為を理由として損害賠償を求めることもできるものといわなければならない．本件において，原審は，上告人の行為は所論の如く不法行為を

構成するものと認めたものであるが，上記説明に徴すれば，これをもつて違法とすることはできない．論旨は採るをえない．」

【関連条文】当時の民法709条：「故意又ハ過失ニ因リテ他人ノ権利ヲ侵害シタル者ハ之ニ因リテ生シタル損害ヲ賠償スル責ニ任ス．」

【コメント】ここでは，主要論点に関し，(i) 類推と (ii) 拡張解釈とを分けて扱う．

(i) 類推　内縁を婚姻に準じるものとした点は，類推である．判決は，「いわゆる内縁は，婚姻の届出を欠くがゆえに，法律上の婚姻ということはできない」として，内縁は法的な届け出を欠く点で，「婚姻」の概念に入らない（＝拡張解釈によって内縁を婚姻とすることは不可能である）としている．しかし判決は，内縁は「男女が相協力して夫婦としての生活を営む結合であるという点」で「婚姻関係と異るものではな」いとする．裁判所は，内縁がこの点で婚姻と「本質的類似性」を有していることをも認識したのである．裁判所はそこで，この「本質的類似性」に着眼して，婚姻の概念には入らない内縁に婚姻の規定を類推適用した．これが，内縁を「婚姻に準ずる関係」としてあつかうことの意味である．この考え方を採れば，内縁関係の一方的解消は，婚姻契約の一方的解約に準じるものとして，不法行為責任と婚姻契約の不履行責任とを課されてしかるべきものとなる．

裁判所はなぜ，このような処理を採ったか．第一審（名古屋地裁 1955 (S30) 年 2 月 26 日判決　LEX/DB-27204179）の認定した，婚家での労働の過酷さ，嫁いびりのひどさからは，裁判所が女性に同情していることが推測できる．

なお判決は，この〈婚姻契約の不履行〉に対しては「<u>婚姻予約の不履行</u>を理由として損害賠償を求めることができる」とした．これは，後述の「3-2-1 婚姻予約破棄損害賠償請求事件判決」（1915年）を念頭に置いた議論である．しかし，本件でこの議論をするのは問題である．本判決は内縁を〈婚姻に準じるもの〉とする法的構成を採ったのだから，加えて内縁を「婚姻予約」とするのは，それと論理的に不整合だし不要だからである．

内縁関係を「婚姻予約」として独自に保護する法的構成は，内縁関係を「婚姻に準ずる関係」として類推によって処理する法的構成（準婚理論）がまだ発見されていない時

代には有用だった．しかし，その後，中川善之助をはじめとする家族法学者によって，その準婚理論の立場から婚姻予約説が批判された．批判点は，婚姻予約説は——離婚責任を予約破棄として追及することを可能にする反面——夫死亡の場合の日用品供給の先取特権・財産管理権，遺族年金・遺族扶養料，夫死亡後の居住権，相続に関しては，(内縁の)妻を救済できない，という点にあった．しかも，実際に結婚している二人を〈予約関係にある〉と法的構成するのも，まずいやり方である．本判決は，中川らのこの批判を受け止め，「婚姻予約」論から準婚理論に移行したのである．したがって本判決は，両説のちがいを自覚し，準婚理論を貫徹させるべきであった．

(ii)　拡張解釈　　(2005年改正前の)民法709条中の「権利」には，「法律上保護せらるべき利益」も含まれるとした点は，拡張解釈による．「権利」とは，かつての法律家的常用からすれば(＝[A]文理解釈だけからでは)，法律に「○○権」と明記されているもの(「所有権」・「占有権」・「賃借権」等々)のことである(桃中軒雲右衛門事件，大審院1914(T3)年7月4日判決)．しかし，実際の法生活の上では，〈「○○権」とはされていないけれども，きわめて大切である〉利益に関しても，侵害があると〈侵害は，不当だ〉という反応を生む．つまり，法生活上では(＝法秩序全体としては)，明文で「○○権」と規定されていない一定の利益をも法的に保護すべきだとする要請があり，それは正当な要請である(「法律上」とは，「法秩序上」の意味である)．そこで判決は，明文を欠いているそのような利益をも，「権利」の一部だとしたのである．すなわち権利概念の拡張をおこなったのである(その先駆けとなったのは，大学湯事件判決(損害賠償請求事件，大審院第三民事部1925(T14)年11月28日判決　LEX/DB-27510908)である)．

これに対しては，「権利」の概念にそうした利益を含めるのは，常用の意味から離れすぎており，類推によるほかない，という見方もある[41]．この見方によれば，〈「権利」と「法律上保護せらるべき利益」との関係は，上述の，婚姻と内縁の関係に似ている；婚姻と「権利」とは法律による明認をもつが，内縁と「法律上保護せらるべき利益」とはもたない；このちがいに着目すると，〈婚姻と内縁〉の関係と同様，類推と見た方がよい〉となる．しかし，他方で，次の点をも考えなければならない．すなわち，内縁は公式には，どうやっても

---

41)　広中(前掲32)『民法解釈方法に関する十二講』10頁．

婚姻にはならない；内縁には，不倫にもとづくものもある．これに対して，「法律上保護せらるべき利益」は，それほどには「権利」と差別して扱う必要はない（＝「権利」の拡張解釈で包摂することが可能である）．このちがいは大きい．

また次の見方も，ありえよう：民法典起草者は元々，「権利」をリジッドには考えず，「法律上保護せらるべき利益」をも入れていた；日本人は日常的にも「権利」をそういう広い意味で使っている，と．この見方によれば，［C］立法者意思ないし［A］文理解釈から，（対象の中身に応じて）「文字通りの適用」もしくは宣言的解釈にいくライン上で処理できる．〔しかし，この説とて，何が「権利」に入るかは何らかのメルクマールに依拠して考えなければならない．結局その際には，〈法生活上では（＝法秩序全体としては），どういう利益がどの程度強く保護を求められているか〉を考えることになる．〕

本判決は，［E］法律意思に関わる判断で，〈内縁関係にあるこの女性を救うべし〉と判断し，さらに，事柄の実際上の関係を考慮し（これも［E］法律意思に関わる判断である），そこから前図の右にいき，内縁を〈婚姻〉との類推で，また内縁に伴う利益関係を拡張解釈によって「権利」として，扱ったのである．

2-7-5　内縁の子の日本国籍確認請求事件判決

ここでの3判決中，出発点となった（1）の判決では，婚姻を前提にした規定を内縁に準用するかたちをとったので，類推による処理が前提となっている．判決文の根底には，内縁から生まれた子と，婚姻から生まれた子とは親子関係において同質であり，平等扱いが必要だとの見方が働いている．

これら3判決は，内縁の関係にあるフィリピン人女性と日本人男性との間に生まれ，生後に男性から認知された男児（当時6歳）に日本からの退去命令が出たのに対抗して，男児が日本国籍の確認を求めた事件に関わっている．国籍法3条1項によると，誕生後日本人である父（母は外国人）の認知を受けたが父母が婚姻をしないため準正子の身分を取得しない非嫡出子（非準正子）は，日本の国籍を取得できない．三つの判決中，（1）東京地裁判決は，国籍法3条1項が憲法14条に違反するとした上で，内縁と婚姻の強い本質的類似性を認め，さらには内縁と婚姻をほぼ同一視し，男児に国籍を認めた．しかし（2）東京高裁は，憲法14条違反であることと，内縁を婚姻に類推することとを，ともに認めなかった．（3）最高裁判決は，高裁判決を破棄し，結論的には地裁

判決を支持した：

(1) 退去強制令書発付処分取消等請求事件東京地裁判決（2005（H17）年4月13日　LEX/DB-28100832　『判例タイムズ』1175号106頁）

「しかしながら，このような家族関係や共同生活は，父母の間に法律上の婚姻関係が成立した場合にのみ営まれるものではなく，いわゆる内縁関係として，父母が事実上の婚姻関係を成立させ，認知した非嫡出子とともに家族としての共同生活を営む事例が少なくないことは公知の事実であるといえるところ（立法担当者も，このような関係があり得ることは十分に認識していることは，その説明内容に照らしてみても明らかである．），日本国民の認知を受けた非嫡出子が，我が国との間で国籍取得を認めるに足りる結びつきを有しているかどうかという観点から考えた場合には，その父母が法律上の婚姻関係を成立させているかどうかによって，その取扱いを異にするだけの合理的な理由があるものと認めることは困難であるといわざるを得ない．すなわち，父母が法律上の婚姻関係を成立させている場合とそうではない場合とで，家族としての共同生活の実態が類型的に異なると認めるに足りる事情が存するものとはいい難いし，価値観が多様化している今日の社会においては，父母が法律上の婚姻関係を成立させている家族こそが正常な家族であって，そうではない内縁関係は，家族としての正常な共同生活を営んでいるとの評価には値しないといわなければ我が国の社会通念や国民感情等に反するなどということも困難であるといわざるを得ない．そうすると，日本国民を親の一人とする家族の一員となっている非嫡出子として，我が国との結びつきの点においては異ならない状況にあるにもかかわらず，その父母の間に法律上の婚姻関係が成立している場合には国籍取得が認められるのに，法律上の婚姻関係が成立していない場合にはそれが認められないというのは，我が国との結びつきに着眼するという国籍法3条1項本来の趣旨から逸脱し，また，それ自体としても合理的な区別の根拠とはなり得ない事情によって，国籍取得の有無についての区別を生じさせるものであって，そこには何らの合理性も認めることができないものというべきである．〔…〕

以上のとおり，法3条1項は，父母が法律上の婚姻関係を成立させた子と，内縁関係にとどまる子との間に不合理な区別を生じさせている点において憲法14条1項に違反するということになると，そのことによって法3条1項の規定やその解釈にどのような影響が生じるかが次の問題となるが，この問題については，

次のように考えるべきである．

　すなわち，法3条1項は，「父母の婚姻及びその認知により嫡出子たる身分を取得した子」について，一定の要件の下に国籍取得を認めているのであるが，このうち，「父母の婚姻」という文言については，今日においては，内縁関係も，法律上の婚姻関係と同様あるいはこれに準ずる関係として捉えられ，様々な場面において法律上の婚姻関係と同様あるいはこれに準ずる保護を与えられていることを考慮すると，合憲的解釈という観点から，法律上の婚姻関係に限定されず，内縁関係も含む趣旨であると解することは不可能ではないと解される．これに対し，「嫡出子」という文言は，あくまでも父母の間に法律上の婚姻関係が成立していることを当然の前提とした文言であると解せざるを得ないから，法3条1項は，子が「嫡出子」としての身分を取得した場合にのみ国籍取得を認める旨の定めをしている点において一部無効であると解するほかはない（別の言い方をすると，「嫡出子」という文言のうち，「嫡出」の部分は一部無効となるということである．）．

　そうすると，一部無効とされた後の法3条1項の規定は，父母の婚姻（内縁関係を含む）及びその認知により嫡出子又は非嫡出子たる身分を取得した子について，一定の要件の下に国籍取得を認めた規定と理解すべきこととなるから，このような要件に該当する子については，国籍取得が認められるべきこととなる．」

　【関連条文】国籍法3条1項：「父母の婚姻及びその認知により嫡出子たる身分を取得した子で二十歳未満のもの（日本国民であった者を除く.）は，認知をした父又は母が子の出生の時に日本国民であった場合において，その父又は母が現に日本国民であるとき，又はその死亡の時に日本国民であったときは，法務大臣に届け出ることによって，日本の国籍を取得することができる．②前項の規定による届出をした者は，その届出の時に日本の国籍を取得する．」

【コメント】ここではまず，〈「婚姻」と「内縁関係」とは，法的には異なるが，実際の生活，とくに子どもと親との関係に関しては，同じである〉という認識が，前提になっている．すなわちここでは，内縁関係を続けている父母（父が日本人・母が外国人）から生まれた子（婚外子・非嫡出子）で誕生後に父から認知された子供（非準正子）も，婚姻した父母から生まれた（誕生後に父母が婚姻し父の認知もあった）子供（準正子）と同じように，愛し合う両親から生まれ・両親と一体性をもっている点で，区別できない；両者は同等に扱われるべきだ，という平等・正義判断（[E]）が働いている．

ただ，本件においてそういう扱いを貫徹させるためには，国籍法3条1項の，（婚姻と内縁を峻別する基準である婚姻届に関わっている）「嫡出子たる身分を取得した子」という文言が——まず踏まえるべき〔A〕文理解釈の次元で——妨げになる．そこで，この妨げを，〈「嫡出子たる身分を取得した子」だけを優遇するのは，憲法14条違反である〉として無効化する判断（＝一部無効の違憲判断）により除去したのである．こうすることによって，その新しい基盤上で，「父母の婚姻」を内縁にも適用することが可能となり，内縁による子供を，婚姻による子供と内容上同等に扱えるようになった．

その際，本判決は，「今日においては，内縁関係も，法律上の婚姻関係と同様あるいはこれに準ずる関係として捉えられ，様々な場面において法律上の婚姻関係と同様あるいはこれに準ずる保護を与えられていることを考慮すると」と言っている．「準ずる」が類推であるとすると，それと並記された「同様」は，拡張解釈に関わる．すなわち本判決は，「法律論」上，両方を区別しなかったようである（この問題点は，下記123頁で論じる）．

(2) **同事件東京高裁判決**（2006（H18）年2月28日　LEX/DB-28110679　『最高裁判所民事判例集』62巻6号1479頁）

「本件においてその解釈が争点とされている国籍法については，規定する内容の性質上，もともと，法律上の文言を厳密に解釈することが要請されるものであり，立法者の意思に反するような拡張ないし類推解釈は許されないというべきである．〔…〕

なお，被控訴人の法第3条第1項の違憲無効の主張を，同項のうち「婚姻」ないし「嫡出子」を要件とする部分だけを違憲無効とし，もって同項を上記のように拡張ないし類推解釈するべきであるとの主張として解する余地もないではないが，同項の「婚姻」が事実上の婚姻関係（内縁関係）を含むものと解釈し得ないことは上記のとおりであって，被控訴人の主張を上記のように解したとしても，それは，結局，裁判所に類推解釈ないしは拡張解釈の名の下に国籍法に定めのない国籍取得の要件の創設を求めるものにほかならないというべきところ，裁判所がこのような国会の本来的な機能である立法作用を行うことは許されないものというほかない．」

【コメント】東京高裁は，「嫡出子たる身分を取得した子」という規定について，

違憲判断をしなかった．その理由は，国籍法3条1項を無効にしてしまうと，「父母の婚姻及び父による認知要件を具備した子」が国籍を取得する規定までなくなってしまうので，逆効果だというのである．しかし，この点は，地裁や最高裁の判決がしたように，3条1項を「一部無効」とすることで解決されることである．

高裁はまた，「同項の「婚姻」が事実上の婚姻関係（内縁関係）を含むものと解釈し得ないことは上記のとおりであって」として，第一審の「婚姻」の拡張解釈を排除した．しかも高裁は，「国籍法については，規定する内容の性質上，もともと，法律上の文言を厳密に解釈することが要請されるものであり，立法者の意思に反するような拡張ないし類推解釈は許されないというべきである」と，類推をも排除する．（上述の違憲判断をしなければ類推もできないかについては，後で考える．123頁）

(3) 同事件最高裁判決

2008（H20）年6月4日に出た最高裁判決（LEX/DB-28141352 『最高裁判所民事判例集』62巻6号1367頁）は，東京高裁の上記判決を破棄した：

「このような見地に立って是正の方法を検討すると，憲法14条1項に基づく平等取扱いの要請と国籍法の採用した基本的な原則である父母両系血統主義とを踏まえれば，日本国民である父と日本国民でない母との間に出生し，父から出生後に認知されたにとどまる子についても，血統主義を基調として出生後における日本国籍の取得を認めた同法3条1項の規定の趣旨・内容を等しく及ぼすほかはない．すなわち，このような子についても，父母の婚姻により嫡出子たる身分を取得したことという部分を除いた同項所定の要件が満たされる場合に，届出により日本国籍を取得することが認められるものとすることによって，同項及び同法の合憲的で合理的な解釈が可能となるものということができ，この解釈は，本件区別による不合理な差別的取扱いを受けている者に対して直接的な救済のみちを開くという観点からも，相当性を有するものというべきである．

そして，上記の解釈は，本件区別に係る違憲の瑕疵を是正するため，国籍法3条1項につき，同項を全体として無効とすることなく，過剰な要件を設けることにより本件区別を生じさせている部分のみを除いて合理的に解釈したものであって，その結果も，準正子と同様の要件による日本国籍の取得を認めるにとどまる

ものである．この解釈は，日本国民との法律上の親子関係の存在という血統主義の要請を満たすとともに，<u>父が現に日本国民であることなど我が国との密接な結び付きの指標となる一定の要件を満たす場合に出生後における日本国籍の取得を認めるものとして，同項の規定の趣旨及び目的に沿うものであり，この解釈をもって，裁判所が法律にない新たな国籍取得の要件を創設するものであって国会の本来的な機能である立法作用を行うものとして許されないと評価することは，国籍取得の要件に関する他の立法上の合理的な選択肢の存在の可能性を考慮したとしても，当を得ないものというべきである．</u>」

【コメント】本最高裁判決の論理は，①国籍法3条1項の眼目が血統主義採用にあるところ，本件では父が日本国民であるから，それにかなっている；②父が日本人であるから，もう一つの眼目である「我が国との密接な結び付き」確保の条件も充たしている；③国籍法3条1項の〈嫡出子だけが国籍取得できる〉とする部分は，上記眼目の達成に不可欠かつ合理的な制限ではないので，憲法14条に照らし無効である；④この結果，「日本国民である父と日本国民でない母との間に出生し，父から出生後に認知されたにとどまる」，父母の内縁関係が続いている子についても，同条の「父母の婚姻及びその認知により」の語句の〔おそらく類推〕適用によって国籍を与えられる，というものであった．

別に，日本人男性とフィリピン人女性の9カップル間に生まれた子ども9人が，〈両親が結婚していないことを理由に日本国籍の取得を拒まれたのは違憲だ〉として国に日本国籍の確認を求めた，9人分の集団提訴に関わる事件がある：

(i) 東京地裁は，2006 (H18) 年3月29日判決 (LEX/DB-28111669 『判例タイムズ』1221号87頁) でも，上記地裁判決と同様の見方を採った．

(ii) 東京高裁は，2007 (H19) 年2月27日判決 (LEX/DB-28141365) でも，原告側の主張を，以下のように述べて退けた：①裁判所が条文の部分違憲の判断をすることは，「裁判所が新たな国籍取得要件を創設することにな」るが，それは，「憲法81条の違憲立法審査権の限界を逸脱するもの」だ．②国籍法3条1項全体を違憲にすると，子が日本国籍を取得する制度がなくなるので逆効果だ．③「日本人父の認知と届出のみで国籍取得を認めるよりも，それに加えて父母の婚姻という要件を必要とする方が，認知のみならず婚姻の偽装まで行うのはより困難であると考えられるから，偽装認知を防止減少させる効果があることは否定できない．準正要件を不要とすると，不法残留者等が，偽装認知により届出制を利用して子供の日本国籍を取得したうえで，自己の在留特別許可を得ようとするなどの不法な事態が生じることが予測される」．この③の政策的判断の

点で，高裁判決が採った「文字通りの適用」は［E］法律意思と結びついている．
　(iii)　最高裁判決（2008（H20）年6月4日　LEX/DB-28141384）は，同日の上記判決と同じである．

　ところで，上述のように地裁・最高裁は，国籍法3条1項の「嫡出子たる身分を取得した子」という部分を違憲としたが，そうするほかに手段はなかったか．
　立法者が「嫡出子」を明記している前提上では，立法者の意思に忠実であるなら，「内縁」を「婚姻」に含ませるような拡張解釈は，困難である．これは高裁の言うとおりである（したがって，最高裁判決における藤田宙靖裁判官の補足意見が提唱した拡張解釈は，無理である）．だが，このことは〈類推も許されない〉ということを直ちには意味しない．拡張解釈は，立法者が立てた区別を無視するので，立法者意思との関係で安易には使えない．しかし類推は，立法者が立てた区別は尊重するのであり，その上で，ある観点からして理由（時代の変化と類似性の確認）がある限りで，〈立法者が「婚姻」・「嫡出子」を重視しているなら，「内縁」・「非嫡出子」も——現状ではこれこれの本質的類似性が高いから——重視するはずだ〉という論理で，つまり立法者の立法目的に沿って，動くものだからである（この点でも，拡張解釈と類推とを同一視してはならない）．
　本件で言えば，①最高裁判決にあるように，この条文の眼目を〈子と「我が国との密接な結び付き」を国籍付与の条件とすること〉にあるとするなら，その目的論的解釈を踏まえて，〈「内縁」・「非嫡出子」でもその条件は満たされる（＝この観点にかかわる限りは，両者間に類推に必要な本質的類似性がある）〉として，類推適用にいく可能性もある．②藤田宙靖裁判官の補足意見にあるように，3条1項が「準正要件を定めているのは，準正子でありかつ同項の定めるその他の要件を満たす者についてはこれを特に国籍取得の上で優遇する趣旨なのであって，殊更に非準正子を排除しようという趣旨ではない」と考えれば，同様な便宜を非準正子にも，本質的類似性にもとづいて付与することは，十分可能である．③婚姻を内縁に類推適用することには，永い伝統がある．だとすれば，婚姻の産物である嫡出子を，内縁の産物である非準正子に類推適用することも，ありうることである．④子の利益を尊重する立場をとれば——これが今日の重要トレンドである——親が婚姻にあるか内縁にあるかで差別されるべきでない点，および子の眼からは両関係は何も変わらない点，を強調することになる．

2-7-6　「所有者不関与の虚偽移転登記も対抗力なし」判決

　本判決（最高裁第二小法廷1954（S29）年8月20日判決　LEX/DB-27003141　『最高裁判所民事判例集』8巻8号1505頁）については，〈民法94条2項（82頁）のど

ういうかたちでの適用が可能か〉が問題になる：

　「被上告人は，訴外福久伊作の懇請により，訴外大村菊蔵が当時所有していた本件家屋を自ら買受けた上伊作の妾である上告人長本タマに使用させることにし，右買受代金にあてるため金一万三千五百円を伊作に渡したところ，伊作はこの金を上告人長本タマに渡し，同上告人はこれを前記菊蔵に支払つて被上告人のため本件家屋を買受けたが，伊作と協議して便宜同上告人名義に所有権移転登記を受けたもので，本件家屋の買受人は被上告人にほかならず，上告人タマは単に被上告人から無償でこれを借受け使用していたものにすぎないというのである．
　ところで，右の場合，本件家屋を買受人でない上告人長本タマ名義に所有権移転登記したことが，被上告人の意思にもとずくものならば，実質においては，被上告人が訴外大村菊蔵から一旦所有権移転登記を受けた後，所有権移転の意思がないに拘らず，上告人長本タマと通謀して虚偽仮装の所有権移転登記をした場合と何等えらぶところがないわけであるから，民法九四条二項を類推し，被上告人は上告人タマが実体上所有権を取得しなかつたことを以て善意の第三者に対抗し得ないものと解するのを相当とする．」

　藤田八郎裁判官の反対意見：「多数説は本件建物についての上告人タマ名義の所有権取得の登記が被上告人の意思にもとずいてなされた場合——被上告人が承認を与えた場合——においては民法九四条二項を類推して被上告人は上告人タマが実体上所有権を取得しなかつたことを以て，善意の第三者に対抗し得ないと説示するのであるけれども，その法理上の根拠を詳にしないのであるから，にわかに替［賛］同することはできない．」

【コメント】〈実体のない行為の原因をつくって社会を混乱させた者は，その結果責任を引き受けなければならない〉という正義判断を，すなわちそういう実質的判断（[E] 法律意思レヴェルの考察）をまずおこなっている．そして，それを前提にして，「実質においては」という観点からことがらをとらえ，被上告人は，通謀はなくとも，タマ名義にすることに同意してさえおれば，「所有権移転の意思がないに拘らず，上告人長本タマと通謀して虚偽仮装の所有権移転登記をした場合と何等えらぶところがない」として，「民法九四条二項を類推」するかたちで処理できる可能性を示唆した．
　本家屋は，伊作（被上告人の夫）の妾であるタマを住まわせるための家屋で

あった．その代金は，被上告人が出した．被上告人は，その金を伊作に渡した．伊作はそれを妾のタマに渡した．タマはその金で，家屋を第三者（菊蔵）から購入し住み込んだ．そしてその際，伊作とタマとが（被上告人には無断で），簡便を考えてその家屋をタマ名義で登記した．被上告人は協議には加わらず，伊作のなすがままにしていた．こうしてこの登記は，実体のない登記となった．

　この実体のない登記は，しかし，文理解釈上，「相手方と通じてした虚偽の意思表示」には属さない．なぜなら，被上告人は，タマと「通じて」登記をしたわけではない．「蚊帳の外」に置かれたままであった．問題が生じたのは，タマが自分名義であることをチャンスとして，その家屋を第三者に売却したからである．最高裁は，被上告人にとってタマが民法94条2項に言う「相手方」でない，という事実は承知している．それゆえ最高裁は，本件では民法94条2項は，そのままではなく，類推のかたちでしか適用できない，と判断したのである．

　ところで，類推適用ができるためには，「本質的類似性」が必要である．これを本件について言うと，〈なぜ被上告人にとってタマが民法94条2項に言う「相手方」に似た関係にあると言えるか〉を論証しなければならない．ところが本判決は，それをしていない．ただ「何等えらぶところがない」と言っているだけである．これでは，何の論証もしていないのと「何等えらぶところがない」．しかも，その前提である，「タマ名義に所有権移転登記したことが，被上告人の意思にもとずくものならば」という点が，認定事実にそぐわない．被上告人は，「蚊帳の外」に置かれていたのであるから．この点を指して藤田裁判官は，「その法理上の根拠を詳にしないのであるから，にわかに替〔賛〕同することはできない」との補足意見を出したのである．

　思うに民法94条2項の法意は，〈虚偽の意思表示がもたらす不利益は，その原因をつくった者が負担すべきで，まったく責任がない者に負担させてはならない〉という点にある．だとすれば，自分の家屋の登記に無関心で，十分な警戒を怠った者も，善意の第三者に比べれば，「まったく責任がない者」からは相対的に遠くにいる．本件はこうした判断によって，被上告人保護よりも，善意の第三者の保護に向かうのが妥当なケースであろう．つまり本件は，被上告人の同意がなかったとしても，その手落ちを理由に，比附の手法によって処理されうるケースだったのである．

【2-7 の補論 1】類推と「準用」

「準用」は，第一には，法律の中に，「××に関する第〇〇条を，△△に準用する」と記されるかたちで使われる．これは，△△について改めて同じことを規定する手間を省くためのものであって，刑法でも民法でも，立法そのもののあり方であり，本書で対象とする解釈（類推）の問題には関係しない．「準用」は，第二には，法解釈において（すなわち司法や行政において），「××に関する第〇〇条を，□□に準用する」というかたちで使われる．

第一の場合でも，〈××と△△とは，相互に相異なるが，しかし両者の間に第〇〇条を使うに十分な，かなりの同質性がある〉という認識が前提となっている．たとえば，民法 350 条は「〔留置権ないし先取特権に関する〕第 296 条から第 300 条まで及び第 304 条の規定は，質権について準用する．」と規定している．こうした規定が可能なのは，留置権ないし先取特権と質権とが，ともに担保物権であり，しかもその中身が，動産を自分の占有下に置くことによって債権を担保する（留置権・質権），ないし確保する（先取特権）という効果を狙っている点で「本質的類似性」をもっているためである．

第二の，解釈において「準用」を使う場合にも，〈××と□□とは相互に相異なるが，しかし両者の間に第〇〇条を使うに十分な，かなりの同質性がある〉ことが前提になるのである．ということは，この解釈の場合における「準用」とは，類推と同じものだということである（判決では，類推と比附が識別されていないので，比附を指すこともある）．実際，判決は，「準用ないし類推」という表現に典型的に示されるように，準用と類推とを同一視している．この第二のケースの例としては，次のような判決がある：

認知請求事件最高裁第二小法廷 2006（H18）年 9 月 4 日判決（LEX/DB-28111906）『最高裁判所裁判集』民事 221 号 33 頁）

　　　今井功裁判官の補足意見：「民法は，懐胎の後に父が死亡した場合の死後認知については規定を置いているが，懐胎の時点において，既に父が死亡している場合については，想定をしておらず，したがってこの場合の法律上の父子関係の形成については，規定を置いていない．本件の請求は，父が死亡した場合の規定の<u>準用ないし類推適用</u>により子から認知の請求がされたものである．」

　　【関連条文】民法 772 条：「妻が婚姻中に懐胎した子は，夫の子と推定する．」
　　同 783 条：「父は，胎内に在る子でも，認知することができる．この場合においては，母の承諾を得なければならない．」
　　同 787 条：「子，その直系卑属又はこれらの者の法定代理人は，認知の訴えを提起することができる．ただし，父又は母の死亡の日から三年を経過したときは，この限りでない．」

【コメント】婚姻中に母が懐胎した後で父が死亡した場合は，民法の上記諸規定によっ

て処理できる．しかし本件は，父の死亡後にかれの精子を使った人工授精によって母が懐胎したのである．問題は，この新ケースを，これまでのケースの類推適用によって処理できるか，すなわち上述の民法規定を「準用」できるか，にあった．最高裁は，類推・準用を認めなかった．①そういう出産に懐疑的であった上に，②両ケース間に類推に必要な「本質的類似性」を見い出さなかったためである．

婚姻中に母が懐胎した後で父が死亡した場合には，子の父親が誰か明らかだから，民法772条が適用される．今日の発達した生殖科学の技術によって，父が死亡した後にその精子によって母が懐胎できる（このような出産は，今後日本でも定着するだろう）．その場合も，子の父親が誰かは，今日の科学では明らかである．だとすれば，②の論点に関しても，類推適用に十分な「本質的類似性」が見い出されるのではなかろうか．

【2-7の補論2】類推と「擬制」・「推定」——————————

類推とまぎらわしいものに，「擬制」がある．擬制とは，αと異なるβ（αの概念に入らないβ）を，「本質的類似性」が立法の趣旨（立法者意思や「法律意思」）の観点からして両者間にかなりある場合に，αだとして扱うことである．擬制のこの定義は，類推の定義に似る．しかし次の2点で，擬制は類推とは異なる：①擬制は，主として立法の際に使う（裁判所や行政でも擬制を使うが，その場合にも，その扱い方は一般的なルールとなること，ないしなっていることを前提にしている）．これに対して類推は，（一般的なルール定立ではなく問題の個別的処理である）条文の適用作業として問題になる．②擬制は，原則，αに関わる規定全部をβに適用するかたちで使う．これに対して類推は，特定の規定を特定のケースに適用する時に使う．

以上に対して推定とは，αとは異なるβ（αの概念に入らないβ）を，「本質的類似性」が，「諸事項」を参照すると或る程度は存在する場合に，反証がない限りにおいてαだとして扱うことである．これも——裁判で挙証責任分配の際などに使われることもあるが——主として立法の際に使う．

2-8　比　附

前述のように，この2-8で扱う比附とは，当面するケースについて制定法の条文・慣習法・判例法が欠缺している場合に，「諸事項」を参照して，ある制定法の条文・慣習法・判例（一つないし複数）から，不当でない範囲でヨリ一般的な内容の法命題を取り出して適用する技法である（「比附」のうち，既述した類推や「もちろん解釈」は，ここでは扱わない）．法文の概念を拡大して適用する拡張解釈，法文の概念と本質的な類似性を共有していることを理由にした類推適

用等が使えない場合に，比附が活用される．以下では，事例を (i) 単独条文からの比附と，(ii) 複数の条文からの比附とに分けて示す．

(i) 単独条文からの比附

2-8-1 衆議院選挙無効請求事件判決

本判決（最高裁大法廷 1976 (S51) 年 4 月 14 日判決　LEX/DB-27000326　『最高裁判所民事判例集』30 巻 3 号 223 頁）は，1972 年 12 月 10 日におこなわれた衆議院議員選挙が憲法 14 条 1 項に違反すると認定した．各選挙区間の議員一人あたりの有権者分布差比率（＝最大区と最小区とでの投票価値の格差）が 4.99 対 1 に及んでいたからである．判決はしかし，この選挙を無効とすることはマイナスが大きいと考え，次のような論理によって無効判断を回避した．その際の論理が，比附と関係する：

「そこで，本件議員定数配分規定についてみると，右規定が憲法に違反し，したがってこれに基づいて行われた選挙が憲法の要求に沿わないものであることは前述のとおりであるが，そうであるからといつて，右規定及びこれに基づく選挙を当然に無効であると解した場合，これによつて憲法に適合する状態が直ちにもたらされるわけではなく，かえつて，右選挙により選出された議員がすべて当初から議員としての資格を有しなかつたこととなる結果，すでに右議員によつて組織された衆議院の議決を経たうえで成立した法律等の効力にも問題が生じ，また，今後における衆議院の活動が不可能となり，前記規定を憲法に適合するように改正することさえもできなくなるという明らかに憲法の所期しない結果を生ずるのである．それ故，右のような解釈をとるべきでないことは，極めて明らかである．〔…〕
　そこで考えるのに，行政処分の適否を争う訴訟についての一般法である行政事件訴訟法が，三一条一項前段において，当該処分が違法であつても，これを取り消すことにより公の利益に著しい障害を生ずる場合においては，諸般の事情に照らして右処分を取り消すことが公共の福祉に適合しないと認められる限り，裁判所においてこれを取り消さないことができることを定めている．この規定は法政策的考慮に基づいて定められたものではあるが，しかしそこには，行政処分の取消の場合に限られない一般的な法の基本原則に基づくものとして理解すべき要素

も含まれていると考えられるのである．もつとも，行政事件訴訟法の右規定は，公選法の選挙の効力に関する訴訟についてはその準用を排除されているが（公選法二一九条），これは，同法の規定に違反する選挙はこれを無効とすることが常に公共の利益に適合するとの立法府の判断に基づくものであるから，選挙が同法の規定に違反する場合に関する限りは，右の立法府の判断が拘束力を有し，選挙無効の原因が存在するにもかかわらず諸般の事情を考慮して選挙を無効としない旨の判決をする余地はない．しかしながら，本件のように，選挙が憲法に違反する公選法に基づいて行われたという一般性をもつ瑕疵を帯び，その是正が法律の改正なくしては不可能である場合については，単なる公選法違反の個別的瑕疵を帯びるにすぎず，かつ，直ちに再選挙を行うことが可能な場合についてされた前記の立法府の判断は，必ずしも拘束力を有するものとすべきではなく，前記行政事件訴訟法の規定に含まれる法の基本原則の適用により，選挙を無効とすることによる不当な結果を回避する裁判をする余地もありうるものと解するのが，相当である．もとより，明文の規定がないのに安易にこのような法理を適用することは許されず，殊に憲法違反という重大な瑕疵を有する行為については，憲法九八条一項の法意に照らしても，一般にその効力を維持すべきものではないが，しかし，このような行為についても，高次の法的見地から，右の法理を適用すべき場合がないとはいいきれないのである．」

【関連条文】**行政事件訴訟法 31 条**：「取消訴訟については，処分又は裁決が違法ではあるが，これを取り消すことにより公の利益に著しい障害を生ずる場合において，原告の受ける損害の程度，その損害の賠償又は防止の程度及び方法その他一切の事情を考慮したうえ，処分又は裁決を取り消すことが公共の福祉に適合しないと認めるときは，裁判所は，請求を棄却することができる．この場合には，当該判決の主文において，処分又は裁決が違法であることを宣言しなければならない．」

当時の**公職選挙法 219 条**（選挙関係訴訟に対する訴訟法規の適用）の要旨：この章（第 210 条第 1 項を除く．）に規定する訴訟については，行政事件訴訟法（昭和 37 年法律第 139 号）第 43 条の規定にかかわらず，同法第 13 条，第 19 条から第 21 条まで，第 25 条から第 29 条まで，第 31 条及び第 34 条の規定は，準用しない．

【コメント】本判決は，①行政事件訴訟法 31 条が本件に直接適用できるとは考えていない；本件は衆議院選挙の無効に関わるが，31 条は行政処分の取消に関わるものだからである．②31 条が準用（類推適用）できるとも考えていない；本件は公職選挙法が違憲であるケースであり，行政処分が違法であるケー

スとは本質的異質性が大きい（類似性はあるがそれ以上に）からである．

そこで本判決は，31条から一般的な法命題を抽出し，それを適用して処理した．31条には「行政処分の取消の場合に限られない<u>一般的な法の基本原則</u>に基づくものとして理解すべき要素も含まれていると考えられる」としたのである．この「一般的な法の基本原則」とは，「当該処分が違法であつても，これを取り消すことにより公の利益に著しい障害を生ずる場合においては，諸般の事情に照らして右処分を取り消すことが公共の福祉に適合しないと認められる限り，裁判所においてこれを取り消さないことができる」というものである．

一般化された法命題なので，「違憲」のケースにも使える．また，公職選挙法219条が〈行政事件訴訟法31条は公職選挙法違反事件には適用しない〉としている点についても，〈本件は「選挙が憲法に違反する公選法に基づいて行われたという一般性をもつ瑕疵を帯び，その是正が法律の改正なくしては不可能である場合」であり，公職選挙法219条が想定していない，つまり排除していない，ケースだから，この一般的な法命題が使える〉となる．

ここには比附が，鮮やかに出ている．本判決がこの技法に訴えた背景には，判決文にあるように，衆議院選挙を無効とすることによる大きな国政上の影響を避けようという判断，すなわち［E］法律意思中の政策的判断が働いていることも，判決文にはっきり出ている．

本判決は，こうしたかたちで「諸般の事情」に着目するので，「事情判決」と呼ばれる．ただし，この手法が濫用されると，国家や大企業の違法な行為の多くが，とりわけその規模が大きければ大きいほど（すなわち違法の程度が大きければ大きいほど），取り消されえない，ということになってしまう．

（なお，条文から読み取れる「法の一般原則」が，EUのヨーロッパ司法裁判所や国際諸司法裁判所で大きな役割を果たしている点については，拙著（前掲注8）『法思想史講義』下巻367頁以下および本書22頁を参照.）

2-8-2　丸子警報機臨時社員差別事件長野地裁判決

本件（長野地裁上田支部1996（H8）年3月15日判決　LEX/DB-28010222　『判例タイムズ』905号276頁）は，自動車用警報器等の製造販売会社である丸子警報機において，実質的には正社員と変わらない労働に従事している女性臨時社員らが，正社員に比べて不当な賃金差別を受けたとして不法行為に基づく損害賠償

を請求した事件に関わる．裁判所は，下記のようなかたちで「同一（価値）労働同一賃金」の原則を労働基準法 3 条・4 条から引き出して適用し，損害賠償を認容した（本件は，高裁で和解となり，原告勝訴が実質的に維持された．また，2008 年に，本判決の方向にパートタイム労働法が改正された）：

「3　このように，同一（価値）労働同一賃金の原則は，労働関係を一般的に規律する法規範として存在すると考えることはできないけれども，賃金格差が現に存在しその違法性が争われているときは，その違法性の判断にあたり，この原則の理念が考慮されないで良いというわけでは決してない．
　けだし，労働基準法三条，四条のような差別禁止規定は，直接的には社会的身分や性による差別を禁止しているものではあるが，その根底には，およそ人はその労働に対し等しく報われなければならないという均等待遇の理念が存在していると解される．それは言わば，人格の価値を平等と見る市民法の普遍的な原理と考えるべきものである．前記のような年齢給，生活給制度との整合性や労働の価値の判断の困難性から，労働基準法における明文の規定こそ見送られたものの，その草案の段階では，右の如き理念に基づき同一（価値）労働同一賃金の原則が掲げられていたことも想起されなければならない．
　したがって，同一（価値）労働同一賃金の原則の基礎にある均等待遇の理念は，賃金格差の違法性判断において，ひとつの重要な判断要素として考慮されるべきものであって，その理念に反する賃金格差は，使用者に許された裁量の範囲を逸脱したものとして，公序良俗違反の違法を招来する場合があると言うべきである．
　六　右の観点から，本件における原告ら女性臨時社員と正社員との賃金格差について検討する．
　これまで述べた本件における状況，すなわち，原告らライン作業に従事する臨時社員と，同じライン作業に従事する女性正社員の業務とを比べると，従事する職種，作業の内容，勤務時間及び日数並びにいわゆる QC サークル活動への関与などすべてが同様であること，臨時社員の勤務年数も長い者では二五年を超えており，長年働き続けるつもりで勤務しているという点でも女性正社員と何ら変わりがないこと，女性臨時社員の採用の際にも，その後の契約更新においても，少なくとも採用される原告らの側においては，自己の身分について明確な認識を持ち難い状況であったことなどにかんがみれば，原告ら臨時社員の提供する労働内容は，その外形面においても，被告への帰属意識という内面においても，被告会社の女性正社員と全く同一であると言える．したがって，正社員の賃金が前提事

実記載のとおり年功序列によって上昇するのであれば，臨時社員においても正社員と同様ないしこれに準じた年功序列的な賃金の上昇を期待し，勤務年数を重ねるに従ってその期待からの不満を増大させるのも無理からぬところである．

このような場合，使用者たる被告においては，一定年月以上勤務した臨時社員には正社員となる途を用意するか，あるいは臨時社員の地位はそのままとしても，同一労働に従事させる以上は正社員に準じた年功序列制の賃金体系を設ける必要があったと言うべきである．<u>しかるに，原告らを臨時社員として採用したままこれを固定化し，二か月ごとの雇用期間の更新を形式的に繰り返すことにより，女性正社員との顕著な賃金格差を維持拡大しつつ長期間の雇用を継続したことは，前述した同一（価値）労働同一賃金の原則の根底にある均等待遇の理念に違反する格差であり，単に妥当性を欠くというにとどまらず公序良俗違反として違法となるものと言うべきである</u>（なお，前提事実記載のとおり，臨時社員にもその勤続年数に応じその基本給 ABC の三段階の区分が設けられていたが，その額の差はわずかで，かつ勤続一〇年以上は一律であることから，正社員の年功序列制に準ずるものとは到底言えない）．」

【関連条文】当時の**労働基準法3条**：「使用者は，労働者の<u>国籍，信条又は社会的身分</u>を理由として，賃金，労働時間その他の労働条件について，差別的取扱をしてはならない．」

同4条：「使用者は，労働者が女子であることを理由として，賃金について，男子と差別的取扱いをしてはならない．」

民法90条：「公の秩序又は善良の風俗に反する事項を目的とする法律行為は，無効とする．」

【コメント】本判決は，直接的には，本件の格差賃金を「均等待遇の理念」に反するがゆえに「公序良俗違反として違法」と判示したのであるから，民法90条の宣言的解釈だということになる．しかしその際，民法90条は一般条項であるから，何が「公序良俗」違反かは単純には認定できない．そこで判決は，労働基準法3条および4条の解釈による内容づけに向かった．そして判決は，「同一（価値）労働同一賃金」の原則を，法律には規定がないと認定しつつも[42]，その原則の根底にある「均等待遇の理念」を，労働基準法3条および4

---

[42] 日本が1979年に批准した『経済的，社会的及び文化的権利に関する国際規約（A規約）』の第7条には，「この規約の締約国は，すべての者が公正かつ良好な労働条件を享受する権利を有することを認める．この労働条件は，特に次のものを確保する労働条件とする．(a) すべての労

条の規定から（目的論的に）読み取れるものとして引き出し，それを適用して「公序良俗」違反を理由に損害賠償を認容した．〔ただし，この構成でいく場合は，実は，あえて民法 90 条と結びつけなくとも，〈法秩序において承認されている理念＝原則に反している〉として，民法 709 条に直接関わらせて〈不法行為になる〉ともできる，と思われる．〕

　判決は，「労働基準法三条，四条のような差別禁止規定は，直接的には社会的身分や性による差別を禁止しているものではあるが，その根底には，およそ人はその労働に対し等しく報われなければならないという均等待遇の理念が存在していると解される．それは言わば，人格の価値を平等と見る市民法の普遍的な原理と考えるべきものである」とした．この引用部分から明らかなように，これは，労働基準法 3 条ないし 4 条の類推適用ではない．判決によれば，労働基準法 3 条ないし 4 条が規定している「国籍，信条又は社会的身分」のどれも，本件のような正規雇用者と非正規雇用者との関係には当てはまらないし，似てもいない．類推でいくには本質的異質性が大きすぎる，ということである（「社会的身分」との関係が気になるところだが，この概念については，説が分かれるものの，判例自体は「人が社会において占める継続的地位のことをいう」とし「門地」と一体で扱ってきており，一般社会での，前科・学歴・貧富などの関係を指し，会社の職種に関する本件には妥当しない，としている）．

　これも，比附の活用によっている．〈労働基準法 3 条・4 条から「均等待遇の理念」を引き出すのであっては，条文の文脈から離れすぎ，あまりにも一般化しすぎだ〉という批判もあるが[43]，比附の手法が知られていないがゆえの批判だと思われる．比附としては，この程度のものは，無理な部類には属さない．

2-8-3　民法 711 条にもとづく慰謝料請求の諸判決

(1)　母による慰謝料損害賠償請求事件判決

　本判決（最高裁第三小法廷 1958（S33）年 8 月 5 日判決　LEX/DB-27002636 『最高裁判所民事判例集』12 巻 12 号 1901 頁）は，交通事故で容貌をいちじるしく傷つ

　　働者に最小限度次のものを与える報酬　(i) 公正な賃金及びいかなる差別もない同一価値の労働についての同一報酬．特に，女子については，同一の労働についての同一報酬とともに男子が享受する労働条件に劣らない労働条件が保障されること．」とある．
　43）中窪裕也「正社員と臨時社員との賃金格差の違法性」（『ジュリスト』1097 号，1996，177 頁以下）．

けられた娘の母親に民法711条がらみの慰謝料を認めた．

　この事件について，東京高裁1955（S30）年11月26日判決（LEX/DB-27420263　『下級裁判所民事裁判例集』6巻11号2470頁）は，「このように近親者の身体傷害により精神上の苦痛を受けた者はその者自身直接の被害者であるということができるのみならず，仮に直接の被害者ということができないとしても，民法第七百十条，第七百十一条を類推適用し，控訴人久子の精神上の損害につき損害賠償を得せしめるのが相当である．近親者の身体傷害によりその死にまさる精神上の苦痛を受ける場合もあることを考えれば，近親者の身体傷害の場合に民法第七百十一条を類推適用するのを相当とする場合のあることは，否定し得ないところであり，本件はまさにこれにあたるものというべきである」と判示していた．最高裁は，これを次のように支持した（【コメント】は，あとで三つまとめてする）：

　「原審の認定するところによれば，被上告人一枝は，上告人の本件不法行為により顔面に傷害を受けた結果，判示のような外傷後遺症の症状となり果ては医療によつて除去しえない著明な瘢痕を遺すにいたり，ために同女の容貌は著しい影響を受け，他面その母親である被上告人久子は，夫を戦争で失い，爾来自らの内職のみによつて右一枝外一児を養育しているのであり，右不法行為により精神上多大の苦痛を受けたというのである．ところで，民法七〇九条，七一〇条の各規定と対比してみると，所論民法七一一条が生命を害された者の近親者の慰藉料請求につき明文をもつて規定しているとの一事をもつて，直ちに生命侵害以外の場合はいかなる事情があつてもその近親者の慰藉料請求権がすべて否定されていると解しなければならないものではなく，むしろ，前記のような原審認定の事実関係によれば，被上告人久子はその子の死亡したときにも比肩しうべき精神上の苦痛を受けたと認められるのであつて，かかる民法七一一条所定の場合に類する本件においては，同被上告人は，同法七〇九条，七一〇条に基いて，自己の権利として慰藉料を請求しうるものと解するのが相当である．されば，結局において右と趣旨を同じうする原審の判断は正当であり，〔上告理由の〕所論は採用することができない．」

　【関連条文】現民法710条：「他人の身体，自由若しくは名誉を侵害した場合又は他人の財産権を侵害した場合のいずれであるかを問わず，前条の規定により損害賠償の責任を負う者は，財産以外の損害に対しても，その賠償をしなければならない．」
　同711条：「他人の生命を侵害した者は，被害者の父母，配偶者及び子に対しては，

その財産権が侵害されなかった場合においても，損害の賠償をしなければならない．」

(2) **東京地裁民事 27 部判決** (1967 (S42) 11 月 20 日　LEX/DB-27421678　『判例タイムズ』215 号 115 頁)

本判決は，交通事故で同居の孫を喪った祖母に，民法 711 条による慰謝料を認めた：

「原告ツ子ヨ〔祖母〕は龍児が出生以来引き続き生活をともにし，原告美千江〔母〕が働きに出て留守勝ちであった関係上，<u>常に龍児の身の廻りの世話をし，原告美千江とともに龍児の成長を楽しみにしていたことが認められる</u>．民法第七一一条の請求権者は本来これを制限的に解釈すべきが相当であると考えられるけれども，右認定のような関係にある原告ツ子ヨについては，龍児の死亡により<u>母たる原告美千江に劣らない程度の深甚な精神的苦痛を蒙ったことが認められる</u>のであるから，同条掲記の者に準じて慰藉料請求権を認めるのを相当とすべく，同女の蒙った精神的苦痛を慰藉する金額としては龍児の過失を斟酌してもなお金五〇〇，〇〇〇円〔母には「金一，〇〇〇，〇〇〇円」を認めた〕が相当である．」

(3) **水戸地裁民事第一部判決** (2007 (H19) 年 5 月 24 日　LEX/DB-28132450　『判例時報』1982 号 130 頁)

本判決は，姉の交通事故死を目撃した妹（ともに小学生）に，父や母のを越える額の慰謝料を認めた：

「（ア）原告竹子〔妹〕は，非常に仲が良かった姉である亡松子がその目前で大型貨物自動車に轢過されて死亡するのを目撃した．〔…〕（ウ）a　原告太郎〔父〕は，本件事故によって亡松子が死亡して以降，地に足がつかない感覚があり〔…〕，重度ストレス反応との診断を受けている．b　原告花子〔母〕は，亡松子の死亡直後から，〔…〕重度ストレス反応との診断を受けている（なお，《証拠略》によれば，〔…〕原告らが外傷後ストレス障害を発症したと認めることはできない．）．c　原告竹子は，本件事故後，車を恐れるようになり，小学校を休みがちとなり，屋外に出るとパニックになったり，トラックを見ると「胸が痛い」と訴えたりするようになり，「姉を助けてあげられなかった」との自責感情が〔を〕強く抱き，事故についてのフラッシュバックや事故を想起させるものに近づかない等の回避的行動，注意の持続困難，強い不安，抑うつ，不眠等の症状が出現し，プレイセ

ラピーによる治療を続けており，重度ストレス反応との診断を受けている．〔…〕本件に現れた諸般の事情に鑑みれば，慰藉料は，次のとおりとするのが相当である．（ア）亡松子〔姉〕二二〇〇万円　（イ）原告太郎〔父〕二〇〇万円　（ウ）原告花子〔母〕二〇〇万円　（エ）原告竹子〔妹〕四〇〇万円」

【3 判決のコメント】(1)について　最高裁は，「かかる民法七一一条所定の場合に類する本件においては」と述べているから，東京高裁とともに類推適用をおこなっているつもりのようである．しかし，常識的に言って，いかに若い女性でまた傷が大きかろうと，その容貌を傷つけられたことを，死んだと同然とすること，人の死になぞらえることはできない．それでは裁判所は，実際にはどういう論理で処理したか．最高裁は，「被上告人久子はその子の死亡したときにも比肩しうべき精神上の苦痛を受けたと認められるのであつて」と述べており，東京高裁も「近親者の身体傷害によりその死にまさる精神上の苦痛を受ける場合もあることを考えれば」と述べている．つまり，両法廷とも，娘が容貌をいちじるしく傷つけられたことと，彼女の死に直面したこととが本質的に似ているとしているのではなく，民法711条のねらい（法意）を，〈711条所定の者が「死亡したときにも比肩しうべき精神上の苦痛を受けた」近親者を救う〉ところにあると読み取り，本件での母親はそうした救済対象者に当たるとしたのであり，実は比附の技法に訴えたのである．

　(2)と(3)について　(2)のケースの場合，祖母が母親代わりになった面が強調されているから，民法711条に関して，祖母を母に類推したように見える．(3)の場合は，711条には言及されておらず，ただ709条で処理したように書かれている．しかし(3)では慰謝料額は，妹の分が父母のそれよりも圧倒的に多い．父母には711条が当然使われているはずだから，それより額の多い妹にも711条が使われている，と考えられる．こうして(3)の判決は，上記最高裁判決にあった，「かかる民法七一一条所定の場合に類する本件においては，同被上告人は，同法七〇九条，七一〇条に基いて，自己の権利として慰藉料を請求しうるものと解するのが相当である」によって処理した，すなわち実際には711条を使っている，可能性が強い．

　ところで，民法711条は，「被害者の父母，配偶者及び子に対しては」と「は」を入れており，人の限定が厳格である（厳しい限定の姿勢は，梅謙次郎『民

法要義』からも，当時の議会での審議からもうかがわれる）．この限定は，加害者の側から考えると，自分が特殊な責任を負う範囲を不当に拡大されないためには，必要である．しかも，(2) で祖母を母になぞらえるのは，母が現にいるのだから不自然であるし，ましてや (3) の場合は，〈妹が「母」で，姉が「子」に相当する〉として扱ったとか，〈姉が「父母」で，妹が父母の「子」に相当する〉として扱ったとかというのは，きわめて不自然である．つまりこれらでは，〈αが規定されている条文を，α・β間の「本質的類似性」を理由にして，βに適用する〉という類推は，不可能なのである．

　したがって，推測される手法は次のようなものであろう．すなわち，裁判官は，民法711条の規定を分析し，〈そこで父母・夫婦・子に慰謝料が認められているのは，とくに親密で相互依存的に暮らしてきた家族員同士の関係を損害賠償において重視しようとする趣旨による〉と目的論的に解釈した；そしてこの解釈を踏まえ，条文から〈本人と父母・夫婦・子との間に通常見られる程度の親密で相互依存の関係にある家族員は，慰謝料を請求できる〉との法意を読み取って，これを本件に適用した，と（そうした正義判断を，立法者意思に優先させたのである）．これも，比附の手法である．このかたちを採れば，711条規定の父母・夫婦・子のどれかに，祖母・妹が相当すると構成する類推作業の不自然さは避けられる．

　読者の中には，〈条文中の主要語（中核となる語）が対応していなくてもかまわない．「民法711条の全体」を或るケースに類推適用したのである〉と考える人もありえよう．しかし（注15で示したように）類推は，条文中の主要語に関しておこなうものであり，〈あるケースに条文全体が似ている〉といった漠然とした類似性を根拠にするのは，本来の類推ではない．しかも，正確に言えば，〈本ケースは，α条文と全体が似ている〉とは，〈α条文の根底にある一般的な原則が使えるケースである〉との意であり，実は——「類推」と言いながら——比附をやっているのである[44]．これまではともかく，本書を読んだ以上，

---

44) 注15参照．広中（前掲注32）『民法解釈方法に関する十二講』43頁以下，増田（前掲注35）『語用論的意味理論と法解釈方法論』130頁以下等に出てくる，「複数の規定の類推（いわゆる法類推あるいは総合類推）」という語——広中はそれを下記の2-8-5判決について使っている——も，実は比附に関係している．①広中のように「複数」の語を使うのであっては，本件のような，〈一つだけの条文からの比附〉のケースにはあてはまらなくなる．②比附は，主要語間の類似性が小さく類推が不可能なケースでも使われるのだから（注15），「類推」の語は正しくない．

これからは2概念を区別して使ってほしいものだ．(〈目的論的な拡張解釈だ〉との意見もありえよう．しかし，本ケースは「拡張解釈」の概念とは無縁である．)

〔711条で類推が可能なのは，その主要語（父母・夫婦・子）に準じた人の場合である．すなわち，第一は，内縁の配偶者，未認知の子などの場合である．これは，2-7-4, 2-7-5などと変わらない．第二は，次の2判決のように，母代わりの，祖母ないし姉を，（その孫ないし妹に母がおらずかつ独身のときに）母に準じさせる場合等である：

(α) 東京地裁民事第27部の1978(S53)年2月27日判決（損害賠償請求事件 LEX/DB-27423039 『判例時報』892頁）は，未婚の妹（49歳）の事故死に関して，幼児期から被害者と同居し母親的であった未婚の姉に，「亡郁子との間に民法七一一条所定の近親者と同視し得べき身分関係が存し，亡郁子の死亡によって深甚な精神的苦痛を蒙ったものと認められるから」として慰謝料を認めた．

(β) 大阪地裁民事第15部は，1967(S42)年5月26日の判決（損害賠償請求事件 LEX/DB-27421630 『判例タイムズ』208号197頁）で，祖母の事故死に際し一定の孫に限って，次のように認めた：「原告らのうちには，亡ナツイ〔祖母〕の子でない者六名が含まれており，これらに対しても，子と同様に慰謝料請求権を認めることができるかどうかは，民法七一一条の規定との関係上，一個の問題であるが，<u>同条は死亡者と一定の身分関係がある者は当然に右の請求権が認められることを規定したにとどまり，それ以外の者の請求権を一般的に否定したものとは考えられず</u>，同条に定める近親者以外の者でも，被害者と特別の関係がありその死亡により深甚な精神的苦痛をうけたことを立証すれば，民法七〇九条・七一〇条により，右精神的苦痛に対する慰謝料を請求することができると解するのが相当である．〔…〕原告勝範〔孫〕は，親権者がいないため亡ナツイがその後見人となり，<u>実子同様の面倒</u>をみており，同原告も亡ナツイを実母同様に慕っていたことがうかがわれるのであるから，同原告がナツイの死亡により親を失ったのとかわらぬ深甚な精神的苦痛をうけたことは容易に推認される．また，原告信子〔孫の嫁〕は，夫武雄の死後も山崎家にとどまり亡ナツイとともに苦楽をともにしてきたものであり，同原告にとりナツイは経済的精神的支柱であったことがうかがわれ，同女の死後は従前のように山崎運送店の経営に無関心ではすまされず，経営上の苦労を余儀なくされるであろうし，また義弟らに対し肩身のせまい思いをすることもあながちないとはいえないから，<u>同原告もナツイの死亡により深甚な精神的苦痛をうけたものと推認される</u>．」この判決で勝範は類推によって，信子は比附によって救済された．信子に関わる比附は，711条の法意として「死亡者と一定の身分関係がある者は当然に右の請

実際，「総合類推」は，ドイツで Gesamtanalogie と呼ばれているもの（注21の Larenz, *Methodenlehre der Rechtswissenschaft* の204頁以下参照）のことであり，条文から一般的な法命題を獲得して適用する作業であり，比附に対応している（本書19頁の「法類推」をも参照）．

求権が認められる」を読み取って適用するところにあった.〕

(ii) 複数条文からの比附

2-8-4 債権者代位による所有権の行使事件判決

本判決（最高裁大法廷 1999（H11）年 11 月 24 日判決　LEX/DB-28042712『最高裁判所民事判例集』53 巻 8 号 1899 頁）は，抵当権が設定された建物に不法に住み着き不動産競売手続の進行を妨害する者（後順位の抵当権者であった）を，（先順位の）抵当権者が，実質的にその抵当権にもとづいて妨害排除する権利を認めた：

「第三者が抵当不動産を不法占有することにより，競売手続の進行が害され適正な価額よりも売却価額が下落するおそれがあるなど，抵当不動産の交換価値の実現が妨げられ抵当権者の優先弁済請求権の行使が困難となるような状態があるときは，これを抵当権に対する侵害と評価することを妨げるものではない．そして，抵当不動産の所有者は，抵当権に対する侵害が生じないよう抵当不動産を適切に維持管理することが予定されているものということができる．したがって，右状態があるときは，抵当権の効力として，抵当権者は，抵当不動産の所有者に対し，その有する権利を適切に行使するなどして右状態を是正し抵当不動産を適切に維持又は保存するよう求める請求権を有するというべきである．そうすると，抵当権者は，右請求権を保全する必要があるときは，民法四二三条の法意に従い，所有者の不法占有者に対する妨害排除請求権を代位行使することができると解するのが相当である．

　なお，第三者が抵当不動産を不法占有することにより抵当不動産の交換価値の実現が妨げられ抵当権者の優先弁済請求権の行使が困難となるような状態があるときは，抵当権に基づく妨害排除請求として，抵当権者が右状態の排除を求めることも許されるものというべきである．〔…〕

　四　本件においては，本件根抵当権の被担保債権である本件貸金債権の弁済期が到来し，被上告人が本件不動産につき抵当権の実行を申し立てているところ，上告人らが占有すべき権原を有することなく本件建物を占有していることにより，本件不動産の競売手続の進行が害され，その交換価値の実現が妨げられているというのであるから，被上告人の優先弁済請求権の行使が困難となっていることも容易に推認することができる．

右事実関係の下においては，被上告人は，所有者である吉田に対して本件不動産の交換価値の実現を妨げ被上告人の優先弁済請求権の行使を困難とさせている状態を是正するよう求める請求権を有するから，右請求権を保全するため，吉田の上告人らに対する妨害排除請求権を代位行使し，吉田のために本件建物を管理することを目的として，上告人らに対し，直接被上告人に本件建物を明け渡すよう求めることができるものというべきである．

五 本件請求は，本件根抵当権の被担保債権をもって代位の原因とするが，本件根抵当権に基づいて，その交換価値の実現を阻害する上告人らの占有の排除を求めるため，所有者に代位して，上告人らに対して本件建物の明渡しを請求する趣旨を含むものと解することができるから，被上告人の請求を認容すべきものとした原審の判断は，結論において是認することができる．論旨は採用することができない．」

裁判官奥田昌道の補足意見：
「二 抵当権に基づく妨害排除請求権について
〔…〕抵当権は目的物に対する事実的支配（占有）を伴わずにその交換価値を非有形的・観念的に支配する権利であるが，本件におけるように，第三者が抵当不動産を何らの正当な権原なく占有することにより，競売手続の進行が害され，抵当不動産の交換価値の実現が妨げられ抵当権者の優先弁済請求権の行使が困難となるような状態が生じているときは，右不法占有者に対し，抵当権者は，抵当権に基づき，妨害の排除，すなわち，不動産の明渡しを請求することができるものといわなければならない．もちろん，この場合に，抵当権者が自己への明渡しを請求し得るのか，抵当不動産の所有者への明渡しを請求し得るにとどまるのかは，更に検討を要する問題である．

三 抵当権者による所有者の妨害排除請求権の代位行使について
抵当権の侵害に対する救済手段として，抵当権そのものに基づく妨害排除請求権が認められるならば，更にそれ以外に，抵当不動産の所有者の有する妨害排除請求権を抵当権者が代位行使することを認めることについては，異論があり得よう．第一の問題点は，民法四二三条の定める債権者代位権は「自己ノ債権ヲ保全スル為メ」に認められるものであるところ，抵当権侵害の場合において被保全債権となるものは何かである．第二の問題点は，〔…〕抵当権侵害の場合には，抵当権者について抵当権に基づく妨害排除請求権を認めることで十分ではないかとの反対論が考えられることである．

第一の点については，次のように考えられる．抵当権設定者又は抵当不動産の譲受人は，担保権（抵当権）の目的物を実際に管理する立場にある者として，第三者の行為等によりその交換価値が減少し，又は交換価値の実現が困難となることのないように，これを適切に維持又は保存することが，法の要請するところであると考えられる．その反面として，抵当権者は，抵当不動産の所有者に対し，抵当不動産の担保価値を維持又は保存するよう求める請求権（<u>担保価値維持請求権</u>）を有するものというべきである．そして，この担保価値維持請求権は，抵当権設定時よりその実行（換価）に至るまでの間，恒常的に存続する権利であり，第三者が抵当不動産を毀損したり抵当不動産を不法占有したりすることにより，抵当不動産の交換価値の実現が妨げられるような状態が生じているにもかかわらず，所有者が適切な措置を執らない場合には，この請求権の存続，実現が困難となるような事態を生じさせることとなるから，抵当権者において，<u>抵当不動産の所有者に対する担保価値維持請求権を保全するために，抵当不動産の所有者が侵害者に対して有する妨害停止又は妨害排除請求権を代位行使すること</u>が認められるべきである．

　第二の債権者代位権の転用事例における補充性（他に適切な救済手段がないこと）の点については，<u>抵当権に基づく妨害排除請求権の要件及び効果（請求権の内容）につき論議が尽くされているとはいい難く，なお検討を要する点が存する現状においては，代位請求による救済の道を閉ざすべきではないと考える</u>．」

　【関連条文】 当時の民法423条：「債権者ハ自己ノ債権ヲ保全スル為其債務者ニ属スル権利ヲ行フコトヲ得但債務者ノ一身ニ専属スル権利ハ此限ニ在ラス．」

【コメント】 本判決は，奥田裁判官の補足意見にあるように，抵当権をその妨害から保護するという，［E］のうちの政策的判断から出発している．そして，そのために「抵当権に基づく妨害排除請求権」を認めようとした．しかしながら本判決は，その際，次の事情を認識していたので，「抵当権に基づく妨害排除請求権」は傍論にとどめ，「抵当権者による所有者の妨害排除請求権の代位行使」を前面に押し出した：

　①「抵当権に基づく妨害排除請求権」を直接規定した条文がない．②占有権や所有権に基づく妨害排除請求権を抵当権に類推適用することも難しい．なぜなら，奥田裁判官が言うように，「抵当権は，抵当不動産を有形的・有体的に支配する権利ではなく，その交換価値を非有形的・観念的に支配するにとどま

り，同一の不動産上に順位を異にする複数の抵当権が成立し得る．この点において，抵当権は，留置権，質権といった担保物の占有を要素とする担保物権，あるいは地上権等の他の制限物権とは異なっている」ゆえに，占有権・所有権と抵当権との間には，類推適用するには「本質的異質性」が大きすぎ，占有訴権はそのままのかたちでは使えない，（と判断した）からである．

判決が前面に押し出した「抵当権者による所有者の妨害排除請求権の代位行使」とは，次のような法的構成によるものであった：「抵当権者は，抵当不動産の所有者に対し，抵当不動産の担保価値を維持又は保存するよう求める請求権（担保価値維持請求権）を有」し，必要なときには，この「担保価値維持請求権を保全するために，抵当不動産の所有者が侵害者に対して有する妨害停止又は妨害排除請求権を代位行使することが認められる」．

(α)　この「妨害排除請求権を代位行使」する権利は，上述のように，単純な物権的請求権ではない．それは，占有訴権の類推適用ではないのである[45]．

(β)　それはまた，民法423条が規定する債権者代位権の直接適用でもない．423条が規定する債権者代位権は，このケースで妨害排除に使えるような強力なものではないからである（423条が前提にしているのは，金銭債権，登記請求権，賃借権の代位行使などに過ぎなかった[46]）．

こうして最高裁は，この新種の債権者代位権を，民法の条文とどう関わらせ

---

[45]　木庭顕は，「現代日本法へのカタバシス」（『法学教室』264号，2002年9月号）6頁において本判決を「余りにお粗末で愚かな判決」と批判する．木庭によれば，最高裁は，ローマ法の「占有」に無知であったため，「債権者にその怪しい「占有」」，「すなわち実力占拠」を認めたのであった．つまり木庭は，このように，本判決を〈占有にもとづく妨害排除請求権を〔類推で？〕抵当権者に付与した判決だ〉と見ている．しかし本判決は，単純な類推には慎重である．最高裁は，〈抵当権を他の物権ないし占有と同等に扱うのは無理だ〉との認識をもっていたのであって，このため実質的に比附の手法に頼り，民法423条等から「債務者の妨害排除請求権を代位行使する」原理を抽出して適用する道を採っている．

　妨害排除・予防請求権を考えるときには，このように，類推に加え比附の思考が欠かせない．本判決もそうだが，ある権利に物権的請求権を付与できるかどうかに関しては，これまでは〈その権利が占有権・所有権に類推可能か〉というかたちで扱われて来た．しかし，比附の手法を用いれば，占有権との類似によってではなく，〈妨害の排除・予防・原状回復が「被害者の救済上必要でありまたそれが法律的正義の見地から見て妥当」（末弘厳太郎『末弘著作集II（民法雑記帳，上巻）』（日本評論社，1953）213頁）な場合，その限りでそれらを認めるのが民法198条以下の「法意」だ〉との視点から課題の再構成ができる．比附はこの点で，法理論を大きく発展させる可能性を秘めている．本書22頁参照．

[46]　審議に関係した奥田裁判官の，本判決についてのコメント（『司法研修所論集』第110号（2003-I）5-6頁）参照．

るか，の問題に直面した．この点について最高裁は，「民法四二三条の<u>法意に</u>
<u>従い</u>，所有者の不法占有者に対する妨害排除請求権を代位行使することができ
ると解するのが相当である」，と構成した．すなわち，民法 423 条および物権
的請求権の諸規定を総合し，その全体から一般化された法命題（「法意」）を抽
出し，それを本ケースに使ったのである[47]．その「法意」とは，〈債権者は，
場合によっては，債務者の所有権を含めた諸権利を代位行使できる〉といった
ものであっただろう．

　最高裁が，〈債権者は，〔自己の〕抵当権にもとづいて直接に妨害排除請求権
が行使できる〉とする道を前面に押し出さず，「所有者に代位して」としたの
には別の理由もあった．それは，奥田裁判官が述べているように，第一に，
「抵当権に基づく妨害排除請求権の要件及び効果（請求権の内容）につき論議が
尽くされているとはいい難く，なお検討を要する点が存する」からであり，第
二に，被上告人が，「抵当不動産の所有者の有する妨害排除請求権を抵当権者
が代位行使する」という道を選び，「抵当権に基づく妨害排除請求権」による
救済の道を選ばなかったからである．被上告人弁護士は，まだ判例になってい
ない「抵当権に基づく妨害排除請求権」を主張するよりは，安全な道を選ぶ方
が得策と考えたのであろう．裁判所としては，当事者追行主義の原則からして，
本人が求めていないことを裁判所の見解として採用できなかったのでもある[48]．

---

47) 最高裁がおこなったこの法命題抽出作業について，奥田裁判官は言う：「皆さんに気を付けて
いただきたいのですけれども，最高裁が判決をするときには，一字一句ものすごく神経を使われ
ます．<u>民法 423 条を類推適用してという言い方をしないで，「法意に従い」というような言い方</u>
<u>をしていますね</u>．それから，あそこで問題になりましたのは，妨害排除へ持っていくのに，当事
者の請求が代位請求でなければ，当然，まず考えるべきは抵当権自体に基づく妨害排除ができる
かどうかということですね．それがこの判決では「なお書き」という形で書かれています．」（奥
田・同上 6 頁）．実際，先の判決においても，また以下の判決においても見るように，最高裁は，
この比附に相当する処理の場合には「〇〇条の法意に照らし」という言い方をする（明確に概念
的把握がされていないので，2-8-3, 2-8-5, 2-8-6 のように，ときには類推と混同することもあ
るし，「法意」の語がすべて比附を予想している，とも言えないが）．
48) ここには，法理論発展上のディレンマがある．当事者（弁護士）は，判例になっている理論
枠組みに依拠しないと勝てない，と考える．裁判所側は，当事者追行主義のため，当事者が援用
しない理論枠組みを使って判決することは許されない，と考える．このような条件下では，新し
い法理論が実務で展開する余地がない．この閉塞状態を打破するには，先進的な（理論家的な）
裁判官がイニシアティブをとり，上記判決のように，一応の示唆（傍論）というかたちで論じる
ことも，重要な道である（弁護士が――不採用を覚悟の上で選択的請求によって――挑戦的に問
題提起することも，もちろん大切である）．

2-8-5　代理権消滅後の権限踰越代理事件判決

本判決（大審院民事連合部 1944（S19）年 12 月 22 日判決　LEX/DB-27500031 『大審院民事判例集』23 巻 626 頁）は，元の代理人が代理権消滅後，代理権の範囲外の代理行為をしたケースに関わっている．このケースでは，民法 109 条も 110 条もそのままでは使えない．すなわち，法律が欠缺しているのである．そこで判決は，それら 2 条を総合してそこから上位の法命題を両条全体の「法意」として抽出し，それを適用して処理した：

「代理権ノ消滅後従前ノ代理人カ代理人ト称シテ従前ノ代理権ノ範囲ニ属セサル法律行為ヲ為シタル場合ニ於テハ素ヨリ右ノ規定〔民法 112 条〕ヲ適用スルコトヲ得ス然レトモ今若シ其ノ相手方ニ於テ過失ナクシテ代理権ノ消滅ヲ知ラサルモノナルトキハ自称代理人ニ従前ノ代理権カ今仍存続スルコトヲ信スルト共ニ斯ル代理権アル以上当該ノ事項ニ付テモ亦代理権ヲ有スルモノト信スルコトアルヘク而モ其ノ相手方カ斯ク信スルニ付正当ノ理由ヲ有スル場合ニ於テハ右ノ規定ヲ適用スヘキ前叙ノ場合ト比較シ相手方ノ保護ニ関シテ其ノ取扱ヲ異ニスヘキ理由ヲ発見セス却テ彼此同一ニ取扱ヒ以テ取引ノ安全ヲ期スルヲ正当トスヘシ加之民法第百十条ハ代理人カ其ノ権限外ノ行為ヲ為シタル場合ニ於テ第三者カ其ノ権限アリト信スヘキ正当ノ理由ヲ有スルトキハ当該ノ代理人ト第三者トノ間ニ為シタル行為ニ付本人ヲシテ其ノ責ニ任ゼシメ以テ或代理権ヲ有スル代理人カ権限外ノ行為ヲ為シタル場合ニ於テモ其ノ相手方ニ於テ正当ノ理由ヲ有スル限リ其ノ相手方ヲ保護スルカ故ニ右両条ノ法意ヨリ推論スルトキハ当該代理人ノ従前ノ代理権ノ消滅ニ付善意無過失ノ相手方カ右代理人ノ現ニ為シタル行為ニ付其ノ権限アリト信スヘキ正当ノ理由ヲ有スル場合ニ於テモ亦均シク相手方ヲ保護スルヲ正当トセサルヘカラス之ヲ要スルニ代理権ノ消滅後従前ノ代理人カ仍代理人ト称シテ従前ノ代理権ノ範囲ニ属セサル行為ヲ為シタル場合ニ於テモ若シ右代理権ノ消滅ニ付善意無過失ノ相手方ニ於テ諸般ノ事情ニ稽ヘ自称代理人ノ行為ニ付其ノ権限アリト信スヘキ正当ノ理由ヲ有スルニ於テハ前掲両規定ノ精神ニ則リ之ヲ類推適用シテ当該ノ代理人ト相手方トノ間ニ為シタル行為ニ付本人ヲシテ其ノ責ニ任セシムルヲ相当トスヘシ．」

次の判決（契約金返還請求事件，最高裁第二小法廷 1957（S32）11 月 29 日判決　LEX/DB-27002746 『最高裁判所民事判例集』11 巻 12 号 1994 頁）も同様である：

「原審は，訴外山口茂はその代理権が消滅したにかかわらず，なお，その存続を装い，被上告会社との間に，上告人の代理人と称して，従前の代理権の範囲を超え，本件石炭の売買契約を締結したものであつて，しかも該契約締結の衝に当つた被上告会社の代表取締役たる山田秀夫は，山口の代理権の消滅につき善意無過失であり，かつ山口に上告人の代理人として右契約を締結するにつきその権限があると信ずべき正当の理由を有していたものと認める旨判示したのであつて，本件は民法一一〇条，一一二条の競合する場合に該当するものであること判文上明らかである．そして代理権の消滅後従前の代理人がなお代理人と称して従前の代理権の範囲に属しない行為をなした場合に，右代理権の消滅につき善意無過失の相手方において，自称代理人の行為につきその権限があると信ずべき正当の理由を有するときは，当該の代理人と相手方との間になした行為につき，本人をしてその責に任ぜしめるのを相当とするから，論旨は理由がない（なお，論旨引用の判例は，本件に適切でない）．」（他に，最高裁第三小法廷 1970（S45）年 7 月 28 日判決（所有権移転登記手続請求事件，LEX/DB-27000699）をも参照．）

【関連条文】現民法 109 条：「第三者に対して他人に代理権を与えた旨を表示した者は，その代理権の範囲内においてその他人が第三者との間でした行為について，その責任を負う．ただし，第三者が，その他人が代理権を与えられていないことを知り，又は過失によって知らなかったときは，この限りでない．」

同 110 条：「前条本文の規定は，代理人がその権限外の行為をした場合において，第三者が代理人の権限があると信ずべき正当な理由があるときについて準用する．」

同 112 条：「代理権の消滅は，善意の第三者に対抗することができない．ただし，第三者が過失によってその事実を知らなかったときは，この限りでない．」

【コメント】本件は，代理権の消滅後に，元の代理人が代理権の範囲外の代理行為をしたケースである．①民法 110 条は，〈代理権の範囲内にはないが代理権のある代理人〉を前提にしているから，本件はこれには該当しない．②民法 112 条は，〈代理権の消滅後だが代理権の範囲内にある代理行為〉を前提にしているから，これにも該当しない．③しかし，民法 110 条と 112 条とを併せて考察し，110 条からは「その権限外の行為」，112 条からは「代理権の消滅」を抽出して結合すれば，〈代理権の消滅後の，権限外の行為〉についての新たな法命題，〈元の代理人が，代理人であった時にもその権限には属していなかった行為を代理権消滅後にした場合には，本人は善意の第三者に対抗することができない〉が獲得されるのである（それゆえ両条の競合適用・重畳適用と呼ばれる）．

本判決は，「両規定〔民法 110・112 条〕ノ精神ニ則リ之ヲ類推適用シテ」と述

べ，類推に関わるのだと理解している．しかしこのケースでおこなわれているのは，厳密に言えば類推ではない．実際，判決は，類推するに十分な「本質的類似性」を示さず，ただ〔E〕法律意思を考えて，「相手方ノ保護ニ関シテ其ノ取扱ヲ異ニスヘキ理由ヲ発見セス却テ彼此同一ニ取扱ヒ以テ取引ノ安全ヲ期スルヲ正当トスヘシ」と述べているに過ぎない．ここで実際におこなわれているのは，複数の条文からそれぞれの「法意」（本件では，2-8-6 に比して単純で，「法意」と言うよりは「語句」に過ぎない）を抽出して新法命題を獲得し，それを適用する作業であり，これも一種の比附である．

2-8-6　実体のない移転登記を不注意でさせた事件判決

本判決（最高裁第一小法廷 2006 (H18) 年 2 月 23 日判決　LEX/DB-28110488 『最高裁判所民事判例集』60 巻 2 号 546 頁）は，不注意で〈他人が自分の不動産をその他人名義にすること〉を許してしまった者は，その他人から不動産を買った善意の第三者に対抗できない，と判示した．判決はこれを「民法 94 条 2 項，110 条の類推適用により」という表現で正当化したが，これも正確には類推適用ではなく，比附の技法によっている：

「2　本件は，上告人が，被上告人に対し，本件不動産の所有権に基づき，A から被上告人に対する所有権移転登記の抹消登記手続を求める事案であり，原審は，民法 110 条の類推適用により，被上告人が本件不動産の所有権を取得したと判断して，上告人の請求を棄却すべきものとした．

3　前記確定事実によれば，上告人は，A に対し，本件不動産の賃貸に係る事務及び 7371 番 4 の土地についての所有権移転登記等の手続を任せていたのであるが，そのために必要であるとは考えられない本件不動産の登記済証を合理的な理由もないのに A に預けて数か月間にわたってこれを放置し，A から 7371 番 4 の土地の登記手続に必要と言われて 2 回にわたって印鑑登録証明書 4 通を A に交付し，本件不動産を売却する意思がないのに A の言うままに本件売買契約書に署名押印するなど，A によって本件不動産がほしいままに処分されかねない状況を生じさせていたにもかかわらず，これを顧みることなく，さらに，本件登記がされた平成 12 年 2 月 1 日には，A の言うままに実印を渡し，A が上告人の面前でこれを本件不動産の登記申請書に押捺したのに，その内容を確認したり使途を問いただしたりすることもなく漫然とこれを見ていたというのである．そうす

ると，Aが本件不動産の登記済証，上告人の印鑑登録証明書及び上告人を申請者とする登記申請書を用いて本件登記手続をすることができたのは，<u>上記のような上告人の余りにも不注意な行為によるものであり，Aによって虚偽の外観（不実の登記）が作出されたことについての上告人の帰責性の程度は，自ら外観の作出に積極的に関与した場合やこれを知りながらあえて放置した場合と同視し得るほど重いものというべきである．そして，前記確定事実によれば，被上告人は，Aが所有者であるとの外観を信じ，また，そのように信ずることについて過失がなかった</u>というのであるから，民法94条2項，110条の類推適用により，上告人は，Aが本件不動産の所有権を取得していないことを被上告人に対し主張することができないものと解するのが相当である．上告人の請求を棄却すべきものとした原審の判断は，結論において正当であり，論旨は理由がない．」

【関連条文】民法94条：「（第1項）相手方と通じてした虚偽の意思表示は，無効とする．（第2項）前項の規定による意思表示の無効は，善意の第三者に対抗することができない．」

同110条：「前条本文の規定は，代理人がその権限外の行為をした場合において，第三者が代理人の権限があると信ずべき正当な理由があるときについて準用する．」

【コメント】上告人はAと<u>通謀</u>して，<u>虚偽表示</u>をしたわけではない．したがって，94条はそのままでは使えない．しかし，Aがそういう行動をとることについては，上告人に重大な不注意があった．したがって，上告人にその責任を負わしたいところである．

またAは，上告人の正式の代理人ではなく，Aの信頼を裏切って，その土地を自分のものとして登記し，それを善意の被上告人に売却したのである．したがって，民法110条はそのままでは適用できない．Aは，正式の代理人に類似した者でもないのだから，類推適用もなじまない．しかし，Aがそういう行動をとることについては，上告人に重大な不注意があった．したがって，上告人にその責任を負わしたいところである．

そこで判決は，①94条の「相手方と通じてした虚偽の意思表示」について，そこから第三者保護の法意（「権利外観法理」）を読み取り，これに〈重大な過失で相手方にさせたときも，相手方と通じてしたことに入る〉という解釈を加えた．②次に判決は，110条の「権限外の行為をした場合」について，同様に第三者保護の法意（「権利外観法理」）を読み取り，〈無権限の行為についても同様

となる〉とした．③そして判決はこの両者を結合させ，〈重大な過失によって，自己の不動産について，他人が無権限でその他人名義の登記をするのを見逃した者は，その責任を負わなければならない〉という新法命題をつくり出し，それを適用して問題を処理した．

判決自身は，「民法94条2項，110条の類推適用により」と言っているが，類推適用と言うには，「本質的類似性」が欠けている．そこで実際には，民法94条2項と110条とのそれぞれの趣旨（「法意」）をベースに，それらを総合して新法命題を抽出し，これを適用したのであり，これも比附に当たる（このような条文合成による新法命題獲得は，類推作業の範囲外である）．（同様の判決として，たとえば最高裁第一小法廷1977（S52）年12月8日判決（所有権移転登記手続請求事件，LEX/DB-27441872）がある．）

2-9　反制定法的解釈

前述のように反制定法的解釈 contra-legem Interpretation ないし変更解釈では，正義判断や政策的判断を踏まえて裁判所が当該法律を規定とは別方向に解釈するという，実質的には法律改正に当たる作業をおこなっている（しかしこの場合，裁判官は，自分たちが条文を変更しているとはせず，条文からそうした帰結が——宣言的解釈等によって——得られるとするに留まっている）．

2-9-1　超過制限利息を元本充当させる判決

本判決（最高裁大法廷1964（S39）年11月18日判決　LEX/DB-27001351　『最高裁判所民事判例集』18巻9号1868頁）は，利息制限法の規定にもかかわらず，制限を超える，任意に支払われた利息を元本に充当計算した：

> 「債務者が，利息制限法（以下本法と略称する）所定の制限をこえる金銭消費貸借上の利息，損害金を任意に支払つたときは，右制限をこえる部分は民法四九一条により残存元本に充当されるものと解するを相当とする．その理由は後述のとおりである．〔…〕
> 　債務者が利息，損害金の弁済として支払つた制限超過部分は，強行法規である本法一条，四条の各一項により無効とされ，その部分の債務は存在しないのであるから，その部分に対する支払は弁済の効力を生じない．従つて，債務者が利息，

損害金と指定して支払つても，制限超過部分に対する指定は無意味であり，結局その部分に対する指定がないのと同一であるから，元本が残存するときは，民法四九一条の適用によりこれに充当されるものといわなければならない．

　本法一条，四条の各二項は，債務者において超過部分を任意に支払つたときは，その返還を請求することができない旨規定しているが，<u>それは，制限超過の利息，損害金を支払つた債務者に対し裁判所がその返還につき積極的に助力を与えないとした趣旨と解するを相当とする</u>．

　また，本法二条は，契約成立の際に債務者が利息として本法の制限を超過する金額を前払しても，これを利息の支払として認めず，元本の支払に充てたものとみなしているのであるが，<u>この趣旨からすれば，後日に至つて債務者が利息として本法の制限を超過する金額を支払つた場合にも，それを利息の支払として認めず，元本の支払に充当されるものと解するを相当とする</u>．

　更に，債務者が任意に支払つた制限超過部分は残存元本に充当されるものと解することは，<u>経済的弱者の地位にある債務者の保護を主たる目的とする本法の立法趣旨に合致するものである</u>．右の解釈のもとでは，元本債権の残存する債務者とその残存しない債務者の間に不均衡を生ずることを免れないとしても，それを理由として元本債権の残存する債務者の保護を放擲〔す〕るような解釈をすることは，<u>本法の立法精神に反するものといわなければならない</u>．」

　【関連条文】現民法 491 条：「債務者が一個又は数個の債務について元本のほか利息及び費用を支払うべき場合において，弁済をする者がその債務の全部を消滅させるのに足りない給付をしたときは，これを順次に費用，利息及び元本に充当しなければならない．」

　利息制限法（1954 年）**1 条**：「金銭を目的とする消費貸借上の利息の契約は，その利息が左の利率により計算した金額をこえるときは，その超過部分につき無効とする．〔…〕二　債務者は，前項の<u>超過部分</u>を任意に支払つたときは，同項の規定にかかわらず，<u>その返還を請求することができない</u>．」

　同 2 条：「利息を天引した場合において，天引額が債務者の受領額を元本として前条第一項に規定する利率により計算した金額をこえるときは，その<u>超過部分は，元本の支払に充てたもの</u>とみなす．」

　横田正俊裁判官の反対意見：「債務者のした任意の支払は，制限超過部分については非債弁済であるが，有効なものとし，<u>債務者が後日に至り不当利得としてその返還を求めても裁判所はこれに協力しないのはもちろん，債務者が任意に指定充当した弁済もこれを有効なものとし</u>，債務者が後日に至り，制限超過部分に

ついての充当の指定は無効であるとして民法四九一条による法定充当を主張しても，裁判所はこれに応じて同法による是正措置を講じないというのが右各法条の趣旨であると解するのが最も自然であり，かつ権衡のとれた解釈である．」

「いわゆる悪法は，できるだけ縮小解釈すべきであつて拡張解釈すべきでないとの解釈論は，私も，一般論として肯認しないではない．また，多数意見の強調する借主の保護の必要性もよく理解しうるのであるが，<u>法律の解釈にはおのずから限界があるのであつて，それ以上のことは，明確な立法をもつて解決すべきではないかと考える．</u>」

【コメント】「債務者は，前項の超過部分を任意に支払つたときは，同項の規定にかかわらず，<u>その返還を請求することができない</u>」とは，文字通りの意味では，任意に支払ってしまった場合は，仕方がない（文字通り「返還」を求められないばかりか，元本充当も期待できない），という趣旨である（横田裁判官の反対意見参照．最高裁も，本判決まではそう解釈していた．たとえば 1962 (S37) 年 6 月 13 日大法廷判決（LEX/DB-27002134）参照．「元本充当は可能」と言うのであれば，当該法律にそう明記していたはずである）．しかるに判決は，(α) これを「債務者に対し裁判所がその返還につき積極的に助力を与えないとした趣旨」だと宣言的解釈をした．(β) 判決はまた，「右制限をこえる部分は民法四九一条〔の論理的帰結〕により残存元本に充当されるものと解するを相当とする」とした．すると，その支払いで元本が消える分は，返還請求するまでもないことになる．これら (α)・(β) によって，利息制限法 1 条 2 項の「その返還を請求することができない」は，事実上，「その返還を請求できる」と同じ効果のものなってしまった．この点が，（実質的には）反制定法的解釈である．

このように最高裁は，自分がやっているのは，（反制定法的解釈ではなく，）① 民法 491 条，② 利息制限法 2 条，および ③「経済的弱者の地位にある債務者の保護を主たる目的とする本法の立法趣旨」，を尊重した解釈だとする．この自己理解は，どこまで真実か：

① 民法 491 条は，「弁済をする者がその債務の全部を消滅させるのに足りない給付をしたとき」，すなわち，弁済が部分的で，かつどの分の弁済か特定していないというケースを念頭に置いた——債権者保護の——規定である．したがって，「利息が左の利率により計算した金額をこえる〔…〕その超過部分」を明示して支払った場合とは，ケースが異なる．

②利息制限法2条は，予め「利息を天引した」ケース，すなわち債務者は〈支払い期日が来るまでは利子を払わなくともよい〉という利益を受けない，不利益なケースに関わるものであり，1条2項との関連で考えると，判決のようにその法意を一般化できるとするのは，問題である．

③たとえ利息制限法の「立法趣旨」が「経済的弱者の地位にある債務者の保護を主たる目的」としていたとしても，1条2項は，別の判断，たとえば不法原因給付の観点から，あるいは貸金業者に妥協して，入った可能性があり，それゆえ全面的に上記の「立法趣旨」で解釈できるかも疑問である．

以上，反制定法的解釈をやっているのに，それを明示せず，別の解釈で正当化しようとしたために，無理が出ているのである．これらの点はともかく，上の③は，最高裁が「経済的弱者の地位にある債務者の保護」を重視する立場から，すなわち［E］法律意思に関わる判断を根底において，こうした解釈に至ったことを物語っている．

2-9-2　超過制限利息を返還させる判決

本判決（最高裁大法廷1968（S43）年11月13日判決　LEX/DB-27000898『最高裁判所民事判例集』22巻12号2526頁）は，先の判決の立場をさらに徹底させた：

> 「思うに，利息制限法一条，四条の各二項は，債務者が同法所定の利率をこえて利息・損害金を任意に支払つたときは，その超過部分の返還を請求することができない旨規定するが，この規定は，金銭を目的とする消費貸借について元本債権の存在することを当然の前提とするものである．けだし，元本債権の存在しないところに利息・損害金の発生の余地がなく，したがつて，利息・損害金の超過支払ということもあり得ないからである．この故に，消費貸借上の元本債権が既に弁済によつて消滅した場合には，もはや利息・損害金の超過支払ということはありえない．
>
> したがつて，債務者が利息制限法所定の制限をこえて任意に利息・損害金の支払を継続し，その制限超過部分を元本に充当すると，計算上元本が完済となつたとき，その後に支払われた金額は，債務が存在しないのにその弁済として支払われたものに外ならないから，この場合には，右利息制限法の法条の適用はなく，民法の規定するところにより，不当利得の返還を請求することができるものと解

するのが相当である.」

【コメント】2-9-1で見たように,制限超過部分の利息を任意に支払っても,制限超過部分は強行法規の違反で無効だから,その支払金はまず元本充当に向かう.その支払いが,元本を消してさらに残る場合は,どうするか.これが,2-9-1で第1歩を踏み出した地平上で新たに問題となった,2-9-2の論点である.この点について最高裁は,〈その分は債務者は,元本もないのに払ってしまった金として,不当利得を理由に返還請求できる;これは利息制限法の問題領域から外れたことがらである;したがって上記関係を利息制限法によって処理する必要はない〉と判示したのである.ここでも最高裁は,反制定法的解釈をやっているつもりはなく,2-9-1において認められた元本充当をおこない,残余金を既存の不当利得制度によって返還させたのであり,自然な論理展開だと考えている.しかし客観的には,利息制限法1条2項は,本判決によって決定的に空洞化されてしまったのである.

2-9-3 根抵当公認判決

本判決(債権及優先権確定請求ノ件,大審院第二民事部 1902 (M35) 年1月27日判決　LEX/DB-27520296　『大審院民事判決録』8輯1巻72頁)は,根抵当権を承認した初期の判決の一つである.民法175条(当時)は,「物権ハ本法其他ノ法律ニ定ムルモノノ外之ヲ創設スルコトヲ得ス」となっているところ,根抵当権は当時は「法律ニ定」められていなかった(1971年に民法398条の2が規定された)ので,有効とはされていなかった.本判決は,それを有効と認めた:

「按スルニ吾国従来ノ慣用語ニテ後日ニ借リ受ク可キ金銭上ノ債務ノ弁済ヲ担保スル為メ貨借ニ先チテ予メ抵当ヲ差入レ置クコトノ行為ヲ指シテ根抵当ト称ス之ヲ換言スレハ将来ニ於テ発生ス可キ債務ヲ償還スルコトノ担保トシテ前以テ抵当ヲ設定シ置ク所ノ行為ナリ此行為ニ因ル抵当タルヤ抵当物件カ負担スル最高ノ金額ヲ定メ普通ノ抵当ト等シク之ヲ不動産登記簿ニ登載シ置クニ付キ登記ノ日付ヲ以テ其債権者ノ順位ヲ附与スルモ之カ為メ第三者ハ何等ノ損害ヲモ被ル可キ筋合ナシ又此行為ハ従来銀行若クハ商人ニ於テ汎ク行ワレ裁判上保護シ来レル慣例ナルカ故ニ<u>現行ノ法規ニ牴触セサル以上法律上此行為ノ有効ナル可キコトハ固ヨリ論ヲ俟タス且ツ之ヲ民法其他ノ法令ニ照スニ一モ牴触スル規定之レ無キ</u>而已ナ

ラス民法中其第六百二十九条労務者ヨリ使用者ヘ身元保証トシテ担保ヲ供シ置クコト又第六百三十八条ノ場合ニ於テ工作物若クハ地盤ノ瑕疵ニ付テ一定ノ期間担保ヲ供シ置クコト又第九百三十三条被後見人保護ノ為メ親族会ニ於テ後見人ヨリ担保ヲ供セシメ置クコト等ノ如キハ民法ノ規定ヲ以テ孰レモ明カニ抵当ヲ設定シ得ルコトヲ認メラレタル場合ナリ而シテ是等ノ場合ハ皆ナ将来ニ於テ時時発生ス可キコトヲ予想シタル未定ノ債務ヲ担保スル為メ予メ抵当ヲ設定シ置クモノナルカ故ニ是等ノモノト其類ヲ同フスル根抵当ハ民法ノ法理ニ依ルモ亦類推適用ヲ以テ有効ト認メラレ裁判上有効トシテ保護セラル可キモノタル愈以テ明確ナリ然ルニ原判決ニ於テ「甲第一号証ヲ閲スルニ「前記土地明治三十二年十二月十六日ヨリ明治三十五年十一月十五日マテ三年間拙者支払ノ義務アル約束手形ニシテ貴行ニ対シ支払ウヘキ金高一千円ニ至ル迄ノ抵当トシテ差入候」云云トアリテ当事者ノ意思ハ本件ノ地所ヲ以テ将来ニ於テ時時発生スヘキコトヲ予想シタル未定ノ債務ノ担保ニ供セントスルニアルモノト認定セサルヘカラス云云左スレハ本件ノ抵当権ハ何等ノ債権ナキニ之ヲ設定シタルモノ云ワサルヘカラス而シテ抵当権ハ従タル物権ナルヲ以テ主タル債権未タ存在セサルニ先ニ独立シテ成立スヘキ理由ナキヲ以テ本件抵当権ノ設定ハ無効トス」ト判定シタルハ抵当ノ有効タル事実ヲ認定シナカラ民法ノ法理ヲ誤解シ却テ之ヲ無効ト判定スルモノニシテ即チ抵当権ノ性質ヲ誤了シタル不法ノ裁判タルコトヲ免レサルモノトス.」

【コメント】本判決は，大審院名判事寺島直（1837-1910）が部長を務める第二部の有名な判決である．しかし，本判決の根拠づけには，問題がある：

(i) 本判決が〈根抵当は，民法175条違反ではない〉とした第一の理由は，「従来銀行若クハ商人ニ於テ汎ク行ワレ裁判上保護シ来レル慣例ナルカ故ニ」という点にある．しかし，〈175条違反の事実が慣例になれば，それで175条違反でなくなる〉というものではない．〈違反でない〉ことには，ちゃんとした理屈が備わっていなければならない．

(ii) 判決は第二の理由として，民法629条，638条，933条の3ヶ条を挙げ（別の判決では，29, 199, 461, 619条2項も挙げられることがある），「是等ノモノト其類ヲ同フスル根抵当ハ民法ノ法理ニ依ルモ亦類推適用ヲ以テ有効ト認メラレ」るとする．それらの規定を根抵当に類推適用できるから民法上合法的なものとなる，と言うのである．

しかし，(α) これら3ヶ条での担保は，①既に成立している或る契約関係

から将来発生しうる債務（の一部）の弁済を確実にし，そのことによって当該契約関係を補強するためのものであり，担保は契約関係成立に不可欠のものではない；②これらでは将来発生する債務が担保額を超えたものであっても当該担保は有効である；③その債務が発生する確率は低い（発生するのは，万一の事故の場合である）ことが，前提になっている．（β）これに対して根抵当では，①根抵当を設定しなければ，当座預金など口座は開設できない，というかたちで担保は基本契約が成立する上で不可欠であり（質権や抵当権も，この性質をもつ．それらを設定しなければ，金は借りられないしローンは得られない）；②担保は定められた限度額内でしか機能しない；③債務は必ず，何度も発生することが前提になっている．こうして，民法 629 条，638 条，933 条と根抵当との間には，類推適用に必要な本質的類似性がない，と確認できるのである．

　以上 (i)・(ii) を踏まえると，根抵当が民法 175 条に抵触するのに大審院はそれを公認した，ということになる．大審院のこの判決は，客観的には民法 175 条の反制定法的（変更）解釈であった，ということだ．だが大審院は，かたちの上では 629 条等々の類推適用に頼った．このため，論証上で無理を生じさせた．大審院は，そうした無理を犯すよりも，反制定法的（変更）解釈でいく他ないことを明らかにしつつ，その根拠を，①実務にきわめて便利で不可欠であること，②すでに法慣習となって定着していること，に求めた方が法美学的には好ましかった．

総　括

　以上，ほとんどの判決において解釈は，一つひとつの重要な法的論点をめぐって，まず，候補条文について，総なめに［A］〜［E］の検討によってその規定の射程距離を測り（とくに［E］法律意思レヴェルで，妥当性を点検し），「落としどころ」を押さえることから出発する．そして，その「落としどころ」を，必要に応じて，［A］〜［E］のうちの，とりわけ依拠できるものを拠点として具体化していく．この作業中に〈これでは無理だ〉と判明すれば，改めて別の「落としどころ」に移行して再出発する．そして最終的にかなり確信が得られれば，図の右側の［イ］〜［リ］のどれかを経過して，結論にいたる（「法律意思」から直接に右にいき，［イ］〜［リ］のどれかを経過して結論にいたることもある）．

こうした事実からすると，法解釈は，常識・正義・政策的妥当性など目的的判断に方向づけられた法運用であるとともに，その判断の正統化手段として，事実構成・「法律論」にもこだわるものであることがわかる．事実・根拠法・妥当性・論理的整合性の，相互緊張の中での結合の作業，そのための解釈技術の駆使に，法解釈の，困難さ・ゲーム的おもしろさ・人間味が表出するのである．解釈する者の〈法への拘束と法からの自由〉も，そこから来る，節度の要請および責任も，この構造に根ざしている．

第3章 条　理——もう一つの解釈手法

はじめに

ここでは条理を素材にして，第1・2章とは別のかたちで展開する，法についてのものの見方・考え方，処理法を学ぶ．

第四の実定法　実定法には，①制定法＝法律，②慣習法，③（英米法での）判例法のほかに，④条理があるとされてきた．実際，『裁判事務心得』(1875 (M8) 年．太政官布告第 103 号) には，「民事ノ裁判ニ成文ノ法律ナキモノハ慣習ニ依リ慣習ナキモノハ条理ヲ推考シテ裁判スヘシ」とあるが，この規定はなお有効である．こうした条理とは，どういうものであろうか．「条理」については様々な見解があるが，本書では，〈制定法の規定や制度の根底にある，法秩序上の基本原則（法生活上の基本的前提・必要性や正義観念）のこと〉であると定義する．つまり条理は，制定法（や慣習法・判例）の規定・現実の制度としては示されないが，制定法等からハシゴをかけてとらえられる（制定法等を基礎にしつつ社会生活をも考えることによって構成できる）ものとして，なお実定法の一部である（ハシゴが届かない天空にあって思弁によって構成される「自然法」とは別のものである）[49]．

---

[49]　筆者は，この「第四の実定法」を（前掲注 11）『法哲学講義』等では「実定法的原理」と呼んだ．しかし，「条理」の方がなじみ深いだろうから，ここではそれを使う．
　ところで，①太政官布告第 103 号の「条理」は，大久保泰甫『ボワソナアド』（岩波新書，1977，70 頁以下）によれば，ボワソナードが日本に伝えた équité に相当する語で，その中身は自然法＝性法であった．②しかし，日本人はこの意味には使わなかった．太政官布告第 103 号直後の大審院判決（民事・刑事とも）には，「右ノ上告ニ依リ大審院ニ於テ条理ヲ推シ法律ニ照スコト如左」といった決まり文句がしばしば使われている．ここでの「条理ヲ推シ」とは，〈事実関係と原因・結果ないし前提・帰結の連関とを正しくとらえ〉の意味のようであり，法律の欠缺補充や法律の適用否認・修正に「事物のもつ論理」や「正義」，自然法を使うこととは関係がない．③上の「条理ヲ推シ」の「条理」は，江戸時代に朱子学で「理」と同義に使われてきた「条理」に近い．たとえば山鹿素行は，『聖教要録』で「条理ある，これを理と謂う．事物の間必ず

三つの役割　条理が使われるケースは次の三つである．(α) 直接に適用できる（制定法等の）規定がない場合に，条理に依拠して処理する（欠缺補充のため）．(β) 関連する制定法等に依拠すると不都合が生じる場合に，条理に依拠してその適用を止める，ないし意味するところを変更する（制定法の否認ないし修正のため）．(γ) 関連する制定法等の規定・扱い方が不明の場合に，条理に依拠して解釈の方向性を得る（解釈の参考のため)50)．(α) は別として，(β)・(γ) は，刑法でも課題になる．

条理の2群　日本の判決・学説においても，内容的に条理を援用したものがかなりの数，見出される．それらは，大別して2群に分かれる．第一群は，主体とものとの関係に関わる．すなわち，〈或る法・制度を採用しておれば，その法・制度が有効に働くために必要な前提，ないしそれからの必然的な帰結も特定でき，それらが，その法・制度の運用の仕方を規定する．つまりそれらも，解釈の指針となる〉という事実に関わる．これは，「事物のもつ論理」Sachlogik（「事物の本性」Natur der Sache）に関わる条理である．この思考を営むには，かなり理論的な探究が前提になる（これに対し，次の第二群の条理では「常識」・実践的判断力が重要である）．第二群は，当事者の相互関係に関わる．すなわち，〈当面する法・制度をどう運用すれば，関係者の間で「正義・公平」にかなうものとなるか，「裁判の適正・迅速」に資することになるか〉の視点から問題になる条理である51)．

条理の主観性・客観性　〈何が条理かは，それを援用する者の思考に依存している〉という点は，否定できない．書かれた条文でさえ，どう解釈するかが，人によって分かれる．ましてや書かれざるルールとしての条理が一致して共有されることは，困難である．できるだけ一致が望める法

　　条理あり」と述べている．④今日の諸判決における「条理」は，法律の欠缺補充や法律の適用否認・修正の役割をもたされており，西洋の本来の「衡平」，aequitas に対応している．
50)　末弘（前掲注45）『末弘著作集 II』42-43頁．
51)　われわれが，法の世界でものを考えるとき，①人（主体）それ自体をめぐることがら，②人と物との関係をめぐることがら，③人同士の関係をめぐることがら，の三つが視点となる．たとえば民法は，①人に固有の法（人格権法），②人の，物に対する関係の法（物権法），③人同士の関係の法（契約法）に分かれる．同様に条理も，次の三つに分かれる：①人に関わる「事物のもつ論理」と，②人と物との関係に関わる「事物のもつ論理」，および③人と人との関係の条理としての「正義」である．①の人格権的条理は，憲法13条等から引き出せるので日本では使う必要はあまりないが，広中俊雄がそれの理論化を試みている（本書170-171頁）．

源に依拠すべきだとするのが，法律家の本能である．したがって法律家が〈条理論は避けたい〉と言うのは，理解できる．しかしながら法生活においては，どうしても条理に訴える他ないケースが後述のように少なからずあり，条理と向き合うことは，法律家の宿命である．

しかも，条理の解釈もまた，関連諸規定や関連諸法制度から出発しつつ現実を考えるので，〈全面的に主観的なものだ〉とも言えない．上述の「事物のもつ論理」，「正義・公平」・「裁判の適正・迅速」の観念にしても——解釈者ごとにバラバラの内容のものではなく——法律家・市民が裁判ないし法的関係に関わる場で働かせる洞察力や，「常識」（共通了解）・生活上の判断力によって，また法制度の共通原理として，かなりの程度共有しているものでもある（共有されているためには，法生活上で経験が蓄積されており，また各解釈者がそういう知識と判断力をもっていることが必要である）．

以下ではこうした視点から，3-1 で「事物のもつ論理」を，3-2 で「正義・公平」・「裁判の適正・迅速」を扱う．

3-1 「事物のもつ論理」

「法は，人に無意味・無用のことを命じない」Lex neminem cogit ad vana seu inutilia peragenda. The law forces no one to do vain or useless things. ということばがある．先に示唆したように（6頁），いったん或る法や制度・対象を採用すると，①その法や法制度・対象が成り立ち・うまく機能するための前提条件をも採用することが欠かせないし，②その法や法制度・対象が客観的にもっている必然的帰結をも承認することが欠かせない．これら前提と帰結は，それらを無視して行為すると，理論的にも実際にも，さまざまな深刻な問題（矛盾と機能不全）を生じさせるからである．そこで，ある法や法制度・対象をめぐっては，ことがらの，「本質」（事物の核となっている構成要素）や「構造」（事物が働く際の基本的な仕組み）とそれらの帰結とを——哲学や社会科学に依拠して——考え，それを反映させた解釈論をつくることが欠かせない（ここでは存在認識は——当該の法・法制度を媒介にするので——当為となる）．以下では，こうした「事物のもつ論理」に関わる三つの判決と，四つの学説とを取り上げる．

3-1-1 東大ポポロ座事件東京地裁判決

本判決（暴力行為等処罰に関する法律違反被告事件，東京地裁刑事 15 部 1954（S29）年 5 月 11 日判決　LEX/DB-27680552　『最高裁判所刑事判例集』17 巻 4 号 428 頁）では，警察官が大学当局に無断で東大構内に入り，学生団体「ポポロ座」の劇公演会場（教室）で情報収集（スパイ）していたのを学生が摘発し追及したことが，暴力行為等処罰に関する法律に違反するとして訴追された事件に関わる．追及の際に学生が取り上げた警察手帳からは，警察官が連日東大構内に入ってスパイ行為を繰り返していたこと，調査対象には十数人の教授・助教授も入っていたことも判明した．本判決は次のように，学生の行動は学問の自由・大学の自治擁護のためであったので超法規的に（刑法 36・37 条から条理のハシゴをかけて）違法性を阻却されるとして，無罪判決を下した（第二審もこれを維持した．これに対し最高裁（1963（S38）年 5 月 22 日判決　LEX/DB-27660965）は，本公演は学問発表ではないため大学の自治によって守られないとして，破棄差し戻しにした）：

「大学は元来，学問の研究及び教育の場であつて，学問の自由は，思想，言論，集会等の自由と共に，憲法上保障されている．<u>これらの自由が保障されるのは，それらが外部からの干渉を排除して自由であることによつてのみ，真理の探求が可能となり，学問に委せられた諸種の課題の正しい解明の道が開かれるからである．しかるに，他からの干渉は，主として警察権力乃至政治勢力の介入乃至抑圧という形で行われ易いことは，むしろ歴史的な経験ですらある．</u>〔…〕

かくして学問の研究並びに教育の場としての大学は，警察権力乃至政治勢力の干渉，抑圧を受けてはならないという意味において自由でなければならないし，学生，教員の学問的活動一般は自由でなければならない．そして，この自由が他からの干渉を受けないためには，これを確保するための制度的乃至情況的保障がなければならない．それは大学の自治である．大学の自治は，学問，思想，言論等の自由を実効的に確保するために過去幾多の試練に耐えて育成されて来た方法であつて，わが国においては，既に確立された，制度的とすら言つてよい慣行として認められているものである．かくして，大学はそれ自体，一つの自治の団体であつて，学長，教員の選任について充分に自治の精神が活かされ，大学の組織においても学長の大学管理権を頂点として自治の実体に沿うような構成が作られている．加之，<u>学生も教育の必要上，学校当局によつて自治組織を持つことを認</u>

められ，一定の規則に従つて自治運動を為すことが許されている．これは，大学は教育の場として，単に学生に知識を授けるというに止らず，学生の学問的精神を鍛冶することをその重要な使命の一つとしているところから，学生自らの自由な自治的，実証的訓練による学問的精神の体得の必要を教育上得策なりとして認めているからに外ならない．従つて，長期に亘る教育の過程の中で，学生に時として行き過ぎや偏向があつても，大学はなおかつ，学生の自治と学習の自律を尊重し，あくまでも教育的視野に立つて学生を指導することを本旨とするものである．

　〔…〕警察権力の警備活動の絶えざる監視下にある学問活動及び教育活動は，到底その十全の機能を発揮することができない．監視は無形の圧迫に通ずるものであつて，かかる雰囲気の内においては，学問の自由が確保される基本的条件が失われる危険性が極めて大であると言わねばならない．従つて，学問の自由を確保し，学問と教育の実をあげるためには，ここでも大学の自治が尊重せられ，学内の秩序がみだされるおそれのある場合でも，それが学生，教員の学問活動及び教育活動の核心に関連を有するものである限り，大学内の秩序の維持は，緊急止むを得ない場合を除いて，第一次的には大学学長の責任において，その管理の下に処理され，その自律的措置に任せられなければならない．〔…〕

　それ故，以上のような内容を具有する大学自治の原則にして侵害されるようなことがあれば，それはひいて，思想，言論，学問の自由に危害を及ぼすことにならざるを得ない．

　何となれば，不当な外部からの拘束により大学の自治が充分に保障されないような学内情勢乃至学問的環境の下においては，思想，言論，学問をその姿で展開することがもはや望めなくなるからである．従つて，大学の自治が侵害されているような学内情勢乃至学問的環境を是認することは，学問の自由を保障した憲法の条章の意図するところを没却することになる．」

【コメント】憲法23条「学問の自由は，これを保障する．」は，大学の自治を含意するか；また，大学の自治は学生の自主的活動を含意するか．「学問の自由」は，マッカーサー草案では academic freedom であった．この語をそのまま日本語化していたら，立法者が憲法23条に「大学の自治」を含めていたことが明白となる．しかし，「学問の自由」という訳では，「大学の自治」は直ちには出てこない．しかも，大学での教員の教育・研究の自由，学生の自主的活動が大学の自治とどう関わるかは，さらに論議を要することがらである．

これらについては，条文の文言を探ってみても（＝文理解釈では）何も出てこない．そこで判決は，[E] 法律意思解釈に訴え〈大学の自治および学生の自主的活動といった諸制度が学問の自由とどう関係するか〉を考えようとした．大学という法的制度を根元的に，すなわちそれの根底にある「事物のもつ論理」を考えることによって，憲法23条の中身を構成していったのである．

　判決によれば，学問を担う大学が，警察権力の監視下にあったり政府の監視・介入を受ければ，その学問の自由な行使が阻害され，大学が本質的に機能しなくなる．また，学生と大学の関係について判決は，「大学は教育の場として，単に学生に知識を授けるというに止らず，学生の学問的精神を鍛冶することをその重要な使命の一つとしているところから，学生自らの自由な自治的，実証的訓練による学問的精神の体得の必要を教育上得策なり」と考えることができるとする．このように判決は，憲法23条ないし大学制度をめぐって，根底にある「事物のもつ論理」を考え，最終的には〈憲法23条はここまでのことを含んでいる；それを護るためにとった行為は正当である〉とする宣言的解釈によって結論づけしたのである．

3-1-2　苫米地事件判決

　本判決（衆議院議員資格確認並びに歳費請求事件，最高裁大法廷1960（S35）年6月8日判決　LEX/DB-27002449　『最高裁判所民事判例集』14巻7号1206頁）は，「憲法第七条のみによつてなされたことは，当事者間に争がない」とされる衆議院の解散によって失職した議員，苫米地義三が，〈今回のような解散は，憲法7条によっては正当化できない〉として，解散の無効を主張した事件に関わる．最高裁は，いわゆる統治行為論を前面に押し出して上告を棄却した．その際，その統治行為論は，次のようなかたちで条理の思考によるものであった：

　「わが憲法の三権分立の制度の下においても，司法権の行使についておのずからある限度の制約は免れないのであつて，あらゆる国家行為が無制限に司法審査の対象となるものと即断すべきでない．直接国家統治の基本に関する高度に政治性のある国家行為のごときはたとえそれが法律上の争訟となり，これに対する有効無効の判断が法律上可能である場合であつても，かかる国家行為は裁判所の審査権の外にあり，その判断は主権者たる国民に対して政治的責任を負うところの政府，国会等の政治部門の判断に委され，最終的には国民の政治判断に委ねられ

ているものと解すべきである．この司法権に対する制約は，結局，三権分立の原理に由来し，当該国家行為の高度の政治性，裁判所の司法機関としての性格，裁判に必然的に随伴する手続上の制約等にかんがみ，特定の明文による規定はないけれども，司法権の憲法上の本質に内在する制約と理解すべきである．

　衆議院の解散は，衆議院議員をしてその意に反して資格を喪失せしめ，国家最高の機関たる国会の主要な一翼をなす衆議院の機能を一時的とは言え閉止するものであり，さらにこれにつづく総選挙を通じて，新な衆議院，さらに新な内閣成立の機縁を為すものであつて，その国法上の意義は重大であるのみならず，解散は，多くは内閣がその重要な政策，ひいては自己の存続に関して国民の総意を問わんとする場合に行われるものであつてその政治上の意義もまた極めて重大である．すなわち衆議院の解散は，極めて政治性の高い国家統治の基本に関する行為であつて，かくのごとき行為について，その法律上の有効無効を審査することは司法裁判所の権限の外にありと解すべきことは既に前段説示するところによつてあきらかである．そして，この理は，本件のごとく，当該衆議院の解散が訴訟の前提問題として主張されている場合においても同様であつて，ひとしく裁判所の審査権の外にありといわなければならない．」

【コメント】本判決がたどった思考を追ってみよう．最高裁は，〈立法権や行政権の固有の所管事項については，司法権は審査権を行使すべきでない〉とする統治行為論に依拠した．その際，最高裁は，その主張の根拠づけに使える「特定の明文による規定はない」という認識をもっていた．根拠法のこの欠缺を補うべく最高裁は，日本国憲法が採用している制度（三権分立）の「事物のもつ論理」に依拠して統治行為論を根拠づけるという道を採った．すなわち最高裁は，上記法命題が，司法権の「憲法上の本質に内在する制約」として出てくる，あるいは，「三権分立の原理に由来」するとしたのである（司法審査の内在的制約説）．これは，法律の欠缺を，ことがらの根底にあるものから取り出した法命題によって補充する思考である．

　ところで，憲法81条は「最高裁判所は，一切の法律，命令，規則又は処分が憲法に適合するかしないかを決定する権限を有する終審裁判所である」と規定している．この規定は，「一切の」と明記しており，「高度に政治的な事項は除外する」などといった限定をしていないのだから，〈裁判所は本来，「一切の法律，命令，規則又は処分」について違憲かどうかを判定できる〉と読める．

すると，これを別様に読んだ最高裁は，ここで「事物のもつ論理」に依拠して憲法81条の変更解釈（少なくとも縮小解釈）をやっていることになる．日頃，条理に対して冷たい態度をとる最高裁が，こういうところでは実際にはここまで条理に依拠した処理をやっているのである．

　最高裁による，「三権分立」を根拠にした，81条のこの変更・縮小解釈は，納得のいくものだろうか．（α）〈三権分立によって司法は独立しているのだから，司法審査という独自の権能をかなりの程度にまでもつのだ〉とするか，（β）〈三権分立によって国会と行政府は司法に対して独自の権能をもっているのだから，司法はそれらに介入できない〉とするかには，議論の余地がある（(α)はイギリス型の通常裁判所による司法審査に，(β)はフランス型の行政裁判所に，つながる）．今日の日本では，どうであろうか：

　第一に，憲法81条は，人権保護ないし権力濫用防止の観点から，司法による国会と行政権との規制をねらっているのである．したがって，この条文は，刑法や憲法9条と同様，権力規制法規として厳格に（条文に忠実に）解釈されなければならない．しかるに，この条文には「一切の法律，命令，規則又は処分」とある．議会の解散は「処分」に当たる．それゆえ裁判所は，その「一切の」処分について「憲法に適合するかしないかを決定する権限を有」している，とする他ない．しかも，重大な人権侵害や適正手続違反があるときには，とりわけ81条の発動が求められるのであり，本件はそれに該当する．

　第二に，たとえ国会と行政府は司法に対して独自の権能（自律権・裁量権）をもっているという見解をとるにしても，その行使に関しては，国会ないし行政府しか判断できない事項と，第三者でも認識・判断が可能な事項とがある．「高度の政治性」をもったことがらでも，純粋に法律的な面で重大な問題性をもつことがある．たとえば処分の前提となる事実の存否や法律解釈の誤り，手続の瑕疵がそうである．これらについては，ことがらの性質上，第三者でも認識・判断可能であり，したがって司法審査が可能である．こうした点については司法部は，いわば粛々と法律的に判断すればよいのであり，不自然に政治的配慮をする必要はない（これについては，次頁，および後述する「大津事件」（315頁以下）参照）．

　第三に，憲法76条3項には，「すべて裁判官は，その良心に従ひ独立してその職権を行ひ，この憲法及び法律にのみ拘束される」とある．①この点は，このような規定が国会議員や内閣閣僚にはない事実と関連させて，その意味を読み取らなければならない．するとここからは，〈とくに個々の裁判官には，法に照らして判断することにおいて独自の——国会議員や内閣閣僚にはない——権限が付与されていること〉が読み取れる．最高裁のように「この司法権に対する制約は，結局，三権分立の原理に由来し」と，三

権分立論一般で片付けようとするのであっては，個々の裁判官に保障されたこの特別の独立性が消えてしまうし，76条3項による独立保障をもつ者が構成する司法権と，それをもたない者たちの立法権・行政権とを同列に置くことになってしまう．②76条3項は裁判官を誰から守ろうとしているのか．それは，議会と行政府からである．では何のために守る必要があるか．それは，時の国家権力がおこなっている立法・行政を審査できるためであり，またそういう立法・行政に関わる法律問題を自由に裁判するためであろう．立法権・行政権は，そういう審査・裁判が——とりわけ重要なすなわち「高度の政治性」をもった案件に関わるがゆえに——気に入らないと裁判に介入しようとする．そうした介入から裁判官を守るために，76条3項での独立確保の必要がある．だとしたら憲法はもともと，司法がかなり強い審査権の行使によって他の権力と確執することを前提にし，それに備えて独立性の保障を規定していることになる．

　第四に，議院内閣制の下では，議会と政府は国民の多数派が支配することになる．それによって損なわれる少数者の憲法的権利の保護は，前述のように（201頁），司法に求めるほかない．

　こうした観点からは，〈三権分立が前提になっているからこそ，司法は国会と行政府に対し司法審査の権能を行使すべきだ〉というのが，むしろ妥当と思われる．

　なお，これらの点に関しては，本事件の東京地裁判決（衆議院議員資格確認並びに歳費請求事件，1953（S28）年10月19日　LEX/DB-27203765　『最高裁判所民事判例集』14巻7号1251頁）の次の議論（＝粛々と「法律的判断」，すなわち憲法81条の文理解釈，に徹していく姿勢）が，興味深い：

　「衆議院解散とは，これによつて衆議院の構成及び内閣が一新され国の政治的方向の一端が新たに定められることになるものであつて政治的影響の大きな行為であること又その解散の政治的当否の批判が，解散に引続いて施行される選挙において国民によつて為されるであらうことは被告の言ふ通りである．然し政治的影響の大きいと言ふことがその行為の純法律的な判断を不可能にするものではなく，又国民によって行為の当否の批判がなされるからと言つて，その行為についての政治的当否の批判とは全く別な法律的判断が排除されるべき理由にはならない．衆議院を如何なる事態の下において解散するのが妥当であるかは政治的判断に委ねられて居るであらうが（この点後述）解散の方式そのものが憲法の定めるところに適合して行はれたりや否やは，一切の政策的評価を排除して判断することが可能でもあり，又政策的評価を離れて判断すべき事柄である．

　そこで我国の制度を見るに，現在の憲法下における司法権とは単に民事刑事の事件についての裁判権の限局されるものではなく，裁判所法第三条において明らかにされて居る通り，一切の法律上の争訟において憲法上特別の定めのない限り，すべての行

為が法規に適合するや否やの判断を為す権限(憲法第八十一条によれば国会による立法についてまでそれが憲法に適合するや否やの判断を為す権限をも含むものとされて居る)を附与されて居るものである．従つて当該行為が法律的な判断の可能なものであり，それによって個人的権利義務についての具体的紛争が解決されるものである限り，裁判所は一切の行為についてそれが法規に適合するや否やの判断を為す権限を有し，又義務を負ふものである．これが我が法制の建前であり，衆議院解散とは衆議院の全議員に対し任期満了に先立ち，その資格(それは各議員の議員として有する権利義務の総体である)を剥奪する処分であつて，その解散が憲法所定の手続を遵守してなされたかどうかの判断によつて衆議院議員であつた原告の議員としてもつてゐる権利義務の存否が明確にされることは明らかであり，前述の如く衆議院解散行為について，その法律的判断が可能なものである以上，その有効，無効についての争が司法的審査の対象から排除されるべき合理的理由はないものと言ふべきである．」

3-1-3　中国人強制連行・強制労働訴訟福岡高裁判決

本判決(損害賠償等請求控訴事件，福岡高裁 2004 (H16) 年 5 月 24 日判決　LEX/DB-28091628　『判例時報』1875 号 62 頁)は，後述する 3-2-4 の (i) の福岡地裁 2002 (H14) 年 4 月 26 日判決の控訴審判決である．第二次世界大戦中，日本軍は中国人や朝鮮人を強制連行し，炭鉱等で強制労働させた．その被害者(三井三池・三井田川で働かされた)である 15 名の中国人が，国と三井鉱山を相手取って謝罪広告と損害賠償を求め訴訟を提起した．本判決は次のように論じて，前提となる，国の不法行為を認定した：

「旧憲法下においても，個人の尊厳，人間的価値は否定されてよいものではない．ウ　平穏な暮らしをしている日本国の主権に服しない中国人を，いわば故意に暴力や欺罔を用いて家族のもとから切り離し，敵国に連行して強制的に労働に従事させることは，個人の尊厳，人間的価値を否定する，甚だしく人倫にもとる行為である．旧憲法の基礎をなす自然法に違背し，著しく正義・公平に反している．エ　してみると，本件強制連行・強制労働は，公務員の権力的作用に基づく行為ではあるが，正義・公平の理念に著しく反し，行為当時の法令と公序に照らしても許されない違法行為である．国家無答責の法理を適用して責任がないというのは不当であり，民法により不法行為責任が認められるべきものである．」

【コメント】ここで福岡高裁は，「国家無答責」の理論の適用を排除するために，

「個人の尊厳，人間的価値」と「正義・公平」の理念とに依拠した．高裁は，明治憲法もその基底に「個人の尊厳，人間的価値」を「自然法」としてもっていたとしている．しかし高裁は実際には，この議論によって，単に明治憲法の背後に自然法が妥当していたと主張したいのではない．そうではなくて高裁は，〈明治憲法も――近代憲法である以上――「個人の尊厳，人間的価値」を体現していた；これらは，条文化はされていないが，明治憲法に近代的な諸権利が規定されている以上，それらの根元を成す原理として実在していた〉と言いたいのである．だから高裁は，「平穏な暮らしをしている日本国の主権に服しない中国人を，〔日本の国家が〕いわば故意に暴力や欺罔を用いて家族のもとから切り離し，敵国に連行して強制的に労働に従事させることは，個人の尊厳，人間的価値を否定する，甚だしく人倫にもとる行為であ」り，明治憲法に照らしても，すなわち「行為当時の法令と公序に照らしても」――つまり自然法ではなく実定法の原理からして――「許されない違法行為」であった，とするのであった．これは，前述の「事物のもつ論理」の条理判断に関わっている．

　高裁はこの論理で不法行為を認定した上で，「国家無答責の法理を適用して責任がないというのは不当であ」るとして，その適用をも排除した．「不当であ」るとする理由を判決は語っていない．しかし上にあるように，国による強制連行・強制労働は，「個人の尊厳，人間的価値を否定する，甚だしく人倫にもとる行為であ」ったから，その当の国が「国家無答責」を使って（裁判のかたちで）責任逃れをすることは，「正義・公平の理念」に反するということであろう．この点は，後述する「正義・公平」の条理判断に関わっている．

3-1-4　諸学説

　「事物のもつ論理」に関わる条理は，日本の法学界でも次のような人びとに見られる．

　(i)　**美濃部達吉**　美濃部は，日本において条理思考を最初に深化させて活用した一人である．美濃部は，明治憲法下で国家法人説（天皇機関説）を提唱したのだが，そのためには，明治憲法4条「天皇ハ国ノ元首ニシテ統治権ヲ総攬シ此ノ憲法ノ条規ニ依リテ之ヲ行フ」という規定中の「統治権ヲ総攬シ」の語句がもつ力（＝天皇独裁の根拠となりうる）を弱めなければならない．そこでかれは，「事実と正義とを無視して，単に条文のみに依って法を見出さんと

するは，最も忌むべき法学の邪道である」という立場をとった．制定法は何が法かを知る際にもっとも重要な材料となるが，しかしそのための一つの材料にすぎない；われわれはさらに，制定法を越えて，社会的事実と社会的正義をも重要な材料にしなければならない，とし，それらによって憲法4条の効果を減殺しようとしたのである．

　美濃部にとって国家は，単に条文によって成立するものではなく，現実社会にもともとある；人びとの国家結合・国家生活がまずあり，その中で君主も統治作用をおこなっている．そういう国家を科学的にとらえ法的に描き出したのが，かれの国家法人論であった．かれは，〈国家が法人であり，君主がその機関として憲法に拘束されるのは，こうした「事物のもつ論理」にもとづく；たまたま立法者がつくった条文が，こうした事実をうまく反映しない，つまり生活事実と矛盾する，ことがある；このような場合には，条文を生活事実，「事物のもつ論理」に沿って解釈しなければならない〉とするのである[52]．美濃部の『法の本質』（日本評論社，1935）は，こうした思考によっており，条理を，次のようにして〈法律を修正できるもの〉と位置づけている：

> 「条理法は時として制定法又は慣習法を修正する力を有つ．〔…〕本来は基本たる法規の下に於てそれに従つて行はるべき行為が，条理の要求に基づき，却つて或る限度に於て基本たる法規を修正する働きをするのである．例へば〔明治〕憲法第五十八条第二項には『裁判官ハ刑法ノ宣告又ハ懲戒ノ処分ニ由ルノ外其ノ職ヲ免セラルルコトナシ』とあるが，之を其の文字通りの意義に解すると，裁判官は如何に老衰しても又如何に病体となつても，自ら辞職しない限り終身其の職を保有する権利を有するもののやうであるが，<u>それは条理の許さない所であるから</u>〔…〕法律に依り裁判官の定年退職や依命退職の制を定めたとしても，それは憲法違反と見るべきではない．〔…〕時としては法規の制定せられた当時とは社会の事情が変遷した為に，<u>当初に於ては正義に適合して居た法規の定がそのままでは正義の要求に適合しないものとなり，新なる社会事情に適応する為には多少其の意義を修正して解釈せねばならぬ必要を生ずることが無いではない</u>」．（176-177頁）

---

[52]　以上，杉原泰雄『憲法と国家論』（有斐閣，2006）59-60頁．今日の日本では，日本国憲法が自由や民主主義を原理にしているから，それの「文字通りの適用」ないし宣言的解釈でいける面がかなりある．しかし，今日においてもこの憲法が大きく改変されたら，美濃部の姿勢に戻るほかなくなるだろう．

ここでの「条理」・「条理法」は，①ことがらがわれわれの法生活に与えている方向づけ，すなわちわれわれの生活上の根本的必要（＝「事物のもつ論理」）に即した，ないし②われわれの正義感情——これらに反しては行動できない——に従う選択肢を意味する（かれの，国家法人論は①に，上記の裁判官退職論は②に，関わる）．それに反する条文は，それに合うように「多少其の意義を修正して解釈せねばならぬ」のである．

美濃部の条理論は，明治憲法や諸法に対しこのような隠された戦略的意図をもっていた．かれが国体明徴事件に巻き込まれたのは，この狙いのラディカルさ・大胆な戦略を国体明徴論者たちが直感的に予感したからかも知れない（かれの公法理論，たとえば公法私法関係論や公定力論には，なお多くの問題があったが）．

(ii) **山中康雄** 山中は，民法をその基盤である現実の社会関係（「市民社会」）との関係において考えるべきこと，とりわけ「市民社会」に内在している秩序構造（商品交換の法則）との関係で理解すべきことを強調した．かれが「法秩序に内在する制度」について次のように論じているのは，この立場からである．

> 「債權關係は，それが主たる契約目的達成のために両當事者が相協力すべき權利義務づけを内包することにより，それ自身に固有の規範原理を内在する法秩序としての自己を完成する，といふ点に注意すべきである．〔…〕債權關係が一個の法秩序を構成するといふ事實は，當事者の表示する意思が契約の内容をそのすべての点において決定する，といふたてまへに立脚した契約概念にたいする，ひとつの飛躍を可能ならしめるものである．けだしここでは，當事者の意思にはかならずしもあらはれきたらざる内容をもつところの，したがつてまた當事者の意思にたいしては外的なものであるところの，もろもろの權利義務づけが，債權契約により設定せられた契約目的達成のために，<u>法秩序じたいのなかから直接に派生しきたる</u>といふ現象が見られるのであり，そこにいはば制度がうまれてきてゐるからである．たとへば双方的債權關係のもつ，債務不履行による契約解除，瑕疵担保，同時履行の抗辯權，危險負担の問題等にかんするもろもろの規範原理は，<u>双方的債權關係といふ法秩序がもつてゐるところの，二個の一方的債權關係が対価的牽聯關係において結合してゐるといふ客観的構造から直接にあたへられる規範原理</u>であつて，契約當事者の表示する意思にもとづいて右の効果が直接に決定せられてゐるのではないのである．これらは<u>法秩序に内在する制度</u>だといはねばならない．[53]」

制定法は法秩序の中からの抽象物であり，したがって法秩序中の規範原理が

制定法化されていない場合には，あるいは，契約に際して両当事者が相互に確認し合っていない場合には，基盤となる法秩序の客観的構造（法生活上の基本的必要性・法感情・正義観念）を分析し，そこに働いている原理を析出し適用することによって，補充ないし修正ができる，というのが・山中の立場である．たとえば，契約法における「債務不履行による契約解除，瑕疵担保，同時履行の抗辯權，危険負担の問題等」は，「二個の一方的債權關係が対価的牽聯關係において結合してゐるといふ客観的構造から直接にあたへられる規範原理」である．すなわち，存在の構造，「事物のもつ論理」が契約法の方向を客観的に――当事者の合意とは独立に――指し示すのである．したがって「事物のもつ論理」の探求は，契約運用上の多くの指針を与えてくれる．山中において法解釈の作業は，こうしたかたちで法社会学の作業に支えられていたのである．

（iii）**広中俊雄**　広中は，山中に似て，「民法典の表面的印象をしりぞけ，法の形成・存立の基盤である社会の次元に立って」民法を把握する作業を重視した．かれは，その次元の民法（制定法から独立しておりその基盤を成している）を「実質的意味における民法」と呼び，法解釈をそれに定礎させようとした[54]．

広中は早くから，近代法が人間を（人格として）抽象的な姿でとらえる点を，単なる事実現象に留まらず近代法の原理でもある，としていた．かれはこの原理の一環として，近代契約法の研究を通して得た〈有償契約においては，ものとその対価との交換関係が規定的になるので，人的要素が捨象される〉という原理を提示した．そして〈賃貸人が，賃借人が自分との友情関係を裏切ったことや，賃借人が不道徳な仕事をしているといった人的要素を取り上げて，賃借人に「背信」があったとして借家契約を解除すること〉は，上記原理に照らして許されないとしていた[55]．

広中は，最近でも，現代の法生活においては，その根底にある秩序として「人格秩序」が重要な位置を占めるとする．一般に法生活では，①財産的価値があるものを人びとに確保し相互に関係づける「財貨秩序」（競争秩序を「外郭秩序」として機能している），②人びとを人間主体として保護し相互関係を調整

53）山中康雄『市民社会と民法』（日本評論社，1946）139-140頁．田中教雄「山中康雄の法律学から学ぶべきもの」（『法の科学』2008年号）194頁以下参照．

54）広中俊雄『民法綱要』第1巻・総論上（創文社，1989）81頁．

55）広中他編『民法の基礎知識』（有斐閣，1964）第13問．これに対しては，市民法論批判の立場からの星野英一の書評がある（『東北法学』29巻2号，1965）．

する「人格秩序」（生活の享受のための生活利益秩序を「外郭秩序」として機能している），③法生活全体の機能を確保する「権力秩序」の3本柱から成るものとする．このうち現代の法においては，「人格秩序」の重みが増し，個人の尊重・人間の尊厳が原理となっている．「人格権」の確立は，それに沿ったものである．そこで広中は，この「事物のもつ論理」に着目し，それを法解釈に反映させようとする[56]．

　たとえば，現行民法には〈人格権に基づく差止請求権〉が規定されていない．しかし現代において「人格秩序」のもつ重要性を考えると，解釈もそこに定礎しておこなっていかなければならない，と．広中は，こうしたかたちで制定法の欠缺を埋めようとする．かれはこの観点から，「北方ジャーナル事件」の最高裁判決 (1986 (S61) 年 6 月 11 日) が人格権に基づく差止請求権を認めたことを評価する．その理由は，「人格秩序」が「二〇世紀中葉以降における市民社会の存在理由にかかわる根本的秩序」であるから，「人格権をそれ自体の価値において把握しつつ欠缺補充として人格権に基づく差止請求権を認める」ことが必要だ，というものである．「事物のもつ論理」による欠缺補充である．

　広中の次のような発言も，この人格権に関わっている：「およそ自力救済に関する解釈は，条理による欠缺補充の問題に属するのであり，解釈上，他の特殊的自力救済も認められる余地があるということに注意すべきであろう」（広中（前掲注 54）『民法綱要』158 頁）．「人格権をそれ自体の価値において把握」すれば，そうした主体保持に必要なものとして自力救済が確認できる，というのである．広中はこうした作業を，制定法とは異なるもう一つの法源である条理を「規範命題に構成する作業」，それによる欠缺補充，だと述べている（広中（前掲注 32）『民法解釈方法に関する十二講』89 頁）．

　(iv)　**渡辺洋三**　渡辺は，解釈に際し「実定法を支えているところの根拠ないしその底に働いているところの法原理を価値的に判断すること」（「公法と私法」（五），『民商法雑誌』38 巻 3 号，1958，43 頁）を重視する．近代市民社会は，商品交換関係を基盤とし，それゆえ，個人の自由・平等・独立を原理とした市民法＝近代私法で枠づけられている．国家は，この市民社会・市民法を前提にしそれを（部分的に）補完するものとしてある．法の解釈は，この関係にもと

---

56)　広中（前掲注 32）『民法解釈方法に関する十二講』87 頁．

づき，市民法原理を基軸にし，国家をもそれによって統制する「法の支配」の立場から，おこなわれなければならない．渡辺はこの見地からの，「事物のもつ論理」の思考を展開した[57]：

　(α)　縮小解釈　　(α-1) 公務員の労働関係について：公務員が一面において「普通のサラリーマンと同じように，自分の労働と引きかえに月給をもらって生きている賃金労働者であることは，うたがいをいれない」（渡辺（前掲注57）『法というものの考え方』131頁）．少なくとも，国家活動の多様化に伴い，そういう態様の公務員が存在しだしたことは否定できない．そこで，かれらとサラリーマンとを別様に扱う正当な理由がない場では，「同じものは同じに扱うべきである」という正義の原則ないし憲法14条に結びつけて，争議権付与や政治活動の自由等を考える．(α-2) 学生懲戒処分に関して：学生を懲戒するのは，学校当局の教育行政上の自由裁量に属するとされる．しかし，処分行為は多様な要素から成り立っている．たとえば，処分するには前提として，事実認定と処分ルールの解釈をおこなわなければならない．これらは，学校当局しか判断できないものではなく，裁判所等第三者による判断が可能である．それゆえこの側面は，司法審査の対象となりうる（『法社会学研究』第1巻，東京大学出版会，1972, 37頁）．

　(β)　宣言的解釈　　(β-1) 公共用財産・営造物について：公共物の使用をすべて公法上の利用関係であるとする見解がある．しかしたとえば病院，鉄道，学校，住宅等々が国公立である場合でも，設置目的が公法的であるとは言えないケースがあるし，運用関係の態様が私法的であるということもありうる．設置目的ないし運用態様という社会的実体，「事物のもつ論理」に照らして私法的である場合には，私法的に処理すべきである（『法社会学研究』第1巻203頁．「公法と私法」（一），同上37巻5号，1958）．(β-2) 入会権について：国有林野も，第一義的には収益をめざす林業経営のためのものであり，私的財産権の対象である．したがってそこでの農民の入会権との関係も，「当該権利関係の実態に照らし私法の側面が当該権利関係の一般的基礎的側面であること，したがって民法的原理が基本にあり地方自治法原理はそれに従属するものであることは明らかである」と言える．この観点からは，伝統的な入会権公権論は否定される

---

57) 渡辺洋三『法というものの考え方』（岩波新書，1959）53頁．「公法」の位置づけがややちがうが，高柳信一『行政法理論の再構成』（岩波書店，1985）417頁をも参照．

(「公法と私法」（二），同上 37 巻 6 号，1958 年，32 頁；「公法と私法」（六），同上 38 巻 4 号，1959 年，34 頁).

3-2 「正義・公平」・「裁判の適正・迅速」

　条理の中には，〈当事者の相互関係をどうすれば,「正義・公平」にかなうものとなるか，あるいは,「裁判の適正・迅速」に資するものとなるか〉を考えるときに問題になるものがある．ここで「正義」とは，その社会のあるべき行為原則に沿っているという意味での正義であり,「公平」とは，平等という意味ではなく，当面するケースにおいて，救済されるべき者が救済されること（「各人にかれのものを帰属させる」こと)，すなわち「衡平」equity のことである．また,「裁判の適正・迅速」とは，法生活上の便宜を考えつつ，どちら側の権利を保護するかを判断することである．先の「事物のもつ論理」の条理が客観的対象の性質に関わっているのに対し，ここでの条理は，人同士のあり方の基本原則に関わっている．ここでは，こうした基本原則に照らして，①法律（や慣習法）の欠缺を補充したり，②法律（や慣習法）の適用を否認したり修正したりするのである．こうした条理に関わる判決の数は多いが，それら判決を条理に関わらせて考察した実定法学の論考は少ない．というのもここでは問題が「正義論」そのものに関わるので，実定法学だけでは深めきれないからである．

3-2-1　婚姻予約破棄損害賠償請求事件判決

　本判決（大審院 1915（T4）年 1 月 26 日判決　LEX/DB-27521865 『大審院民事判決録』21 輯 49 頁）は，入籍していない妻を一方的に追い出すことを，婚姻予約の破棄と位置づけ，契約破棄による損害賠償の対象になると判示した点で，先駆的とされる判決である：

　「婚姻ヲ為ス当事者ハ其届出以前ニ先ツ将来婚姻ヲ為スヘキコトヲ約シ而シテ後其約ノ実行トシテ届出ヲ為スハ普通ノ事例ニシテ其約ヲ為スコトハ実ニ婚姻成立ノ前提事項ニ属シ固ヨリ法律上正当トシテ是認スル所ナレハ適法ノ行為ナルヤ言ヲ竢タス而シテ其契約ハ当事者カ相互間ニ将来婚姻ノ成立セント欲シテ誠実ニ之カ実行ヲ期シ其確乎タル信念ニ基キ之ヲ約スヘキモノナルコトハ其契約ノ

性質上当ニ然ルヘキ所ナリ従テ既ニ之ヲ約シタルトキハ各当事者ハ之ヲ信シテ相当ナル準備ノ行為ヲ為シ尚ホ進ミテ慣習上婚姻ノ儀式ヲ挙行シ事実上夫婦同様ノ生活ヲ開始スルニ至ルコトアリ斯ノ如キハ婚姻ノ成立スルニ至ルニ相当ナル径路トシテ普通ニ行ハルル事例ニシテ固ヨリ公序良俗ニ反スルコトナク社会ノ通念ニ於テ正当視スル所ナリ然ルニ若シ当事者ノ一方カ正当ノ理由ナクシテ其約ニ違反シ婚姻ヲ為スコトヲ拒絶シタリトセンカ之カ為メニ相手方カ其約ヲ信シテ為シタル準備行為ハ徒労損失ニ帰シ其品位声誉ハ毀損セラルル等有形無形ノ損害ヲ相手方ニ被ラシムルニ至ルコトナシトセス是レ其契約ノ性質上当ニ生スヘキ当事者ノ婚姻成立予期ノ信念ニ反シ其信念ヲ生セシメタル当事者一方ノ違約ニ原因スルモノナレハ其違約者タル一方ハ被害者タル相手方ニ対シ如上有形無形ノ損害ヲ賠償スル責任アルコトハ正義公平ヲ旨トスル社会観念ニ於テ当然トスル所ニシテ法律ノ精神亦之ニ外ナラスト解スヘキヲ以テナリ本件ノ事実ハ原院ノ確定シタル所ニ依レハ要スルニ当事者ハ真ニ婚姻ヲ成立セシムル意思ヲ以テ婚姻ノ予約ヲ為シ之ニ基キ慣習上婚礼ノ式ヲ挙行シタル後上告人ハ正当ノ理由ナクシテ被上告人ヲ離別シ婚姻ヲ為スコトヲ拒絶セリト云フニ在ルヤ判文上明白ナリ是レ畢竟上告人カ当事者間ニ成立シタル婚姻ノ予約ヲ履行セサルモノニ外ナラサレハ之ニ因リテ生シタル損害ノ賠償ハ違約ヲ原因トシテ請求ヲ為スコトヲ要シ不法行為ヲ原因トシテ請求スヘキモノニ非ス然ルニ本訴請求ハ全ク不法行為ヲ原因トシテ主張シタルモノナルコト記録上明確ニシテ其原因トスル所既ニ失当ナレハ此点ニ於テ棄却スヘキモノトス」

【コメント】民法の起草者は内縁を不道徳としたので，保護するつもりはなかったと言われる．しかし，日本にはお試し婚的に，嫁をしばらくは入籍させない制度があった（気に入らなければ追い出すのだが，それがしやすいよう入籍させないのである）．大審院は，このような慣行によって内縁関係に置かれた嫁を救おうとしたのである．

　判決はまず，入籍のない事実上の婚姻を，婚姻予約として法的に構成し，内縁関係に置かれた嫁を一方的に追い出す行為を婚姻予約の破棄と位置づけた．民法上の「予約」は，民法556条に「売買の予約」が規定されている．しかし「婚姻予約」の法的構成は，556条の類推適用によったのではない．「売買の予約」と，婚姻予約とされた事実上の婚姻との間では本質的類似性は低いから，類推は問題外なのである．判決は，556条から〈予約は，保護されるべきであ

る）とする法原則を抽出しそれを使う，比附の技法に訴えたのである．

しかしこの比附だけでは，この婚姻予約の効果の中身が定まらない．そこで判決は，婚姻予約の違反者が損害賠償の責を負うことを，「正義公平ヲ旨トスル社会観念ニ於テ当然トスル所」だとした[58]．この点が本判決の眼目なのである．ここで判決は，「社会観念」と言っているが，しかしこの語は，ここでは単なる常識をではなく，制定法の根底を成す法秩序（法生活）上の基本的観念としての「正義公平」のことを，意味している．これが内容上，条理に関係しているのである（戦後であれば，民法1条2項の信義誠実の原則に依拠できるのだが，これがまだ条文化されていない段階では，条理としてのそれに関わらすほかない）．

3-2-2 祇園歌舞練場損害補償請求事件東京地裁判決

本件（東京地裁 1958（S33）年7月19日判決　LEX/DB-27660580　『下級裁判所民事裁判例集』9巻7号1336頁）は，敗戦後，明治憲法がなお妥当している時期に，京都府知事が日本国の機関として，祇園の歌舞練場を占領軍専用のキャバレーに転用するよう関係者に求めたことに関わる．その後，関係者が国を相手取って補償の請求をした．明治憲法下では，公法上の損失補償（国がその事業のため個人の財産権を強制的に取得した場合に，生じさせた損害に対しておこなう補償）を定めた法律がなく，それゆえ通説は国の補償義務を否定してきた．しかし東京地裁は，国の補償義務を認めた：

「当時においても，国が公益上の必要に基き特定の私人に対しある行為をなした場合において，当該行為がたとえ適法なものであるとしてもその結果としてその私人にその責に帰すべからざる特別の犠牲と認められるべき損失を蒙らしめたときには<u>正義公平の見地から全体の負担においてその私人の損失を調節する必要から，国にこれが補償の義務，講学上いわゆる公法上の損失補償義務を負担せしめるべきことは，わが実定法の解釈から肯定される</u>べきものと思料する．以下これを論証する．

大日本帝国憲法は，その第二十七条において「日本臣民ハ其ノ所有権ヲ侵サル

---

[58] ただし判決は，妻側がその損害賠償を「違約ヲ原因トシテ請求ヲ為スコトヲ要」するのに，不法行為を原因として請求したのは失当であるとして，請求を斥けた．旧訴訟物理論によったのである．妻側は，名誉毀損の不法行為による損害賠償を請求していた（唄孝一「「婚姻予約有効判決」の再検討（一）・（二）」，『法律時報』31巻3・4号，1959）．

ルコトナシ公益ノ為必要ナル処分ハ法律ノ定ムル所ニ依ル」と規定するのみで，公益のためにする所有権の制限につき一般的に補償を与えるべきものであるか否かに関しては明らかにするところがなかつた．しかしながら憲法義解は，本条を註釈して「公益収用処分ノ要件ハ其ノ私産ニ対シ相当ノ補償ヲ付スルニ在リ」と述べ，公益のために国民の財産権に特別の犠牲を負わしめる場合には，相当の補償を与えるべきことが旧憲法の精神とするところであることを説明したのである．思うに近代国家が一方において国民の所有権その他の財産権を基本的人権の一として保障するとともに，他方において公益上の必要に基いてこれに制限を加える場合においては正当な補償を与えなければならないことは，自然法的な正義公平の理念に合致するものであるとして，法的にもこれを保障する制度が着々拡充されて来たし，更にこれを強化する施策が講ぜられつつあることは，敢えて多言の要をみないところである．〔…〕

　ところで旧憲法当時，公法上の損失補償を肯定する一般的規定のないことを根拠として，公権力により国民の財産権が侵害された場合においてもこれを補償する旨の明文の規定がない以上は，如何に正義公平の原理に反するものであつても，国民はこれを受忍すべく，法律上の救済は与えられないものであるという見解が通説的地位を占めていたのであるが，この説は，かような侵害に対して損失の補償をしない旨の法律の明文のある場合または少くとも法律全体の趣旨からそのように解釈せざるを得ない場合に関してはともかくとしても，その点につき法律の沈黙している場合にまでその正当性を主張し得べきものであるか否かは極めて疑問であるといわねばならない．

　そもそも公法上の損失補償制度は，さきにも一言した如く，国家が私有財産制を保障する反面において，国家の任務の発展積極化に伴い，その活動が多かれ少かれ必然的に国民の個人生活と接触し，これに影響を及ぼさざるを得ない趨勢を辿ることを免れないところからして，正義と公平の観念を基礎として，特定人に生じた特別の犠牲は全体の負担においてこれを補償すべきであり，且つ，かくすることによつて私有財産権の尊重とこれに対する公益上の必要に基く制限の要請とを調和し，法律生活の合理的安定を確保し，延いては将来への予測の可能性を実現しようとするところに，その基盤を求めるべきものであり，基本的人権の保障の一環として私有財産制を採る諸国家においては，漸次右損失補償制度の進展が図られているのであつて，旧憲法下のわが国もその例外ではなかつたのである．」

【コメント】近代国家が財産権を基本的人権の一つとして保障するときは,「特定人に生じた特別の犠牲は全体の負担においてこれを補償すべき」ことが,「自然法的な正義公平の理念に合致するもの」として求められうる.損失補償の制度は,近代社会に必要な,「法律生活の合理的安定を確保し,延いては将来への予測の可能性を実現」することに欠かせないものでもあるからである.しかるに,明治憲法は第27条に「日本臣民ハ其ノ所有権ヲ侵サルルコトナシ」と規定している.したがって,ここでもその財産権保障と「正義と公平」の条理とが協働することによって——たとえ明治憲法下で公法上の損失補償が制度化されていなかったとしても——損失補償が帰結する,と裁判官は考えた(つまり「自然法」ではなく,(実定法内在的な)条理に訴えた.なお判決は,『憲法義解』が損失補償を容認しているとして,立法者意思を根拠にしてもいる).

3-2-3 日本の裁判管轄の範囲についての2判決

裁判管轄に関する国内法・国際法の欠缺に直面して,最高裁は「当事者間の公平,裁判の適正・迅速を期するという理念により条理にしたがつて決定する」道を採った.【コメント】は,(2)の最後にまとめておこなう.

(1) マレーシア航空事故損害賠償請求事件判決

本判決(最高裁1981(S56)年10月16日判決 LEX/DB-27000119 『最高裁判所民事判例集』35巻7号1224頁)は,マレーシア航空がマレーシア国内で起こした飛行機事故で犠牲者となった日本人の,日本在住の家族に,日本の裁判所で裁判することを認めた:

> 「思うに,本来国の裁判権はその主権の一作用としてされるものであり,裁判権の及ぶ範囲は原則として主権の及ぶ範囲と同一であるから,被告が外国に本店を有する外国法人である場合はその法人が進んで服する場合のほか日本の裁判権は及ばないのが原則である.しかしながら,その例外として,わが国の領土の一部である土地に関する事件その他被告がわが国となんらかの法的関連を有する事件については,被告の国籍,所在のいかんを問わず,その者をわが国の裁判権に服させるのを相当とする場合のあることをも否定し難いところである.そして,この例外的扱いの範囲については,この点に関する国際裁判管轄を直接規定する法規もなく,また,よるべき条約も一般に承認された明確な国際法上の原則もい

まだ確立していない現状のもとにおいては，当事者間の公平，裁判の適正・迅速を期するという理念により条理にしたがつて決定するのが相当であり，わが民訴法の国内の土地管轄に関する規定，たとえば，被告の居所（民訴法二条），法人その他の団体の事務所又は営業所（同四条），義務履行地（同五条），被告の財産所在地（同八条），不法行為地（同一五条），その他民訴法の規定する裁判籍のいずれかがわが国内にあるときは，これらに関する訴訟事件につき，被告をわが国の裁判権に服させるのが右条理に適うものというべきである．

ところで，原審の適法に確定したところによれば，上告人は，マレーシア連邦会社法に準拠して設立され，同連邦国内に本店を有する会社であるが，張玉祥を日本における代表者と定め，東京都港区新橋三丁目三番九号に営業所を有するというのであるから，たとえ上告人が外国に本店を有する外国法人であつても，上告人をわが国の裁判権に服させるのが相当である．」

(2) 預託金請求事件判決

本判決（最高裁 1997（H9）年 11 月 11 日判決　LEX/DB-28022344　『最高裁判所民事判例集』51 巻 10 号 4055 頁）は，ドイツ在住の日本人に対して契約上の金銭債務の履行を求める訴訟を日本で起こした日本法人に対し，国際裁判管轄を理由に上告棄却をした：

「被告が我が国に住所を有しない場合であっても，我が国と法的関連を有する事件について我が国の国際裁判管轄を肯定すべき場合のあることは，否定し得ないところであるが，どのような場合に我が国の国際裁判管轄を肯定すべきかについては，国際的に承認された一般的な準則が存在せず，国際的慣習法の成熟も十分ではないため，当事者間の公平や裁判の適正・迅速の理念により条理に従って決定するのが相当である〔…〕．そして，我が国の民訴法の規定する裁判籍のいずれかが我が国内にあるときは，原則として，我が国の裁判所に提起された訴訟事件につき，被告を我が国の裁判権に服させるのが相当であるが，我が国で裁判を行うことが当事者間の公平，裁判の適正・迅速を期するという理念に反する特段の事情があると認められる場合には，我が国の国際裁判管轄を否定すべきである．

これを本件についてみると，上告会社は，本件契約の効力についての準拠法は日本法であり，本訴請求に係る預託金返還債務の履行地は債権者が住所を有する

我が国内にあるとして，義務履行地としての我が国の国際裁判管轄を肯定すべき旨を主張するが，前記事実関係によれば，本件契約は，ドイツ連邦共和国内で締結され，被上告人に同国内における種々の業務を委託することを目的とするものであり，本件契約において我が国内の地を債務の履行場所とすること又は準拠法を日本法とすることが明示的に合意されていたわけではないから，本件契約上の債務の履行を求める訴えが我が国の裁判所に提起されることは，被上告人の予測の範囲を超えるものといわざるを得ない．また，被上告人は，二〇年以上にわたり，ドイツ連邦共和国内に生活上及び営業上の本拠を置いており，被上告人が同国内の業者から自動車を買付け，その代金を支払った経緯に関する書類など被上告人の防御のための証拠方法も，同国内に集中している．他方，上告会社は同国から自動車等を輸入していた業者であるから，同国の裁判所に訴訟を提起させることが上告会社に過大な負担を課することになるともいえない．<u>右の事情を考慮すれば，我が国の裁判所において本件訴訟に応訴することを被上告人に強いることは，当事者間の公平，裁判の適正・迅速を期するという理念に反するものというべきであり</u>，本件契約の効力についての準拠法が日本法であるか否かにかかわらず，本件については，我が国の国際裁判管轄を否定すべき特段の事情があるということができる.」

【コメント】両事件では，依拠する法律や条約，国際慣習法がない（ただし，2012 年施行の民訴第 3 条の 3 の 4, 5 項参照）．そこで最高裁は，「条理に従って決定」した．そのうち，「当事者間の公平」は「正義・公平」の問題であり，「裁判の適正・迅速を期するという理念」は「適正・迅速」の問題である．

　(1) の事件では，被告法人の事務所又は営業所が日本にある．したがって被告は，そこを拠点にして日本での裁判に対応することができるし，かつ日本でのこれまでの知識・言語力，人脈等を裁判に活かすことができる．これに対して，原告は，もしマレーシアで裁判するとなると，なんらの活動拠点もなく，ことばもしゃべれず，同国の法律についての知識も，頼れる現地人ももっていない．逆に (2) の事件では，原告（被上告人）は「二〇年以上にわたり，ドイツ連邦共和国内に生活上及び営業上の本拠を置いており」，ドイツで裁判した場合，ドイツの法律についての知識や言語力，人脈を活かせる．これに対して被告は，本件についてはもっぱらドイツでの経済活動を中心としており，「被上告人が同国内の業者から自動車を買付け」る相手に過ぎないので，日本につ

いての知識や日本での訴訟行為の拠点等を欠く．

　最高裁は，こうした点を踏まえて，どこでの裁判が（条理としての）当事者間の公平と裁判の適正・迅速とにかなうかを考えつつ，判断したのである．

3-2-4　対中国人戦後処理に関わる2判決

　以下の2判決は，強制連行・強制労働ないし毒ガス等遺棄について，日本国または関係日本企業の不法行為を認定したが，前提として，民法724条後段の除斥期間が経過した事実をどう扱うかの問題に直面することになった．両判決はともに，その解決を条理の思考に求めた．

（1）　中国人強制連行・強制労働訴訟福岡地裁判決

　本判決（福岡地裁第三民事部 2002（H14）年4月26日判決　LEX/DB-28072516　『判例タイムズ』1098号267頁）は，3-1-3 福岡高裁判決（2004（H16）年5月24日判決）の第一審判決で，強制連行・強制労働の犠牲となった15名の中国人が国と三井鉱山を相手取って提起した訴訟に関わる．本判決は，「強制連行・強制労働は，国と企業が共同して計画し実行した，非常に悪質な，共同不法行為」であると認定した．判決はその上で，旧憲法下では国の責任を問う制度がなかったとして，国を相手取った損害賠償の訴えは棄却した．しかし，三井鉱山に対する損害賠償請求は認めた．その際，問題になっていた除斥期間については，次のように判示した：

　　「しかしながら，そのような除斥期間制度の趣旨の存在を前提としても，本件に除斥期間の適用を認めた場合，本件損害賠償請求権の消滅という効果を導くものであることからも明らかなとおり，本件における除斥期間の制度の適用が，直接，いったん発生したと訴訟上認定できる権利の消滅という効果に結びつくのであり，取引安全の要請が存しない本件においては，加害者である被告会社に本件損害賠償責任を免れさせ，ひいては，正義に反した法律関係を早期に安定させるのみの結果に帰着しかねない点を考慮すると，その適用に当たっては，正義，衡平の理念を念頭において判断する必要があるというべきである．」

【コメント】本判決は，民法724条後段が除斥期間の規定であること，かつその除斥期間の起算点が不法行為がおこなわれた時であることを，「「不法行為の

時」という条文の文言上明らかである」と，民法 724 条の文理解釈によって認めた．本判決はまた，「損害及ヒ加害者を知りたる時」を起算点とする同条前段の規定と対比すると，同条後段の「不法行為の時」について，権利行使可能性の観点から解釈することはできないといわざるを得ない」ともする．しかしながら本判決は，その上で，①除斥期間の目標が「取引安全」の確保にあるところ，本件が取引と無関係である点，および，②本ケースで裁判所が除斥期間を適用することは──原告・被告双方の事情にかんがみて──「正義に反した法律関係を早期に安定させる」ことをもたらすだけであり，「正義，衡平の理念」に反する点，を理由として除斥期間の適用を排除した（つまり，被告が除斥期間を援用することを，〈権利濫用に当たる〉として排除するという，2-1-3 判決が採った構成は，採っていない）．（これは［E］に関わる目的論的縮小解釈である）．

(2) 遺棄毒ガス等による損害賠償請求事件東京地裁判決

本判決（東京地裁 2003（H15）年 9 月 29 日判決　LEX/DB-28090051　『判例タイムズ』1140 号 300 頁）は，日本軍が日中戦争中に中国に持ち込んだ毒ガス兵器や砲弾に関連する．日本軍はそれらを終戦前後に遺棄・隠匿し，日本国はその後も放置し続けた．このため，1974 年以来，中国東北部で事故が発生して死亡者・負傷者が出た．かれらが，日本国に対し損害賠償を求めたのである：

> 「このような除斥期間制度の趣旨を前提としても，その適用によって被害者の損害賠償請求権が消滅することになる反面で，加害者は損害賠償義務を免れる結果となるのであるから，<u>そのような結果が著しく正義，公平の理念に反し，その適用を制限することが条理にもかなうと認められる場合には，除斥期間の適用を制限することができると考えるべきである</u>．
> 　イ　本件においては，除斥期間の対象とされるのは国家賠償法上の請求権であって，その効果を受けるのは除斥期間の制度を創設した被告自身である．ところが，被告が行った行為は，国際法的に禁止されていた毒ガス兵器を中国に配備して使用していた旧日本軍が，国際的非難を避けるためポツダム宣言にも違反して，終戦前後に組織的にそれを遺棄・隠匿したという違法な行為につき，戦後になっても被害の発生を防止するための情報収集や中国への情報提供をせず，1972 年に中国との国交が回復された後も積極的な対応をしないで遺棄された毒ガス兵器を放置していたというものである．<u>その行為には，わずかの正当性も認めること</u>

ができない.

　他方，原告ら中国の国民は，1986年2月に中華人民共和国公民出国入国管理法が施行されるまでは，私事で出国することは制度的に不可能であった（甲203）. 原告らが被告に対して権利行使をすることは，1974年10月の事故の時から法の施行までの11年余りの間は，客観的に不可能であったといえる．これに対し，原告らが訴えを提起したのは，事故から20年が経過した時点から，約2年後である．それにもかかわらず20年が経過したということだけで権利行使を許さないとすることは，衡平を欠く（外国にいるために客観的に権利が行使できない期間という意味では，その期間について時効の停止を認める公訴時効の停止の考え方（刑事訴訟法255条1項）に合理性があり，参考になる）.

　これらの事情を考慮すると，本件において被告が除斥期間の適用によって損害賠償義務を免れるという利益を受けることは，著しく正義，公平の理念に反し，その適用を制限することが条理にかなうというべきである.

　したがって，除斥期間の適用は制限するのが相当であり，松花江紅旗09号事件についても，原告らの損害賠償請求権の行使が許される.」

【コメント】判決において東京地裁は，除斥期間について，裁判所がそれを適用することは，「正義，公平の理念」に反すると判示した．日本国の「行為には，わずかの正当性も認めることができない」から，すなわち日本国の行為があまりにも人道に反したので，日本国の裁判所がその責任を免れさすこと（＝「免れるという利益を受け」させること）自体が人道に反する，という論理である.

　判決はまた，「外国にいるために客観的に権利が行使できない期間という意味では，その期間について時効の停止を認める公訴時効の停止の考え方（刑事訴訟法255条1項）に合理性があり，参考になる」とする．ここで東京地裁は刑事訴訟法255条1項から，〈「客観的に権利が行使でき」るようになった時点から期間を算定するべきである〉という命題を引き出し，それで処理したのである．これは，次の3-2-5判決とも結びついた，比附の技法を使った，除斥期間停止の法的構成による法運用である.

3-2-5　予防接種禍事件判決

　本判決（損害賠償請求事件，最高裁第二小法廷 1998 (H10) 年6月12日判決　LEX/DB-28031250『最高裁判所民事判例集』52巻4号1087頁）は，予防接種の副作用

で重い身体障害を被った者がその32年後（つまり20年の除斥期間経過後）に禁治産宣告を受け，父が後見人となって，すでに10年前からおこなっている損害賠償訴訟の追行をした事件に関わる．判決は次のような論理で，除斥期間の効果を停止させた：

「ところで，民法一五八条は，時効の期間満了前六箇月内において未成年者又は禁治産者が法定代理人を有しなかったときは，その者が能力者となり又は法定代理人が就職した時から六箇月内は時効は完成しない旨を規定しているところ，その趣旨は，無能力者は法定代理人を有しない場合には時効中断の措置を執ることができないのであるから，<u>無能力者が法定代理人を有しないにもかかわらず時効の完成を認めるのは無能力者に酷であるとして，これを保護するところにある</u>と解される．

これに対し，民法七二四条後段の規定の趣旨は，前記のとおりであるから，右規定を字義どおりに解すれば，不法行為の被害者が不法行為の時から二〇年を経過する前六箇月内において心神喪失の常況にあるのに後見人を有しない場合には，右二〇年が経過する前に右不法行為による損害賠償請求権を行使することができないまま，右請求権が消滅することとなる．しかし，これによれば，<u>その心身喪失の常況が当該不法行為に起因する場合であっても，被害者は，およそ権利行使が不可能であるのに，単に二〇年が経過したということのみをもって一切の権利行使が許されないこととなる反面，心身喪失の原因を与えた加害者は，二〇年の経過によって損害賠償義務を免れる結果となり，著しく正義・公平の理念に反する</u>ものといわざるを得ない．そうすると，少なくとも右のような場合にあっては，当該被害者を保護する必要があることは，前記時効の場合と同様であり，<u>その限度で民法七二四条後段の効果を制限することは条理にもかなう</u>というべきである．

したがって，不法行為の被害者が不法行為の時から二〇年を経過する前六箇月内において右不法行為を原因として心神喪失の常況にあるのに法定代理人を有しなかった場合において，その後当該被害者が禁治産宣告を受け，後見人に就職した者がその時から六箇月内に右損害賠償請求権を行使したなど<u>特段の事情があるときは，民法一五八条の法意に照らし</u>，同法七二四条後段の効果は生じないものと解するのが相当である．

3 これを本件についてみると，原審の確定した事実は，上告人博史は，本件接種の七日後にけいれん等を発症し，その後，高度の精神障害，知能障害等を有する状態にあり，かつ，右の各症状はいずれも本件接種を原因とするものであっ

たというのであるから，不法行為の時から二〇年を経過する前六箇月内においても，本件接種を原因とする心神喪失の常況にあったというべきである．そして，本件訴訟が提起された後，上告人博史が昭和五九年一〇月一九日に禁治産宣告を受け，その後見人に就職した上告人治雄が，中平弁護士らに本件の訴訟委任をし，同年一一月一日にその旨の訴訟委任状を原審に提出することによって，上告人博史の本件損害賠償請求権を行使したのであるから，本件においては前記特段の事情があるものというべきであり，民法七二四条後段の規定にかかわらず，右損害賠償請求権が消滅したということはできない．」

【関連条文】現民法158条：「時効の期間の満了前6箇月以内の間に未成年者又は成年被後見人に法定代理人がないときは，その未成年者若しくは成年被後見人が行為能力者となった時又は法定代理人が就職した時から6箇月を経過するまでの間は，その未成年者又は成年被後見人に対して，時効は，完成しない．

　2　未成年者又は成年被後見人がその財産を管理する父，母又は後見人に対して権利を有するときは，その未成年者若しくは成年被後見人が行為能力者となった時又は後任の法定代理人が就職した時から6箇月を経過するまでの間は，その権利について，時効は，完成しない．」

【コメント】最高裁判例によれば，損害賠償の請求権は，民法724条によって，「不法行為の時から20年を経過したとき」除斥期間が経過したものとして絶対的に消滅する（2-1-3判決参照）．広島高裁はこの立場から，被害者の損害賠償請求を認めなかった．

しかし上告人は，義務的であった予防接種によって薬害を被った．予防接種では誰かに副作用が出ることは分かっている．国はそれを承知の上で，一斉に実施した．この態様での国家による不法行為では，賠償が問題となる．他方，上告人は，この副作用によって心神喪失となり，訴訟も起こせなかった．最高裁は，上告人のこの状況にかんがみ，「被害者は，およそ権利行使が不可能であるのに，単に二〇年が経過したということのみをもって一切の権利行使が許されないこととなる反面，心身喪失の原因を与えた加害者〔国〕は，二〇年の経過によって損害賠償義務を免れる結果となり，著しく正義・公平の理念に反するものといわざるを得ない」，と考えた．最高裁はしかし，この条理からいきなり結論を出すことはせず，もう一つの根拠を別の条文の解釈に求めた．それが，民法158条の「法意」を適用する道，すなわちわれわれの言う比附の手法である．

民法158条によれば，時効が客観的には完成していても，不法行為の被害者がその間，未成年もしくは心神喪失の常況にあった場合は，かれが成年に達したか，もしくは法定代理人が就職したかした時点から6ヶ月を経過するまでの間は，その未成年者又は成年被後見人に対して時効は完成しない．最高裁は，この158条を本ケースになんとか使おうとしたのである．だが民法158条は，通常の時効についての規定であり，したがって除斥期間停止にそのまま使うことはできない．そもそも除斥期間は，最高裁の判例によれば，「請求権の存続期間を画一的に定めるという」特殊な制度であり，①通常の時効の概念に入らないし，②それとの十分な本質的類似性を欠いてもいるので類推適用もできない．

そこで最高裁は，「民法一五八条の法意に照らし，同法七二四条後段の効果は生じないものと解するのが相当である」とする道をとった．すなわち最高裁は，民法158条はそのままでは除斥期間に使えないが，158条の根底にある「法意」，一般的な命題を取り出せば，それを適用できると考えたのである．もっとも最高裁は，ここでの「法意」がいかなるものかを明示できていない．考えられるのは，〈時間経過の効果を発生させるのが，著しく「正義・公平の理念」に反するときで，行為無能力者救済などの「特段の事情があるとき」は，時間経過の効果発生を一定期間停止できる〉といったものであろう．

最高裁が，例外事態に適用を限定したとはいえ，このような論理的な無理（＝「法意」の中身すら提示できていないし，結果的にではあれ，自己の従来の見解に反して時効と除斥期間とを同じものとして扱っている）を敢えて犯したのは，ひとえに「正義，公平」の条理判断に導かれて法的構成をしたからである．だとすれば，もっと明快に，3-1-1・3-2-4の諸下級審判決のように，条理によって除斥期間の効果を停止してもよかったのである．

3-2-6　インターネット上の不法行為に関わる2判決

(1)　ニフティサーブ損害賠償請求事件

本判決（東京地裁1997 (H9)年5月26日判決　LEX/DB-28021779『判例タイムズ』947号125頁）は，ニフティが主宰するニフティサーブの「電子会議室」欄に，原告の名誉を毀損する発言が数多く載った事件に関係する．原告は，不法行為を理由に，発言した本人，発言を直ちに削除しなかった「シスオペ」の太田，

および「シスオペ」を適正に指導しなかったニフティを相手取って損害賠償請求の訴えを起こした．東京地裁は，根拠条文がないため条理に依拠して損害賠償を認めた（【コメント】は（2）の最後にまとめて論じる）：

「この点，被告太田及び同ニフティは，シスオペに法律上の作為義務はない旨主張する．確かに，ニフティサーブには本訴提起時点で三〇〇に上るフォーラムが存在し，テーマ，会員層等によって，それぞれ異なった個性を有するのであるが，これらを円滑に運営・管理するためには，各フォーラムの個性に応じ，異なった配慮も必要とされるというべきこと，フォーラムの個性を最も熟知しているのは当該フォーラムのシスオペであると解されること，フォーラム運営契約（丙一）及び運営マニュアル（丙二）の記載内容に照らすと，ニフティサーブにおいては，フォーラムの運営・管理は，基本的にはシスオペの合理的な裁量に委ねられているものと解されるが，右裁量も，私法秩序に反しない限りにおいて認められることは当然であるから，シスオペにつき，<u>条理上の作為義務の存在</u>を一切否定する根拠となるものではない．また，その他，シスオペについて法律上の作為義務を否定する同被告らの主張は，前示（a）ないし（d）の事情に照らし，採用することができない．」

「(3) また，シスオペは，フォーラムを円滑に運営・管理し，もって，当該フォーラムを利用する権限のある会員に対し，十分にフォーラムを利用させることをその重要な責務とするから，自己の行為により，フォーラムの円滑な運営・管理や，会員のフォーラムを利用する権利が，不当に害されないかを常に考慮する必要があるというべきところ，発言削除等の措置は，会員のフォーラムを利用する権利に重大な影響を与えるものであり，当該フォーラムの個性を無視した対応をすれば，フォーラムの円滑な運営・管理を害し，ひいては，会員に，十分にフォーラムを利用させることができない状況に陥ってしまうこともあり得る．また，当該発言の内容によっては，名誉毀損にあたるか否かの判断が困難な場合も少なくないというべきである．このような事情に照らすと，名誉毀損的な発言がフォーラムに書き込まれた場合，シスオペは，右（1）のような作為義務と右のような責務との間で，板挟みのような状況に置かれたうえ，困難な判断を迫られるような場面もあり得る．したがって，右のようなシスオペの地位，当該発言の内容，当該フォーラムの個性（テーマ，会員層，ローカルルール等）等の事情も考慮する必要がある．

(4) 以上のような事情を勘案すると，少なくともシスオペにおいて，その運

営・管理するフォーラムに，他人の名誉を毀損する発言が書き込まれていることを具体的に知ったと認められる場合には，当該シスオペには，その地位と権限に照らし，その者の名誉が不当に害されることがないよう必要な措置をとるべき条理上の作為義務があったと解するべきである.」

(2) 損害賠償等請求事件

本判決（東京地裁 2003 (H15) 年 7 月 17 日判決　LEX/DB-28082432　『判例時報』1869 号 46 頁）は，化粧品会社ディーエイチシーが，「2 ちゃんねる」上で名誉・信用を毀損する発言を掲載され，問題発言を直ちに削除しなかった「2 ちゃんねる」関係者を相手取り損害賠償請求の訴えを提起した事件に関わる．東京地裁は，根拠条文がないため条理に依拠して賠償を命じた：

「本件ホームページ上に前判示の違法な発言が書き込まれた場合，インターネットが持つ情報伝達の容易性，即時性及び大量性という特徴を反映し，このような発言が一瞬にして極めて広範囲の人々が知り得る状態に置かれることになり，その対象になった者の被害は甚大なものとならざるを得ず，また，時間が経つほど被害が拡大し，被害の回復も困難になる傾向があるところ，前判示アないしウのとおり，本件ホームページには有効適切な救済手段が設けられていないのであるから，本件ホームページ上の発言により被害を受けた者の被害拡大の抑止は，被告による削除権限の行使の有無に係っているといってもよい．

そうすると，本件ホームページを管理運営することにより名誉や信用を毀損するなどの違法な発言が行われやすい情報環境を提供している被告は，本件ホームページに書き込まれた発言により社会的評価が低下するという被害を受けた者に対し，条理に基づき被害の拡大を阻止するための有効適切な救済手段として，当該発言を削除すべき義務を負う場合があるというべきである．

もっとも，前判示第 2 の 1 (2) イのとおり，本件ホームページ上の発言の数は膨大であるから，被告がこれらの発言を逐一監視して違法な発言を直ちに削除することは事実上不可能である．

したがって，被告は，本件ホームページにおいて他人の名誉や信用を毀損する発言が書き込まれたことを知り，又は，知り得た場合には，直ちに当該発言を削除すべき条理上の義務を負っているものというべきである．」

【コメント】インターネットは 1995 年以来急速に広まった制度であるから，そ

こでの名誉・信用毀損等を防止する義務を管理者に課す法規はまだ不完全であった．しかし，そこでの情報伝達の広がりと速さとを考えると，迅速な手当が求められる（他方では，表現の自由や制度運営上の必要性にも配慮しなければならない）．そこで裁判所は両判決において，法律の欠缺を埋める道として〈被告には迅速な手当をすべき義務が，条理に照らしてある；その作為義務の不履行は不法行為に当たる〉とし，この条理判断にもとづいて民法709条によって被告に損害賠償の支払いを命じた．ここでの「条理」は，「正義・公平」としてのそれである．「条理」は古い発想に感じられるかも知れないが，両判決（および3-2-3の諸判決）は逆に，超新時代におけるそれの有効性を印象づけた．めざましい技術革新（やグローバリゼーション）に立法が追いつけず，法律の欠缺が発生したのであり，この欠缺補充に条理が使われたのである．

3-2-7 遺体秘匿の殺人犯に対する損害賠償請求事件東京高裁判決

本判決（東京高裁 2008（H20）年 1 月 31 日第 19 民事部判決 LEX/DB-28141492 『判例時報』2013 号 68 頁）は，同じ小学校に教諭として勤務していた女性を殺害し，その遺体を約 26 年間にわたって自宅の床下に隠していた男に対して，遺族が不法行為の損害賠償（被害女性の逸失利益及び慰謝料等並びに遺族固有の慰謝料）の支払を求めた事案に関わる（男は，自首したのが 25 年の公訴時効成立後だったので，刑事罰は免れた．自首したのは，自宅が区画整理事業の対象となり，解体の際に遺体が発見される可能性が出たためである）．東京高裁は，除斥期間を本件で援用するのは「著しく正義・公平の理念に反する」とするとともに，民法 160 条の比附を使い被害女性の遺族に逸失利益及び慰謝料の相続を認めた：

「(4) ア 控訴人らは，本件は殺害行為によって損害賠償請求権が発生し，かつ相続が開始したが，加害者である被控訴人の隠匿行為によって相続人である亡冬子及び亡太郎が相続の開始を知らず，相続人が確定しないまま民法 724 条後段に定める 20 年が経過してしまい，その後被控訴人の自首により，第 1 審原告らが相続の開始を知り，相続人確定後 6 箇月内に損害賠償請求権を行使したという事案であり，民法 724 条後段の 20 年が除斥期間と解されるとしても，前掲最高裁平成 10 年 6 月 12 日判決の重視する被害者側の権利行使可能性と，権利行使の困難性に関する加害者側の事情とを考慮すれば，本件では特段の事情があるものとして，民法 160 条の法意に照らし，同法 724 条後段の効果は生じないものと解

すべきである旨主張する．

　イ　そこで検討するに，民法160条は，「相続財産に関しては，相続人が確定した時，管理人が選任された時又は破産手続開始の決定があった時から6箇月を経過するまでの間は，時効は，完成しない．」と定めるところ，その趣旨は，相続人が確定するまでに多少の日数を要することがあり，時として相続人がないため一時管理人を選任して相続財産を管理せしめることがあり，これらの場合に時効の停止がなければ，被相続人の権利は，相続人が確定しない間に，または相続人や管理人等がまだその権利があることを知らない間に，時効により消滅することがあり，そのようなことは相続人に酷な面があるとして，これを保護するところにあると解される（なお，民法160条は，相続人を保護する側面のみならず，相続財産に対して権利を有する者を保護する側面も有しているが，本件との関係では相続人の保護の面を考慮すれば足りる．）．そして，民法915条1項により，相続人となるべき者が承認又は放棄をし得る時までは相続人は確定しないものというべきであり，被相続人が死亡して相続が開始したが，その死亡の事実が不明のため，相続人となるべき者において相続開始の事実を知ることができない場合にも，相続人が確定しないものとして，民法160条が適用になるものと解するのが相当である．

　これに対し，民法724条後段の規定の趣旨は，一定の時の経過によって法律関係を確定させるため，被害者側の事情等は特に顧慮することなく，請求権の存続期間を画一的に定めるという除斥期間を定めたものと解されるところ，上記規定を字義どおりに解すれば，不法行為の被害者が殺害され，遺体を隠匿されるなどしたため，相続人に死亡の事実が20年以上知られないままとなったときは，上記20年が経過する前に不法行為による損害賠償請求権を行使することができないまま，上記損害賠償請求権が消滅することとなる．

　しかし，これによれば，特定人の死亡（及びそれに伴う相続開始）の事実が相続人に知られないことになったのが当該不法行為に起因する場合であっても，被害者の相続人は，およそ権利行使が不可能であるのに，単に20年が経過したということのみをもって一切の権利行使が許されないこととなる反面，殺害を行った加害者は，20年の経過によって被害者に対する損害賠償義務を免れる結果となり，著しく正義・公平の理念に反するものといわざるを得ない．そうすると，少なくとも，上記のような場合にあっては，当該相続人を保護する必要があることは，前記時効の場合と同様であり，その限度で民法724条後段の効果を制限することは条理にもかなうというべきである．

したがって，不法行為により被害者が死亡し，不法行為の時から20年を経過する前に相続人が確定しなかった場合において，その後相続人が確定し，当該相続人がその時から6箇月内に相続財産に係る被害者本人の取得すべき損害賠償請求権を行使したなど特段の事情があるときは，民法160条の法意に照らし，上記相続財産に係る損害賠償請求権について同法724条後段の効果は生じないものと解するのが相当である。〔…〕

以上の経緯により，第1審原告らは，春子の遺体が確認された平成16年9月29日から3箇月経過してその相続人が確定した時から6箇月以内に本訴を提起したものであるから，本件においては前記特段の事情があるものというべきであり，民法724条後段の規定にかかわらず，本件殺害行為に係る不法行為により春子が取得すべき損害賠償請求権が消滅したということはできない。」

【関連条文】民法160条：「相続財産に関しては，相続人が確定した時，管理人が選任された時又は破産手続開始の決定があった時から六箇月を経過するまでの間は，時効は，完成しない。」

同915条：「相続人は，自己のために相続の開始があったことを知った時から三箇月以内に，相続について，単純若しくは限定の承認又は放棄をしなければならない。ただし，この期間は，利害関係人又は検察官の請求によって，家庭裁判所において伸長することができる。」

【コメント】本判決は，3-2-5 予防接種禍事件判決を前提にしている．確かに本判決は，3-2-5 判決について，「上記判例の射程は及ばないというほかはない」として，直接の先例であるという位置づけはしなかった．本判決は，〈先には成年被後見人の損害補塡がテーマであり，今回は死者の遺族の損害補塡がテーマであり，両者のケースが異なる〉と見た．しかし本判決は他方で，「被害者の相続人は，およそ権利行使が不可能であるのに，単に20年が経過したということのみをもって一切の権利行使が許されないこととなる反面，殺害を行った加害者は，20年の経過によって被害者に対する損害賠償義務を免れる結果となり，著しく正義・公平の理念に反するものといわざるを得ない．そうすると，少なくとも，上記のような場合にあっては，当該相続人を保護する必要があることは，前記時効の場合と同様であり，その限度で民法724条後段の効果を制限することは条理にもかなうというべきである」とした．本判決も，このように除斥期間の効果を停止させる必要があるとの条理判断をおこなう（この部分は，文面上も，3-2-5 判決とまったく同じである）．3-2-5 判決の，結論で

はなく思考・手法を使ったのである（判決を比附の手法で利用したのである）．

ところで本件は，女性の生死が不明の状態が続いて来て，やっと最近になって，殺されていたことが判明した．そして相続が始まり，犯人に対する損害賠償裁判もその後 6 ヶ月以内に提起されたのである．これは，民法 160 条が規定した状況に似ている．すなわち 160 条によれば，「相続財産に関しては，相続人が確定した時，管理人が選任された時又は破産手続開始の決定があった時から 6 箇月を経過するまでの間は，時効は，完成しない」．

しかしながら本件では，時効といっても，問題になるのは除斥期間である．したがって，160 条をそのまま使っても，除斥期間には対処できない（類推の可能性もない）．そこで判決は，「民法 160 条の法意に照らし，上記相続財産に係る損害賠償請求権について同法 724 条後段の効果は生じないものと解するのが相当である」とする．すなわち民法 160 条から，ある一般的法命題（明示されていないので不明だが，3-2-5 判決について見たのに対応する，〈相続において，時間経過の効果を発生させるのが，著しく「正義・公平の理念」に反するなどの「特段の事情があるとき」は，その効果発生を一定期間停止できる〉とするようなものであろう）を引き出して，それを，除斥期間関係に適用したのである．

その際には，結果的には除斥期間を時効と同一に扱うことになるのだが，そのような，判例に照らすと論理的な無理となることを敢えて犯しているのは，3-2-5 判決と同様，ひとえに「正義・公平」判断に導かれて法的構成をしたからである．すなわちこれも，条理と比附の技法とを結合させて処理をしたのであり，3-2-5 判決の，相続への適用である．

なお，最高裁第三小法廷は，2009 年 4 月 28 日の判決で，本高裁判決を支持し，「被害者を殺害した加害者が，被害者の相続人において被害者の死亡の事実を知り得ない状況を殊更に作出し，そのために相続人はその事実を知ることができず，相続人が確定しないまま除斥期間が経過した場合にも，相続人は一切の権利行使をすること許されず，相続人が確定しないことの原因を作った加害者は損害賠償義務を免れるということは，著しく正義・公平の理念に反する．このような場合に相続人を保護する必要があることは，前記の時効の場合と同様であり，その限度で民法 724 条後段の効果を制限することは，条理にもかなうというべきである〔…〕そうすると，被害者を殺害した加害者が，被害者の相続人において被害者の死亡の事実を知り得ない状況を殊更に作出し，そのために相続人はその事実を知ることができず，相続人が確定しないまま上記殺害の時から

20 年が経過した場合において，その後相続人が確定した時から 6 か月内に相続人が上記殺害に係る不法行為に基づく損害賠償請求権を行使したなど特段の事情があるときは，民法 160 条の法意に照らし，同法 724 条後段の効果は生じないものと解するのが相当である．」と判示した（http://www.courts.go.jp/hanrei/pdf/20090428130810.pdf）．論理は，高裁判決とまったく同じである．

　条理に関わる諸判決を見てきたが，これらの判決については，〈ほとんどが例外状況的な特異な事件に関わるのではないか；そうだとしたら，学生がそれを学んでどういう意味があるのか〉という意見があるかもしれない．しかし，(α)〈特異な事例にこそ，ことがらの本質がヨリ鮮明に浮かび出る〉という真理がある（カール・シュミットは，例外状況がものごとの真相を暴露する，と言った．ことわざにも，A friend in need is a friend indeed とあるではないか）．しかも，(β) 条理の事例は，〈それを知識として覚え適用すること〉以上に，〈「法律」の枠から出て思考することができない法律家の頭を，原理的・学問的思考によってヨリ柔軟で広い視野のものにすること〉に意義がある．条理の学習はこれらの点で，学び甲斐のあるテーマなのである．

3-3　条理解釈の考察

　以上のように今日の裁判官も，ぎりぎりのところでは条理に訴えている．ここでは上の考察を踏まえて，基本的な問題を考えておこう．すなわち，3-3-1：条理が属する「第四の実定法」はそもそも理論的にありうるものなのか，および，3-3-2：このような条理は本書の冒頭に示した〈法解釈の構造図〉の中でどういう位置を占めるのか，の 2 問題である．

3-3-1　「第四の実定法」の可能性

　①制定法，②慣習法，③判例には依拠せず——しかしいきなり自然法や道徳に訴えることなしに——処理するのが，④の一つとしての条理の思考である．だが法律家の多くは，①・②・③を超えることにはちゅうちょする．そこでここではまず，①・②・③を超えて法を考えることが洋の東西を問わず法律家のお家芸であり続けてきた事実の一端を確認しておこう．

　(i)　「違法性」の思考　　われわれは，(α) 民事法の部門で，上の①・②・

③において不法であるとされていなくとも,〈①・②・③の基盤を成している,法生活上の公序,法感情・正義観念・基本的必要性に照らして何がどこまで許されるか〉を考え,許されていない行為だと判断すれば,不法行為を認定する；われわれは,〈法律に反していなくとも,法に反していることがありうる〉と考えているのである. (β) われわれはまた,刑法の部門で,ある行為が罰則規定に抵触するときでも,法生活上の基本的必要性・法感情・正義観念に照らすことによって,〈この情況下でのこういう態様の行為は,本当に罰する必要があるか〉を考え,場合によっては罰しない.

これらについては,〈そう論じるのは,ドイツ流の違法性理論に立つ論者だけだ〉とされるかも知れない. 実際,条文の文言にこだわる「制定法実証主義」が強い英米法には,違法性理論はポピュラーではない. しかし,契約・法律に反しておれば問答無用で契約解除・賠償請求をする,刑罰を科すといったことはなく,契約・法律違反とは独立に是非を考える(法秩序が許すものを考える)思考が,実はどこでも働いているのである. それは,末弘厳太郎が言うように,「日常の生活関係を規律し成り立たしめているものはむしろ道義則を中核とする生活規範であり」,制定法上の法律関係は,そこから法技術的に構成された抽象物に過ぎないから,それに依拠した処理が現実社会でも妥当であるかは,生活規範レヴェルに立ち返って,人間的必要・社会的許容性・正義原則に照らして,チェックされるべきだからである[59].

(ii) 法原則　　われわれはまた法実務上で,上記①・②・③に明示されていない法命題を,①・②・③と同様に妥当するものとして使っている.「法原則」legal principles と呼ばれるものの活用である.「法は不可能を命じない」,「契約は当事者のみを拘束する」,「疑わしきは被告人の利益に」など数多くの法諺,「禁反言の原則」estoppel・「クリーン・ハンドの原則」clean hands doctrin といった処理原則,さらに前述の「法理」(23頁)は,それらを定めた明文の規定がなくても妥当することが,法律家の間で常識となっている. それらがあまりにも常識的な内容なので,あるいは「事物のもつ論理」や正義から当然に帰結するので,明文化する必要がなかったという事情もある(多くの人権の中にも,保障することが当然なのであえて明記しなかったというものが多い). こうし

---

[59] 末弘(前掲注45)『末弘著作集 II』73頁.

た思考は,コモン・ローや国際法(本書22頁参照)では永い伝統をもっている.

　準拠する規定がないときにこうした legal principle (maxim) に頼って問題を解決した有名な判決として,ニューヨーク州控訴裁判所の Riggs v. Palmer (22 N. E. 188, 1889) 判決がある.遺言で相続人に指定された孫が,その地位を確保するために被相続人を殺した.この孫は,それでも相続することができるか.この点について,できないとする法律・判例はない.しかし,正義感覚からすると(すなわち,条理判断からは),相続させるべきではない.そこで州裁判所は,制定法や判例のほかに法源を求め,「何人も自分の違法行為から利益を得ることはできない」という,不文律だがコモン・ローの法実践においてはかなり守られている法命題を根拠にする道を採った.そしてそれを使って,「相続できない」とする判決を出した.こうしたルールが,「コモン・ローの基本準則」fundamental maxim of the common law と呼ばれているものである.ドヴォーキンは,この手法の根底にある考え方を1967年の論文で理論化した.かれは,それを「法原則」legal principles と呼び,それを実定法の一種として扱い,制定法・判例法の欠缺を埋めるものとして位置づけた[60].裁判官は,制定法・判例法に欠缺がある場合でも,安易に個人的な判断に訴えるのではなく,それら,法律家の間で蓄積されてきた実定法的ルールに依拠するのである,と.

　最近でも星野英一は,『民法のもう一つの学び方』(有斐閣,2002)において,この問題を扱っている(第4講.初出は1993年).かれは,上述の legal principles に対応するものを「原則」と呼び,それらが,民法の規定の中には見出せないけれども条文と同じ拘束力をもつ,とする.「誰も,自分の有する以上の権利を他人に移転できない」とか「すべての債権者は,平等に扱われる」とかいった法諺の法命題がそうである.星野は,これらが妥当する根拠として,①それらの原則は,自明であるから立法時に「あえて明記する必要がない」とされたためであり,効力ある法命題であることが前提になっていた点,および②これらは「法律意思」ないし「立法者意思」によって正当化できる点,を挙げている(85頁以下).

　これら法原則等は,法実務の中で広く定着しており強い拘束力をもつ——しかし書かれざる——ルールである.それゆえこれらの原則は,法源の問題として扱い,種類によって,(α) 法律の必然的帰結物(いわば書かれざる法律)ないし (β) 法慣習として位置づけるのが妥当と思われる.(α) の例としては,人間の本源的権利としての基本的人権を国民に保障する法律をつくれば,その必然的帰結として,外国人にもそれを保障しなければならなくなる(「本源的」とは「国家以前の」という意味だからである),と

---

60) Ronald Dworkin, The Model of Rules, in: *University of Chicago Law Review* 14, 1967. Principle については,Melvin A. Eisenberg, *The Nature of the Common Law,* 1988, Chap. 6 が興味深い.

いう関係がある．(β) の例としては，「疑わしきは被告人の利益に」のように，法生活上で定着した原則となっているものがある．

では，これら法原則等と条理とはどう関係するか．条理を使う根拠を，法実務において蓄積されてきた共通観念（その典型が「正義・公平」の観念である）に求めるのであれば，この共通観念が，人間の見方や社会制度の運用原理（たとえば法原則）として結晶化している場合，これらもまた，条理の一部だと考える可能性と必要とがある．（ということは，法原則等は，条理的処理のごく一部にすぎない；ドヴォーキンは，「法原則」に限定せずもっと広い視野で当該問題を考えるべきだった，ということでもある．）

3-3-2 法解釈の構造図中での条理の位置

本章の総括をもかねて，これら条理は前述の構造図（4頁）のどこに位置するかを考えよう．これは，どの「条理」を，「条理」のどの側面を，考えるかによって多様である：

(i) 条理（とくに上記 3-2 の）は，法源の一種だから，図の下方の「法源の選択」中の「法源」に入る．ということは，個々の事件をめぐっては，これまでに確認されてきた条理が事件にどう結びつくかに関し，（法律や慣習についてと同じように）解釈が必要となり，条理も前述の構造図にそって解釈される，ということである．

(ii) 条理は，妥当な解釈を得る指針ともなる．解釈者は，ある条文をめぐって，（道徳や慣習・常識等に依拠する時と同様,）「事物のもつ論理」や「正義・公平」をも考察しつつ「落としどころ」を定める．解釈者は，その際には，[E] 法律意思的考察をおこなっていることになる（一般条項については，とくにそうである）．

(iii) 〈ある種の条理的法原則は，自明だから立法化されなかった〉とする場合は，[C] 立法者意思の問題でもある．

(iv) 条文が欠缺している場合に，①対応しそうな条文や法制度の中から，（その規定をやや抽象化した程度に）一般的な命題を引き出し適用して処理する作業としては，比附があった．②この作業をさらに深いレヴェルで進め，特定条文の法意の直接適用ではなく，それをかなり普遍化させれば，法概念・「法理」となり，③それをさらに進めて，法秩序の中において働く普遍的な命題や法価値としてとらえるのであれば，条理を問題にしていることになる[61]．（④そのレヴェルをも超えて，あるべき原理を問題にするのであれば，もはや条理の世界をも超え

て，自然法の世界で思考していることになる．)

　制定法を超えて法を問題にすることは，制定法がはじめから不完全である上に，生じるケースがあまりにも多様でもあるため，避けられない．実際これまでの法実務は，制定法を超えて——しかし法秩序の中で——問題を処理する作業をおこなってきた．条理はその一環である．実定法学は，自己の作業をここまで進めようとすることによって，実務から自立し，実務を方向づける視野の広さ，学問性を獲得する．

---

61) 広中は，「類推によることができない場合の補充方法」として「条理による公然欠缺補充」があると言う（広中（前掲注54）『民法綱要』70頁）．しかし，①本書の考察によれば，類推による欠缺補充ができない場合には，比附に訴える道がさらにある．これも困難な場合にはじめて，人は条理による欠缺補充に頼る．②しかも，類推と条理とは，レヴェルがちがう．類推は，法源の適用の仕方の一つであるが，条理は，「第四の実定法」として法源自体である．すなわち広中の言う「類推による欠缺補充」は，本書4頁の図では右列の中の「類推」に入る．これに対し，「条理による公然欠缺補充」は，同図の底部の「法源」に関わる．

【第1部の補論】裁判所の解釈と民主主義・自由主義

　裁判官は，法律等に拘束される．しかし，拘束されるといっても，「文字通りの適用」だけをするわけではない．それどころか，われわれのこれまでの考察からも明らかなように，裁判官は解釈によって，既存の法律等から別のルールをつくったりもする．そこで今日の日本でも，〈裁判官は，立法者が予想しなかったようなルールをも解釈によってつくれるか〉が問題となる．この問題を考察する際に参考になるのが，1980年代以降のアメリカで一つのホット・イッシューになっている，「原意主義」をめぐる論議である[62]．先に筆者は，拙著『法哲学講義』注260においてこの点を論じた．ここでは，本書第1部の主題との関連でその議論を敷衍しておく．

　原意主義 originalism とは，〈裁判官は，憲法解釈に当たって法文や制定者（1787年に憲法を創った人びと等）の意図 original intent に忠実であれ〉という立場である．これは，われわれの前述の図でいえば，[A]の文理（文法的）解釈，[B]の体系的解釈，[C]の立法者意思解釈は許容するが（したがって textualism, original meaning の立場と呼ばれる），しかし[E]法律意思に関わる判断（「事物のもつ論理」ないし結果の妥当性等の判断）を排除することを意味する（[D]の歴史的解釈も，認めたがらないであろう）[63]．本補論で問題にするのは，この主張の根本原理であり，日本においても統治行為論の一根拠となっている，〈選挙によって選ばれていない裁判官が，選挙で選ばれた議員たちがつくった法を解釈で変えることは，民主主義に反する〉という主張の是

---

62)　この論争については，拙著（前掲注11）『法哲学講義』374頁以下．猪股弘貴『憲法論の再構築』（信山社，2000），阪口正二郎『立憲主義と民主主義』（日本評論社，2001）など参照．
63)　こうした立場を採る有名な人物としては，保守派の憲法学者ボーク（Robert Bork）がいる．最高裁裁判官のスカリア（Antonin Scalia），現最高裁裁判官トーマス（Clarence Thomas）らもこの立場である．ボークが論陣を張る重要なきっかけとなったのは，1965年の Griswold v. Connecticut 事件（前述．21頁）や，1973年の Roe v. Wade 事件（410 U. S. 113 (1973)）の連邦最高裁判決である．
　このうち Roe 判決は，アメリカの連邦憲法を根拠にして人工妊娠中絶の自由を認めたのであるが，連邦憲法にはもちろん人工妊娠中絶を明示的に容認した規定はないし，制定当時そうした自由を認めることはまったく考えられていなかったので，波紋を呼んだ．本判決は，〈人工妊娠中絶は，胎児が母体外でも生存できる（viable 状態になる）時点（通常28週目以降）――すなわち胎児自体の生命権が問題になる時点――までは，母親の自己決定権 right to privacy に属する；またその時点以降でも，母親の生命の危険がある場合には許される〉と判断した．その際，本判決は，自己決定権の根拠を，第14修正（「いかなる州といえども，法の適正な手続 due process of law によらないで，何人からも生命，自由または財産を奪ってはならないし，その管轄に属する人々に法の平等な保護を拒んではならない」）における due の語に求めた．〈due であるとは，内容的にも due であることを意味する：人間にとって本源的な自己決定権を否認する法（中絶に自由を認めない法）は due でなく，それゆえ違憲である〉と解釈することにあった．

非である[64].

　国民代表が国家を運営するのが（間接）民主主義であるとしたら，裁判官は選挙で選ばれるわけではないから（アメリカの多くの州のように選挙制のところもあるが），かれらが法を解釈によって変更するのは，民主主義の観点からは違和感がある．だが，この点について考えたいのは，民主主義だけが正統性の根拠かという点である．国家運営の原理としての民主主義は，司法をめぐって，もう一つの原理である自由主義とどう関係するかが，（そもそも法実務は原意主義でやっていけない面をもつのではないかという点とあいまって）問題になる．以下ではこの観点から，原意主義の主張を検討する．

　第一に，そもそも厳密な原意主義は，実践不可能である．①立法時の価値観や選択も，後の時代には変える必要が出て来る．このような場合には，ある程度原意から離れた法運用が生じることも，避けられない．②立法者は，未来に生じる変化を予見できないので，裁判官に将来の時代や状況に応じた適切な法運用を期待するものである（裁判官や国家権力を規制する法については別だが）．③前述のように（7, 158頁），立法者が本来他の法律（とくに憲法）や「事物のもつ論理」等を遵守すべきなのに，そうしていない時，是正が必要である．

　第二に，ある法律ないし（その法律と不可分の）法制度を定めると，それらから論理的に出て来ることがら（それらの帰結やそれらから抽出できる一般的な法命題），ないし「似たものは似たように扱え」という原則に従って出て来ることがらも，その法律と不可分のルールとなる．解釈者が，立法者の意思から独立に，これを使うことは，可能である．たとえば，①正当防衛や緊急避難といった違法性阻却制度が民法や刑法に規定される．すると，それらの規定ないし制度からの論理的帰結として，〈条文で禁じられている行為でも，避けられないものとして法生活上で許容される場合が――条文で例外が認められているか否かにかかわらず――ある〉とする法命題が思考によって引き出される可能性（＝超法規的違法性阻却認容の可能性）も，開けてくる（160頁）．②民法が占有権について物権的請求権を規定しておれば，他の物権についても，それを認める可能性が開ける．さらには，〈事後の救済より，事前の予防の方が有効である〉という

64）　この点については，①実際にも，立法府や行政府，政治が民主主義的に動いているか；②司法部は，実際には，市民から支持されており，それゆえ民主主義的に機能しているのではないか；③日本の最高裁などは，たいていの場合，立法府や行政府に与するのだから，それらとの緊張を前提にした（本補論の）議論には意味がないのではないか；④日本では，憲法9条をめぐる事態がそうであるように，「原意」を無視した法運用が主要問題なのだから，むしろ原意主義が大切なのではないか（注66参照），といったことも検討されるべき事項としてある．しかし，本補論で考えるのは，そうした事実問題（de facto）ではなく，〈司法部は，民主主義的な正統性をもたないのではないか〉という法的問題（de jure）である．事実問題は，国や州によって，また時代によって，回答内容が異なる．これに対して法的問題は，近代国家では，普遍的な問題枠組み＝原理問題としてある．

（法生活上の）原理と結びつけることによって，物権以外の権利（人格権・環境権・知的財産権・重要な債権など）にも拡大しうる可能性も開ける（注45参照）．もちろんこれらのためには，緻密な理論化が欠かせないが．

　第三に，上の問題は，さらに次のような原理的事柄にも関係する．すなわち立法者の意図が，必ずしも常に「文字通りの適用」を求めているとは限らない．法の種類によって，立法者が柔軟な解釈を求めているか「文字通りの適用」を求めているかが異なる．それはとりわけ，権力の規制に関わる条文か，基本的人権などの権利付与に関わる条文かによって異なる．なぜなら，上述のように憲法制定の目的は人民の利益を確保することにあるが，それは，利益を権利として実定化して保障することと，個人に対する権力からの侵害を法によって防止することと，によって可能となるからである．

　これを前提にすれば，(α) 人民の権利を保障した法の規定については，〈これらの規定があるのは，その権利を大切にしているという立法者意思の積極的表明である〉ということになる．それゆえその規定については，権利拡大の立場に立って解釈せよとするのが，原意・立法者意思であるといえる．アメリカの連邦憲法第9修正（1791）は，「本憲法中に特定の権利を列挙した事実をもって，人民の保有する他の諸権利を否定あるいは軽視するものと解釈してはならない」[65]と規定しているが，この条文は，明文規定がなくとも人権の拡大解釈，ないし新しい人権創設の解釈は可能だという一般的真理の確認である．(β) これとは逆に，個人に対する権力からの侵害を法によって防止するためや，人民の主権を確保するために，権力の侵害・暴走を防ぐ必要があるとして制定されている条文については厳格な運用が必要である，ということになる．つまり，刑事法はもちろんのこと，行政法や憲法（日本国憲法の場合，第1章の「天皇」や第2章の「戦争放棄」，国家の組織化と運用に関する諸規定）など，権力の行使のあり方を枠づけ規制することが目的の諸規定については，安易な目的論的考察によって拡張解釈・類推適用をすることは許されないということになる．（これらに対して，(γ) 対等な市民間のルールを定めた民事法の規定については，解釈に当たって，その原則を重視しつつヨリ良いルールを工夫することは，とくに非難すべきことではない．）前述のように，原意主義の根拠として，裁判所の中立性は原意に忠実になることによってのみ可能である，と主張される．しかし，原意に忠実であることが，「文字通りの適用」に留まることを意味しないのであるから，この根拠は説得的ではない[66]．

---

65)　訳は，http://japan.usembassy.gov/j/amc/tamcj-071.html による．
66)　日本でも憲法1条や9条などをめぐって解釈改憲が進んでいるが，これは，上述のアメリカの状況が，日本でも起きていることを意味しない．アメリカでの議論は，裁判官が基本的人権の拡大を進めていることに対する保守派からの原意主義的抵抗である．これに対して日本では，政府が国家機関の暴走を規制する条項（1条・9条）を緩やかに解釈し国家機関の拡大・暴走を推し進めているのである．基本的人権の拡大は，そもそも原意が排斥しない性質のものである．これに対して，1条や9条は，原意に従えば，厳格に運用されるべきものである．

元最高裁裁判官の中村治郎は，裁判官に「ある価値的立場にあらかじめコミットしてはならない」（中村『裁判の客観性をめぐって』有斐閣，1950，104頁）と求めている．この主張は，〈裁判官は，裁判しているときに，当事者のどちらか一方に荷担したり，ある政治的・宗教的立場や或る世界観等を支持したりする立場から，法廷運営をしたり判決したりしてはならない〉という意味なら，その通りである．しかし，次の2点においては，ヨリ突っ込んだ考察を要する．すなわち，①裁判官は，裁判所の外で市民ないし私人として生きていく上では，「ある価値的立場」に「コミット」する権利をもっているし，「コミット」しないでは生きていけない．②裁判官は裁判にあたって，憲法的諸価値についてはどうふるまうべきか．憲法99条は，「天皇又は摂政及び国務大臣，国会議員，裁判官その他の公務員は，この憲法を尊重し擁護する義務を負ふ」と規定している．裁判官は，公務員であり，かつ憲法等の法によって裁判するのだから，「この憲法を尊重し擁護する」「立場にあらかじめコミット」しなければならない．そして上述のように日本国憲法は，権力の行使に対しては厳しく，人権の保障に対しては積極的となる立場を要求している（12条，97条）．裁判官は，まさにこれらの「価値的立場にあらかじめコミット」することを，制度上求められている．

　裁判官の職務は本来，こうした課題のゆえに，裁判官が立法権・行政権の国家権力や社会の強大な勢力と緊張した関係に立つことを前提にしている．裁判官の独立（憲法76条3項．164頁参照）は，まさにこのためにこそある．裁判官はこの規定の精神を，（単に立法府・行政府に対してだけでなく）他の裁判官や裁判所組織に対する関係においても貫くことができなければならない．すなわち裁判官は，〈憲法・法律に反している〉と判断すれば，最高裁の判決や，裁判官の独立やその判断を脅かす司法行政をも批判しなければならない．

　以上の点は，（後述のようにとくに1970年以降）これらと反対の方向にいく裁判官が増えたので，ここに特記しておく．

　第四に，以上に述べたこととの関連で，次の点に注意する必要がある．すなわち，アメリカでは〈裁判官が法を変更することが民主主義に反するかどうか〉のかたちで議論されているが，これはピント外れである．なぜなら裁判制度は，次の2点において，歴史的に見て——民主主義の対極を成す——自由主義に関わるものだからである（この点については『法哲学講義』第13章参照）[67]．

---

[67] 〈民主主義対自由主義〉の視点は，アメリカだけでなく，日本の憲法学でもその欠如がしばしば見受けられる．注25，および猪股（前掲注62）『憲法論の再構築』196頁，232頁等参照．上記視点を前面に押し出す（例外的な）憲法論には，柳瀬昇「裁判員制度の憲法理論」（『法律時報』81巻1号，2009年）のようなバランスのとれたものもあるが，阪本昌成『リベラリズム／

(i) 多数者から少数者を守る

司法と自由主義原理 司法は，国家権力・社会権力を法によって制約して人民の権利・自由を擁護するものであり，そのためには，国家権力をも拘束するルール（憲法・法律）を基準にして国家権力のルール適合性を審査することが重要である（これが「法の支配」である）．そしてこれを前提にすれば，国家権力から独立してそのルールを判断する者が欠かせなくなる．これが，独立した裁判官の存在理由である．

ところで，近世までは，国家権力とは君主のことであり，したがって「法の支配」とは，〈君主の上に法があり，それを裁判する人が君主から独立した立場でその法を解釈・適用する〉という観念であった．これに対して，近代以降において民主主義が採用されたところでは，この国家権力者が人民自身となった．そこでこの段階では国家権力を規制する必要がなくなった，という見解も見られた．しかし，実際にはここでは「多数者の専制」が深刻な問題になり，〈国家権力を構成する多数派から少数者の権利・自由を守ること〉が重要な課題になった．このため「法の支配」が強化され，それに伴いその「法の支配」を中心的に担う司法が再強化された．司法はこの事情に基づいて，（行政の司法審査とともに）議会の立法に対する違憲性の審査，および立法上の不作為（必要な立法をしないこと）の違憲性[68]の審査をおこなう．〔誤解のないように補足し

デモクラシー』（有信堂高文社，1998年）のように，「自由主義」（の一面のみ）を（リバータリアニズムの立場から）強調し，その関連で「民主主義」を一面的に低く評価する議論もある．

[68] 山口地裁下関支部の釜山従軍慰安婦・女子勤労挺身隊公式謝罪等請求・女子勤労挺身隊従軍慰安婦公式謝罪請求事件判決（1998（H10）年4月27日 LEX/DB-28033107 『判例タイムズ』1081号137頁）は，司法が立法の不作為を審査する権限をもつことを次のように説いている．「右のような議会制民主主義，選挙をも含めて究極的には多数決原理による議会制民主主義の政治が，その原理だけのもとでは機能不全に陥り，多数者による少数者への暴政をもたらしたことの反省に立って日本国憲法が制定されたはずである．そして，その日本国憲法の原理，議会制民主主義に立つ立法府をも拘束する原理が基本的人権の思想であり，むしろ端的に，基本的人権の尊重，確立のために議会制民主主義の政治制度が採用されたはずであって，その上に，さらにこれを十全に保障するために裁判所に法令審査権が付与されたはずである．したがって，少なくとも憲法秩序の根幹的価値に関わる人権侵害が現に個別の国民ないし個人に生じている場合に，その是正を図るのは国会議員の憲法上の義務であり，同時に裁判所の憲法上固有の権限と義務でもあって，右人権侵害が作為による違憲立法によって生じたか，違憲の立法不作為によって生じたかによってこの理が変わるものではない．ただ，立法権，司法権という統治作用ないし権限の性質上の差異や，国会，裁判所という機構ないし能力上の差異によって自ずとその憲法上の権限の範囲やその行使のあり方が定まり，裁判所にあっては，積極的違憲立法についての是正権限は右人権侵害以上に広く，消極的違憲の立法不作為についての是正権限は右根幹的価値に関わる人権侵害のごとく，より狭い範囲に限られることになると解されるのであるが，逆に，積極的違憲立法の是正については，当該法令のその事案への適用を拒否することによって簡明に果たされるのに対し，消極的違憲の立法不作為については，その違憲確認訴訟を認めることに種々の難点があることから，国家賠償法による賠償を認めることがほとんど唯一の救済方法になるともいえるのであって，その意味では，むしろ，立法不作為にこそ違法と認める余地を広げる必要もある．

ておくが，裁判制度が少数者の権利・自由を守るということは，〈裁判所は，常に少数者の立場に立て〉ということではない．上で言っているのは，〈裁判官は，正しい主張の側に立たなければならない；したがって，少数者の主張が正しい場合には，その側に立たなければならない〉ということである．〕

裁判官と自由主義原理　多数決の場合には，少数者の主張が正しい場合にも，多数派の数の力で押し切られてしまうことがある．国会の多数派がそういう行為に出ることが，しばしば起こる．その場合に少数派を救済するには，〈多数派による多数決から〉独立した機関——たとえば公平な判断者によって構成された機関——が欠かせない．その一つが，裁判官なのである[69]．ところがその際，民主主義国家だからといって裁判制度をも民主主義原理だけで運用しようとすると，裁判制度をも多数派が支配することになる．これでは，多数派の横暴によって少数者の基本的人権や基本的な利益を損なわれる時，かれらを保護する可能性がなくなってしまう．そこで，民主主義原理とは異なる別の原理によって司法を運用する必要が，出てきた．

たとえば，①裁判する人を，民主主義の選出方法（選挙）とは異なる方法で選び，②裁判する人に，〈民主主義のように多数派が何でも決められるというかたち〉からは自由になって行動してもらうための制度（終身制や，定年までは働ける制度の導入，裁判官が自分の良心に従って事実を認定し法を確定することを認めること，裁判官自治の保障，上級審と下級審の間でも裁判官は対等であるということを原則とするなどのやり

　　このように，立法不作為を理由とする国家賠償は，憲法上の国会と裁判所との役割分担，憲法保障という裁判所固有の権限と義務に関することがらであり，国会議員の政治的責任に解消できない領域において初めて顕在化する問題というべきであって，これが国家賠償法上違法となるのは，単に，「立法（不作為）の内容が憲法の一義的な文言に違反しているにもかかわらず国会があえて当該立法を行う（行わない）というごとき」場合に限られず，次のような場合，すなわち，前記の意味での当該人権侵害の重大性とその救済の高度の必要性が認められる場合であって（その場合に，憲法上の立法義務が生じる．），しかも，国会が立法の必要性を十分認識し，立法可能であったにもかかわらず，一定の合理的期間を経過してもなおこれを放置したなどの状況的要件，換言すれば，立法課題としての明確性と合理的是正期間の経過とがある場合にも，立法不作為による国家賠償を認めることができると解するのが相当である．」

69)　熊本地裁2001（H13）年5月11日判決（LEX/DB-28061048）『判例タイムズ』1070号151頁）は，1953年制定の「らい予防法」が違憲であるとして，ハンセン病患者に対し国家賠償を認めたことで有名である．この判決はその際，「在宅投票制度を廃止しこれを復活しなかった立法行為」に対する国家賠償を，その立法は議会制民主主義・多数決原理にもとづいており正統である，として否定した最高裁1985（S60）年11月21日判決の論理には乗らなかった．その理由について，地裁判決は，「患者の隔離という他に比類のないような極めて重大な自由の制限を課する新法〔らい予防法」のこと〕の隔離規定に関する本件とは，〔在宅投票制度廃止の法は〕全く事案を異にする」とする．判決によれば，在宅投票制度廃止の法が合憲であるとした判決は，「その論拠として，議会制民主主義や多数決原理を挙げるが，新法の隔離規定は，少数者であるハンセン病患者の犠牲の下に，多数者である一般国民の利益を擁護しようとするものであり，その適否を多数決原理にゆだねることには，もともと少数者の人権保障を脅かしかねない危険性が内在されているのであって，右論拠は，本件に全く同じように妥当するとはいえない」のであった．

方）を採る．③さらには，裁判の基準として，多数派といえども簡単には変えられないルール，とくに人権を規定した憲法を採用する．④また，裁判をおこなう者（裁判官）には「最大多数の最大幸福」といった功利主義的発想（民主主義には親和的だが各個人の独自性の尊重には阻害的な思考原理）を求めない．むしろ，粛々と法の文言や法・正義の原則に従って処理する思考を求める（刑事法がその典型だが，憲法・行政法でも）．

確かに，国によっては民主主義原理を押し出し，裁判官を選挙で選ぶこともある（たとえばアメリカの多くの州は，1830年代のジャクソニアン・デモクラシーの影響下にそうなった）．しかしこの場合でも，選んだ裁判官は簡単にはリコールできないとか，特定の裁判の中身には州民投票等によっても介入はできないとか，特定の裁判の結果を市民投票でひっくり返すことはできないということになっている．ここでも，民主主義原理だけで済ましているわけではないのである．こうしたかたちで展開するのが，自由主義原理である．

(ii) 法の認識（裁判）は，法の創造（立法）とは異なる原理で動く．

つくること　一般に或るものをつくるには，関係者全員の協力が欠かせないし，賛同が必要である．「或るものをつくる」行為は，関係する人びとの利害に関わる．この事情をめぐっては，①全員が参加してつくったという事実自体が重要となる．みんなの参加が確保されているのならば，出来上がったものがよくなかったとしても，多くの人は受け入れる姿勢を示す．②しかしまた，〈それをつくるのは，それがみんなの生活に役立つものだからである〉という面もある．みんなの生活に役立つためには，出来上がったものがうまく機能し運用されることが大切である．そして，うまく機能・運用されるためには，みんなに支持されていることが大切である．③加えて，できるだけ情報を公開し多くの人の意見を取り入れてつくった方が，多くの人にとって効果的に機能するものとなるという面もある（以上の点で民主主義は，人間の創造行為の特質という「事物のもつ論理」に適合的な，必然的な原理なのである．この点で，民主主義は，〈単なる国家運営手段上の一選択肢に過ぎない〉といったものではない．）

認識すること　これに対して，あるものを認識（判定）するには，第一義的には関係者全員の賛同が決定的に必要であるとは言えない．なぜなら，認識の結果が，関係者に不利な真実でありうることもある．その場合には，関係者の意向に反しても，その都合の悪い真実を見極め，受け止めなければならない．また，何が真実か・善いか・美しいか等について，全員の意見が一致するわけでもない．

だから，つくることにおけるとは異なって，認識においては，高度の認識能力をもったすぐれた者に託すことも十分許される．むしろ，群集心理が陥りやすい興奮・近視眼的判断を免れた，冷静な認識を得るためには，第一義的には，そうした高度の認識能力をもった者によって認識を得るシステムの方がすぐれている．学問研究（真理の認識に関わる）や芸術（美の認識に関わる）や制度・政策の評価機関（何が善いかの認識に

関わる）は，この論理で運用されているのである（たとえば，どんな民主国家でも，学術賞や芸術賞の受賞者を国民投票・人気投票だけで選ぶことはない）．こうした関係の展開を保障するのが，自由主義原理である．この点で自由主義もまた，人間の認識行為の特質という「事物のもつ論理」に適合的な，必然的な原理なのであり，われわれはこれをも，それにふさわしい重要な持ち場を宛がわなければならないのである．

法をつくる　　しかるに，法の場においても，つくる作業と認識する作業とがある．つくる作業（とりわけルールづくり・政策決定）は，ここでも全員の協力ないし賛同が重要なので，直接民主制や民主代表制に結びつく民主主義原理による．

法を認識する　これに対して，〈何が法であるか・この法の真の意味は何であるか〉および〈前提となる事実はどういうものか〉の認識作業（〈証明責任を果たしたか〉の判定を含めて）は，第一義的には優れた能力の持ち主に依拠させる．立法機関が民主的につくった法でも，いったんつくった以上は，別の機関に運用を委ねる．運用とは，法を解釈して適用することである．この法解釈は，法の確認作業であるとともに，その法から当該ケースについての可能でかつ妥当な意味を引き出す作業（その限りでは「法創造」であるが，立法とは異なり，判断である）でもある．かれは，根拠もなしに決定してその裁量を逸脱することは許されないが，根拠がある決定であれば，その認識・判断が尊重される．問題は，どこまでがこの〈根拠がある決定＝法の枠内での解釈〉に入るかであるが，前述のようにこのためには，条文の文言とともに，「法生活」の必要と許容（後述のことばで言えば，「法」ないし「法秩序」が指示していることがら）を考えなければならない．これらが，「この法の真の意味は何か」を問うという意味での認識・判断行為である．こうした認識に関わる行為は，やはりその道にすぐれた者によっておこなわれることが欠かせない．〈法運用における自由主義〉が，この観点からも要請されるのである．

以上4点が，立法と司法の関係の根本である．したがって，法を認識する作業である裁判を，法をつくる作業である立法の原理（＝民主主義）だけで考えるのは誤りである．

もっとも，司法制度が基本的に，自由主義原理にもとづいて動いており，民主主義原理になじまないとはいっても――否，そうであるがゆえにこそ――裁判官の意識・思想の中に民主主義的な原理が必要なのでもある．歴史の経験は，大学の自治をめぐっても，教会の自由をめぐっても，そして司法の独立をめぐっても，次のことを教えてくれる：それらの世界では自由主義原理が基軸とはなる；しかしだからといって，それらの世界の中心的な担い手たちが，その意識・思想の中身まで自由主義原理に一面化し民主主義原理への感覚をもたないと，それらの世界は鼻持ちならないエリート主義や権威主義に席巻される，ということを．自由主義原理は，民主主義原理を相対化するとともに，後者の働きかけを要請するのでもある．

第2部　法解釈と政治社会

第 4 章　法をめぐる複合思考と単純思考

はじめに

　本章では，法をめぐる複合思考（とくに多元的思考）と，その対極にある単純思考とを対比しつつ，最高裁判決の分析を進める．

　拙著『法哲学講義』28 頁以下のところに書いているように，複合思考は，政治の世界でとくに重視されるが，法の世界でも重要である．この複合思考は，次の 3 思考から成り立っている．すなわち，(i) ものは様々に変化していくので，その動き・変化を不断に敏感に読み取ろうとする動態的思考（その反対物は，ものを変化しないものとして固定的に見る固定的思考である），(ii) ものをその実際の働きによって特徴づけようとする機能的思考（その反対物は，ものを外見・たてまえだけで評価する形式主義的思考である），(iii) ものは多様な要素から成り多様な側面をもっているので，その多様性に即して個別具体的に考えようとする多元的思考（その反対物は，ものを一枚岩的に見る一元的思考である），の三つである（したがって単純思考とは，これらのそれぞれ反対物である，固定的思考・形式主義的思考・一元的思考の三つから成る）．

　(i)　動態的思考　　この思考は，かなり多くのことわざに内在している：「窮鼠猫を嚙む」・「窮寇には迫ること勿れ」とか「昨日の友は今日の仇」とかのことわざは，置かれた状況，こちらの対応の仕方などによって，今弱い者も強さを発揮する・友も敵となるということである．「君子豹変する」とは，すぐれた者は失敗から学び日々成長する（あるいは，状況の変化に機敏に対応して自分の行動態様を変える）ものだ，とのメッセージである（「相手変われど主変わらず」は，その反対である）．

　(ii)　機能的思考　　この例としては，第 1 章の判決中の次のものがある．たとえば，65 頁以下に見た譲渡担保への課税事件に関する東京地裁判決は，

〈かたちの上では所有権の移転であっても，実際の機能はそうではないから，不動産取得税を課すべきでない〉とする（そもそも，この判決が類推に使った信託制度自体が，かたちの上での所有権の全面移転と実際の機能＝所有権の部分留保との区別に根ざしている）．2-7-4 判決は，〈この事例では内縁関係が実際には婚姻として機能している；したがって婚姻に準じて扱うべきである〉とするのである[70]．

　機能的思考の例としては，他にも，①社会法の考え方が，その例としてある．〈抽象的な近代法の「平等」が，現代においてどういう実際的な効果，「不平等」を生じさせるまでに変化しているか；したがって本来の狙いを発揮させるためには，どういう補強が必要か〉を考えるからである．また，②「事情変更の原則」もその一例である．〈本契約は，前提にしていた社会関係が変化したこの段階では，こういうマイナスを生じさせている；したがってこう修正されるべきだ〉と考えるからである．③衡平の考え方も，この一例に入る．〈関係する法・契約は，現時点ではこう機能し，こういう問題を生じさせている；したがって，正義のためにはこういう個別的手当が必要だ〉と考えるからである（上の①・②も，衡平の思考に関係している）．

　(iii)　多元的思考　　この思考について検討することが，本章の中心課題である．〈ものとその環境は多様な要素から出来ているので，それらの多様性に即応して考えよう〉とする多元的思考は，その反対物である一元的思考と対比させれば，特徴がヨリ鮮明になる．

---

70)　古い時代の判決における機能的思考の例としては，小学校での遊動円棒事故事件判決（損害賠償請求ノ件，大審院第二民事部 1916 (T5) 年 6 月 1 日判決　LEX/DB-27522197　『大審院民事判決録』22 輯 1088 頁）がある（本判決は，市民に国家に対する賠償請求への道を開いた画期的な判決である）．――徳島市の小学校で 9 歳の児童が仲間と遊動円棒に乗ったところ，遊動円棒の支柱が腐っていたため倒壊し児童が死亡した．その遺族が市を相手取って損害賠償を請求した．それまで大審院は，小学校等の公の施設を「営造物」と規定し，「営造物」に関わる問題は行政法によって処理されるとし，民法の適用を排除し，また「国家無答責の法理」によって，公務員の行為を，権力的作用と非権力的作用を問わず〈行政権の発動であるがゆえに国家が責任を負わない〉としてきた．ところが大審院は本判決において次のように，実態に即して両作用を分け，非権力的作用に関しては民法（717 条）により工作物の瑕疵による責任を問えるとした（美濃部達吉の理論（＝『日本行政法』第 2 巻，1910）を採用したのである）：「按スルニ本件小学校ノ管理ハ上告人主張ノ如ク行政ノ発動タルコト勿論ナレトモ其管理権中ニ包含セラルル小学校校舎其他ノ設備ニ対スル占有権ハ公法上ノ権力関係ニ属スルモノニアラス純然タル私法上ノ占有権ナルノミナラス其占有ヲ為スニモ私人ト不平等ノ関係ニ於テ之ヲ為スニアラス全ク私人カ占有スルト同様ノ地位ニ於テ其占有ヲ為スモノナレハ之ニ因リ被上告人等ニ損害ヲ被ラシメタル本訴ノ場合ニ於テ原院カ民法第七百十七条ノ規定ヲ適用シタルハ毫モ不法ニアラス．」

両者のちがいが法解釈上ではっきりする作業として，三段論法の展開のさせ方がある．前述のように（28頁）法解釈（とくに「文字通りの適用」の場合）は，三段論法のかたちをとる：［大前提］AならばB，［小前提］しかるにCはAである．［結論］したがってCはBである，と．この三段論法において，多元的思考が働くと，次のかたちが現出する：大前提・小前提をめぐって，Aは実際には，A1, A2, A3…の構成要素に分かれる；このことを前提にすると，三段論法は，〈大前提が「AならばB」であるとき，(α) 小前提が「CはA1」ならば，結論は「CはB」となる．だが，(β) 小前提が「CはA2ないしA3」ならば，結論は「CはBとはならない」〉のかたちをとる．つまりここでは，〈Aは多様な要素から成り立っているので（C（＝個別ケース）の実態からして，Aをそう見る必要がある），大前提がAの一部に妥当しても，それが他の部分にも妥当するとはかぎらない〉となる．こうした「区別の技術」を応用した結果，縮小解釈が帰結するのである．（拡張解釈ではAにきわめて似ているDをAに入れて扱い，類推ではAにある程度似ているEにもAの規定を適用するので，結論はともに，かたちの上では「CはB」となる．しかし両者は，単純三段論法には依拠していない．）

以上に対して一元的思考は，Aを諸部分に分けて考えるべき場合に，それをしないで（つまりAを一枚岩的に考えて），それゆえ単純なかたちの三段論法を適用するのである．Aを一枚岩的に考えてしまうのは，Aに関する規定を他の（憲法等の）規定や ratio legis 等によって相対化しようとしない（違憲審査や違法性判断等をやろうとしない）場合である．

多元的思考の実例を，構成要件と違法性とについて，それぞれ簡単に見ておこう：
(i) 構成要件に関して　同一の概念でも，ケースの特性に応じて中身・効果を異にするということがある．たとえば，騒乱罪，公務執行妨害罪，暴行罪，強盗罪・強姦罪は，それぞれ「暴行」概念を用いているが，その意味するところが相互にちがう（騒乱罪での「暴行」がもっとも激しい）[71]．
(ii) 違法性に関して　［大前提］国家公務員の争議行為（同盟罷業）は，犯罪である．［小前提］しかるに国家公務員である甲は争議行為をした．［結論］ゆえに甲は，処罰される，ということには，簡単にはならない．なぜなら，（大前提が合憲であるとしても，）①小前提（具体的行為）をめぐって，「国家公務員」の種類によって違法性（さらには処罰の合憲性）にちがいが出て来る．②「争議行為をした」についても，ど

---

71) 林修三「法律的な物の考え方について〈三〉」（『法学セミナー』102号，1964）43頁．

ういう態様の争議行為だったか，なぜそれをせねばならなかったか，争議行為の結果（害）はどの程度であったか，等々で，違法性・処罰の合憲性にちがいが出て来る[72]．

　以上のように，複合思考は法や政治の場では常識的に活用されている思考である；訓練を受けた法律家や政治家は，本能的にこれを活用しているのである．ところが日本の司法では，とりわけ人権に関わる裁判で，それまで成長しつつあった複合思考が1970年以降最高裁で意図的に押しつぶされ，その後は，単純思考の重要判決が重なっていった．このため，最高裁判決を絶対視する雰囲気下で学んでいる学生諸君は，適切な手当を受けなければ，これらの判決の影響を受け，知らず知らずのうちに単純思考しか知らないようになる．以下の2章は，この流れに抗して，情況の自覚化，最高裁を見る眼の訓練をめざす．

　以下ではまず，二つの思考が対照的なかたちで現れている判決群を対比しながら考察する．それら判決群とは，一方の，全逓中郵事件最高裁判決（1966 (S41) 年10月26日）・都教組事件最高裁判決（1969 (S44) 年4月2日）・猿払事件旭川地裁判決（1968 (S43) 年3月25日）と，他方の，全農林警職法闘争事件最高裁判決（1973 (S48) 年4月25日．以下，「全農林事件」と呼ぶ）およびその後の諸判決とである．

複合思考判決　全逓中郵事件判決・都教組事件判決では，大前提を構成する2概念が多元的に扱われている．すなわち，〈郵便局員・地方公務員（公立学校教職員）の争議行為（同盟罷業）ないしそのあおり行為が刑罰でもって禁じられている点が合憲であるとしても，憲法28条で労働基本権が公務員にも保障されているという点にかんがみるならば，「郵便局員」・「地方公務員」・「争議行為」の概念を多元的・動態的・機能的に考えつつ，労働行為はどこまで制限を受けるべきか，実行行為はどこまで違法か（制裁はどこまで必要か）を判断しなければならない；それを考えないで禁止条項を限度を超えて適用すれば，違憲ともなる〉とする．猿払事件旭川地裁判決も，〈国家公務員の政治活動は罰せられる〉という規定について，国家公務員にも表現の自由が保

---

72) つまり多元的思考ないし複合思考は，刑法では「可罰的違法性」を問う思考と関係する．ある行為が法律によって定められている犯罪類型を満たすとしても（＝構成要件に該当するとしても），個別具体的に見て法秩序（＝法）が，刑罰でもって制裁を加えることが妥当である程のものかどうか（可罰的違法性があるかどうか），多くの論点にわたって検討しなければならない，とする思考である．佐伯千仭『刑法における違法性の理論』（有斐閣，1974）参照．

障されているのだからとして，「国家公務員」と「政治活動」の両概念を上述の観点から扱っている．これらが，複合思考である．

単純思考判決 これに対して，全農林事件判決の特徴の一つは，端的な三段論法の構造をとっていることにある．それは，〈国家公務員の争議行為とそれをあおる行為は，犯罪である；全農林組合幹部は争議行為をあおった；ゆえに，全農林組合幹部の行為は罰せられる〉というものである．大前提にあるところの「国家公務員」には，多様なものがあるとか，争議行為の形態や害の程度（機能）が多様であるとかといったことは度外視されている．その結果，国家公務員の争議行為をあおる行為の一律的処罰が帰結した．

本判決に現れたもう一つの単純思考は，〈国家公務員の争議行為とそれをあおる行為は，犯罪である〉ことが，「公共の福祉」ないし議会制民主主義（とくに財政民主主義）原理によって正当化されるという見方を採り，その理由を次々と挙げていく点にある．憲法の構造からすれば，基本的人権が「公共の福祉」によって制約されるとしても，逆に「公共の福祉」もまた基本的人権によって制約される（両者は，拮抗関係にある）[73]．本判決では，こうした認識が欠如していることもあって，本来相互に緊張している，「公共の福祉」と基本的人権との両項のうち，一方の原理だけが貫徹するものとして国家生活が一枚岩

---

[73] 憲法は「公共の福祉」を規定しているが，同時に基本的人権をも保障している；しかも，「個人の尊重」・「幸福追求」の権利をきわめて重視している．だとすると，最高裁的「公共の福祉」でさえ——論理的に言って——（基本的人権を制約するものの，最高裁が考えるようにはオールマイティではなく，）基本的人権によって制約される面をももつ．そもそも，201頁以下でも見たように，憲法においては民主主義と自由主義とが拮抗関係にある．最高裁的「公共の福祉」は，「福祉」を個人の観点からでなく共同利益・相互調整の観点から考えることであり，民主主義原理と関わる．基本的人権は，「各個人」に着眼するものであり，自由主義原理と関わる．したがって両者は拮抗関係にあり，前者が後者を制約するが，後者も前者を制約する．こうしたことの結果，「公共の福祉」による制約は，ケースごとに制約の必要性，制約の仕方の妥当性をチェックされるべきものとなる．

「公共の福祉」に関しては，加えて次の点も問題になる：そもそも「公共の福祉」とはなんだろうか．人びとの利益を離れた「国家の利益」は，（明治憲法下ではともかくとして）今日の国家においては，個人の尊重と国民主権の原則からして，ありえない（今日においては，国家そのものが主権者である国民に帰属する．国家は，別様の財産（君主の家産）ないし独立の法人として国民を超絶してはいない）．したがって「公共の福祉」とは，多くの人びとの利益だということになる．ところで，最大の人びとの最大の利益とは，基本的人権（とりわけ幸福追求に関わる）が尊重されている状態のことである．だとすると，基本的人権の保障こそが「公共の福祉」の重要な一要素だということになり，かつ，各人がその基本的人権を主張することこそが「公共の福祉」を支える大切な行為だということになる．基本的人権と「公共の福祉」とを対立的に扱っている，日本国憲法の諸条項は，その限りでは誤った，前時代的発想によっているのである．

的にとらえられてしまっている（こうした単純思考は，全逓中郵事件判決が出るまでの，戦後の最高裁判決にも多く見られた．本書1-1（「文字通りの適用」）参照）．

単純思考による解釈は，先の図で言えば，［A］文理解釈から「文字通りの適用」を経て結論にいたる道をとる．しかし，ここで最高裁の多数派の裁判官が［A］文理解釈しか踏まえなかった，というものではないだろう．この種の解釈のほとんどでは，実はまず［E］のうちの政策的判断を踏まえることによって「落としどころ」ないし選択肢をつかんでおり，あとはそれに向かう道として，［A］文理解釈から「文字通りの適用」への道を採るのである．その点で，ここで問題にするべきなのは，〈無邪気な単純思考〉ではなく，検討すべき視点の意図的な限定，論点の意図的な切り捨てによる〈自覚的・確信犯的な単純思考〉である．

しかしそれでも，ここでの単純思考を複合思考との対比において把握し，そのちがいを見ておく必要はある．それは，学生諸君が，「最高裁の判決」を「最高の判決」と考える結果（これも，上述の形式主義的思考である），人権裁判の最高裁判決に広く見られる思考（単純思考）をも絶対視し，それとは異なる複合思考があること（後述のように，最高裁もこのこと自体はわきまえており，場合によっては使い分けをしている）を知らないままに育って，奇妙な法曹になってしまうのを防ぐためである．

4-1 複合思考判決の分析

4-1-1 全逓中郵事件判決

本判決（郵便法違反教唆被告事件，最高裁大法廷 1966（S41）年 10 月 26 日判決 LEX/DB-27670400 『最高裁判所刑事判例集』20 巻 8 号 901 頁）は，当時は国が経営する企業（五現業）の職員として争議行為を禁止されていた郵便局員が春闘の一環としておこなった勤務時間内の職場集会参加[74]（職場を離れるので争議行為

---

[74] 東京高裁1967（S42）年9月6日判決（LEX/DB-27670427 『高等裁判所刑事判例集』20巻4号526頁）は，本件での実害について言う：「本件職場離脱者三八名が職場離脱により郵便物の取扱をしなかつた時間は二時間四〇分位ないし六時間位であり，その間取扱をしなかつた郵便物の数は普通郵便課伝送掛において甲種郵便物約一五，七〇〇通，乙種郵便物約四九，〇〇〇通，集配課配達内務外務両掛において普通郵便物約一三八，〇〇〇通，普通速達郵便物九五三通，書留通常速達郵便物六〇九通，普通書留郵便物三，五八三通の多数に及んでいることが明らかである．〔…〕殊に速達郵便物が右二四時間を相当程度にこえて遅延するということになれば，これを利用する国民の私生活にも深刻な影響を与えるものとして問題視せざるを得なくなるわけであるが，本件の場合は右に述べたとおり辛うじて二四時間以内の遅延に止まつており，又，国会関係の郵便物については管理者の処理により予定どおり差し立てられている．従つて，結局するところ，本件の上述のような事態が現実に国民生活に重大な障害をもたらしたものとは認め難い．」

となる）が，郵便法79条（郵便物不取扱い罪）に当たるとして起訴された事件に関わる．本判決は，被告人を無罪とした：

> 「労働基本権は，たんに私企業の労働者だけについて保障されるのではなく，公共企業体の職員はもとよりのこと，国家公務員や地方公務員も，憲法二八条にいう勤労者にほかならない以上，原則的には，その保障を受けるべきものと解される．<u>「公務員は，全体の奉仕者であつて，一部の奉仕者ではない」とする憲法一五条を根拠として，公務員に対して右の労働基本権をすべて否定するようなことは許されない</u>．ただ，公務員またはこれに準ずる者については，後に述べるように，その担当する職務の内容に応じて，私企業における労働者と異なる制約を内包しているにとどまると解すべきである．〔…〕
> 　右に述べたように，勤労者の団結権・団体交渉権・争議権等の労働基本権は，すべての勤労者に通じ，その生存権保障の理念に基づいて憲法二八条の保障するところであるが，これらの権利であつても，もとより，何らの制約も許されない絶対的なものではないのであつて，国民生活全体の利益の保障という見地からの制約を当然の内在的制約として内包しているものと解釈しなければならない．
> 　しかし，具体的にどのような制約が合憲とされるかについては，諸般の条件，ことに左の諸点を考慮に入れ，慎重に決定する必要がある．
> 　(1)　労働基本権の制限は，労働基本権を尊重確保する必要と国民生活全体の利益を維持増進する必要とを比較衡量して，両者が適正な均衡を保つことを目途として決定すべきであるが，<u>労働基本権が勤労者の生存権に直結し，それを保障するための重要な手段である点を考慮すれば，その制限は，合理性の認められる必要最小限度のものにとどめなければならない</u>．
> 　(2)　労働基本権の制限は，勤労者の提供する職務または業務の性質が公共性の強いものであり，したがつてその職務または業務の停廃が国民生活全体の利益を害し，国民生活に重大な障害をもたらすおそれのあるものについて，これを避けるために必要やむを得ない場合について考慮されるべきである．
> 　(3)　労働基本権の制限違反に伴う法律効果，すなわち，違反者に対して課せられる不利益については，必要な限度をこえないように，十分な配慮がなされなければならない．とくに，勤労者の争議行為等に対して刑事制裁を科することは，<u>必要やむを得ない場合に限られるべきであり</u>，同盟罷業，怠業のような単純な不作為を刑罰の対象とするについては，特別に慎重でなければならない．〔…〕
> 　(4)　職務または業務の性質上からして，労働基本権を制限することがやむを

得ない場合には、これに見合う代償措置が講ぜられなければならない。〔…〕」

「争議行為が労組法一条一項の目的のためであり、暴力の行使その他の不当性を伴わないときは、前に述べたように、正当な争議行為として刑事制裁を科せられないものであり、労組法一条二項が明らかにしているとおり、郵便法の罰則は適用されないこととなる。〔…〕第一審判決は、公訴事実に基づいて、石崎民次ら三八名の行為を郵便法七九条一項前段違反の構成要件に該当すると認定した。原判決は、前述の第二小法廷の判決に従って、公共企業体等の職員は、公労法一七条一項によって争議行為を禁止され、争議権自体を否定されているのであるから、もし右のような事実関係があるとすれば、その争議行為について正当性の限界いかんを論ずる余地はなく、労組法一条二項の適用はないとしている。

しかし、本件被告人らは、本件の行為を争議行為としてしたものであることは、第一審判決の認定しているとおりであるから、石崎民次らの行為については、さきに述べた憲法二八条および公労法一七条一項の合理的解釈に従い、労組法一条二項を適用して、はたして同条項にいう正当なものであるかいなかを<u>具体的事実関係に照らして認定判断し</u>、郵便法七九条一項の罪責の有無を判断しなければならないところである。」

【関連条文】当時の郵便法79条：「郵便の業務に従事する者がことさらに郵便の取扱いをせず、又はこれを遅延させたときは、これを一年以下の懲役又は二万円以下の罰金に処する。」

公共企業体等労働関係法17条1項：「職員及び組合は、公共企業体等に対して同盟罷業、怠業、その他業務の正常な運営を阻害する一切の行為をすることができない。又職員並びに組合の組合員及び役員は、このような禁止された行為を共謀し、そのかし、若しくはあおってはならない。」

労働組合法1条2項：「刑法（明治四十年法律第四十五号）第三十五条の規定は、労働組合の団体交渉その他の行為であつて前項に掲げる目的を達成するためにした正当なものについて適用があるものとする。但し、いかなる場合においても、暴力の行使は、労働組合の正当な行為と解釈されてはならない。」

現刑法35条：「法令又は正当な業務による行為は、罰しない。」

【コメント】ここで最高裁は、「労働基本権は、たんに私企業の労働者だけについて保障されるのではなく、公共企業体の職員はもとよりのこと、国家公務員や地方公務員も、憲法二八条にいう勤労者にほかならない以上、原則的には、その保障を受けるべきものと解される」という判断から出発する。この言明は、リップサービスではなく、実際に判決の全体に貫徹しており、このため本判決

では，労働基本権を保障する要請が，公務員の争議権を「公共の福祉」の観点から制限するという，もう一つの要請と緊張した関係をつくっている．その結果，両項を多側面から比較考量し，①「公務員」をその多様な中身に着目して考え，争議行為を刑罰でもって禁ずる必要のない「公務員」まで罰さないとか，②「争議」の結果に着目し，実害のない「争議」まで罰さないとか，とする．「公務員」の多様性を考える多元的思考，「争議」の実際の機能（実害）を考える機能的思考が，ここには見られるのである．

こうして本判決は，〈郵便法 79 条の構成要件には一応該当するが，郵便局の職員にも憲法 28 条によって基本的人権としての労働基本権が保障されているので，それとの関係において労働組合法 1 条 2 項が妥当する；この観点から違法性判断をおこなう必要がある〉として，違法性阻却事由を確認して無罪としたのである[75]．（上記の①・②の限度内にある限りは罰さない趣旨との解釈が可能なルールであれば合憲である（合憲限定解釈），としたのが本件である．これに対して，同様な思考を踏まえて，〈本ケースにまで適用するのは違憲である（適用違憲）〉としたのが，4-1-3「猿払事件旭川地裁判決」である）．

4-1-2　都教組事件判決

本判決（地方公務員法違反被告事件，最高裁大法廷 1969（S44）年 4 月 2 日判決 LEX/DB-27670504 『最高裁判所刑事判例集』23 巻 5 号 305 頁）は，「勤務評定」（教職員の働き具合を教育委員会がチェックする制度）の導入に反対して東京都の教職員 2400 人が一斉休暇戦術を行使したところ，その争議行為指令が地方公務員法 61 条 4 号の「あおり」行為に該当するとして組合幹部が訴追された事件に関わる：

「公務員の職務の性質・内容は，きわめて多種多様であり，公務員の職務に固有の，公共性のきわめて強いものから，私企業のそれとほとんど変わるところがない，公共性の比較的弱いものに至るまで，きわめて多岐にわたつている．した

[75) ドイツにおいても，基本的人権との関係で問題をもっている下位の法律は，憲法が保障する基本的人権を重視する立場から制限的に解釈すべきことが，重要な原則となっている．裁判所は，この観点からの解釈をおこなっている際には，「明文上は無制約の規範に，基本権を保障する不文の例外規定を付加する」作業をしていることになる．Vogenauer (fn. 26), *Die Auslegung von Gesetzen in England und auf dem Kontinent*, Bd. 1, S. 131.

がつて，ごく一般的な比較論として，公務員の職務が，私企業や公共企業体の職員の職務に比較して，より公共性が強いということができるとしても，公務員の職務の性質・内容を具体的に検討しその間に存する差異を顧みることなく，いちがいに，その公共性を理由として，これを一律に規制しようとする態度には，問題がないわけではない．ただ，公務員の職務には，多かれ少なかれ，直接または間接に，公共性が認められるとすれば，その見地から，公務員の労働基本権についても，その職務の公共性に対応する何らかの制約を当然の内在的制約として内包しているものと解釈しなければならない．しかし，公務員の労働基本権に具体的にどのような制約が許されるかについては，公務員にも労働基本権を保障している叙上の憲法の根本趣旨に照らし，慎重に決定する必要があるのであつて，その際考慮すべき要素は，前示全逓中郵事件判決において説示したとおりである（最高刑集二〇巻八号九〇七頁から九〇八頁まで）．地公法三七条および六一条四号が違憲であるかどうかの問題は，右の基準に照らし，ことに，労働基本権の制限違反に伴う法律効果，すなわち，違反者に対して課せられる不利益については，必要な限度をこえないように十分な配慮がなされなければならず，とくに，勤労者の争議行為に対して刑事制裁を科することは，必要やむをえない場合に限られるべきであるとする点に十分な考慮を払いながら判断されなければならないのである．」

「問題は，結局，公務員についても，その労働基本権を尊重し保障しようとする憲法上の要請と，公務員については，その職務の公共性にかんがみ，争議行為を禁止すべきものとする要請との二つの相矛盾する要請を，現行法の解釈のうえで，どのように調整すべきかの点にあり，労働基本権尊重の憲法の精神からいつて，争議行為禁止違反に対する制裁，とくに刑事罰をもつてする制裁は，極力限定されるべきであつて，この趣旨は，法律の解釈適用にあたつても，十分尊重されなければならない．そして，地公法自体は，地方公務員の争議行為そのものは禁止しながら，右禁止に違反して争議行為をした者を処罰の対象とすることなく，争議行為のあおり行為等にかぎつて，これを処罰すべきものとしているのであるが，これらの規定の中にも，すでに前叙の調整的な考え方が現われているということができる．しかし，さらに進んで考えると，争議行為そのものに種々の態様があり，その違法性が認められる場合にも，その強弱に程度の差があるように，あおり行為等にもさまざまの態様があり，その違法性が認められる場合にも，その違法性の程度には強弱さまざまのものがありうる．それにもかかわらず，これらのニュアンスを一切否定して一律にあおり行為等を刑事罰をもつてのぞむ違法

性があるものと断定することは許されないというべきである.」

【コメント】本判決では多元的思考は,「争議行為そのものに種々の態様があり,その違法性が認められる場合にも,その強弱に程度の差があるように,あおり行為等にもさまざまの態様があり,その違法性が認められる場合にも,その違法性の程度には強弱さまざまのものがありうる.それにもかかわらず,これらのニュアンスを一切否定して一律にあおり行為等を刑事罰をもってのぞむ違法性があるものと断定することは許されないというべきである」という部分に鮮明に出ている.この思考が出てくるのは,最高裁がここでは,「公務員については,その職務の公共性にかんがみ,争議行為を禁止すべきものとする要請」があるものの,その公務員にも「労働基本権を尊重し保障しようとする憲法上の要請」があるため,両者の拮抗が自覚され(比較考量がおこなわれ),したがって争議行為禁止の規定は限定的に解釈(縮小解釈)されなければならない(「極力限定されるべきであつて」,そうでなければ違憲となる)と考えたからである.ある規定を限定解釈する場合には,その構成要件中の主要概念をいくつかの部分に分解し,それらの一部を除外するということになる.

4-1-3 猿払事件旭川地裁判決

この事件の最高裁判決は,先に 2-1-2 で取り上げた.本判決(国家公務員法違反事件,1968 (S43) 年 3 月 25 日 LEX/DB-27670453 『最高裁判所刑事判例集』28 巻 9 号 676 頁)は,その事件の地裁判決であり,要点は次のところにある:

> 「これに反し行政過程に全く関与せず且つその業務内容が細目迄具体的に定められているため機械的労務を提供するにすぎない非管理職にある現業公務員が政治活動をする場合,それが職務の公正な運営,行政事務の継続性,安定性およびその能率を害する程度は,右の場合に比し,より少ないと思料される.」
>
> 「従って,非管理職である現業公務員で,その職務内容が機械的労務の提供に止まるものが,勤務時間外に,国の施設を利用することなく,かつ職務を利用し,若しくはその公正を害する意図なしで行つた人事院規則一四―七,六項一三号の行為で且つ労働組合活動の一環として行われたと認められる所為に刑事罰を加えることをその適用の範囲内に予定している国公法一一〇条一項一九号は,このような行為に適用される限度において,行為に対する制裁としては,合理的にして

必要最小限の域を超えたものと断ぜざるを得ない．

　同号は同法一〇二条一項に規定する政治的行為の制限に違反した者という文字を使つており，制限解釈を加える余地は全く存しないのみならず，同法一〇二条一項をうけている人事院規則一四―七は，全ての一般職に属する職員にこの規定の適用があることを明示している以上，当裁判所としては，本件被告人の所為に，国公法一一〇条一項一九号が適用される限度において，同号が憲法二一条および三一条に違反するもので，これを被告人に適用することができないと云わざるを得ない.」

【コメント】ここには「公務員」の多様性を考える多元的思考，「政治的行為」がもたらす実害の程度を考える機能的思考が，次のように出ている：「公務員」にも，「非管理職にある現業公務員」と，そうではない公務員とがいる；また，「政治的行為」にも，「勤務時間外に，国の施設を利用することなく，かつ職務を利用し，若しくはその公正を害する意図なしで行つ」たものと，そうでないものとがある；公務員の政治的行為を禁止する必要度は，これらのちがいによって大きく異なるので，ケースに即した検討が必要である；政治的行為を禁止する必要がない公務員にまで禁止するのは，また，実際には取り締まるべき政治的行為ではないものを，形式面（構成要件該当性）のみ見て政治的行為に当たるとして禁止するのは，公務員にも憲法 21 条によって表現の自由が，31 条によって参政権が，保障されている以上，問題だ；すなわち，限度を無視した本件のごとき禁止・取り締まりは，「行為に対する制裁としては，合理的にして必要最小限の域を超えたものと断ぜざるを得」ず，違憲（適用違憲）である，と．これは，〈権利を制限する立法について，その目的が妥当でも，同じ目的をヨリ少ない制限で達せられる道が他にある場合には，それを規定していない立法，またそのヨリ少ない制限でおこなわれない適用は，違憲になる〉という，ドイツの「比例原則」der Grundsatz der Verhaltnismäßigkeit やアメリカの Less Restrictive Alternatives（LRA）の基準に通じる複合思考である[76]．

---

76) 本裁判には，憲法学者の芦部信喜が鑑定書を提出し，その中で LRA の基準を示した（芦部『憲法判例を読む』岩波書店，1987，106 頁）．1973（S 48）年 4 月 4 日の尊属殺人被告事件大法廷判決（KC-27760999『最高裁判所刑事判例集』27 巻 3 号 265 頁）でも，「刑法二〇〇条は，尊属殺の法定刑を死刑または無期懲役刑のみに限つている点において，その立法目的達成のため必要な限度を遥かに超え，普通殺に関する刑法一九九条の法定刑に比し著しく不合理な差別的取扱いをするものと認められ，憲法一四条一項に違反して無効であるとしなければならず，したがつ

4-2 単純思考判決の分析

4-2-1 全農林事件判決

本判決（国家公務員法違反被告事件，最高裁大法廷 1973 (S48) 年 4 月 25 日判決 LEX/DB-27670688 『最高裁判所刑事判例集』27 巻 4 号 547 頁）は，当時の農林省の職員で構成する「全農林労働組合」が，1958 (S33) 年に警察官職務執行法改正案について，それが組合活動をも阻害するものであるとして反対する行動（正午出勤にして午前中は職場集会に出ること）を指令したところ，国家公務員の争議行為を禁じている国家公務員法 98 条 5 項（当時）の違反に当たるとして，指導部がそのそそのかし・あおり行為を理由に訴追された事件に関わる．本判決は政治ストであったため，色川幸太郎裁判官を除いて全員が処罰には賛成した．しかし，全逓中郵事件判決等での多数派は，本件での多数意見の判決理由には反対した（注 86 参照）：

> 「公務員は，私企業の労働者とは異なり，使用者との合意によつて賃金その他の労働条件が決定される立場にないとはいえ，勤労者として，自己の労務を提供することにより生活の資を得ているものである点において一般の勤労者と異なるところはないから，憲法二八条の労働基本権の保障は公務員に対しても及ぶものと解すべきである．ただ，<u>この労働基本権は，右のように，勤労者の経済的地位の向上のための手段として認められたものであつて，それ自体が目的とされる絶対的なものではないから，おのずから勤労者を含めた国民全体の共同利益の見地からする制約</u>を免れないものであり，このことは，憲法一三条の規定の趣旨に徴しても疑いのないところである（この場合，憲法一三条にいう「公共の福祉」とは，勤労者たる地位にあるすべての者を包摂した国民全体の共同の利益を指すものということができよう．）〔…〕
> 　公務員は，私企業の労働者と異なり，国民の信託に基づいて国政を担当する政府により任命されるものであるが，憲法一五条の示すとおり，実質的には，その

て，尊属殺にも刑法一九九条を適用するのほかはない」と判示した．日本での，LRA の基準に対する関心は，この頃から強まりだす．他方，日本の最高裁が「比例原則」を採用した最初は，後述の 4-3-3 薬事法違憲判決であると言われる．須藤陽子「比例原則と違憲審査基準」（『立命館法学』2008 年 5・6 号）272 頁．

使用者は国民全体であり，公務員の労務提供義務は国民全体に対して負うものである．もとよりこのことだけの理由から公務員に対して団結権をはじめその他一切の労働基本権を否定することは許されないのであるが，公務員の地位の特殊性と職務の公共性にかんがみるときは，これを根拠として公務員の労働基本権に対し必要やむをえない限度の制限を加えることは，十分合理的な理由があるというべきである．けだし，公務員は，公共の利益のために勤務するものであり，公務の円滑な運営のためには，その担当する職務内容の別なく，それぞれの職場においてその職責を果すことが必要不可欠であつて，<u>公務員が争議行為に及ぶことは，その地位の特殊性および職務の公共性と相容れないばかりでなく，多かれ少なかれ公務の停廃をもたらし，その停廃は勤労者を含めた国民全体の共同利益に重大な影響を及ぼすか，またはその虞れがあるからである</u>．

次に公務員の勤務条件の決定については，<u>私企業における勤労者と異なるもの</u>があることを看過することはできない．すなわち利潤追求が原則として自由とされる私企業においては，労働者側の利潤の分配要求の自由も当然に是認せられ，団体を結成して使用者と対等の立場において団体交渉をなし，賃金その他の労働条件を集団的に決定して協約を結び，もし交渉が妥結しないときは同盟罷業等を行なつて解決を図るという憲法二八条の保障する労働基本権の行使が何らの制約なく許されるのを原則としている．これに反し，公務員の場合は，その給与の財源は国の財政とも関連して主として税収によつて賄われ，私企業における労働者の利潤の分配要求のごときものとは全く異なり，その勤務条件はすべて政治的，財政的，社会的その他諸般の合理的な配慮により適当に決定されなければならず，<u>しかもその決定は民主国家のルールに従い，立法府において論議のうえなされるべきもので，同盟罷業等争議行為の圧力による強制を容認する余地は全く存しないのである</u>．これを法制に即して見るに，公務員については，憲法自体がその七三条四号において「法律の定める基準に従ひ，官吏に関する事務を掌理すること」は内閣の事務であると定め，その給与は法律により定められる給与準則に基づいてなされることを要し，これに基づかずにはいかなる金銭または有価物も支給することはできないとされており（国公法六三条一項参照），このように公務員の給与をはじめ，その他の勤務条件は，私企業の場合のごとく労使間の自由な交渉に基づく合意によつて定められるものではなく，原則として，国民の代表者により構成される国会の制定した法律，予算によつて定められることとなつているのである．その場合，使用者としての政府にいかなる範囲の決定権を委任するかは，まさに国会みずからが立法をもつて定めるべき労働政策の問題である．した

がつて，これら公務員の勤務条件の決定に関し，政府が国会から適法な委任を受けていない事項について，公務員が政府に対し争議行為を行なうことは，的はずれであつて正常なものとはいいがたく，もしこのような制度上の制約にもかかわらず公務員による争議行為が行なわれるならば，使用者としての政府によつては解決できない立法問題に逢着せざるをえないこととなり，<u>ひいては民主的に行なわれるべき公務員の勤務条件決定の手続過程を歪曲することともなつて，憲法の基本原則である議会制民主主義（憲法四一条，八三条等参照）に背馳し，国会の議決権を侵す虞れすらなしとしないのである</u>．」

【コメント】本判決も，「憲法二八条の労働基本権の保障は公務員に対しても及ぶものと解すべきである」とは言う．この事実を根拠にして，〈全農林事件判決も，公務員の争議行為禁止を憲法 28 条との緊張関係でとらえており，それゆえ複合思考が基底にある〉と言う人がいるかもしれない．しかし，あることばは，それを使った本人がそれに実際にどこまで重みをもたせているか，の観点から理解されなければならない（これも機能的思考に関係する）．本判決の場合，上の「公務員に対しても及ぶ」の言明の直後に「ただ，…」が入る．そしてその後はひたすら，労働基本権が「公共の福祉」（「国民全体の共同利益」）によって制限されるとする立場から，その制限が正当である理由，すなわち「公共の福祉」のプラス面と，争議行為のマイナス面とを次々と挙げていく[77]（議論が色々な論点に及んでいても，そのこと自体は複合思考が採られていることを意味しない；各論点が，単純思考の繰り返しということもありうるからである）．

論点のうちもっとも力点が置かれているのは，公務員の給与等勤務条件は国会の議決で決まる（＝財政民主主義の一環である）から，「公務員が政府に対し争議行為を行なうことは」，すなわち勤務条件を労働組合と政府との争議行為を伴った交渉で決めようとすることは，「ひいては民主的に行なわれるべき公務員の勤務条件決定の手続過程を歪曲することともなつて」「国会の議決権を侵

---

[77] 本居宣長は，〈文書で伝えること（文字伝）の方が口伝え（言伝）より優れている〉とする或る論者に見られる単純思考を次のように告発する：「今難者〔その論者〕，言伝の方には失をのみ挙て，得をいはず，文字伝の方には，得をのみ挙て，失をいはぬは，偏ならずや」（『くず花』上巻：筑摩書房版『本居宣長全集』第 8 巻，1972，124 頁）．両者それぞれに得失がある（＝文書の方が正確であることもあるが，直接に口伝えで言う方が誤解がなくなることもあるといったように）のに，この論者は一方のプラス，他方のマイナスだけを強調するのである．この思考パターンこそが，最高裁の，4-2 で扱う 4 判決と 5-2 で扱う 5 判決とに顕著な特徴なのでもある．

す」というものである．この点について，考えよう．

　①公務員の争議行為は，日本国憲法制定後には認められており，ただ1948年7月31日に（目前に迫ったゼネストを阻止するべく，GHQの指令で出された）政令第201号によって，非現業を含め全面禁止された．したがって，もし判決の論理でいくなら，敗戦後，1948年7月31日以前には憲法制定者たち自身が「国会の議決権を侵」す道を採っていたことになる．逆に言えば，公務員の勤務条件を国会で決める制度を前提にする限り，今後も〈「国会の議決権を侵す」ので公務員に争議権は認められない〉ことになる．

　②この論理でいくなら，公務員には，争議行為だけではなく団体代表による交渉権も——同日の政府声明等で認められているにもかかわらず——容認できないことになる[78]．公務員が給与改定等について交渉によって政府と合意しても，それを国会で通そうとすることは，「国会の議決権を侵す」ことになるからである．判決のこうした論理は，政治の常識だろうか．

　　たとえば基地や国営空港の建設，あるいは国家賠償の裁判などで住民ないし被害者が運動し，その結果，かれらと政府との代表者交渉がもたれ，計画変更や補償額などで合意・和解に達した場合，内閣はそれを踏まえて国会に計画変更や予算案を提議する．よほどひどいものでなければ，国会で承認されるだろう．これらの場合にも，最高裁は，内閣・国会のこのやり方に反対して，〈そういう合意は，「国会の議決権を侵す」；政府が住民や被害者の運動に押されてする合意は，一部の国民と政府との決定事項で議会を拘束するものであるから，認められない〉と言うのだろうか．

　③判決は，〈争議行為では，労働者はその要求を集団の力を借りてごり押しする〉との認識に立っている．〈公務員に争議権を与えると，政府は争議行為で要求をごり押しされ，その「合意」を国会も認めざるをえなくなる；だから，「国会の議決権を侵す」ものとなる〉と考えるのである．しかし争議行為とは，労働者が無理な要求をもごり押しするためのものか．法学関係者の通常の認識

---

[78] 同様な争点をもった全通名古屋中郵事件最高裁大法廷判決（1977（S52）年5月4日　LEX/DB-27670838　『最高裁判所刑事判例集』31巻3号182頁）において，団藤裁判官は，多数意見にこの点を読み取ってその反対意見で言う：「憲法の予定する財政民主主義は，公務員の勤労条件に関する基準が細部まで法律によって決定されていなければならないことを要求するものではなく，法律でその大綱を定め，実施面における裁量の余地を残すことも可能なのであり，したがって公務員の勤労条件が性質上団体交渉による決定になじまないものとすることはできないのである．」他方，例の担当調査官香城敏麿の（前掲注27）『憲法解釈の法理』159頁以下は，ここでも両者を二者択一的に扱っている．

は,〈争議行為とは,劣位に置かれている労働者が対等の立場で交渉できるためのもの〉であり,それ自体が法的正義の帰結だ,というものであろう.

④国家公務員は,国民の公僕・奉仕者ではあるが,他方で対価を受けて労働する者としては労働者である.政府や国会,そして国民は,この後者の面では,国家公務員の使用者としてある.この面は,(政治の関係でなく雇用の関係であるから),政治原理としての民主主義の論理は働かず,(被用者と国家公務員との間での)労働契約=労働法ないし契約の論理が働く.したがって,国家と公務員との関係を,公僕・奉仕者ないし民主主義の論理だけで考えることは,ことがらの性質=「事物のもつ論理」に反する[79].

⑤判決のように民主主義原理だけで処理すると,国家公務員は国民の中の少数者であるから,多数者(すなわち「国民全体」.実際にはその代表者としての内閣)に無条件に服させられ,国家公務員の労働権は,実質的に奪われる.先にも述べたように(200頁以下),日本国憲法は民主主義だけではなく,自由主義をも柱にしている.基本的人権としての労働権も,これに属する.

そもそも,憲法が〈民主主義ないし議会主権だけを考えておれば大丈夫だ〉と判断していたのであれば,(民主的に選ばれた)国会や内閣の行動を規制するような諸規定・諸制度(裁判官の独立,基本的人権の保障,地方自治など)を置かなかったはずである.そして労働基本権は,この基本的人権の一つとして憲法28条によって保障されており,それゆえその保障は,「民主主義」を持ち出し

---

[79] 全通名古屋中郵事件判決(前掲注78)における環昌一裁判官の反対意見参照.最高裁も,一方では〈国家に関わる私法関係〉の論理を使うことがある.たとえば百里基地訴訟判決(不動産所有権確認等請求事件,最高裁第三小法廷1989(H1)年6月20日判決 LEX/DB-27804472)の次の言明がそうである:「国の行為であつても,私人と対等の立場で行う国の行為は,右のような法規範の定立を伴わないから憲法九八条一項にいう「国務に関するその他の行為」に該当しないものと解すべきである.〔…〕本件売買契約は,国がその活動上生ずる個別的な需要を賄うためにした私法上の契約であるから,私法上の契約の効力発生の要件としては,国がその一方の当事者であつても,一般の私法上の効力発生要件のほかには,なんらの準拠法規を要しないことは明らかであり,したがって,本件売買契約の私法上の効力の有無を判断するについては,防衛庁設置法及びその関連法令について違憲審査をすることを要するものではない.」最高裁はこの論理を使って,基地をめぐる裁判での憲法9条判断を回避した.

国に雇われて働く労働者と国との契約関係も,一面では「国の行為であつても」,他面では労働契約当事者同士としての「私法上の契約」の関係である(172頁参照).したがって,もし最高裁が自分たちが百里基地判決で使うことになるこの論理を1973年にも働かせていたなら,国家公務員の労働関係も,「国務に関するその他の行為」に該当しない」面をもつのであり,その面に関しては財政民主主義論などは使えない,と認めたはずである.

て簡単に制限してよいというものではない．

「財政民主主義」が，基本的人権によって制限されているのでもある．公務員が労働者＝国民としてもつ労働権は，国会や「国民全体」によって規制される面をもちつつも，国会や「国民全体」も尊重しなければならない基本的人権として，また場合によっては国会や「国民全体」の動きをも制約するものでもある．すなわち，労働権の一つとしての，組織をつくって賃金など勤務条件について交渉する権利は国家公務員に保障されているのだから，賃金についても，国会や「国民全体」はそれを尊重した扱い方をしなければならない．国会ないし民主主義も，絶対ではなく，基本的人権や，少数者保護の観点から，さまざまな規制を受けており，基本的人権は，「国会の議決権を侵す」ことを予定されている制度としてあるのである．

他の論点の一つとして次のことがある：(α) 最高裁が労働基本権を結局は一方的に制限できるとしたのは，最高裁が〈労働基本権は，単なる「勤労者の経済的地位の向上のための手段」に過ぎない〉と理解していることと不可分である．しかしながら労働基本権は，単純な経済的権利に留まらず，さらに，①職場づくりへの労働者の参加，すなわち自己決定の尊重のためのものであり，②職場での契約当事者としての使用者との対等性・人としての尊厳のためのものであり，③労働環境を人間化するために必要なものでもある．この点で労働基本権は（社会権であるとともに）同時に自由権，とくに人格権，でもある（そうした性質の経済的権利である）．(β) 本判決は，労働基本権を「公共の福祉」に服すべきものとして処理したが，労働基本権という人権を保護することが，重要な「公共の福祉」に当たるという前述（注73）の観点（「公共の福祉」にはいろいろの中身があって，基本的人権を確保することも重要な「公共の福祉」の課題であるという〈「公共の福祉」の多元性〉の視点）について，考えていない．

全農林事件判決後に出た，一連の人権裁判・住民訴訟に関わる最高裁判決も同様に，「AかBか」の二者択一で臨み，AあるいはBを選んだあとは，それを前提に端的な三段論法で処理する仕方を採っている（5-2の諸判決，および注27をも参照）．

4-2-2 大阪空港公害事件判決

本判決（最高裁大法廷 1981（S56）年 12 月 16 日判決　LEX/DB-27000111　『最高裁判所民事判例集』35 巻 10 号 1369 頁）は，先に 2-6-3 で見た事件の上告審である．

住民は，大阪地裁判決（1974年2月27日）では夜10時以降朝7時までの発着陸禁止と損害賠償を，大阪高裁判決（1975年11月27日）では夜9時以降朝7時までの発着陸禁止と損害賠償とをかちとり，高裁判決後，大阪空港を管理している国は1976年7月に，夜9時以降朝7時までの飛行を事実上廃止した．しかし本判決は，住民の差止請求は行政訴訟によっていないため「不適法」であるとし，ただ損害賠償のみを一部認めた[80]：

　「本件空港の離着陸のためにする供用は運輸大臣の有する空港管理権と航空行政権という二種の権限の，総合的判断に基づいた不可分一体的な行使の結果であるとみるべきであるから，右被上告人らの前記のような請求は，事理の当然として，不可避的に航空行政権の行使の取消変更ないしその発動を求める請求を包含することとなるものといわなければならない．したがつて，右被上告人らが行政訴訟の方法により何らかの請求をすることができるかどうかはともかくとして，上告人に対し，いわゆる通常の民事上の請求として前記のような私法上の給付請求権を有するとの主張の成立すべきいわれはないというほかはない．
　以上のとおりであるから，前記被上告人らの本件訴えのうち，いわゆる狭義の民事訴訟の手続により一定の時間帯につき本件空港を航空機の離着陸に使用させることの差止めを求める請求にかかる部分は，不適法というべきである．」

【コメント】本判決は，この空港が国営空港であることを根拠に，発着陸の管理は「空港管理権と航空行政権という二種の権限の，総合的判断に基づいた不可分一体的な行使の結果である」から（とくに後者が重要），それに関わる請求は行政訴訟でなさなければならないとする．別の窓口にいけ，ということである．しかし，「右被上告人らが行政訴訟の方法により何らかの請求をすることができるかどうかはともかくとして」とあるように，〈別の窓口でなら住民は救済される〉とは語っていない．

　行政訴訟でなければならないという点については，①中村治朗裁判官が反対意見で，空港が民営の場合には市民は民事訴訟で騒音に対し差止請求ができるのに，国営の場合には同じ騒音に対し差止請求できないというのはおかしい，

---

[80] 毎日新聞社会部『検証・最高裁判所』（毎日新聞社，1990）57頁以下によると，本件は当初，第一小法廷で一旦結審し，住民有利の判決が予想されていた；ところが，その判決前に岡原昌男長官（第一小法廷の局外者）が大法廷回付を主張して動き，第一小法廷も結局それに同意した；こうして大法廷に回付された本件は，そこでの多数派によって，第一小法廷時に予想されていたのとは反対の結論に導かれた．

と指摘している．②環昌一裁判官も反対意見で，「第三者たる一般国民に対してそれぞれの空港供用の行為の法的性格に差異が生ずるものとは思われない」と言う．③団藤重光裁判官は，「試みに，空港敷地の所有権について紛争があつて，その所有権を主張する者が民事訴訟を提起して所有権に基づくその敷地部分の明渡を訴求したというようなばあいを想定してみよう．その勝訴によつて生じるであろう事態は，本件のばあいと同様ではあるまいか．しかし，このようなばあいに民事訴訟の途をふさぐことは，とうてい是認されるべくもないであろう」と言う．たとえば空港用地の所有権が空港（国）側になかった，と民事訴訟で判断されれば，空港使用はできなくなり航空行政権に影響が出てくる．それでもこの場合は，すべてが民事訴訟でやれる．同様に，民事訴訟で〈発着陸の騒音が人格権を侵害している〉とされた場合，発着陸のやり方に変更が迫られることは必然であり，結果として航空行政権に影響が出てくるのだが，民事訴訟で争うことに問題はない，と．

　多数意見は〈国営だからその管理権制限の請求は行政訴訟でしか扱えない〉とする単純思考（とくに一元的思考ないし形式主義的思考）を採り，反対意見は〈国営であろうとも，そのどういう面に関わるか・どういう権利救済に関わるか等によって民事訴訟もありうる〉とする複合思考（多元的思考ないし機能的思考）を採っているのである．〔なお，本判決にもかかわらず，夜9時以降朝7時までの発着陸禁止は，今日まで維持されている．最高裁が，禁止は「国民生活に及ぼす影響が大き」い，として認めなかったにもかかわらず，である．〕

4-2-3　大東水害損害賠償請求事件判決

　1972年7月，大阪府大東市（淀川左岸）の元低湿地帯で，豪雨のため堤防の未改修部分から川水があふれ水害となった．被害を受けた住民71人が，原因は国・府・市当局の治水工事が不十分だったことにあるとして，国家賠償を求めた．大阪地裁・高裁はその請求を認めたが，最高裁は本判決（損害賠償請求事件，第一小法廷 1984 (S59) 年1月26日判決　LEX/DB-27000025　『最高裁判所民事判例集』38巻2号53頁）で請求を棄却した：

　　「河川は，本来自然発生的な公共用物であつて，管理者による公用開始のための特別の行為を要することなく自然の状態において公共の用に供される物である

から，通常は当初から人工的に安全性を備えた物として設置され管理者の公用開始行為によつて公共の用に供される道路その他の営造物とは性質を異にし，もともと洪水等の自然的原因による災害をもたらす危険性を内包しているものである．〔…〕この治水事業は，もとより<u>一朝一夕にして成るものではなく，しかも全国に多数存在する未改修河川及び改修の不十分な河川についてこれを実施するには莫大な費用</u>を必要とするものであるから，結局，原則として，議会が国民生活上の他の諸要求との調整を図りつつその配分を決定する予算のもとで，各河川につき過去に発生した水害の規模，頻度，発生原因，被害の性質等のほか，降雨状況，流域の自然的条件及び開発その他土地利用の状況，各河川の安全度の均衡等の諸事情を総合勘案し，それぞれの河川についての改修等の必要性・緊急性を比較しつつ，その程度の高いものから逐次これを実施していくほかはない．〔…〕河川の管理には，以上のような諸制約が内在するため，すべての河川について通常予測し，かつ，回避しうるあらゆる水害を未然に防止するに足りる治水施設を完備するには，相応の期間を必要とし，未改修河川又は改修の不十分な河川の安全性としては，右諸制約のもとで一般に施行されてきた治水事業による河川の改修，整備の過程に対応するいわば<u>過渡的な安全性をもつて足りるものとせざるをえないのであつて</u>，当初から通常予測される災害に対応する安全性を備えたものとして設置され公用開始される道路その他の営造物の管理の場合とは，その管理の瑕疵の有無についての判断の基準もおのずから異なつたものとならざるをえないのである．〔…〕

　以上説示したところを総合すると，我が国における治水事業の進展等により前示のような河川管理の特質に由来する財政的，技術的及び社会的諸制約が解消した段階においてはともかく，これらの諸制約によつていまだ通常予測される災害に対応する安全性を備えるに至つていない現段階においては，<u>当該河川の管理についての瑕疵の有無は，過去に発生した水害の規模，発生の頻度，発生原因，被害の性質，降雨状況，流域の地形その他の自然的条件，土地の利用状況その他の社会的条件，改修を要する緊急性の有無及びその程度等諸般の事情を総合的に考慮し，前記諸制約のもとでの同種・同規模の河川の管理の一般水準及び社会通念に照らして是認しうる安全性を備えていると認められるかどうかを基準として判断すべきである</u>と解するのが相当である．そして，既に改修計画が定められ，これに基づいて現に改修中である河川については，<u>右計画が全体として右の見地からみて格別不合理なものと認められないときは，その後の事情の変動により当該河川の未改修部分につき水害発生の危険性が特に顕著となり，当初の計画の時期</u>

を繰り上げ，又は工事の順序を変更するなどして早期の改修工事を施行しなければならないと認めるべき特段の事由が生じない限り，右部分につき改修がいまだ行われていないとの一事をもつて河川管理に瑕疵があるとすることはできないと解すべきである.」

【コメント】河川水害の完全防止は困難であり，時間と莫大な費用がかかる（＝「財政的，技術的及び社会的諸制約」下にある）．最高裁は，この認識から出発して，「管理の一般水準及び社会通念に照らして是認しうる安全性を備えていると認められるかどうかを基準として判断すべき」であり，工事途中のものについては，「計画が全体として右の見地からみて格別不合理なものと認められないときは」，国等に責任はないと判示した．本判決はその際，「過去に発生した水害の規模，発生の頻度」等々の諸要素を考慮せよとしているから，複合思考によっているように見えるかも知れない．しかし，以下のように本判決には，先に述べた諸判決と共通した単純思考が顕著である．

すなわち本判決は，一方当事者（国等）の事情（河川管理の財政的・技術的困難性）については細かく配慮しようとしているが，その際に他方の住民のことを忘れてしまった．この結果，国等は，困難な事業をやっているのだからとして，計画とその遂行に広く裁量権が認められ，〈計画が通常のものであることを示せば是とされる〉となった．これに対し住民は，計画が「格別不合理なもの」であること，ないし「早期の改修工事を施行しなければならないと認めるべき特段の事由」があったことを証明する責任を課された．証明責任のこの大転換のため（国家賠償法第2条によれば，本来は国に証明責任がある），水害では住民側の国家賠償請求はこれ以降ほとんど認められなくなり（住民側の連戦連敗），損害は，財産を失った当の住民の上にかかってくるだけとなった．

最高裁は，どうしてこうした解釈をここで前面に押し出したのだろうか．国側の擁護に没頭したということのほかに，〈住民はそこに自由意思で住み着いたのだから，その自己責任を引き受けなければならない〉という判断や，〈天災だった・運が悪かったとしてあきらめるべきだ〉という判断を基底にしていたためであろうか．しかしこの後者の点に関しては，次のことが問題となる：

この種の水害には，住民に〈そこに住み着いた自己責任〉を問うだけでは片付かない関係があり，また，〈天災〉で片付けられない関係がある.

第一に,〈社会に責任がある〉という点をも忘れてはならない：住民が住み着いたあとで,国家の林業政策が原因し上流で山林荒廃が生じるとか,国家の土地開発や農業政策のために山林・農地・ため池が消滅し,そのため保水機能が減少するとか,国家の経済・産業政策による地球温暖化が原因して豪雨が激化するとかといったことが起こっている．住民を超えたところで展開する国家政策・国家の環境管理が,水害発生の要因となっている,ということである．こうした社会の加害（という意味での国家の責任）をも,国家の治水工事をめぐる計画のずさんさや工事の遅れの問題と併せて考える必要がある[81]．

　第二に,〈天災だから,仕方がない〉,〈運命と考えて,あきらめる他ない〉という発想ではなく,〈天災・事故は,いつか・どこかで・誰かに必ず生じる．そうした必ず起こる,しかし各人には偶然である犠牲に対しては,社会全体で支え合う他ない〉という発想が,欠かせない．判決が言うように「もともと洪水等の自然的原因による災害をもたらす危険性を内包している」からこそ逆に,〈犠牲者に泣いてもらう〉という発想ではいけないのだ．

　考えてみれば,社会・人生は,確かに各人の意志・目的をもった努力によって動く面をもつが,しかし,〈今はまだ生かされている〉・〈たまたま生きられている〉という面をももつ．こうした無力な人間の生き様・誰の上にも蔽いかぶさっているリスク（集合的リスク）を考えるなら,たまたま生かされた者が,たまたま不運に見舞われた者に手を差しのべる,（フランス19世紀の「連帯主義」が提示したような）連帯の道をいく他ない．

　こうした見地に立てば,（労災保険のような）犠牲者援護の法制が未整備の現状では,本判決のように「瑕疵」があるか・ないかの all or nothing 的発想によるのではなく,むしろまず〈瑕疵や過失の認定は,一般には行政を非難する意味が入るが,ここでは第一義的には被害者の社会的救済のための法的手段としてある〉という思考から出発して「国家等の瑕疵・過失」の認定基準をゆるめ（そこまではいかなくとも,被害者の証明責任を,証明の困難さ・情報の偏在のゆえにも,軽減し）,被害の程度に応じて補償額を調整していく柔軟な思考が欠かせない．こうしたやり方は,司法裁量の枠内のことがらである．実際,民事裁判等はこうしたやり方を採り,被害者救済の観点から過失認定を柔軟化したり無

81）　この点については,池田恒男「水害と国家責任」(『法律時報』56巻5号,1984) 参照.

過失責任を認容したりして来たのでもある．

4-2-4 自衛官合祀訴訟判決

本判決（最高裁大法廷 1988（S63）年 6 月 1 日判決　LEX/DB-27801761　『最高裁判所民事判例集』42 巻 5 号 277 頁）は，自衛隊員である夫を勤務中の事故で亡くした妻が，〈自衛隊（国）とその外郭団体（隊友会）を相手取って，自分が反対したのに夫を県護国神社に合祀したのは信教の自由を侵害する不法行為に当たる〉として損害賠償の訴えを提起した事件に関わる．山口地裁，広島高裁は請求を認めたが，最高裁は，妻の請求を棄却した：

> 「人が自己の信仰生活の静謐を他者の宗教上の行為によって害されたとし，そのことに不快の感情を持ち，そのようなことがないよう望むことのあるのは，その心情として当然であるとしても，かかる宗教上の感情を被侵害利益として，直ちに損害賠償を請求し，又は差止めを請求するなどの法的救済を求めることができるとするならば，かえって相手方の信教の自由を妨げる結果となるに至ることは，見易いところである．<u>信教の自由の保障は，何人も自己の信仰と相容れない信仰をもつ者の信仰に基づく行為に対して，それが強制や不利益の付与を伴うことにより自己の信教の自由を妨害するものでない限り寛容であることを要請しているものというべきである</u>．このことは死去した配偶者の追慕，慰霊等に関する場合においても同様である．何人かをその信仰の対象とし，あるいは自己の信仰する宗教により何人かを追慕し，その魂の安らぎを求めるなどの宗教的行為をする自由は，誰にでも保障されているからである．原審が宗教上の人格権であるとする静謐な宗教的環境の下で信仰生活を送るべき利益なるものは，これを直ちに法的利益として認めることができない性質のものである．
> 　以上の見解にたって本件をみると，県護国神社による孝文の合祀は，<u>まさしく信教の自由により保障されているところとして同神社が自由になし得るところであり</u>，それ自体は何人の法的利益をも侵害するものではない．」

合祀に自衛隊が積極的に関わったか否かについては，最高裁判決の事実認定は，第一審判決（山口地裁 1979（S54）年 3 月 22 日　LEX/DB-27423246．広島高裁判決（1982（S57）年 6 月 1 日　LEX/DB-27682392）もこれを維持した）のそれと著しく異なる：

　〔最高裁の事実認定〕：「本件合祀申請に至る過程において地連職員のした具体

的行為は，粟屋総務課長において長崎県を除く九州各県の自衛隊地方連絡部の総務課長にあてて各地の護国神社における殉職自衛隊員の合祀状況等を照会して，その回答を福田会長に閲覧させ，福田会長の依頼により安田事務官において奉斎準則と県隊友会の募金趣意書とを起案し，右趣意書を配布し，寄せられた募金を管理し，殉職者の遺族から合祀に必要な殉職者の除籍謄本及び殉職証明書を取り寄せたにとどまるのであり，地連ないしその職員が直接県護国神社に対し合祀を働き掛けた事実はない．〔…〕本件合祀申請という行為は，殉職自衛隊員の氏名とその殉職の事実を県護国神社に対し明らかにし，合祀の希望を表明したものであって，宗教とかかわり合いをもつ行為であるが，合祀の前提としての法的意味をもつものではない．そして，本件合祀申請に至る過程において県隊友会に協力してした地連職員の具体的行為は前記のとおりであるところ，その宗教とのかかわり合いは間接的であり，その意図，目的も，合祀実現により自衛隊員の社会的地位の向上と士気の高揚を図ることにあったと推認されることは前記のとおりであるから，どちらかといえばその宗教的意識も希薄であったといわなければならないのみならず，その行為の態様からして，国又はその機関として特定の宗教への関心を呼び起こし，あるいはこれを援助，助長，促進し，又は他の宗教に圧迫，干渉を加えるような効果をもつものと一般人から評価される行為とは認め難い．したがって，地連職員の行為が宗教とかかわり合いをもつものであることは否定できないが，これをもって宗教的活動とまではいうことはできないものといわなければならない．」

〔第一審の事実認定〕：「昭和三八年頃から本件合祀が企図された同四六年に至るまで自衛隊の幹部職員が各地における合祀の祭典の実施に公然と参画し，或いは合祀実現について積極的な言動をしてきた事実が認められ，これを憲法に定めた政教分離規定（憲法二〇条，八九条）の見地から疑問とする雰囲気はうかがうことができないのであつて，〔本件における〕和田師団長，長峰部長，粟屋課長等においてもこれと同様の意識にあつたものと推認される．そうして殉職者の合祀は，殉職者を追悼する宗教上の心情の発露であるばかりではなく，後に判示するように現職隊員の士気の高揚にも少なからぬ効用を示すものであり，このことを認識していた和田，長峰，福田らにおいては本件合祀の実現を期待することは自然の成行であり，また後記自衛隊と隊友会の緊密な関係からして，被告県隊友会の合祀申請に対し物心両面の協力と支援を行う言動に出たことが十分に推認されるのである．」

「本件当時山口地連と被告隊友会は緊密な関係にあり，同被告の事務局が地連

の建物内にありかつ専任の事務員はおらず福田会長が長門市に居住していたことから同被告の業務の大半を地連の職員が代行していたが，これは外郭協力団体への援助として公務とされ，上司による指示の下になされていたのであり，本件調査のみが公務ではなく福田の粟屋に対する私的な依頼として行なわれたとすべき特別の事情が認められないばかりか，粟屋課長が発送した照会文には正式の発翰番号が付されていないものの，「山口地連総務課長粟屋晧」から各県地連の「総務課長」に宛てて，「地連としての」「方策決定の資に供した」いので，「対外行事予定設定の関係もあり六月上旬中に御教示を賜」りたい旨の記載があり，かつこの照会書は粟屋の起案により地連の職員が勤務時間中にタイプしたことからすれば，右文書が粟屋の私的な文書ではなく，同人が公用に作成し発送したものであることが明らかである。」

「地連係官がこのように本件合祀申請に積極的に関与してきたのは，本件合祀申請が協力団体である相被告の業務であるとの一般的な事情もさることながら，むしろ殉職者の合祀が自衛隊員の社会的地位と士気を高める効果をもたらすものであり，地連自身も是非合祀の実現を図りたいと考えていたからと推認される。このような地連職員の意識は《証拠略》によつてもある程度うかがうことができるが，《証拠略》によって一層明確に推察することができる。要約すれば，地連は本件合祀の実現について相被告に劣らないだけの利益を有していたのであつて，そうであるが故に地連職員と相被告は本件合祀実現を相謀り役割りを分担しつつ準備して，相被告の名義をもつて合祀申請に及んだものである。さればこそ，地連が原告から本件合祀申請についての抗議を受けるや，係官らは被告らの行為を積極的に正当化し，原告の翻意を求め，部長自らが原告との折衝に乗り出そうとしたのである。」

【コメント】(i) 宗教的寛容について　最高裁は，原告に対し「損害賠償を請求し，又は差止めを請求するなどの法的救済を求めることができるとするならば，かえって相手方〔護国神社〕の信教の自由を妨げる結果となるに至ることは，見易いところである。信教の自由の保障は，何人も自己の信仰と相容れない信仰をもつ者の信仰に基づく行為に対して，それが強制や不利益の付与を伴うことにより自己の信教の自由を妨害するものでない限り寛容であることを要請しているものというべきである」と戒めている。

しかし，第一に，第一審の次の認定事実を踏まえれば，最高裁は一方に荷担

しすぎた，と思われる：

> 「福田〔隊友会会長〕は四月一〇日頃になつて，安田〔自衛隊事務官〕から原告がキリスト教を信仰していることを理由に故孝文の合祀に反対している旨の連絡を受けたが，同人についての合祀申請を撤回せず，また自衛隊の機関が殉職を証明する文書を発行しないことが明らかになつたので，安田をして防衛庁が発刊している殉職者の顕彰録から該当箇所の写しを作成せしめ，また同人に故孝文の除籍謄本を取らせてこれらを県護国神社に交付した．そこで県護国神社は当初の予定どおり故孝文を含む殉職者二七柱の合祀と慰霊大祭を斎行した．」

つまり第一審によれば，隊友会会長は，原告が反対している事実を知りながらそれを無視して，しかもその事実を報告した当の自衛隊事務官に，原告の夫の名をも名簿に書き入れるよう命じ，合祀を強行したのである（隊友会は外郭団体だが，元自衛隊員で構成され，会長には元幹部がなる．それゆえ会長には，こうした命令をすることが可能である）．会長は，原告がクリスチャンであり，亡き夫の合祀によって護国神社と関わることに苦痛をもつ事実を知っていながら，その苦痛を与える行為に出た．最高裁は，この点に触れないどころか，そのようなかたちで苦痛を与えられた被害者（原告）に対し〈お前の信仰心を犯した者のもつ信仰に配慮せよ〉と説くのである．これではまるで，強姦の被害者に〈お前を犯した者のもつ自由を尊重して，騒ぐな〉と戒めるようなものである．

第二に，最高裁は，「県護国神社による孝文の合祀は，まさしく信教の自由により保障されているところとして同神社が自由になし得るところであり」としているが，宗教団体（神社）に基本的人権が保障されるとしても，それが（原告である）自然人のそれと衝突する場合に，どこまで前者を後者に優先させうるか，の問題がある（274-279頁参照）．神社の信教の自由とは，第一義的には神社としての宗教団体に属す信者のそれである．ところがその神社の多くの信者たちにとっては，たまたま「孝文」が合祀されなくとも，あるいは「自衛隊員の合祀」に一人が欠けていても，たいしたことではない（神道信仰は，そういうルーズさをもつ）．他方，宮司等団体の機関・職員にとっては合祀が徹底されるかどうかは気になることがらであろうが，「自衛隊員の合祀」は県護国神社創建時の（本来の）目的でも必須事業でもないので，団体の機関・使用人の感情は決定的ではない．以上に対し，自然人である原告にとって「孝文の合

祀」は，唯一の夫をめぐる問題として，その信教に深く関わっている．

　最高裁は，「原審が宗教上の人格権であるとする静謐な宗教的環境の下で信仰生活を送るべき利益なるものは，これを直ちに法的利益として認めることができない性質のものである」とも述べている．しかし本件の場合，上述のように被告は「原告がキリスト教を信仰していることを理由に故孝文の合祀に反対している」事実を知っていながら，それに対する配慮を示すことなく，合祀を強行したのである．このような場合に，原告に〈侵害されたのは権利（法的利益）ではないから，座視せよ〉とできるだろうか．「権利」として明文化されていなくとも，法秩序上是認できない侵害態様での利益侵害行為は，違法であり不法行為となるとするのが，最高裁判例の立場ではないか．

　(ii)　自衛隊の組織的関与について　最高裁は，自衛隊は組織的に関与しておらず，合祀はもっぱら隊友会がおこなったと判断した．しかしそう判断するためには，第一審がおこなった詳細な事実認定を一つひとつ覆す必要がある．制度上，下級審の事実認定を踏まえなければならない上告審（民事訴訟法321条参照）が，根拠も示さずに，事実を別様に構成している．

　最高裁はまた，自衛隊が関わった「意図，目的も，<u>合祀実現により自衛隊員の社会的地位の向上と士気の高揚を図ることにあったと推認される</u>ことは前記のとおりであるから，どちらかといえばその宗教的意識も希薄であったといわなければならない」と述べている．この言明は，政教分離との関わりで重要である．なぜならそれは，国家がその目的（「自衛隊員の社会的地位の向上と士気の高揚活動」）に宗教を利用している事実を，最高裁も認定していることを意味しているからである．目的が「合祀実現により自衛隊員の社会的地位の向上と士気の高揚を図ることにあった」のなら，むしろこの事実自体が，宗教への自衛隊の積極的関与を推認させる．ここでの合祀とは，勤務中に事故死した自衛隊員をそれぞれ「祭神」として合同して祀ることであるからである．

　この点は，第一審が，「地連係官がこのように本件合祀申請に積極的に関与してきたのは，本件合祀申請が協力団体である相被告の業務であるとの一般的な事情もさることながら，むしろ殉職者の合祀が自衛隊員の社会的地位と士気を高める効果をもたらすものであり，地連自身も是非合祀の実現を図りたいと考えていたからと推認される」と，認定しているところである．

以上 4-2 の 4 判決が，最高裁における単純思考の事例である．これらの判決においては，二者択一に立った議論が特徴的であり，緻密な論証（事実を条文へ包摂する際の，主要事実と条文の緒論点との厳密な突き合わせ作業）が見られない．実際，日本の最高裁判決に緻密な論証が欠けていることが，よく指摘される．たとえばドイツの或る日本研究者は，「〔日本の〕最高裁判所の判決の中には，細かく要素に分け一つひとつ検討していく（detailliert-diskursive）ものはなく，根拠づけがきわめて簡単であるものが多い．判決は法律外の考慮——明示的には示されないため論議の対象とされない——から引き出されたものが多い」と書いている[82]．

〈なぜ，とりわけ最高裁には論議を尽くした判決が少ないのか〉は，しかし（上のドイツ人のように）日本の法文化から解き明かそうとするだけでは，不十分である．なぜなら，日本の下級審の判決には，時にドイツの裁判所に劣らない緻密な論理構成が見られるし，今日でも刑法学や民事訴訟法学においては，ドイツ人顔負けの厳密な体系的思考が支配的であるからである．

われわれが考えるべきなのは，最高裁の政治的性格である．「根拠づけがきわめて簡単である」判決が，とりわけ労働事件，治安・軍事等の国策ないし国家賠償等に関わる事件に多いことが，この点を示唆している（後でも見るが，石田和外長官時代でも，その次の村上朝一長官時代でも，最高裁はこれらの訴訟での強面（＝「公益」の一方的貫徹）と，政治色のない事件で被害を救済したり，時代遅れの制度・処置を近代化したりする点での温顔とを使い分けた[83]．後者には，上述の，2-2-5，2-7-4，2-7-5，2-9-1，2-9-2，3-2-5 の判決などがあてはまる）．

4-3　総括的考察

上に見たことから，また次のことが言えよう．すなわち，①上のところで複合思考が見られるのは，〈1960年代後半の最高裁等〉が，市民の基本的人権に対する制約を限定しようとして使ったものだった．つまりこれらは，基本的人権を制約する諸規定に対し縮小解釈ないし反制定法的解釈によってその効果を

---

82) Guntram Rahn, *Rechtsdenken und Rechtsauffassung in Japan,* München, 1990, S. 366.
83) 山本祐司『最高裁物語』下巻（日本評論社，1994）97頁以下，140頁，172頁；毎日新聞社会部（前掲注80）『検証・最高裁判所』71頁．

減殺しようとする方向で出した判決なのだ．②これに対して上のところで単純思考は，〈1973年以降の最高裁〉が，人権制約の肯定，国や大企業の活動からの，住民の救済要求を拒絶する際に現れた，と．（単純思考の例はもちろん，他にも数多くありうる．それらがすべて上述のような人権制約に関わるもの，政治性をもったものであるとも言えないが——『法哲学講義』32頁以下参照．）

ということは，論理的に考えると，次のことも帰結しそうだ．すなわち〈1973年以降の最高裁〉も，国や大企業の活動を制約する諸規定に対して，あるいは体制原理（とりわけ経済的自由）を制約する諸規定に対しては，その制約を限定するべく，縮小解釈や反制定法的解釈を駆使しようとして複合思考に訴えている可能性がある，ということが．

人は，ある法命題（大前提）をなるべく限定しよう——とくに縮小解釈をしよう——とすれば，その法命題中の眼目について，〈この語句の意味するところは実は多様であるのだから，この語句はそれらのすべてを意味しているとは考えられない〉とするレトリック（「区別の技術」）を使うものだ．そして，このかたちで多様性を指摘するためには，多元的思考や動態的思考，機能的思考を駆使しなければならない．

たとえば，護憲派が憲法9条を論じるときには（この点については，本書24-25頁参照），〈憲法9条は軍隊を禁止している；自衛隊は軍隊である；それゆえ自衛隊は違憲である〉という（単純）三段論法をも使う．これに対して再軍備派が9条を論じるとき（＝9条の効果を限定するとき）には，〈憲法9条は軍隊を禁止しているとしても，軍隊には多様なものがあり，侵略のための軍隊の他に，自衛のための「軍隊」や治安のためのそれがある．憲法9条が禁じているのは，前者だけだ〉という複合思考を採る他ない．また，市民対市民の事件，民法等の非政治的ないし単なる法技術的な事件では，使い方に両派の区別はないだろう．

実際，1973年以降の最高裁も，国に対する規制を限定しようとする際（下記の4-3-1，4-3-2）や，経済的自由擁護（規制の緩和）の際（下記の4-3-3，4-3-4）には，次のように複合思考を見せる：

4-3-1　津地鎮祭事件判決

本件（行政処分取消等請求事件，最高裁大法廷1977（S52）年7月13日判決　LEX/DB-27000278　『最高裁判所民事判例集』31巻4号533頁）では，津市が市立体育館

の工事に当たって神式の地鎮祭を神職主宰でおこない，挙式費用（供物料・謝礼）を公金から支出したことが，信教の自由・政教分離を定めた憲法20条に違反するかどうかが争点となった．最高裁は次のように，〈宗教的活動には多様なものがあり，その態様によっては，国が関わっても違憲とは言えない；津市の地鎮祭は，そうしたもの＝世俗的行事に属する〉と判示した：

「政教分離原則を完全に貫こうとすれば，かえって社会生活の各方面に不合理な事態を生ずることを免れないのであつて，例えば，特定宗教と関係のある私立学校に対し一般の私立学校と同様な助成をしたり，文化財である神社，寺院の建築物や仏像等の維持保存のため国が宗教団体に補助金を支出したりすることも疑問とされるに至り，それが許されないということになれば，そこには，宗教との関係があることによる不利益な取扱い，すなわち宗教による差別が生ずることになりかねず，また例えば，刑務所等における教誨活動も，それがなんらかの宗教的色彩を帯びる限り一切許されないということになれば，かえって受刑者の信教の自由は著しく制約される結果を招くことにもなりかねないのである．これらの点にかんがみると，<u>政教分離規定の保障の対象となる国家と宗教との分離にもおのずから一定の限界があることを免れず</u>，政教分離原則が現実の国家制度として具現される場合には，それぞれの国の社会的・文化的諸条件に照らし，国家は実際上宗教とある程度のかかわり合いをもたざるをえないことを前提としたうえで，<u>そのかかわり合いが，信教の自由の保障の確保という制度の根本目的との関係で，いかなる場合にいかなる限度で許されないこととなるかが，問題とならざるをえないのである</u>．右のような見地から考えると，わが憲法の前記政教分離規定の基礎となり，その解釈の指導原理となる政教分離原則は，国家が宗教的に中立であることを要求するものではあるが，国家が宗教とのかかわり合いをもつことを全く許さないとするものではなく，宗教とのかかわり合いをもたらす行為の目的及び効果にかんがみ，そのかかわり合いが右の諸条件に照らし相当とされる限度を超えるものと認められる場合にこれを許さないとするものであると解すべきである．」

「ある行為が右にいう宗教的活動に該当するかどうかを検討するにあたつては，<u>当該行為の主宰者が宗教家であるかどうか，その順序作法（式次第）が宗教の定める方式に則つたものであるかどうかなど，当該行為の外形的側面のみにとらわれることなく，当該行為の行われる場所，当該行為に対する一般人の宗教的評価，当該行為者が当該行為を行うについての意図，目的及び宗教的意識の有無，程度，</u>

当該行為の一般人に与える効果，影響等，諸般の事情を考慮し，社会通念に従つて，客観的に判断しなければならない．〔…〕本件起工式は，神社神道固有の祭祀儀礼に則つて行われたものであるが，かかる儀式は，国民一般の間にすでに長年月にわたり広く行われてきた方式の範囲を出ないものであるから，一般人及びこれを主催した津市の市長以下の関係者の意識においては，これを世俗的行事と評価し，これにさしたる宗教的意識を認めなかつたものと考えられる．」

【コメント】名古屋高裁判決 (1971 (S46) 年 5 月 14 日 LEX/DB-27200546 『最高裁判所民事判例集』31 巻 4 号 616 頁) が，「神職が主宰して，神社神道固有の式次第（宗教的作法）に則つて行なわれた本件地鎮祭は，宗教的行為というべきであつて，未だ習俗的行事とはいえない」としたのに対して，最高裁は，「ある行為が右にいう宗教的活動に該当するかどうかを検討するにあたつては，当該行為の主宰者が宗教家であるかどうか，その順序作法（式次第）が宗教の定める方式に則つたものであるかどうかなど，当該行為の外形的側面のみにとらわれることなく，当該行為の行われる場所，当該行為に対する一般人の宗教的評価，当該行為者が当該行為を行うについての意図，目的及び宗教的意識の有無，程度，当該行為の一般人に与える効果，影響等，諸般の事情を考慮し，社会通念に従つて，客観的に判断しなければならない」と応答した（目的・効果基準の提示）．この箇所など，〈単純に外形＝構成要件適合性だけから判断するのではなく，行為の中身を成す多様な要素の実質的意味＝違法性を考慮に入れろ〉とする多元的・機能的な思考の点では，まるで全逓中郵事件判決や都教組事件判決の多数意見を読むような印象を与える．違うのは，この思考が，先には国民の基本的人権に対する制約を限定し刑事罰から免れさせるために使われていたが，ここでは，高裁が国（ここでは津市）に対する政教分離原則上の規制を厳格に適用したのに対して，その規制を限定するために使われている点である．

4-3-2 参議院議員選挙の無効請求事件判決

本件（最高裁第二小法廷 1988 (S63) 年 10 月 21 日判決 LEX/DB-27100079 『最高裁判所民事判例集』42 巻 8 号 644 頁）では，参議院の選挙区間における議員一人当たりの選挙人数に最大 5.85 対 1 の較差が生じており，憲法 14 条違反が争点となった．衆議院議員選挙に関する 2-8-1 判決 (1976) では，較差 4.99 対 1

で違憲であった：

「参議院議員については，国民代表としての実質的内容ないし機能に衆議院議員とは異なる独特の性格をもたせるべく，参議院議員を全都道府県の区域を通じて選挙される比例代表選出議員と都道府県を単位とする選挙区において選挙される選挙区選出議員とに区分し，前者については実際上職能代表的な色彩が反映されるようにし，後者については都道府県を基盤とする地域代表の要素を加味しようとする趣旨で，参議院議員の選挙制度の仕組みを定めており，また，議員定数については，その総数二五二人のうち，前者に一〇〇人を，後者に一五二人を配分し，憲法が参議院議員は三年ごとにその半数を改選すべきものとしていることに応じて，後者について各選挙区を通じてその選出議員の半数が改選されるように配慮し，四七の各選挙区に各二人を均等に配分した上，残余の五八人にあつては人口を基準とする各都道府県の大小に応じて比例する形で二人ないし六人の偶数の議員を付加配分しているのである。以上の仕組みを考えれば，参議院議員の選挙については，衆議院議員とは異なる代表性格をもたせるため，人口，選挙人数を基準とするのみでは十分に代表されない国民各層の種々の利益をも多面的に代表させる仕組みとしているのであつて，かかる仕組みは，両院制の下における参議院の性格にかんがみれば，国民各自，各層の利害や意見を公正かつ効果的に国会に反映させるための具体的方法として合理性を欠くものとはいえない。

参議院議員選挙について以上のような選挙制度の仕組みを採用した場合には，選挙区選出議員の選挙において各選挙区の議員一人当たりの選挙人数にある程度の較差が生ずることは当然であり，そのために選挙区間における選挙人の投票の価値の平等がそれだけ損なわれることになつたとしても，これをもつて直ちに議員定数の配分の定めが憲法一四条一項等に違反して選挙権の平等を侵害したものとすることはできないといわなければならない。」

【コメント】本判決で最高裁は，〈有権者分布差比率が 5.85 対 1 であることから，衆議院選挙についての判例に従って単純に憲法 14 条違反を引き出す〉のではなく，〈国会は両院で異なる〉として，参議院の「独特の性格」を分析し，〈こうした「独特の性格」がある場合には，「選挙区間における選挙人の投票の価値の平等がそれだけ損なわれることになつたとしても」，14 条に反しない〉として，憲法 14 条ないし判例の規制をゆるめた。ごく部分的ではあるが，ここに複合思考が見られる．

〔ところで，その「独特の性格」とは，「地域代表の要素」が入っていることであった．この判決について疑問であるのは，そのような，参議院にとって第一義的でもない政策が，〈選挙権の平等〉という価値＝基本的人権を犠牲にできるほどの重要性をもつものか，という点である．〕

4-3-3　薬事法違憲判決

本判決（行政処分取消請求事件，1975（S50）年 4 月 30 日最高裁大法廷判決　LEX/DB-27000373　『最高裁判所民事判例集』29 巻 4 号 572 頁．最高裁第二の違憲判決）は，〈薬事法 6 条 2 項・4 項は薬局等の設置場所を地理的に制限しているが，その理由とされる「薬局等の偏在―競争激化――一部薬局等の経営の不安定―不良医薬品の供給の危険又は医薬品乱用の助長の弊害」の定式化は妥当ではなく，制限は憲法 22 条 1 項に違反する〉と判示した：

> 「憲法二二条一項は，何人も，公共の福祉に反しないかぎり，職業選択の自由を有すると規定している．職業は，人が自己の生計を維持するためにする継続的活動であるとともに，分業社会においては，これを通じて社会の存続と発展に寄与する社会的機能分担の活動たる性質を有し，各人が自己のもつ個性を全うすべき場として，個人の人格的価値とも不可分の関連を有するものである．右規定が職業選択の自由を基本的人権の一つとして保障したゆえんも，現代社会における職業のもつ右のような性格と意義にあるものということができる．そして，このような職業の性格と意義に照らすときは，職業は，ひとりその選択，すなわち職業の開始，継続，廃止において自由であるばかりでなく，選択した職業の遂行自体，すなわちその職業活動の内容，態様においても，原則として自由であることが要請されるのであり，したがつて，右規定は，狭義における職業選択の自由のみならず，職業活動の自由の保障をも包含しているものと解すべきである．」
>
> 「職業は，それ自身のうちになんらかの制約の必要性が内在する社会的活動であるが，その種類，性質，内容，社会的意義及び影響がきわめて多種多様であるため，その規制を要求する社会的理由ないし目的も，国民経済の円満な発展や社会公共の便宜の促進，経済的弱者の保護等の社会政策及び経済政策上の積極的なものから，社会生活における安全の保障や秩序の維持等の消極的なものに至るまで千差万別で，その重要性も区々にわたるのである．そしてこれに対応して，現実に職業の自由に対して加えられる制限も，あるいは特定の職業につき私人によ

る遂行を一切禁止してこれを国家又は公共団体の専業とし，あるいは一定の条件をみたした者にのみこれを認め，更に，場合によつては，進んでそれらの者に職業の継続，遂行の義務を課し，あるいは職業の開始，継続，廃止の自由を認めながらその遂行の方法又は態様について規制する等，それぞれの事情に応じて各種各様の形をとることとなるのである．それ故，これらの規制措置が憲法二二条一項にいう公共の福祉のために要求されるものとして是認されるかどうかは，これを一律に論ずることができず，具体的な規制措置について，規制の目的，必要性，内容，これによつて制限される職業の自由の性質，内容及び制限の程度を検討し，これらを比較考量したうえで慎重に決定されなければならない．」

「許可制の採用自体が是認される場合であつても，個々の許可条件については，更に個別的に右の要件に照らしてその適否を判断しなければならないのである．」

「薬局等の設置場所の地域的制限の必要性と合理性を裏づける理由として被上告人の指摘する薬局等の偏在——競争激化——一部薬局等の経営の不安定——不良医薬品の供給の危険又は医薬品乱用の助長の弊害という事由は，いずれもいまだそれによつて右の必要性と合理性を肯定するに足りず，また，これらの事由を総合しても右の結論を動かすものではない．」

【コメント】本判決は，職業選択・職業活動の自由を「個人の人格的価値とも不可分の」権利（きわめて高尚な権利）だとする．この点は，全農林事件判決が労働基本権を「経済的地位の向上のための手段」にすぎないとした（224 頁）のと対照的である．ここでは人権擁護の姿勢がこのように鮮明なので，人権とそれを制約する「公共の福祉」との間で緊張関係が意識され，すなわち「公共の福祉」もまた人権によって逆制約を受けるとする論理（「比較考量した上で慎重に決定」の思考）が働き，その結果，〈規制はその多様性に応じて，一つ一つ個別的にその妥当性を検討されるべきだ〉となった．そして本判決は，ここでの規制目的が消極的なものに属すと見たため，比例原則の考え方にしたがって，規制の「必要性と合理性」を比較的厳格に審査したのである．

〔ただしここでの人権は，経済的自由である．それに対する制約が不合理であれば自由化に進むのは当然だが，経済的自由化の要求は，一般市民の人権を広く擁護することの一環として主張する立場からも，それを，強い企業の経済活動促進のために犠牲にする新自由主義の立場からも，出て来るものである．本件で問題になっている薬事法第6条2-4項（1963年7月12日追加）の立法目的は，大手の薬安売りスーパーによる殴り

込みの規制である．したがって，ここでの規制の自由化は，一般市民の人権を広く擁護することとは関係がない．本判決は，他の人権に対する最高裁の厳しい姿勢と十分併存しうるものであって，歴史的には，次の4-3-4判決と並び，その後政府が採る新自由主義的規制緩和政策を先取りした位置にある．〕

4-3-4 森林法違憲判決

本判決（共有物分割等請求事件，1987 (S62) 年 4 月 22 日最高裁大法廷判決　LEX/DB-27100065『最高裁判所民事判例集』41 巻 3 号 408 頁）は，第 5 の違憲判決である．森林法 186 条は，森林保全のためとして，共有森林につき持分価額 2 分の 1 以下の共有者に民法 256 条 1 項所定の分割請求権を否定しているが，本判決は，この規定にはなんら合理性と必要性が認められず，財産権に不当な制限を課していると判示した：

　「財産権は，それ自体に内在する制約があるほか，右のとおり立法府が社会全体の利益を図るために加える規制により制約を受けるものであるが，この規制は，財産権の種類，性質等が多種多様であり，また，財産権に対し規制を要求する社会的理由ないし目的も，社会公共の便宜の促進，経済的弱者の保護等の社会政策及び経済政策上の積極的なものから，社会生活における安全の保障や秩序の維持等の消極的なものに至るまで多岐にわたるため，種々様々でありうるのである．したがつて，財産権に対して加えられる規制が憲法二九条二項にいう公共の福祉に適合するものとして是認されるべきものであるかどうかは，規制の目的，必要性，内容，その規制によつて制限される財産権の種類，性質及び制限の程度等を比較考量して決すべきものであるが，裁判所としては，立法府がした右比較考量に基づく判断を尊重すべきものであるから，立法の規制目的が前示のような社会的理由ないし目的に出たとはいえないものとして公共の福祉に合致しないことが明らかであるか，又は規制目的が公共の福祉に合致するものであつても規制手段が右目的を達成するための手段として必要性若しくは合理性に欠けていることが明らかであつて，そのため立法府の判断が合理的裁量の範囲を超えるものとなる場合に限り，当該規制立法が憲法二九条二項に違背するものとして，その効力を否定することができるものと解するのが相当である」．
　「共有者間，ことに持分の価額が相等しい二名の共有者間において，共有物の管理又は変更等をめぐつて意見の対立，紛争が生ずるに至つたときは，各共有者

は，共有森林につき，同法二五二条但し書に基づき保存行為をなしうるにとどまり，管理又は変更の行為を適法にすることができないこととなり，ひいては当該森林の荒廃という事態を招来することとなる．同法二五六条一項は，かかる事態を解決するために設けられた規定であることは前示のとおりであるが，森林法一八六条が共有森林につき持分価額二分の一以下の共有者に民法の右規定の適用を排除した結果は，<u>右のような事態の永続化を招くだけであつて，当該森林の経営の安定化に資することにはならず，森林法一八六条の立法目的と同条が共有森林につき持分価額二分の一以下の共有者に分割請求権を否定したこととの間に合理的関連性のないこと</u>は，これを見ても明らかであるというべきである．」

【コメント】ここでも，人権（ただし財産権）擁護の姿勢が鮮明なので，それを制約する「公共の福祉」との間で緊張関係が意識され，その結果，〈それに対する制約は，一つひとつ個別的に検討すべきだ〉との見方が採られ，〈本件においては制約の目的と制約による帰結＝実際の効果とが食い違っている〉として，制約の仕方が不合理であることを認定した．

以上の事実を踏まえて，〈複合思考と単純思考とはどう使い分けられるべきか〉を考えておこう．この問題を考えるには，〈各規定の次のような位置づけのちがいが，複合思考と単純思考との，ことがらの関係に応じた使い分けを求めている〉という点にも眼を向けておく必要がある．すなわち，(α) 権力の行使を制約する規定については，刑法や憲法1条・9条が典型的なように，その性質上，いわば無条件の適用，すなわち単純思考で扱う面も必要である (4-3-1 や 4-3-2 も，これに関わる)．(β) 基本的人権を制約する規定（「公共の福祉」を含めて）に対しては，あるいは人権同士の対立の場合には，それぞれに複合思考が求められる．前者の制約規定については，基本的人権が定められているのは，それらを制限しようとするためではなく，逆にそれによって人民をなるべく保護するためであり，それゆえ基本的人権に関しては，不必要な限定を除去する方向での運用（審査基準の遵守）が必要である．後者の人権同士については，人権間調整の方向での運用が重要になるのである．(γ) 民法は，その性質上，損害の分散とか弱者保護・資源の効率的運用とかといった政策的判断が重要だから，複合思考が活用されるケースが多いし，それが求められる．(β)・(γ) に関してはそれぞれ，審査基準の確立が今後の課題である．

「複合思考か単純思考か」は，〈この規定は，国家権力や社会的権力，人民の基本的人権とどう向き合うことを求めているか〉の問いと不可分であり，この，「どう向き合うか」は，解釈者のスタンスによるが，しかし，それを超えてそれぞれの法の性質が方向付けしているのでもある．

〔後述のように（注103参照），2000年代に入ってから最高裁は——司法改革の影響を受け・また政治動向を敏感に察知して——人権擁護や行政訴訟の改善への一定の動きを示すようになったと言われる．これがもし事実なら，また，2009年9月の政権交代，それをもたらした，国民意識の変化，がこれから司法部に浸透していくならば，1960年代後半型の複合思考が復活しだす可能性がある．〕

第5章　最高裁と政治

はじめに

　第4章を読んだ読者は，疑問をもつことであろう：なぜ，人権をめぐる最高裁判決に，こうした二つの立場，2群の思考があるのだろうか；しかもそこでは，1960年代後半に「複合思考」がいったんは強まったのに，なぜ1970年代に入って「単純思考」が急速に再登場してきたのか，と．実はこれは，判決が依拠した法理論・法の解釈方法のちがいによっているだけではない．そうではなくてそれらは，その時代の司法政治史に深く関わっている．

　1970年を境とする日本司法の激変についてはこれまでに多くの論考があり，ここでそれを扱うのは「屋上屋を架す」ことだと，筆者は自覚している．しかしそれでも筆者は，あえて本章で，最新のものまでの重要文献を広く集め，事実関係を総合しながら再論し，〈日本の司法は，実際にどういう態様で激変していったか・激変したあと，どういう判決によって日本社会をどう逆規定していったか〉を総括することを通じて，「司法を見るもう一つの眼」，「司法と政治」の視点，の重要性を学生諸君に問題提起しようと思う．

　本章はこの考察を「企業社会」化現象に関連させておこなう．それは，これが1970年以降の判決の動向の特徴を鮮明に映し出す現象の一つだからである．

5-1　司法政治史と「企業社会」化

　1980年代からの日本社会の特徴を示す語に「企業社会」がある．「企業社会」とは，大企業が強力な社会権力として社会生活を規定している現象を指す．（その際，「企業」の実体は経営者たちである．かれらは永らく，企業同士が株式を相互に持ち合う日本的な仕組みによって，外部の株主から自由に経営を担ってきた．）次の

ような一連の関係が，この「企業社会」現象と結びついている．

　(i)　企業が労働者を支配できる仕組みが，次のようなものに依拠することによって可能となった．①企業内労働組合とその御用組合化（そのためには，組合つぶし，組合の分裂（第二組合の育成）などの手段が採られた），②QC運動などに見られる，小さな生産単位組織の活用，③労働者を相互に競争させる仕組みの活用，④終身雇用・定期昇給，⑤家族ぐるみで会社に結びつける，社員福祉サービスや運動会・クリスマス会等の催し，⑥会社絶対化への精神改造などの活用，である．

　(ii)　この結果，他の先進国には見られない労働環境が実現した．すなわち，厳しいノルマ・家庭生活を無視した配置転換・単身赴任・深夜に及ぶ残業などの常態化である．これらが，「会社人間」といわれる，会社のことしか考えられないような人間を産み出し，また過労死・過労自殺・精神疾患を増大させるなど人格破壊・家庭破壊をもたらした．

　(iii)　上意下達型経営ないし社長・創業者の家の独裁のため，チェック機能を喪失し乱脈・違法行為に走る．この間の，雪印乳業，西武鉄道，尼崎で事故を起こしたJR，大阪の船場吉兆，伊勢の赤福，その他多数の食品偽装などがそうである．

　(iv)　企業は，その下請け業者をも専制的に支配する．

　(v)　企業は，その力によって社会全体をも支配する．たとえば，企業が政治献金・経済実力・人脈・政府の委員会への進出・経団連等によるロビー活動・企業独自の候補者や支援候補者を担いだ企業ぐるみ選挙などによって，中央と地方の双方で政治を支配し有利な政策を誘導する．

　2000年以降，グローバリゼーションの一環としての，生産拠点の海外移転や種々の規制緩和，アメリカ的経営（株主本位の経営が相対的に強まったことや，業績主義的な高収入と高リストラが結びついたシステム）などの影響を受けて，「企業社会」はかなり変容した．たとえば，パート・派遣・契約社員等臨時雇い（1年未満契約の非正規雇用者）の著しい増大（2008年度で2000万人弱．正規雇用者は3000万人強）など，低賃金で働かせ・自由にリストラができる体制（人間労働の部品化）ができていった．終身雇用や社員福祉サービスなどは，その分後退した（2000年代に入って，企業の社宅・保養施設の売却，年金改革などが相次いでいる）．しかし，正社員の間では従前の関係はなおかなり持続しているし，企

業が政治や社会を支配する関係はいっそう強まっている．したがって，「企業社会」化現象はなお消えていない．

　日本は，戦後の民主化政策の一環として，労働基本権を憲法に定めた．労働運動は，使用者側・政府による活動の妨害・組合分裂に直面しつつも，1960年代には職場だけでなく社会においても自由・民主主義の一つの原動力となった．そのもっとも顕著な現れは，1960年の「安保条約改定反対運動」や，1965年頃以降の「ベトナム反戦運動」，1967年以降の東京都・大阪府をはじめとする革新自治体の実現などでの労働組合の位置にあった．しかし事態は，1970年代中期に入って急転する．1973・74年のオイル・ショックを合理化・労働者管理の強化によって乗り切った企業は，上述した諸手段によって，労働者に対する統制を強め，権威主義的な支配を徹底させていったのである．1970年代以降のこうした重要な変化の基盤づくりとなったものの一つが，裁判所による一連の判決であった．以下では，この事実に焦点を当てる．

　日本の司法が，労働者や住民よりも（国家や）企業寄りに動くのは，戦後においても，戦前から本質的には変わっていなかった．しかし1960年代後半には，戦後民主主義の環境で育った法曹の厚い層に支えられ，とりわけ下級審に新しい動きが見られ出し，やがて最高裁も，それを反映して人権擁護の姿勢を示し始めた．前述した全逓東京中郵事件判決（1966年10月26日）等の判決がそれを物語っている．

　だがこの判例は，7年後の全農林事件判決（1973年4月25日）で覆された．そしてこれ以降1990年代にいたる時期に，新姿勢の最高裁は，企業支援の諸判決を次々と出していく．本章で扱うのはそのうちの，三菱樹脂事件判決（1973年），昭和女子大事件判決（1974年），目黒電報電話局事件判決（1977年），国労札幌駅事件判決（1979年），大成観光リボン闘争事件判決（1982年），そして判決日が全農林事件判決にやや先行する八幡製鉄所政治献金事件判決（1970年）等である．（最高裁はまた，市民が国家を相手取って提起した裁判でも，原告適格の厳格化や「処分性」の限定，行政裁量論，挙証責任，「公共の福祉」などを使って，市民敗訴の判決を出していった．前述の，大阪空港公害事件判決（1981年），大東水害損害賠償請求事件判決（1984年），自衛官合祀訴訟判決（1988年）等々である．）最高裁のこうした変化をもたらしたのは，両判決の間に生じた，下に述べる一連の

司法政治史上の動きであった．

5-1-1 司法をめぐる政治

次頁の年表は，全逓中郵事件判決が出てから全農林事件判決が出るまでの，裁判所をとりまく政治と裁判所自身の政治的行動との展開史（司法政治史）である[84]．年表をフォローしつつ，出来事の意味を考えていこう．

1966年頃から司法部において，当時の政府・与党にとって「頭に来る」一連の動きが見られた．最高裁の全逓中郵事件判決・都教組事件判決，公安条例違憲判決，札幌地裁の恵庭事件無罪判決・長沼ナイキ基地訴訟での動き等々である．これに対して最初に反応したのは，左翼に対するネガティブ・キャンペーンを張ってきた『全貌』・『経済往来』等の雑誌や，『日経連タイムス』（大企業の労務対策連合機関であった日本経営者団体連盟の新聞），『自由新報』（自由民主党の機関紙）であった．これらが攻撃の中心対象としたのは，青年法律家協会（青法協）[85]であった．これを受けて政府・与党も動き出し，まず，石田和外最高裁判事（退官後「英霊にこたえる会」の会長や「元号法制化国民会議」の結成者となる人物）を最高裁長官に選任した（この人事については後述．254-255頁）．ついで，一連の判決を批判し調査するため自由民主党内に裁判制度調査特別委員会を設置しようとし，批判を受けていったん止めたが，まもなく司法制度調査会を設置した．

---

84) 『法学セミナー』1977年4月号．
85) 青年法律家協会（青法協）は，その設立趣意書によれば，「政治的立場をはなれて〔…〕憲法を擁護」し「平和と民主主義をまもる」立場での法律家の相互研鑽・交流の組織として，1954年に結成された．発起人には，芦部信喜・平野龍一・三ケ月章なども名を連ねている．1970年頃には裁判官は独自の部会をつくり，自由に活動していた（全裁判官1850人中350人が会員であった）．ちなみに，上にある「憲法擁護」は，憲法99条によるところの，公務員の義務である．
86) 全逓中郵事件判決や都教組事件判決での多数派は，ここで少数派に転落した．全農林警職法闘争事件判決では，その少数派は，色川裁判官を除いては，「有罪」の結論には与した．しかしかれらは，次の引用に見られるように，〈有罪の理由は，全農林の争議行為が政治ストだったことに求めれば十分で，都教組事件判決の立場を変える必要はない〉という点で，多数派に対し一線を画した：「本件は，全農林労働組合による警職法改正反対闘争という政治目的に出た争議行為をあおることを企て，また，これをあおつた行為が国公法の前記規定違反の罪にあたるとして起訴された事件であり，このような争議行為が憲法二八条による争議権の保障の範囲に含まれないことは，岩田裁判官の意見のとおりである．それゆえ，この点につき判断を加えれば，本件の処理としては十分であり，あえて勤労条件の改善，向上を図るための争議行為禁止の可能性の問題にまで立ち入つて判断を加え，しかも，従前の最高裁判所の判例ないしは見解に変更を加える必要はなく，また，変更を加えるべきではないのである．」

1966-73年　司法政治年表

年月日	出来事
1966.10.26	**最高裁大法廷　全逓中郵事件判決**
1967. 3.29	札幌地裁，恵庭事件で無罪判決．
9.	雑誌『全貌』，青年法律家協会（青法協）を容共団体とし，その裁判官部会全員名簿を「裁判所の共産党員」と題して掲載．雑誌『経済往来』，一連の下級審判決を「偏向判決」と報道し，また自由法曹団・青法協・全司法を，「偏向判決」を生んでいる原動力として攻撃．『日経連タイムズ』，共産党が法曹界へ浸透していると報道． 最高裁が上記『全貌』を資料整備費で購入し各裁判所に配付．
1969. 1.11	石田和外が最高裁長官に就任．
4. 2	**最高裁大法廷　都教組事件判決**
4.22	自由民主党が，裁判制度調査特別委員会設置を決議し，また，都教組事件や福岡地裁による博多駅事件無罪判決を，偏向判決と指摘した．
4.23	最高裁事務総局，〈上記裁判制度調査特別委員会は，裁判の独立を侵す〉と指摘．
5.13	自由民主党，司法制度調査会設置．
8.	札幌地裁平賀健太所長が長沼ナイキ基地訴訟で，担当裁判官に介入（4日に，住民敗訴の筋書きを書いたメモを平田裁判官に手渡す．14日に，国を敗訴させるなと暗に指図した書簡を福島重雄判事に手渡す）．
10. 1	鹿児島地裁飯守所長が，〈平賀書簡事件は青法協のでっち上げ〉と新聞に投稿．高裁から厳重注意の処分を受ける．
1970. 1.14	最高裁局付判事補10名が青法協を一斉に脱退．
4. 1	司法修習生3名（2名が青法協会員）が，異例の裁判官任官拒否に遭う．
4. 8	最高裁事務総長岸盛一，「裁判官が政治的色彩を帯びた団体に加入することは誤解を招く」との談話．
5. 2	石田長官が，「ある色彩を持つような政治的活動をする団体に密接な関係を持つと，その人の裁判は公正であっても世間からは，ああいう人だからそういう結論が出たと思われる」と記者会見で談話．
10.19	国会裁判官訴追委員会が，平賀所長を不訴追，福島判事を訴追猶予にする．
10.24	国会の裁判官訴追委員会が213名の裁判官に青法協会員であるか否かを問い糺す照会状を送る． 鹿児島地裁飯守所長が部下の裁判官9名に〈青法協会員か否か：天皇制や資本主義についてどういう思想をもつか〉と問う公開質問状を送る．処分を受け退任．
1971. 3.31	最高裁，宮本康昭熊本地裁判事補（青法協会員）の再任を拒否．また，司法修習生7人（青法協会員6人，賛同者1人）の裁判官任官を拒否．
4.	熊本地裁・家裁の裁判官29名が宮本判事補の再任を要求． 日弁連や法学者604人が最高裁批判の声明．
1972. 1.	最高裁石田長官が談話を出す：「些細な事柄が政治的色彩で染めあげられ〔…〕特定の角度から裁判所に迫ってくる」．（「些細な事柄」とは，任官拒否や再任拒否を指していた．）
1973. 2. 3	内閣が，色川裁判官の後任者を，日弁連の推薦を無視して選任．
4.25	**最高裁大法廷　全農林事件判決**（都教組事件判決の判例変更）[86]

注）　この時期の内閣総理大臣は，1960-64：池田勇人，1964-1972：佐藤栄作，1972-74：田中角栄であった．

平賀メモ・平賀書簡

こうした火に油を注いだのは，長沼ナイキ基地訴訟（ミサイル基地建設のため国有保安林の指定を解除する国の決定に対して，住民がその取り消しを求めた行政訴訟）の担当裁判官福島重雄に，その判決内容に関わって上司の札幌地裁所長平賀健太が介入した事件である．1969年8月14日，平賀所長は福島判事に，のちに「平賀書簡」と呼ばれる手紙を送りつけた．その手紙には，少し手を入れたら判決文になるほどに詳細なメモが同封されており，国の保安林指定解除方針を尊重するよう求めていた[87]．福島判事が，裁判官の独立を侵害する重大問題であるとして，相談のため同僚にコピーを送ったところ，一部マスコミの知るところとなった（マスコミが取り上げていなかったら，介入の事実はもみ消されていただろう．事実，この問題に対処するため召集された地裁裁判官会議（9月13日）は，事件について箝口令を敷いた．このため福島判事も，これ以降，この件については語れなくなった）．なお，後で分かったことだが，平賀所長は，その数日前にも，福島判事が属す民事第1部の上席裁判官である平田所長代行に，のちに「平賀メモ」と呼ばれる，ナイキ訴訟の決定内容に関わる文書を手渡し，暗に福島判事への働きかけを求めていた．

「平賀書簡」が表に出て以来，事件は別の方向に展開しだす．すなわち右翼ら1166人が，福島判事を裁判官の品位を汚したとして訴追請求した．自民党が牛耳る国会の裁判官訴追委員会は，福島判事を，私信である平賀の書簡を「軽率にも強いて」「表沙汰」にした点，およびかれが青法協の会員である点を理由に罷免に値するとしつつも，かれが〈所長による介入〉だと誤解したことには「無理でない」点があること，また書簡を表沙汰にしたのは故意によるものではないこと，を理由に「訴追猶予」とした（平賀所長も東京弁護士会会長ら6601人から訴追請求されたが，裁判官訴追委員会は「職務熱心のあまり，助言の趣旨で交付した」だけだとして不訴追（シロ）とした[88]．

---

87) 福島重雄他編著『長沼事件　平賀書簡』（日本評論社，2009）160頁以下に，全文が掲載されている．福島判事が〈国有保安林の指定解除の執行停止〉を起案終了して裁判所書記官に「8月12日送達」を指示したのは8月8日．10日に平賀所長が〈決定言い渡し＝送達の延期〉を迫り（平賀は，何度も口頭での干渉をしていた），14日に平賀書簡が届いたのである．そして奇妙なことに，11日には，国側から補充意見書が届いた——送達の延期がなかったなら，手遅れで無駄になっていた書類が，である．同書36頁以下．

88) 札幌高裁裁判官会議も，福島判事を〈先輩としての所長の忠告を外に漏らしたのは，裁判官の節度を逸脱しており遺憾である〉との理由で注意処分にした．これに対し福島判事は，高裁が自分から聴取をせず，かつ極秘裏に処分審理を進めた点（秘密裁判のようなものである）を批判

第5章　最高裁と政治

青法協狩り　事件の焦点は，さらにそらされていく．すなわち福島判事が青法協会員であったことを契機に，司法部内外で「青法協狩り」が始まった．

　長沼ナイキ基地訴訟で国は，福島判事が青法協会員であることを理由に裁判官忌避を申し立てた．また国会の裁判官訴追委員会は 1970 年 10 月，右翼団体員辻山清・九鬼兵衛の名で，前記『全貌』の記事を根拠にして出された訴追申立に絡んで，234 名の裁判官に，〈青法協会員であるか否か〉を問い糺した照会状を送り付け，回答を迫った[89]．朝日新聞 (10 月 13 日) や毎日新聞 (10 月 16 日) 等も社説で，裁判官を青法協から脱退させるよう司法部に求めた (あとで立場を変更したが)．

　他方，最高裁は，① 1970 年 1 月，局付判事補 (最高裁事務総局で司法行政にたずさわる若手エリート裁判官．年に 2, 3 人しか採用されず，当時総数は 15 名) のうち青法協会員であった 10 名を一斉に脱会させ (10 名が自分たちの判断だけで一斉に脱会することは，考えられない)，②青法協会員であることを理由にしたと見られる裁判官任官拒否をし (1970 年 4 月は，3 名——内 2 名が青法協会員．1971 年 3 月には，裁判官希望者 67 名中 7 名を拒否——内 6 名が青法協会員．1980 年までの 10 年間で，任官拒否にあった 38 名中の 24 名が青法協会員[90])，③さらに 1971 年 3 月，宮本康昭判事補の再任を拒否した．(最高裁は，再任拒否の理由を示さなかった．宮本判事補は，中心にはいなかったが青法協の会員であり，他の裁判官が最高裁の圧力を受け次々と (内容証明郵便で) 退会届けをする中で，退会を拒否し続けていた．かれは東京地裁時代に，「全共闘」の被告人に対する欠席裁判をしなかった唯一の部，刑事 16 部に属していた——そのため途中で，熊本地裁に転勤させられた．同部裁判長の浦辺衛も，

し，かつ，〈脅迫文を受け取った場合と同様，その違法な手紙をどう扱うかは，受け取った者の権限に属する；差し出し人に相談する必要はない〉と反論した．この反論および上記裁判官訴追委員会決定は，福島 (前掲注 87)『長沼事件　平賀書簡』346 頁以下に載せられている．(他方，国会で不訴追となった平賀所長は，1ヶ月前の 1970 年 9 月 13 日に札幌地裁裁判官会議で厳重注意処分に付され，かつ 9 月 20 日に最高裁で注意処分に付され，所長を解任され東京高裁に異動した．)

89)　照会状は，次の内容のものであり，回答がなければ青法協会員と見なす，とあった：「〔貴殿に対しては〕青法協会員であることを理由に訴追請求が出されていますので一一月二六日までに回答して下さい．次の項目のどちらかに○をつけて下さい．(1) かつて会員であったことはない　(2) かつて会員だったが退会した (退会年月日を記入すること)」．山本 (前掲注 83)『最高裁物語』下巻 69 頁．

90)　小田中聡樹「八〇年代司法と民主主義」(『法学セミナー』1980 年 8 月号).

長崎地裁に転勤させられた。この「欠席裁判」拒否も，理由の一つとされている。）この年，63人の判事再任希望者のうち青法協会員は8人であったが，再任拒否該当者は，最高裁裁判官会議での田中二郎らの抵抗で宮本1人となった，と言われる[91]。

この時に最高裁がとった立場は，後に寺西和史裁判官処分事件判決（裁判官分限事件の決定に対する即時抗告事件，1998（H10）年12月1日最高裁大法廷決定　LEX/DB-28033415『最高裁判所民事判例集』52巻9号1761頁）の中に，次のようなかたちではっきり出ている：

　「裁判官は，独立して中立・公正な立場に立ってその職務を行わなければならないのであるが，外見上も中立・公正を害さないように自律，自制すべきことが要請される．司法に対する国民の信頼は，具体的な裁判の内容の公正，裁判運営の適正はもとより当然のこととして，外見的にも中立・公正な裁判官の態度によって支えられるからである．したがって，裁判官は，いかなる勢力からも影響を受けることがあってはならず，とりわけ政治的な勢力との間には一線を画さなければならない．そのような要請は，司法の使命，本質から当然に導かれるところであり，現行憲法下における我が国の裁判官は，違憲立法審査権を有し，法令や処分の憲法適合性を審査することができ，また，行政事件や国家賠償請求事件などを取り扱い，立法府や行政府の行為の適否を判断する権限を有しているのであるから，特にその要請が強いというべきである．職務を離れた私人としての行為であっても，裁判官が政治的な勢力にくみする行動に及ぶときは，当該裁判官に中立・公正な裁判を期待することはできないと国民から見られるのは，避けられないところである．身分を保障され政治的責任を負わない裁判官が政治の方向に影響を与えるような行動に及ぶことは，右のような意味において裁判の存立する基礎を崩し，裁判官の中立・公正に対する国民の信頼を揺るがすばかりでなく，立法権や行政権に対する不当な干渉，侵害にもつながることになるということができる．」

「期待することはできないと国民から見られる」とあるが，具体的に〈誰が，何を根拠にそう見たか〉は，もちろん分からない．したがってこの道を採ると，〈そう見られることが懸念される行為一般〉を事前に規制しなければならないことになる．その際，懸念というものは，その性質上エスカレートするものなので，裁判官の行動の一つひとつに及んでいく．すなわち，「職務を離れた私人としての行為であっても」，またその行為の態様・発言の内容だけではなく，特定の集会に出席したり，ある組織・人物に接触したりしたこと自体もが，懸念を生む事項とされることになる[92]．こうしたことの最

---

91)　山本（前掲注83）『最高裁物語』下巻76頁．

終の帰結は，懸念を与えそうな人物（すなわち「変わった人物」一般，自己をもった裁判官）とその組織を司法部から取り除こうとすることだろう．

　以上に関して問題なのは，「青法協」に属する裁判官たちが最高裁や政府・議会によって差別・抑圧されたということだけではない（これ自体が重大問題ではあるが）．重要なのはこれが，最高裁事務総局側においては裁判官統制の口実に，また裁判官側においては無関心ないし保身的自粛（萎縮）の正当化の契機になった点である（当時の一連の事態に対してさえ，3分の2の裁判官が「我関せず」だった，と言われる[93]．そうした姿勢をとることが，これ以降，裁判官にとって正常のものとされだしたのである）．こうしたことの結果，日本の司法は，後述するよう

---

[92]　最高裁事務総局による「裁判所法逐条解説」は久しく，「単に特定の政党に加入して政党員になったり一般国民の立場として政府や政党の政策を批判することは右の禁止に含まれない」としていたのだが，この原則が崩されていったのである．〈外見までも中立でなければならない，すなわち裁判が中立であるだけでなく，裁判官の日常行動まで中立的に見えなければならない〉とすると，裁判官は，特定宗教の礼拝に参加できなくなるし，「野鳥の会」の会合等にも（環境保全・公害問題の点からは中立的に見えなくなるので）出席できなくなってしまうのではないか．
　それにしても，外見的にも中立でなければ「司法に対する国民の信頼」が得られないと考える最高裁は，すべての裁判官を信頼していないだけでなく，国民を低く見過ぎているのではないか；国民は，最高裁によって馬鹿者扱いされているのではないか．——アメリカの多くの州では裁判官は，政党の候補者として立候補し選挙で選ばれる．そればかりか，カトリックがプロテスタントの，黒人が白人の裁判に携わる．また，ドイツをはじめほとんどの西欧の国では，裁判官は市民としては政治活動も自由である．それでも，「司法に対する国民の信頼」は高い．市民としての活動の立場と裁判官としての法廷での行為・判断とを区別立てできるのが，プロとしての法律家の力量であるし，判断力のある（＝外見だけで人やものを見ない）市民の意識水準である．
　原島が言うように，「裁判官に個性や思想があるのは当然であって，それを前提にして「裁判官の良心」がある，と考えるか．個性の強い裁判官は困る，〔…そういう裁判官には〕「裁判官の良心」は期待できない，と考えるか，大変な違いがある」（原島重義『法的判断とは何か』創文社，2002，93頁）．個性こそが，生きた法解釈の原動力なのに．
　ところで，上の事実との関連で不思議なのが，裁判官が法務省等に出向し，検察官が裁判官になる「判検交流」が制度化されている点である（出向者は，延べ1500人に昇ると言われる）．この場合，裁判官は法務省で通常3年間，訟務検事などを務める．訟務検事は，国が関わる訴訟を担当し，時には国の訴訟代理人ともなる．そうした事件には，市民と対峙する事件や，高度に政治性を帯びているため政府・与党側に立って反対側と対峙する事件も多い．そうした国の立場・一方の政治的立場で訴訟行為した人物が，やがて裁判所に戻り，国ないし与党が市民・反対者と対峙する訴訟をも裁くのである．この場合，下級審で国側の訴訟チーム責任者となった人物がその事件の上級審裁判官となったとしても，国の訴訟代理人を務めたのでなければ，裁判官忌避の該当者とはならない．こうした制度は——その制度が実際に裁判官に与える影響の問題は別としても——〈裁判官は，外見までも中立でなければならない〉とする最高裁の上述の立場と矛盾するのではないか．「判検交流」については，毎日新聞社会部（前掲注80）『検証・最高裁判所』第9章参照．

[93]　福島（前掲注87）『長沼事件　平賀書簡』228頁．

に急激に硬直化し官僚臭を強めていく（この硬直化の行き過ぎが顕在化し，その是正の必要が一つの要因となって，1999年以来，司法制度改革が進んでいるのでもある）．

5-1-2 最高裁裁判官の人事

以上の事態を経験し，政府・与党は，最高裁判事の人選においてきわめて慎重になる．その結果，最高裁判事の構成に激変が生じた．次の図は，1970年前後のいわゆる4大事件判決における，最高裁判事の意見の分かれ方を示したものである．

最高裁4大判決の裁判官構成表

	全逓中郵事件 1966.10.26	都教組事件 1969.4.2	全農林事件 1973.4.25	猿払事件 1974.11.6
○対×	8対4	9対5	7対8*)	4対11
長官	○横田喜三郎	○横田正俊	×石田和外	×村上朝一
第一小法廷	○入江俊郎 ○長部謹吾 ○松田二郎 ○岩田誠 ——	○入江俊郎 ○長部謹吾 ○松田二郎 ○岩田誠 ○大隅健一郎	×下田武三 ×岸盛一 ×藤林益三 ○岩田誠 ○大隅健一郎	×下田武三 ×岸盛一 ×藤林益三 ×岸上康夫 ○大隅健一郎
第二小法廷	×石田和外 ×草鹿浅之助 ○城戸芳彦 ×奥野健一 （山田作之助）	○石田和外 ○草鹿浅之助 ○城戸芳彦 ○奥野健一 ○色川幸太郎	—— ×岡原昌男 ○小川信雄 ×村上朝一 ○色川幸太郎	×吉田豊 ×岡原昌男 ○小川信雄 —— ×大塚喜一郎
第三小法廷	○田中二郎 ×五鬼上堅磐 ○柏原語六 ○横田正俊 （石坂修一）	○田中二郎 ×松本正雄 ○飯村義美 —— ×下村三郎	○田中二郎 ○坂本吉勝 ×天野武一 ○関根小郷 ×下村三郎	×高辻正巳 ○坂本吉勝 ×天野武一 ×関根小郷 ×江里口清雄

注記1) 本図は，宮本康昭『危機に立つ司法』（汐文社，1978, 206頁）の図を一部修正したものである．
2) ○は，被告人（公務員等）に有利な意見．×印は，不利な意見．
3) （ ）内の2名は，退官のため関与しなかった．
*) 前述（注86）のように，全農林事件判決は政治ストであったため，色川幸太郎を除いて全員が処罰には賛成であった．しかし，○印の人びとは，多数意見の判決理由に反対であった．

上の図の背後にある，保守派が慎重に選ばれていった人事経過を説明しておこう．

(i) 1969年1月，長官ポストに，横田正俊のあと，石田和外が就く．

石田は，東京高裁長官から最高裁判事になっていた．なぜ石田が長官になったかについては，諸説がある[94]．

(ii) 1970年7月，裁判官出身の松田二郎のあとに，藤林益三が入る．

藤林は，協和銀行や日本興業銀行の顧問弁護士であった．かれが入ったことによって，全農林事件を扱っていた第一小法廷は逆転し，事件は大法廷に回ることになった．

(iii) 1970年10月，検事ポストで岡原昌男が就任した．

岡原は，戦時中は公安検察官であった．かれは，最高裁判事就任時に，異例のかたちをとって，石田の1970年5月2日の記者会見談話（上述249頁）支持を表明した．

(iv) 1971年1月，入江俊郎（国会法制局出身）のあとに，下田武三外務次官が入る．

下田は，駐米公使・大使等を務めた外交官であった．沖縄返還問題時に「本土なみの交渉は無理」という「下田発言」をするなど旗幟鮮明の政治家的行政官であった．当時の佐藤栄作首相によるこの抜擢人事に対しては，最高裁内でも批判が起こった[95]．

(v) 1971年5月，弁護士出身の飯村義美のあとに，検察官出身の天野武一が入る．

この天野人事によって，○対×の比が逆転した．

---

94) ①毎日新聞の司法記者を務めた山本祐司は，木村篤太郎へのインタビューを踏まえて，当時の政界の大物であった木村（司法大臣をも務めた）が佐藤栄作首相に働きかけた結果，「石田長官」が実現した，とする：「反共の闘士といわれた木村篤太郎の目に「国難」と映ったのは，まさに，この雪どけから春に向かおうとする最高裁の〔都教組事件最高裁判決等に見られる〕動向であり，横田正俊や田中二郎がリベラル派，石田和外が保守派のそれぞれの中核的存在とくれば，木村のクーデター的行動〔佐藤首相に面会を申し込んで，次期最高裁長官には──佐藤が候補者にしていた田中二郎ではなく──石田和外を就けるよう説得したこと〕についての謎解きの推理は完結する．木村は，司法界の内情にまで目が届かない宰相の佐藤〔栄作〕が「東大教授」「行政法の権威」という知的な業績から，田中を最高裁長官として描いている──という情報を入手すると，人事をめぐるさまざまな動きが起こる前の一瞬をついて電撃的行動を起こし，"本丸"の佐藤を攻め落として，リベラル派の最高裁長官の実現を阻止したのである．」山本（前掲注83）『最高裁物語』上巻292頁．これに対して大出良知は，〈政権党の裁判所批判を横田正俊長官が石田人事によってかわそうとした；横田流「自主規制」の産物だ──まもなくそれが裏目に出ることになるのだ〉と推測する．福島（前掲注87）『長沼事件 平賀書簡』150頁．

95) 毎日新聞社会部（前掲注80）『検証・最高裁判所』272頁．野村二郎『最高裁全裁判官』（三省堂，1986）167頁．

(vi) 1971年4月，東京高裁長官の岸盛一が入る．

　岸は，もと検察官である．当初リベラルと見られていたが，石田長官の下の最高裁事務総局事務総長として，司法改変の動きにおいて石田と二人三脚の行動をとった．

(vii) 1972年11月，岩田誠のあとに，岸上康夫（東京高裁長官）が入る．

(viii) 1973年2月，弁護士ポストで，色川幸太郎のあとに，大塚喜一郎が入る．

　通常4名の弁護士枠ポストについては，日弁連の推薦者名簿によって任命する慣行であった．ところが最高裁・内閣は，名簿にあった9人全員を拒否して大塚を選任した．大塚は，四日市公害等で悪名高い石原産業の弁護士をしていた（産業廃液たれ流し損害賠償請求事件，津地裁四日市支部1972 (S47) 年7月24日判決 LEX/DB-27424499参照）．また，当時の首相，田中角栄（総理大臣：1972-74）の関連企業の顧問弁護士でもあった（宮本康昭『危機に立つ司法』205頁）．

(ix) 1973年4月，田中二郎のあとに，高辻正巳が入る．

　田中は，1964年の就任以来，横田正俊とともに最高裁の変化をリードしたが，定年3年前に退官した（退官後の全農林事件の評決には参加した．評議に参加した裁判官は，退職に当たって意見を書面に残して評決に参加できる）．保守派との激しいやりとり，司法部の雰囲気が殺伐としたこと等に嫌気がさしての辞任だと言われる（実際，全農林事件判決には裁判官の間でのけんか腰のやりとりが見られる[96]）．

　高辻は，7年8ヶ月間，内閣法制局長官を務めた．内閣法制局長官は，本来は内閣内の「憲法の番人」であったが，当時以来，政府の一部局として，内閣の憲法・法律見解を代弁する機関となっていた．実際高辻は，就任後，最高裁タカ派の一人となった．

---

[96] たとえば，全農林事件判決で田中二郎裁判官らの少数意見は言う：「しかも，多数意見の理由については，さきの大法廷判決における少数意見の理論に格別つけ加えるもののないことは前記のとおりであり，また，右判決の見解を変更する真にやむをえないゆえんに至つては，なんら合理的な説明が示されておらず，また，客観的にもこれを発見するに苦しまざるをえないのである．」これに対して多数意見は，次のように応える：「〔少数意見は〕多数意見の真意を理解せず，いたずらに誇大な表現を用いて，これを論難するものであつて，読む者をしてわれわれの意見について甚だしい誤解を抱かせるものがあると思われる．」

この時まで学者ポストは二つ（時には三つ）だったが，高辻人事以降，今日に至るまで（1980-83 年を除き），一つである（学者は，最高裁が選任する）．逆に，下田・高辻の任命によって，二つの判事ポストが行政官＝政府要職経験者に宛がわれだした．

(x) 1973 年 5 月，石田和外の判事ポストを吉田豊（大阪高裁長官）が埋める．吉田は，岸盛一のあと，石田の懐刀としての最高裁事務総局事務総長を務めた．

以上のような「慎重な」人員配置によって，最高裁は，全農林事件の大法廷評議がおこなわれる頃には，リベラルが少数派になってしまっていたのである．

前史　早川武夫は，「最高裁判所人権判決の尺度表分析」（『ジュリスト』256 号，1962 年 8 月 15 日付）において，1955 年から 1960 年にかけて最高裁の各判事が人権裁判でどういう立場をとったかを分析している．それによれば，①リベラルと保守派，中間派は，それぞれ立場が予めはっきり決まっているようで，各裁判では，その意見分布がほぼ一貫している；②これら三つの陣営の人数は，ほぼ均衡している；③総じて言えば，弁護士出身者はリベラルに，裁判官出身者は中間派に多い，となる．〔私見だが，これらの点からは，次のことが言えよう：(α) 立場がはっきりしている判事においては，〈法の解釈は，各判事がもともととっている立場・思想に第一義的には規定される；解釈の理屈・技法は，各判事がその立場・思想にもとづいて選択した結論を，後で正統化するために使われる〉という面があること；(β) しかし同時に，中間派の裁判官出身者らにとりわけ顕著なのは，〈解釈の善し悪し（理論的・技法的）がその結論選択を方向付ける可能性をもつ〉という事実である．〕

さて，早川はまた，「現在では〔左右両派から退官が出〕，代って未知数の四名〔横田喜三郎，山田作之助，五鬼城堅磐，横田正俊のこと？〕が任官し，かくて旗幟鮮明な人たちが左右両陣営とも一挙に退陣したため，最高裁は穏健になり，今後はあまり鋭い態度の対照は見られないであろう」と述べている．

以上の早川の指摘からは，1962 年より前の時代の最高裁は，左・右・中道が均衡し合った比較的穏やかな雰囲気の下にあったことがうかがえる．

〔以下も私見だが，早川がこの論文を書いたあと，1964 年からの池田勇人内閣時に，1960 年代後半にリベラルの多数派となるべき圧倒的部分が任命されたのである．しかしこれは，池田内閣が意図的にそういう任命の仕方をしたというよりは，従来の伝統を尊重して左・右・中道を数的に均等に任命したところ，はからずも裁判官出身者たちと学者たちにリベラルが多かった；かれらのリベラル性が，1960 年代後半の変化をもた

らした，ということによる．そして，このことのため政府・政権党が急速に警戒心を強め，その結果生じたバックラッシュが，1970年代の司法政治の展開をもたらしたのである[97]．要するに，早川の，「今後はあまり鋭い態度の対照は見られないであろう」という上述の予言は，この点で大きく外れたのである．かれの導入したアメリカ最新の計量分析自体は，精緻さを誇るものであったのだが.〕

5-1-3　下級審裁判官の情況変化

この情況変化については，裁判官経験者である秋山賢三が『裁判官はなぜ誤るか』（岩波新書，2002）の36頁以下において，次のように証言している（他に，安部晴彦『犬になれなかった裁判官』（NHK出版，2001），新藤宗幸『司法官僚』（岩波新書，2009）も参照）．秋山によると，「戦後の一時期は比較的に牧歌的とも言われていた裁判所だったが，その頃〔1970年前後〕から急激に個々の裁判官の思想傾向までが問題にされるような雰囲気が醸成されていった．〔…〕自由な研究と討論の場を問題視され，そのような場を徐々に奪われていった裁判官たちは，次第に沈黙という名の保身の世界に逃避する」ようになった．

最高裁事務総局を中心とした機構は，裁判官の私的行動・研究会活動だけでなく訴訟指揮・判決内容にまで目を光らす情報機関となるとともに，それを基盤にした人事配置を通して（勤務地・勤務部署・昇進・再任の采配権を使うことによって），裁判官の心理を支配でき，また実際にも，裁判官の自由な活動に関して規制や処分ができる権力機関ともなった[98]．こうして秋山は，言う：

「裁判所法四八条には，裁判官がその「意思に反して……転所……されることはない」と「転所の保障」の規定がある．しかし，現実には行政官庁の職員と同様に

---

97) 山本（前掲注83）『最高裁物語』上巻252頁以下は，当時の横田喜三郎最高裁長官が最高裁判事の人事において，自分の戦中期のリベラル魂を密かに蘇らせてリベラル派の裁判官出身候補を選んでいった結果だ，と言う．
98) 最高裁事務総局を統括する事務総長は，最高裁長官に服している．これら両ポストを権威主義者が占め，部下を固めて官僚体制を確立すると，裁判官統制は容易に進められる．行政庁であれば，マス・コミやオンブズマン等による監視も可能だが，事務総局は「司法の独立」の壁に守られている．また，事務総局がおこなった処分や人事・司法行政に裁判官や職員，国民が不服をもっても，裁判で勝てる見込みはない（最高裁に最高裁を訴えるのだから）．「法の支配」の殿堂の中枢部が，こうした「人の支配」の聖域，少なくともそれの浸透を防止できない仕組みとなっている．山本（前掲注83）『最高裁物語』下巻26頁以下によれば，石田和外長官と岸盛一事務総長とがこのような事務総局体制をつくり上げ，それを使って司法部の「内部粛清」を進めた．

ほぼ三年の周期で転勤させられており，身分保障の前提である「不可動性」の保障が現実には機能してはいない．〔…〕「転勤制度」が裁判官の生活上の自由を奪い，市民との接触を希薄にしている．次の転勤先を気にするあまり，どうしても最高裁の人事権行使を気にし，そのことが自己規制的になる最大の原因になっている．この点については，民間企業の会社員や普通の公務員とさしたる相違はない．

　裁判官によっては深刻な昇級・昇格の差別的運用，差別的人事がなされている事例もあるようである．任官後四号報酬までは平等に昇給するが，任官後二一年を経過してのち差異がついてくるようになっている「三号報酬昇格」の際には，青法協裁判官部会の主要メンバーや裁判官懇話会の代表世話人などについて，特に差別的に運用されたことがあった．」(38-39頁)

　自分が基本的人権を制約されているのに，異議を唱えず，〈自分たちがそういう制約を受けて当然〉とするような裁判官（当時でも3分の2がそうだった）が，基本的人権の保護を求める原告（や被告人）を理解できるだろうか．理解しても，最高裁の意向を気にせずに判決することができるだろうか．

　こうした権力機構の強化に伴って，裁判所運営における裁判官自治の否定が進行した．本来，戦後の裁判官同士は——大学の教員の場合と同様——それぞれが独立存在として相互に対等であった．しかしこの頃から，「所長・長官—総括裁判官—判事—特例判事補—未特例判事補—簡裁判事，という一本の事実上の階層秩序が作り上げられており，これにさらに，参与させる裁判官—参与判事補の身分関係，研鑽させる裁判官—研鑽する新任判事補の身分関係が加わった」(宮本康昭『危機に立つ司法』92頁)．また，教授会に当たる「裁判官会議」は——小学校・中学校・高等学校の職員会議や一部の教授会に最近生じているのと同様——所長が幅をきかす，上意下達の機関に変わっていった[99]．

　司法における支配の強化はやがて，裁判内容自体に影響しかねない，次のような制度の強化をもたらした：

---

99) 秋山賢三は言う：「このような「行政機関化傾向」に応じて，裁判官の中にも次第にその傾向に釣り合った「俗吏」「小役人化」した裁判官が増えてくることになる．上には従順で下には威張る，小人物でありながら自尊心と栄進意欲のみは強い，「大過なく」をモットーとして万事事なかれ主義，人間として冷たく，弱い者の立場を理解しようとしないなどがイメージされるような裁判官が少しずつ増えてくる．そして次第に，裁判官も組織の一員としてその組織原理にのっとって行動していればよいとの意識が全体的に強くなり，自らが独立して主体的に職権を行使しようとする気概が次第に希薄になってくる．」(『裁判官はなぜ誤るか』岩波新書, 2002, 38頁)

(i) 「判検交流」　この制度については，注92で論じた．この制度の問題点は，なによりも，独立自由であるべき裁判官が，第一には，数年間，法務省で上司の命令で動く官僚となる点にあり，第二には，活動内容においても，国側の訟務検事，被告人を訴追する検事となるなど，組織上，一方の立場に偏して動くこと，にある．（これとは異なり，裁判官が弁護士事務所に派遣される場合は，通常の法律事務所では上司の命令で動くわけではないので上の第一の点はないし，また，どの被告・被告人を弁護するか自由であるので第二の点もない．それゆえ，裁判官の独立自由とは矛盾しない．そもそも，裁判官の独立自由には，本来自由人である弁護士が裁判官になるという「法曹一元」の制度が必要だとされている．）

(ii) 「裁判官協議会・会同」　これらの制度は，重要案件で最高裁事務総局や高裁が裁判官を集めて認識・判断の統一を図る場となっている．それは，〈裁判官の自由な研鑽の場〉だと説明はされているが，1970年代から性格が変わった．すなわち，そこで配布される「執務資料」は「部外秘」ないし「取扱注意」となるとともに，各裁判官の認識・判断に事実上強く影響するようになった．たとえば，1976年11月と1977年11月に最高裁で開催された，公害関係の中央協議会では，1978年3月作成の執務資料によれば，最高裁民事局や東京地裁から「環境権や人格権のみに基づく差止め請求について否定的な」見解が出され，会議はその「空気の中で進んだ」．また，1983年12月2日に開催された最高裁の「水害訴訟協議会」は，4-2-3 大東水害損害賠償事件最高裁判決（1984年1月26日）の直前に開かれた．そこで出された最高裁当局の見解は，上記最高裁判決と同じ立場のものであり，この直後から下級審判決が激変していく（以後，住民側は連戦連敗になった）ことに作用した，とされる（もちろん，証明は困難であるが）．裁判官たちの多くは，こうした制度変容を受け容れている．その背景としては，裁判官の独立・自由意識の希薄化，多忙化・勉強不足，裁判官には「○×式中心の受験地獄を勝ち抜いた優等生が多く，『正解』を最高裁の基準に頼ろうとする傾向がある」事情などが指摘されている[100]．

(iii) 訴訟指揮に対するコントロール　宮本によれば，1970年代から

---

100) 以上，『法律時報』62巻9号（1990）の特集「司法行政と裁判行動」（日弁連シンポジウム）；毎日新聞社会部（前掲注80）『検証・最高裁判所』第10章等参照．秋山も，前掲書において，「裁判官対等の原則が裁判官の階層秩序制に取って代わられ，裁判所自律の原則が事務総局による支配体制に取って代わられ，会議体による司法行政の原則が長官・所長専断体制に取って代わられてい」った，と言う．

「訴訟促進」の旗じるしの下に，裁判官による期日指定，人証制限等が進んだ．また，勾留率の上昇，勾留期間の長期化，保釈金の高額化，法廷の管理強化が，顕著になった[101]．

以上のような環境を考えると，東京地裁で次のような判決（1980年）が出たのも，不思議ではないだろう：

「審級制をとる訴訟制度のもとにおいては，最高裁判所の判例がもつべき判例統一の機能やこれによつて法的安定をはかるべき必要性を軽視することはできない．とくに，最高裁大法廷による判断，しかもその度重なる同旨の判断内容は，実務上最も尊重され，下級審に対し，強い事実上の拘束力を認められなければならないと考えられる．このことは審級制度から必然的に導かれる要請であつて，個々の判例の内容が検察官や被告人のいずれにとつて有利であるか不利であるかといつた事柄によつてその結論が直接左右されるべき性質のものではない．〔…〕
弁護人らは，地公法が地方公務員の争議行為を禁止し（三七条一項），そのような違法な争議行為の遂行をあおる等し，またはあおり等の行為を企てた者に対して刑事罰を規定していることは，勤労者の労働基本権を保障した憲法二八条や三一条，一八条等の関係規定に違反し無効であると主張し，多岐にわたる弁論を展開している．しかし，この点については，すでに，これを合憲とする最高裁判所の判例が相次いでなされ，途中曲折はありながらも，現時点では明確に確立され，その判旨は判例確立の経過からみて極めて強固とみられる状態にあつて，かつて，最高裁判例の趣旨が明確に定着していなかつた当時とは大幅に事情が異なつている．このような現状のもとにおいては，審級制度下にある下級裁判所としては，これを尊重し，原則としてこれに従うべきものであり，最高裁判所の趣旨に明らかに不合理な点があるとか，その判例が正当性の根拠としている基礎事情にその後大きな変動が生ずるなどこれに従うことのできない特別の理由が生じたとか，あるいは具体的な事例に特別の事情があつて判例上の解釈をそのまま適用すると著るしく〔ママ〕不当な結果をもたらすなどの格別の理由が認められる場合ででもない限り，これと別異の判断をすることは適当でないと考えられる．」（地方公務員法違反事件，東京地裁刑事第12部 1980 (S55) 年 3 月 14 日判決 LEX/DB-27670886 『刑事裁判月報』12 巻 3 号 133 頁）[102]

---

[101] この点については，宮本康昭『危機に立つ司法』（汐文社，1978）217 頁以下．
[102] 本判決については，小田中（前掲注 90）「八〇年代司法と民主主義」，広中（前掲注 32）『民法解釈方法に関する十二講』161 頁以下参照．

本判決は，日本教職員組合のスト指令が地方公務員法に違反するとして幹部が刑事訴追を受けた事件に関わっている．したがって，本判決が「最高裁大法廷による判断，しかもその度重なる同旨の判断内容は，実務上最も尊重され，下級審に対し，<u>強い事実上の拘束力</u>を認められなければならないと考えられる」，「審級制度下にある下級裁判所としては，これを尊重し，原則として<u>これに従うべきものであり</u>」と言っているのは，全農林事件以来の最高裁の判決を念頭に置いてのものであって，下級審はそれらの判決に従わなければならない，という意味である．

　しかしこういう姿勢は，憲法76条3項が「すべて裁判官は，その良心に従ひ独立してその職権を行ひ，この憲法及び法律にのみ拘束される」と規定しているところと矛盾する．なぜなら，憲法は，裁判官一人ひとりが独立しており，裁判官には法に照らしてどちらが正しいかを自分で判断する権限と義務がある，としているのである；そしてわれわれが見てきたように，ある法をどう読むかは，その法のもつ概念的な枠づけ力によるとともに，解釈者が人権や社会にとっての利益をどう見るかにもよっている；したがって，裁判官が「その良心に従」って判断した結果が，最高裁の判断と一致しないことは，しばしば起こる；こうした場合にも最高裁に「従うべき」だとすると，裁判官は「その良心に従ひ独立してその職権を行」っていないことになる，からである．（最高裁の判断を気にして自分の意見を貫かない裁判官のことを，業界では「ヒラメ」と呼ぶ[103]．海の底の砂にもぐって，上を泳ぐ巨大魚をチラチラ見ている，あの魚の姿である．目が上側にあるから，政府・国しか見えず，下（＝国民）が見えないのでもある．）

　しかも，その出発点となる最高裁全農林事件判決とは，前述のように時の政権の介入の産物であった．国会の多数派が政府を構成し，その政府が最高裁を規定する．この時，各裁判官がその最高裁に「従うべきもの」だとしたら，司法はどうなるだろうか．権力からの自由や良識的判断の最後の砦である，「法の支配」や三権分立，基本的人権は，どこに向かうことになるだろうか．

---

[103]　もちろん，この時点以降，すべての裁判官が「ヒラメ」になったわけではない．自己の良心を貫いた下級審裁判官もたくさんいることは，この時点以降に出た第一・第二審諸判決（たとえば 2-6-3, 2-7-5, 2-8-2, 3-1-3, 3-2-4 の諸判決が示している．加えて，とりわけ最近，一部裁判官が独立精神を発揮しだし，また最高裁自体にも独自の動きが出だしている．たとえば，『朝日新聞』2006年5月31日の記事「〔町田顯長官下での〕最高裁変化の兆し？」，および滝井繁男『最高裁判所は変ったか』（岩波書店，2009）参照．

5-2 「企業社会」化への判決例

こうした動きの結果，日本の司法は急速に変わった．それに伴って，最高裁の判決も下級審の判決も，変化した．全農林事件判決以外にも，自衛隊・米軍問題，治安事件，住民訴訟，労働問題，社会保障などの部門で，「基本的人権史上の氷河期」と言われる状態が始まった[104]．そしてその一環として，以下に見るような一連の判決で，会社の社会支配や労働者支配が公認され，それが，1970年代以降の「企業社会」をつくるための一つの地固めとなっていった：

5-2-1 三菱樹脂事件判決（企業による思想差別是認）

本判決（最高裁大法廷 1973（S48）年 12 月 12 日判決　LEX/DB-27000458 『最高裁判所民事判例集』27 巻 11 号 1536 頁）は，採用時の企業による思想差別に関わる．
　原告の高野達男（東北大学法学部出身）は，1963 年 4 月，三菱樹脂株式会社に入社した．しかし 3 ヶ月の試用期間終了の直前に，〈採用試験時の身上調査に学生運動の経歴（学生自治会委員・生協理事・安保闘争への参加）を記さず，面接試験でも語らないで就職したことは，契約上の詐欺行為に当たる〉として，本採用を拒否された．高野は，第一審，第二審では勝訴したが，最高裁は，1973 年 12 月 12 日に，原判決破棄・高裁差し戻しの判決を下した．しかし高野は 3 年後，東京高裁で三菱樹脂と和解し 13 年ぶりに原職に復帰し，その後，社員として本領を発揮した．この点では本件は，かれの実質的勝利に終わった．
　本判決において争点は，試用期間終了直前の解雇が「雇入れ後における解雇」に当たり，それゆえ本件には労働基準法（とくに第 3 条）が適用されるか，にあった．この点については最高裁は，（下記の判決文とは別のところで）三菱樹脂による「本採用拒否は雇入れ後における解雇にあたるとし」た．最高裁は，したがって本件は労働基準法の適用を受けるケースなので，三菱樹脂は「いったん労働者を雇い入れ，その者に雇傭関係上の一定の地位を与えた後においては，その地位を一方的に奪うことにつき，雇入れの場合のような広い範囲の自由を有するものではない」，と判示した．

---

[104] この「氷河期」，そこで出た「企業社会」促進の諸判決については，大久保史郎『人権主体としての個と集団』（日本評論社，2003）参照．

最高裁によれば、留保解約権の行使は、「客観的に合理的な理由が存し社会通念上相当として是認されうる場合にのみ許される」。したがって、具体的に審議すべきは、次の点にあることになる：（α）「まず被上告人に秘匿等の事実があつたかどうか、秘匿等にかかる団体加入や学生運動参加の内容、態様および程度、とくに違法にわたる行為があつたかどうか、ならびに秘匿等の動機、理由等に関する事実関係」、および（β）「かかる事実が同人の入社後における行動、態度の予測やその人物評価等に及ぼす影響」である。〔上記からすると、（α）はそれ自体としては本件では意味をもたない。もつのは、（β）との関係においてだけである。〕

本判決で奇妙なのは、判決の争点である〈試用期間終了時の解雇の正当性〉とは直接には無関係の、採用選考時（＝労働基準法3条が適用されない）に企業者がもつ権利について、判決の冒頭部分で詳細に一般的な議論がなされている点である。この議論（傍論）を以下に引用する（先の全農林事件最高裁判決で反対意見を述べた、大隅健一郎・関根小郷・坂本吉勝・小川信雄は、〈企業は、採用に当たって思想差別ができる〉というこの部分には賛成しなかった（かれらは、本判決の結論部分には賛成であったが）。なお、本件でのもう一つの一大争点である、憲法の第三者効力の問題は、ここでは扱わない）：

　「（三）　ところで、憲法は、思想、信条の自由や法の下の平等を保障すると同時に、他方、二二条、二九条等において、財産権の行使、営業その他広く経済活動の自由をも基本的人権として保障している。それゆえ、<u>企業者は、かような経済活動の一環としてする契約締結の自由を有し、自己の営業のために労働者を雇傭するにあたり、いかなる者を雇い入れるか、いかなる条件でこれを雇うかについて、法律その他による特別の制限がない限り、原則として自由にこれを決定することができるのであつて、企業者が特定の思想、信条を有する者をそのゆえをもつて雇い入れることを拒んでも、それを当然に違法とすることはできないのである</u>。憲法一四条の規定が私人のこのような行為を直接禁止するものでないことは前記のとおりであり、また、<u>労働基準法三条は労働者の信条によつて賃金その他の労働条件につき差別することを禁じているが、これは、雇入れ後における労働条件についての制限であつて、雇入れそのものを制約する規定ではない</u>。また、思想、信条を理由とする雇入れの拒否を直ちに民法上の不法行為とすることができないことは明らかであり、その他これを公序良俗違反と解すべき根拠も見出す

ことはできない．

　右のように，企業者が雇傭の自由を有し，思想，信条を理由として雇入れを拒んでもこれを目して違法とすることができない以上，<u>企業者が，労働者の採否決定にあたり，労働者の思想，信条を調査し，そのためその者からこれに関連する事項についての申告を求めることも，これを法律上禁止された違法行為とすべき理由はない</u>．もとより，企業者は，一般的には個々の労働者に対して社会的に優越した地位にあるから，企業者のこの種の行為が労働者の思想，信条の自由に対して影響を与える可能性がないとはいえないが，法律に別段の定めがない限り，右は企業者の法的に許された行為と解すべきである．また，企業者において，その雇傭する労働者が当該企業の中でその円滑な運営の妨げとなるような行動，態度に出るおそれのある者でないかどうかに大きな関心を抱き，そのために採否決定に先立つてその者の性向，思想等の調査を行なうことは，企業における雇傭関係が，単なる物理的労働力の提供の関係を超えて，一種の継続的な人間関係として相互信頼を要請するところが少なくなく，わが国におけるようにいわゆる終身雇傭制が行なわれている社会では一層そうであることにかんがみるときは，企業活動としての合理性を欠くものということはできない．のみならず，<u>本件において問題とされている上告人の調査が，前記のように，被上告人の思想，信条そのものについてではなく，直接には被上告人の過去の行動についてされたものであり</u>，ただその行動が被上告人の思想，信条となんらかの関係があることを否定できないような性質のものであるこというにとどまるとすれば，なおさらこのような調査を目して違法とすることはできないのである．」

　【関連条文】労働基準法3条：「使用者は，労働者の国籍，信条又は社会的身分を理由として，賃金，労働時間その他の労働条件について，差別的取扱をしてはならない．」

【コメント】上に引用したのが，採用審査時に企業がもつ権利についての部分である．この部分の冒頭は，「憲法は，思想，信条の自由や法の下の平等を保障すると同時に」となっている．ということは，普通の論理では，就職希望者の「思想，信条の自由や法の下の平等」と，企業の「財産権の行使，営業その他広く経済活動の自由」とを，ともに憲法によって保障されたものとして，比較考量しなくてはならないはずである．すなわち，企業が基本的人権を保障されているにしても，それを就職希望者の基本的人権を損なうかたちで行使できるか，どこまでできて・どこからはできないか，についての考察が欠かせない

のである．ところが本判決では，「と同時に，」以下の所に入ると，その前の部分――「思想，信条の自由や法の下の平等」――が完全に意味を喪い（忘れられたのか，二者択一で落とされたのか），そのためただ企業の「財産権の行使，営業その他広く経済活動の自由」だけが一方的に論じられ，それゆえ帰結として，「企業者が特定の思想，信条を有する者をそのゆえをもって雇い入れることを拒んでも，それを当然に違法とすることはできないのである」となった．ここには，〈大前提：企業は，財産権・営業の自由といった基本的人権を保障されている；小前提：三菱樹脂は，企業である；結論：ゆえに三菱樹脂は，採用時に，その基本的人権に基づき特定思想の持ち主を排除してもよい〉の単純三段論法が展開しているのである．

（α）　企業に社員を選ぶ自由があることは当然である．しかし，企業が社会に占める位置が大きいため，企業のおこなう一定傾向の選考は，繰り返されることによって，性・年齢・思想などに関わる社会的差別を発生させかねない．したがって，企業の自由だけを考えるのではなく，それの人権一般・正義（公序）への影響を考えなければならない（しかも企業は，就職希望者に対して圧倒的に優越した地位にある）．

（β）　本件で問題となっているのは，単に企業が就職希望者の思想を調べることではなく，就職希望者に思想の自己申告を強制する制度である（最高裁は，「被上告人の思想，信条そのものについてではなく，直接には被上告人の過去の行動について」の調査だと言っているが，「思想・信条」を示す「過去の行動」の調査であることは否定できない．だからこそ三菱樹脂は，その秘匿を重視したのである）．本人に不利な結果が生じるおそれのある事実――しかも思想に関係する――の告白を，企業はその財産権によって求められるか．

（γ）　ここで対抗し合っているのは，自然人の基本的人権同士ではなく，一方の，企業である団体――判決は「企業者」という人間化した言い方をしているが――の基本的人権と，他方の，自然人である就職希望者の基本的人権とである．①憲法の人権保障が第一義的に想定しているのは（主権者たる）自然人の基本的人権である．企業・団体は，経済活動の道具であり，その活動に必要な範囲で権利能力をもつだけである（その範囲外では組織＝物的制度に過ぎない）．したがって，それ自体としては尊厳をもたない（法人実在説を採るとしても，「実在」は目的の範囲内に限られる）．これに対して自然人は，それ自体として尊厳を

もち，尊重される．②しかも対抗し合っているのは，（企業の）経済的権利と，（自然人の）思想・信条の自由である．以上の2点を考慮に入れると，企業の基本的人権を自然人のそれと同格のものとして扱うことはできないのではないか．

（δ）　次の点もある：人は相互に異なっている．その異なっている人同士が，合意によって相互に自分の財や力を提供しあって関係を形成する．これが，近代法における契約である．異なっているからこそ，契約する．したがって，その異なっている点（思想をも含めて）が契約履行上で妨害となるものでない限りは，不一致は問題とはならない．これが労働基準法第3条の趣旨である．そしてこの点は，入社後の労働者にだけ妥当するものではない（170頁参照）．

本判決がいかに先見の明に欠けたものであったかは，次の諸事実が物語っている：
　(i)　本判決が出た1973年頃から，社会に「就職差別」撤廃や「個人情報保護」の機運が高まり，応募に当たって本籍・続柄・思想等を記入させるためのいわゆる「社用紙」の使用を止めるべく，「統一応募用紙」が導入され一般化していった．
　(ii)　この実績を踏まえて，1999年6月に職業安定法が改正され，その5条の4に，「求職者等の個人情報」を収集等するのは「業務の目的の達成に必要な範囲内」に限られると規定された．そして，それにもとづく大臣指針（労働省告示第141号．1999年々12月施行）で，「人種，民族，社会的身分，門地，本籍，出生地その他社会的差別の原因となる恐れのある事項，思想および信条，労働組合への加入状況」については，個人情報を収集してはならない，となった．
　(iii)　こうした立場は，すでに東京高裁の1968（S43）年6月12日判決（高野勝訴．LEX/DB-27201023　『最高裁判所民事判例集』27巻11号1580頁）の，次のような立場と一致するものだった：

　「第一審被告は，第一審原告が，入社試験に応募した際，第一審被告主張の事実を秘匿する虚偽の申告をしたから，本件雇傭契約を解約し，または，詐欺による意思表示として取消す旨主張するけれども，右秘匿し，<u>虚偽の申告をしたと主張する事実が第一審原告の政治的思想，信条に関係のある事実であることは明らかであるから，これを入社試験の際秘匿することは許さるべきであり</u>，従つて，これを秘匿し，虚偽の申告をしたからといつて，詐欺にも該当しないし，第一審被告の申告を求める事項について虚偽の申告をした場合は採用を取消すべき旨予告されていても，これを理由に雇傭契約を解約することもできないものと解するのが相当である．すなわち，<u>人の思想，信条は身体と同様本来自由であるべきものであり，その自由は憲法第一九条の保障するところでもあるから，企業が労働者を雇傭する場合等，一方が他方より優越した地位にある場合に，その意に反してみだりにこれを侵してはならないことは明白と</u>

いうべく，人が信条によって差別されないことは憲法第一四条，労働基準法第三条の定めるところであるが，通常の商事会社においては，新聞社，学校等特殊の政治思想的環境にあるものと異なり，特定の政治的思想，信条を有する者を雇傭することが，その思想，信条のゆえに直ちに，事業の遂行に支障をきたすとは考えられないから，その入社試験の際，応募者にその政治的思想，信条に関係のある事項を申告させることは，公序良俗に反し，許されず，応募者がこれを秘匿しても，不利益を課し得ないものと解すべきである．

第一審被告が雇傭契約締結の自由を有することは疑いないけれども，このことは入社試験の際に前記のような事項の申告を求めることが憲法その他の前記各法条の精神に照らして違法の評価を受けることと相容れないものではない．

のみならず，第一審原告は第一審被告との間の雇傭契約によりその従業員となつたものであり，この事実はたとえ取消の意思表示がなされたとしても抹殺し得ない事柄であつて，詐欺による取消に遡及効があるか否かに関係がない．すなわち，第一審被告の主張する詐欺による雇傭契約の取消は，当時第一審原告の持つていた従業員たる地位を喪失せしめるものであり，その実質において解雇と同一の作用を営むものというべく，従つて，その効力についても労働基準法の適用を受ける．ところで，第一審被告の主張するところによれば，第一審原告が秘匿し，虚偽の申告をしたとされる事実はすべて第一審原告の思想，信条に関係ある事項に属するものであり，かかる事実を後日の調査によつて知り得たとして雇傭契約を取消すことは第一審原告の抱く（もしくは抱いていた）思想，信条を理由として従業員たる地位を失わしめることとなり（第一審被告は第一審原告が従業員として暴力的，反社会的活動をしたというのではない）労働基準法第三条に牴触し，その効力を生じないといわねばならない．」

最高裁の上記傍論は，高裁のこの指摘を打ち消すべくあえて書かれたのでもある．

5-2-2　大成観光リボン闘争事件判決（職務専念義務論）

本判決（不当労働行為救済命令取消請求事件，最高裁第三小法廷 1982（S57）年 4 月 13 日判決　LEX/DB-27000090　『最高裁判所民事判例集』36 巻 4 号 659 頁）は，「ホテル・オークラ」内において，就業時間中に組合員である従業員が，各自「要求貫徹」又はこれに添えて「ホテル労連」と記入した本件リボンを着用するというリボン闘争をおこない，処分された事件に関わる：

「本件リボン闘争について原審の認定した事実の要旨は，参加人組合は，昭和四五年一〇月六日午前九時から同月八日午前七時までの間及び同月二八日午前七

時から同月三〇日午後一二時までの間の二回にわたり，被上告会社の経営するホテルオークラ内において，就業時間中に組合員たる従業員が各自「要求貫徹」又はこれに添えて「ホテル労連」と記入した本件リボンを着用するというリボン闘争を実施し，各回とも当日就業した従業員の一部の者（九五〇ないし九八九名中二二八ないし二七六名）がこれに参加して本件リボンを着用したが，右の本件リボン闘争は，主として，結成後三か月の参加人組合の内部における組合員間の連帯感ないし仲間意識の昂揚，団結強化への士気の鼓舞という効果を重視し，同組合自身の体造りをすることを目的として実施されたものであるというのである．

そうすると，原審の適法に確定した事実関係のもとにおいて，本件リボン闘争は就業時間中に行われた組合活動であつて参加人組合の正当な行為にあたらないとした原審の判断は，結論において正当として是認することができる．原判決に所論の違法はなく，右違法のあることを前提とする所論違憲の主張は，失当である．論旨は，採用することができない．」

伊藤正己裁判官の補足意見：「労働者の職務専念義務を厳しく考えて，労働者は，肉体的であると精神的であるとを問わず，すべての活動力を職務に集中し，就業時間中職務以外のことに一切注意力を向けてはならないとすれば，労働者は，少なくとも就業時間中は使用者にいわば全人格的に従属することとなる．私は，職務専念義務といわれるものも，労働者が労働契約に基づきその職務を誠実に履行しなければならないという義務であつて，この義務と何ら支障なく両立し，使用者の業務を具体的に阻害することのない行動は，必ずしも職務専念義務に違背するものではないと解する．そして，職務専念義務に違背する行動にあたるかどうかは，使用者の業務や労働者の職務の性質・内容，当該行動の態様など諸般の事情を勘案して判断されることになる．このように解するとしても，就業時間中において組合活動の許される場合はきわめて制限されるけれども，およそ組合活動であるならば，すべて違法の行動であるとまではいえないであろう．」

【コメント】組合リボンの着用は，1970年代前半までの裁判所では〈現に実害が生じていない〉として許容されていたが，その後雲行きが変わった（大久保（前掲注104）『人権主体としての個と集団』189頁）．本件でも第一審と第二審も，「労働者が労務の給付ないし労働に服しながらリボン闘争による組合活動に従事することは，誠意に労務に服すべき労働者の義務に違背する」とし，「使用者と労働者間の命令服従の上下関係をその根底において風化させる虞があり」，

「使用者の業務指揮権の確立を脅かすに至る」から，違法であると判示した．

　その転換点となった最高裁判決の一つが，目黒電報電話局事件（最高裁第三小法廷 1977（S52）年12月13日判決　LEX/DB-27000264）である．これは，組合プレート着用の労働者に対する電電公社の処分を，専念義務を規定した公社法34条2項等を文字通りに適用して是認した（その点でこの判決は，企業秩序論にも関わる）:

　　「ところで，公社法三四条二項は「職員は，全力を挙げてその職務の遂行に専念しなければならない」旨を規定しているのであるが，これは職員がその勤務時間及び勤務上の注意力のすべてをその職務遂行のために用い職務にのみ従事しなければならないことを意味するものであり，右規定の違反が成立するためには現実に職務の遂行が阻害されるなど実害の発生を必ずしも要件とするものではないと解すべきである．本件についてこれをみれば，被上告人の勤務時間中における本件プレート着用行為は，前記のように職場の同僚に対する訴えかけという性質をもち，それ自体，公社職員としての職務の遂行に直接関係のない行動を勤務時間中に行つたものであつて，身体活動の面だけからみれば作業の遂行に特段の支障が生じなかつたとしても，精神的活動の面からみれば注意力のすべてが職務の遂行に向けられなかつたものと解されるから，職務上の注意力のすべてを職務遂行のために用い職務にのみ従事すべき義務に違反し，職務に専念すべき局所内の規律秩序を乱すものであつたといわなければならない．同時にまた，勤務時間中に本件プレートを着用し同僚に訴えかけるという被上告人の行動は，他の職員の注意力を散漫にし，あるいは職場内に特殊な雰囲気をかもし出し，よつて他の職員がその注意力を職務に集中することを妨げるおそれのあるものであるから，この面からも局所内の秩序維持に反するものであつたというべきである．」

　確かに労働者は，就業時間中，使用者から指揮され命令される．それは，そうしたかたちでの労働力の提供を——対価（賃金）を得ることを条件に——約束したからである．労働者はしたがって，その労働力の提供（職務）は完遂しなければならない．しかし，第一に，就業時間は，労働力の提供（職務）行為で占められているか．労働の対価（賃金）は，通常，時間で計算される．だがこのことは，必ずしも，労働者がその時間に職務行為しかしないことを意味してはいない．人は，職場での就業時間内であっても，自己を生理的に保存する行為はもちろんのこと，人格的自立の保持（良心の自由や思考維持・表現，過度の監視からの自由），社会的関係の保持（尊厳性保持，ミュニケーション・連帯の維持）といった非職務行為を欠かせない．人は，自分でありつつ，他人のために労働する．契約関係とは，そういうものである（履行行為の部分性）．そうでなけれ

ば，勤務する者・契約を履行する者は，奴隷と変わらなくなる．第二に，上述のリボン着用は，労働組合の活動の一環としておこなわれている．したがって，それの正当性は，労働権の観点からも評価されなければならない．

それゆえ，リボン着用が違法であるかどうかは，使用者の経済的利益と，労働者の人格権，表現の自由ないし労働権とを緊張関係に置き，比較考量しなければならない．この観点からはまた，処分が正当かどうかに関わる違法性判断に際しても，リボン着用によって，本人が勤務をおろそかにし・他の同僚や来客の妨げとなるなど職場に支障を発生させたか具体的に調べる必要がある．違法性判断に当たっては，単に〈害が発生するおそれがある〉といった可能性をもち出しても，説得力はない（「おそれ」・「懸念」で規制するのが，2-1-2 や 252 頁の寺西和史裁判官処分事件判決などにも見られる，最高裁の一傾向であるが）．伊藤裁判官の見解は，この点に関している（これも前述（4-1-3）の「比例原則」ないしLRA の基準に関係している．すなわちこれも，複合思考の問題である）．

本判決は，リボン着用が「就業時間中に行われた組合活動であつて参加人組合の正当な行為にあたらない」として，「就業時間中に行われた組合活動」はその態様・実害を問わず一律排除する論調で判示した．企業のもつ権利の擁護に関心が集中し，就業時間内の個人を企業にただ服従するだけの存在と見てしまい，そこでの個人に二側面があることを考えなかった．この点に，単純思考が顕著に出ている．

5-2-3　国労札幌駅事件判決（施設管理権・企業秩序論）

本判決（地位確認請求事件，最高裁第三小法廷 1979（S54）年 10 月 30 日判決　LEX/DB-27000191　『最高裁判所民事判例集』33 巻 6 号 647 頁）は，国鉄労働組合の役員である職員が，合計 560 枚の春闘ビラを職員たちが使用する詰所ロッカー 310 個の扉に，使用者の制止を，「貼つて何故悪いのだ．当然の権利だ」としてふりきってテープで貼り，違法行為として処分された事件に関わっている（この種の事件としては，関西電力社宅事件（譴責処分無効確認請求事件，最高裁第一小法廷 1983（S58）年 9 月 8 日判決　LEX/DB-27613206）も，重要である）：

「企業は，その存立を維持し目的たる事業の円滑な運営を図るため，それを構成する人的要素及びその所有し管理する物的施設の両者を総合し合理的・合目的

的に配備組織して企業秩序を定立し，この企業秩序のもとにその活動を行うものであつて，企業は，その構成員に対してこれに服することを求めうべく，その一環として，職場環境を適正良好に保持し規律のある業務の運営態勢を確保するため，その物的施設を許諾された目的以外に利用してはならない旨を，一般的に規則をもつて定め，又は具体的に指示，命令することができ，<u>これに違反する行為をする者がある場合には，企業秩序を乱すものとして，当該行為者に対し，その行為の中止，原状回復等必要な指示，命令を発し，又は規則に定めるところに従い制裁として懲戒処分を行うことができる．</u>」

【コメント】本判決の論理は，〈企業は，企業秩序を定立する権利をもっている．国鉄は企業である．ゆえに国鉄は，企業秩序によって労働者の組合活動を規制してもよい〉というものである．ここでは，〈企業が企業秩序を定立する権利を保障されているとしても，それが労働者がもっている権利（ここでは労働基本権）とどういう関係にあるか；前者が後者を制約するにしても，前者はまた逆に，後者によって制約される面をももつのではないか〉についての考察は見られない．企業の権利に注意が集中した結果，論理としては，〈企業秩序の中身の妥当性や，その秩序の強制はどこまでが許され・どこからは許されないか等を，問う必要はない〉；また，〈企業秩序に違反して行為した結果，どういう実害を発生させたかだけではなく，違反行為自体，したがって乱すおそれがあることも，処分対象となる〉，となった．そして，〈何を企業秩序とするか〉は，使用者の判断によるとされた．労働者はこのため，企業の判断に従属させられ，その結果，〈使用者 対 労働組合〉の関係は職場において後景に退き，労働組合もまた企業秩序・命令に服し，それに異議申し立てできないものになってしまった．

これに対して，札幌地裁（第一審．1972 (S47) 年 12 月 22 日　LEX/DB-27200375）——結論としては組合員を敗訴にした——の思考は，次のようなものであった：
「原告らが，本件におけるように，被告の意に反し被告の施設にビラを貼付することは，それが組合活動として行なわれたものであるとしても，<u>被告が有する右の施設管理権と衝突</u>しこれを侵害するものであることは否定することができない．しかし，組合あるいは組合員にとって，ビラ貼付活動それ自体，組合又は組合員各自の主張を明らかにし，あるいは組合員の団結意思の昂揚を図るための手段として，組合活動の一つであるうえ，原告らが属する国労は，被告の企業内組合で，被告の職員をその構

成員としている関係にあることなどを勘案すると，被告の管理する施設に対するビラ等の貼付行為のすべてを直ちに違法とするのは相当でなく，当該具体的状況のもとにおけるビラ貼り行為の組合活動としての重要性と，貼付されたビラの文言，大きさ，枚数その他貼付された状況などの諸事情を考慮したうえでその違法性を判定しなければならない.」

　第一審は，こうした複合思考をとりつつ，結論としては，「ビラの大きさ，色彩，貼付された数などの点からして当該各部屋につき，その居住性を害する程度に〔ひどいビラの張り方であって〕室内の環境に変更を生じさせたものというべきである」として，「原告らの本件ビラ貼付行為は，組合活動としての相当性の範囲を逸脱し違法なものというべきであるから，被告の就業規則六六条一七号および三号に該当するといわなければならない」としたのである．

　本最高裁判決は，その後の労働運動史上で大きな役割を果たした．とりわけ威力を発揮したのは，国鉄の分割民営化・JRへの移行（1987年4月）の前後においてである．JRへの移行を契機に，16万人余りいた国鉄労働組合（国労）の組合員は不採用や出向などで10万人がJRから排除され，かつJRに採用された組合員に対しても，差別や脱退強要等が続いた．このためJRが発足して2年の間に200件の救済申し立てが各地の地方・中央の労働委員会に提起され，ほとんどで不当労働行為が認定され救済命令が出された．JRは，これら救済命令に対して裁判所に命令取り消しを求めて，行政裁判を起こした．ところがこの頃の下級審裁判所労働部では，前述した1973年以降の司法部の変化にともない，裁判官の入れ替えが進み，かつ本最高裁判決を受けて施設管理権論等がすでに浸透し終わっていたため，救済命令はことごとく取り消されていった[105]．

5-2-4　昭和女子大事件判決（施設管理権・企業秩序論）

　本判決（身分確認請求事件，最高裁大法廷1974（S49）年7月19日判決　LEX/DB-27000427 『最高裁判所民事判例集』28巻5号790頁）も，施設管理権・「企業」秩序論に関わる．すなわち本判決は，二人の学生が「日本民主青年同盟」に加盟したところ，学生の政治活動を厳しく禁じている昭和女子大の校則に違反し

---

[105]　毎日新聞社会部（前掲注80）『検証・最高裁判所』第7章．

たとして大学から追及を受け，最終的に 1962 年 2 月に退学させられた事件に関わっている：

> 「特に私立学校においては，建学の精神に基づく独自の伝統ないし校風と教育方針とによつて社会的存在意義が認められ，学生もそのような伝統ないし校風と教育方針のもとで教育を受けることを希望して当該大学に入学するものと考えられるのであるから，右の伝統ないし校風と教育方針を学則等において具体化し，これを実践することが当然認められるべきであり，〔…〕私立大学のなかでも，学生の勉学専念を特に重視しあるいは比較的保守的な校風を有する大学がその教育方針に照らし学生の政治的活動はできるだけ制限するのが教育上適当であるとの見地から，学内及学外における学生の政治的活動につきかなり広範な規律を及ぼすこととしても，これをもつて直ちに社会通念上学生の自由に対する不合理な制限であるということはできない.」

【コメント】本判決に見られる論理も，〈私立学校は，校則制定権をもっている；昭和女子大は私立学校である；ゆえに昭和女子大は，思想を制約する校則を規定してよい〉という単純三段論法である．ここでは，次の点に関する検討（複合思考）はない：①私立学校が校則制定権をもっているとしても，それを学生の思想・政治活動の制限にまで及ぼし，学生が国民の一員としてもつ基本的人権を損なうかたちで行使できるのか，②自然人の基本的人権と，団体（大学）の基本的人権とを同格に扱えるか，③ academic freedom の享受者は，第一義的には，団体としての大学ではなく，その構成員（教職員・学生）である；その構成員の academic freedom にとって重要なのは，思想・信条の自由である；大学の校則制定権は，そのような中身の自由に優越するか，④学生が校則に違反していたとしても，それにはどの程度の違法性があったか；憲法が保障している基本的人権との関係で，校則違反の制裁はどこまでが許されるか，⑤大学の指導や処分権行使は，教育施設である点を考慮に入れた場合，妥当だったと言えるか．

ちなみに，第一審（東京地裁 1963（S38）年 11 月 20 日判決　LEX/DB-27200840）は，下記のようなかたちで，上の①〜⑤の検討を通じて，退学処分を無効とした（東京高裁は，退学処分を是とした）：

「しかしながら，他面，わが憲法第一九条は思想の自由を保障し，同法第一四条は信条のいかんによつて差別待遇をすることを許さないとする原則を掲げている．これらの規定は，直接には，国家対国民個人との関係において，個人がいかなる思想，信条をもつかによつて，国家からいかなる干渉も受けず，またなんらの不利益な取扱を受けることもないとの趣旨を宣言したものではあるが，同時にまた，これらの規定は，個人相互間の社会生活においても，いかなる思想，信条をもつかによつて，なんらの干渉ないし不利益を受けることのないような社会を理想社会として予想していることは疑いをいれないところであり，この意味においては，憲法のこれらの規定は，社会生活における個人相互間においても，思想，信条が互に尊重され，思想，信条のいかんによつて互になんらの干渉，不利益を及ぼされることがないことを，社会の公の秩序として尊重すべきことを要請する趣旨を含むものと解さねばならない．しかも，教育基本法は，「日本国憲法の精神に則り，教育の目的を明示して〔…〕教育の基本を確立するため」に制定されたものであつて，同法第三条が，信条のいかんによつて教育上差別待遇を受けることはない旨の原則を掲げ，同法第六条が，法律（すなわち学校教育法）に定める学校（私立学校を含む．学校教育法第二条参照）は「公の性質をもつ」旨を明記しているのは，教育の作用が社会公共のためのものとして公の性質をもつことを前提として，私立学校もまた，国公立の学校とともに，社会公共のために教育の作用を分担すべき責務を負う点において公的性質をもつものであるとの見地に立つものと解すべきであつて，教育基本法及び学校教育法が，私立学校を国公立の学校と並んで，これらの法律の規制に服させることとし，私立学校法第一条が私立学校が「公共性」をもつ旨を明らかにしているのも，すべて，右の見地を裏書きするものと解すべきである．これらの点から考えれば，私立大学もまた，それが教育基本法，学校教育法及び私立学校法の適用を受ける学校である以上，個人がいかなる思想，信条をもつにせよ，単にそれだけの理由でこれに対し教育の門戸を閉すことは許されないとともに，学生が学校の教育方針とする思想と異なる思想をいだくに至つたとしても，これに基づき現実に学内の教育環境を乱し，その他学生の本分にもとる具体的行為が行われるに至らないかぎり，単にかような思想をいだいているということだけで，その学生の教育を受ける権利を奪うことは許されないものと解すべきである．このかぎりにおいては，私立大学もまた，国公立の大学と同様，学生の思想に対して寛容であることが法律上要求されているものといわねばならない．」

5-2-5　八幡製鉄所政治献金事件判決（金権政治擁護）

本判決（最高裁大法廷 1970（S45）年 6 月 24 日判決　LEX/DB-27000715　『最高裁判所民事判例集』24 巻 6 号 625 頁）は，1960 年に八幡製鉄所の代表取締役 2 名が，取

締役会の決議を踏まえないで会社の名前で会社の金（当時の金で350万円）を自由民主党に献金した事件に関わる（実際の年間献金額は，はるかに巨額と推定される）．金権政治批判が高まっていたことを背景にして，株主が──この問題を法的に裁く手段が他になかったため──株主代表訴訟によって損害賠償請求をした．本判決は，全農林事件判決の3年前，1970年に出たものであるが，その中身において「企業社会」判決の一環である：

　「ある行為が一見定款所定の目的とかかわりがないものであるとしても，会社に，社会通念上，期待ないし要請されるものであるかぎり，その期待ないし要請にこたえることは，会社の当然になしうるところであるといわなければならない．そしてまた，会社にとつても，一般に，かかる社会的作用に属する活動をすることは，無益無用のことではなく，企業体としての円滑な発展を図るうえに相当の価値と効果を認めることもできるのであるから，その意味において，これらの行為もまた，間接ではあつても，目的遂行のうえに必要なものであるとするを妨げない．〔…政党〕の健全な発展に協力することは，会社に対しても，社会的実在としての当然の行為として期待されるところであり，協力の一態様として政治資金の寄附についても例外ではないのである．」

　「憲法上の選挙権その他のいわゆる参政権が自然人たる国民にのみ認められたものであることは，所論のとおりである．しかし，会社が，納税の義務を有し自然人たる国民とひとしく国税等の負担に任ずるものである以上，納税者たる立場において，国や地方公共団体の施策に対し，意見の表明その他の行動に出たとしても，これを禁圧すべき理由はない．のみならず，憲法第三章に定める国民の権利および義務の各条項は，性質上可能なかぎり，内国の法人にも適用されるものと解すべきであるから，会社は，自然人たる国民と同様，国や政党の特定の政策を支持，推進または反対するなどの政治的行為をなす自由を有するのである．政治資金の寄附もまさにその自由の一環であり，会社によってそれがなされた場合，政治の動向に影響を与えることがあつたとしても，これを自然人たる国民による寄附と別異に扱うべき憲法上の要請があるものではない．論旨は，会社が政党に寄附をすることは国民の参政権の侵犯であるとするのであるが，政党への寄附は，事の性質上，国民個々の選挙権その他の参政権の行使そのものに直接影響を及ぼすものではないばかりでなく，政党の資金の一部が選挙人の買収にあてられることがあるにしても，それはたまたま生ずる病理的現象に過ぎず，しかも，かかる非違行為を抑制するための制度は厳として存在するのであつて，いずれに

しても政治資金の寄附が，選挙権の自由なる行使を直接に侵害するものとはなしがたい．会社が政治資金寄附の自由を有することは既に説示したとおりであり，それが国民の政治意思の形成に作用することがあつても，あながち異とするには足りないのである．」

「所論は大企業による巨額の寄附は金権政治の弊を産むべく，また，もし有力株主が外国人であるときは外国による政治干渉となる危険もあり，さらに豊富潤沢な政治資金は政治の腐敗を醸成するというのであるが，その指摘するような弊害に対処する方途は，さしあたり，立法政策にまつべきことであつて，憲法上は公共の福祉に反しないかぎり，会社といえども政治資金の寄附の自由を有するといわざるを得ず，これをもつて国民の参政権を侵害するとなす論旨は採用のかぎりでない．」

【コメント】本判決に見られる論理は，〈会社は，基本的人権をもっている；八幡製鉄所は会社であ（り，その政治献金は定款の定める範囲内の行為であ）る；ゆえに八幡製鉄所の政治献金は，正当なものである〉という単純三段論法である．団体に人権を認めることは正しいとしても，それは，真空状態で機能するものではなく，他の主体との関係に置かれたものとして，次の諸点が問われるべきだった：

(i) 団体（企業法人）の人権と（団体内外の）自然人の人権との関係　本件に関しても，人権は第一義的には自然人のものである，という事実から出発しなければならない．①自然人はたとえば選挙権・被選挙権をもっているが，企業法人はもっていない．企業の法人化はその経済的便宜のために過ぎないからである．②企業の人権といっても，中身は財産権である．これが，〈自然人の参政権・思想の自由〉という，精神的自由と不可分の権利に優越するか．

こうして，団体の人権が自然人の人権と矛盾する場合，両者の比較が欠かせない，ということになる．矛盾する場合とは，次の場合である：

(α) 団体内　企業は私的団体であるとはいえ，株主は経済的利益のために関与し，社員は経済的利益と自己実現のために入社したのであって，特定の思想・信条・政党と関係するためにではない．企業の金が政治献金に使われるのであれば，その政党に反対している株主・社員は，特定政党を支持する位置に強制的に置かれることになり，自然人がその政治的自由を侵害される[106]．

(β) 団体外　大企業の政治献金は，自然人（ここでは国民）の参政権を侵

す．市民が支持する政党に寄付をするのは，正常の政治献金である．その額は小さくかつ寄付する市民は多いから，政党がそのことによってその市民各自にのみ有利に動くとは考えられない．しかし，巨大企業ないし企業団体が莫大な政治献金をすれば，それが政党の方針に影響を与え国政を歪める．これは，政治の私物化をもたらし，自然人の参政権を侵す．

　そもそも企業は，何のために多額の金を，しかも政党全部に対してではなく，政権党ないし有力党に献金するのか．判決は，「かかる社会的作用に属する活動をすることは，無益無用のことではなく，企業体としての円滑な発展を図るうえに相当の価値と効果を認めることもできるのであるから，その意味において，これらの行為もまた，間接ではあつても，目的遂行のうえに必要なものであるとするを妨げない」と言っている．これは，次の点で，語るに落ちる言辞であると思われる：

　「企業体としての円滑な発展」とは，何であろうか；企業は収益を上げるための組織である；したがってそれの「円滑な発展」とは，儲かることである；企業が儲かることと，政治献金とは，どういう関係にあるか；いうまでもなく，献金によって支配的政党に影響力を及ぼし，企業に有利な国家政策をおこなわせるという関係にある；この種の見返りが期待されるから企業が多額の政治献金をしてもそれは，定款の範囲内の行為だということになる（見返りのない献金を特定政党に多額にするのは，定款違反，さらには幹部の背任行為となる）；だが問題は，その種の見返りである〈特定企業を利する国家政策〉が，国民をも利する

106）　最高裁第三小法廷 1996（H8）年 3 月 19 日判決（LEX/DB-28010412『最高裁判所民事判例集』50 巻 3 号 615 頁）は，税理士会の政治献金を違法としたが，その際，（同会が全員加盟強制の公的団体であることを指摘しつつ，）会員の思想の自由を次のように重視した．「法が税理士会を強制加入の法人としている以上，その構成員である会員には，様々な思想・信条及び主義・主張を有する者が存在することが当然に予定されている．したがって，税理士会が右の方式により決定した意思に基づいてする活動にも，そのために会員に要請される協力義務にも，おのずから限界がある．特に，政党など規正法上の政治団体に対して金員の寄付をするかどうかは，選挙における投票の自由と表裏を成すものとして，会員各人が市民としての個人的な政治的思想，見解，判断等に基づいて自主的に決定すべき事柄であるというべきである．なぜなら，政党など規正法上の政治団体〔…〕に金員の寄付をすることは，選挙においてどの政党又はどの候補者を支持するかに密接につながる問題だからである．〔…〕そうすると，前記のような公的な性格を有する税理士会が，このような事柄を多数決原理によって団体の意思として決定し，構成員にその協力を義務付けることはできないというべきであり（最高裁昭和四八年（オ）第四九九号同五〇年一一月二八日第三小法廷判決・民集二九巻一〇号一六九八頁参照），税理士会がそのような活動をすることは，法の全く予定していないところである．」

どころか，国民を害することが多い点にある．

本判決は，金権政治の問題は，「立法政策にまつべきことであつて，憲法上は公共の福祉に反しないかぎり，会社といえども政治資金の寄附の自由を有するといわざるを得ず」と判示した．しかしながら，第一に，「政治資金の寄附」が金権政治の弊害を起こしているのであれば，それこそ「公共の福祉に反」したかたちでの自由の行使であると言えるのではないか[107]．第二に，自然人がその人権＝参政権を享受できることは，大きな「公共の福祉」である．とすれば，それに反する，企業の財産権の行使は，「公共の福祉」によって制約される関係にあるのではないか．

本判決からわずか5年後の1975年に，金権政治批判の世論が高まり政治資金規正法が改正され，企業は資本金に応じて，組合は組合員数に応じて，年間750万円から1億円までの間でのみ政治献金ができるという総量規制が定められた（2009年秋に至って，「企業献金全面禁止」の動きが本格化しつつある）．この事実は，「会社は，自然人たる国民と同様，国や政党の特定の政策を支持，推進または反対するなどの政治的行為をなす自由を有するのである．政治資金の寄附もまさにその自由の一環であ」るとして，無制限の企業献金を容認した本判決が，いかに先見の明に欠けたものだったかを物語っている．それにしても最高裁は，本判決に忠実であるのならば，1975年の政治資金規正法改正を，企業の「政治的行為をなす自由」を不当に制限するものだとして違憲にすべきではなかろうか．

（ii）定款との関係　本判決は全員一致によるものであるが，松田二郎の補足意見があり，これに入江俊郎，長部謹吾，岩田誠が賛同した．そこには，次の言明がある．「多数意見によるときは，会社による政治資金の寄附は，実際上，きわめて広く肯定され，あるいは，これをほとんど無制限に近いまで肯定するに至る虞なしといえないのである」．「会社に対してこのように広範囲の権利能力の認められるのは，前述のように，会社企業の営利的活動の自由，取引の安全の要請に基づくものである．したがつて，<u>会社といえどもしからざる面――ことに営利性と相容れざるものともいうべき寄附――において，その権利能力の範囲を必ずしも広く認めるべき必要を見ないものといえよう．</u>」大隅健一郎の補足意見も，「災害救援資金の寄附，地域社会への財産上の奉仕，政

---

107)「企業の政治献金を最高裁が認知した影響は大きく，政治の金権腐敗化を加速し，やがて自民党政権崩壊〔細川内閣誕生〕の遠因となる．」山本（前掲注83）『最高裁物語』下巻31頁．

治資金の寄附のごとき行為は会社の法人としての社会的実在であることに基づいて認められた，通常の取引行為とは次元を異にする権利能力の問題であると解する私の立場においては，その権利能力も社会通念上相当と認められる範囲内に限るべきであつて，会社の規模，資産状態，社会的経済的地位，寄附の相手方など諸般の事情を考慮して社会的に相当ないし応分と認められる金額を越える寄附のごときは，会社の権利能力の範囲を逸脱するものと解すべきではないかと考えられる」とする．これらは，多数意見の〈政治献金の無条件的承認〉に対して一線を画そうとした点においては，単純思考を離れている．すなわちここには，1973 年の全農林事件判決での対立の先取りが見られるのである．

定款との関係問題については，本事件の東京地裁判決 (1963 (S38) 年 4 月 5 日 LEX/DB-27201881) の次の指摘が，注目に値する：

「定款違反且つ忠実義務違反の行為として，取締役の損害賠償責任の発生原因となるのであるが，例外的に，取締役がその責任を問われない場合が考えられる．それは，取締役が当該非取引行為をなすことに対して，総株主の同意が期待される場合である．商法第二六六条第四項は，同条第一項の責任を総株主の同意のある場合に限つて免除することを規定しているが，その趣旨は，会社への出資者である株主の全員が財産的損害を受けることを甘受する以上，その限度において営利の目的は排除されたものとして，取締役の責任を追及する必要はないことにあるものと解することができる．右の法意に従えば，現実に総株主の同意が得られるか否かに拘りなく，総株主の一般社会人としての合理的意思によれば当然その同意を得られることが期待できるような行為は，たとえ非取引行為であつても，取締役の責任発生原因とならないものと解すべきである．それらの非取引行為とは，例えば，天災地変に際しての救援資金，戦災孤児に対する慈善のための寄附，育英事業への寄附，純粋な科学上の研究に対する補助等々である．〔…〕本件行為は，自由民主党という特定の政党に対する政治的活動のための援助資金であるから，特定の宗教に対する寄附行為と同様に，到底右に掲げたような一般社会人が社会的義務と感ずる性質の行為に属するとは認めることができない．政党は，民主政治においては，常に反対党の存在を前提とするものであるから，凡ての人が或る特定政党に政治資金を寄附することを社会的義務と感ずるなどということは決して起り得ない筈である．」

「法人の基本的人権」を広範に認めた，最高裁の以上に見た一連の判決は，企業に，対外的には，採用時の思想差別，政治献金・政治活動の自由を与え，

企業がその圧倒的な財力・政治的影響力によって社会を支配するとともに，政権政党に影響を与えることによって政治をも左右し，国民の財産と生命を自己の利益のために活用できる道を開いた．それらはまた企業に，対内的には，「職務専念義務」と「企業秩序尊重義務」によって労働者の人格権・労働基本権をも制約し，企業に服従させる道を開いた．（それら判決の基盤にあった，電電公社・ホテル・私学の特殊性とか，ビラ貼り行為の行き過ぎとかいった事情は捨象され，結論だけが一般化されていった．）

しかしその企業の体質は，およそ民主主義とは無縁の，（戦前の天皇制にも似た）専制的支配（社長の独裁，ないし上層部による寡頭支配）にある．株主総会・労働組合・裁判所・行政委員会のチェックが弱いことによって，さらにはその後の規制緩和によって政府のチェックも弱くなったことによって，この傾向は今日一層強まっている．この点では「企業社会」はなお持続している．

こうした日本の現代企業の体質が，政治の体質と社会生活の有り様を規定する可能性は大きい．人口の圧倒的な部分が，企業の下で労働し，企業が与える賃金で，企業の生産物を消費しつつ生活し，企業への就職に向けて勉学しているのが日本の状況であるからである．こうして，高度成長が進展し企業の上記の性格が確立していくに伴って，日本人は，収入面・消費面で企業に依存し，健康や生命を企業に左右されるだけでなく，さらには精神面・政治意識面でも企業・「企業社会」に規定されていったのである．

おわりに

政権が司法権に強く作用し，その結果，司法権が政権や社会権力の行動の法的正統化作用を強めた，以上のような経過は，世界の司法政治史上でもあまり目撃できない出来事である．われわれは先に，法解釈に当たって法的論理の重要性・解釈の技法を習得する必要を見てきた．しかし，こうして日本の司法政治史上における，法的なものを規定する政権の意思，Might is right. の現実を目の当たりにすると，「法的なものが，法の支配の理念に従って，社会を規定しているか」については，懐疑的になってしまう．誰が誰を最高裁長官にし，その下で上層司法官僚がどう動き，かれらの下で若手裁判官が，どう選別され・どうコントロールされ・どう人間改造されるかの，人の問題・「政治」・

「人事行政」が無視できないということだ．こうした点は，法をおよそ没政治・没国家的に教えられ，そのようにしか考えない法学生・ロースクール生（さらには裁判官）が多いだけに，とりわけ強調しておくべきことがらである．

〈裁判官は「裁判組織の一員」なのだから，最終的・確定的な判断である最高裁の権威に従うのが「職務上の義務」だ〉[108]という見解が，現代日本の裁判官の中では有力であり，それがかれら実務家教員を通じて，また司法試験を通じて，大学にまで浸透しつつある．だがその最高裁判例——とりわけ国政上重要なそれら——が，政府・政権政党によって注意深く選別・配置された最高裁判事によってつくられ，そのことの自然な帰結として，政府・政権政党を司法面で支えるものであり続けているとしたら，そうした最高裁判例に従うことを「職務上の義務」だと説くこと，それらに沿って自分の思考・価値基準を形成することは，何を意味するか．

法を運用する者・学ぶ者は，最低限，この問いと向き合うべきであろう．

---

108) 中野次雄他『判例とその読み方』（有斐閣，1986）．2-6-3 判決や 2-7-5 判決において，東京地裁の判事たちがもしこの中野たちの見解に従って判決しておれば，上告審での違憲判決ないし最高裁自身による判例変更はありえただろうか．注 103 をも参照．

第6章　日本史上の法解釈

　これまでのところでは，現代日本の法解釈を対象にし，そのいくつかの特徴を見てきた．本章では視野を拡大して，(α) こうした法解釈は日本史においてどう展開して今日にいたったか，(β) 法と法解釈において日本的特殊性と普遍的なものとはどう関係して来たか，(γ) 法解釈と政治・社会とは日本史の中でどう関係して来たか，を考える．

　一般に法解釈のあり方を規定しているのは，次の4点である．すなわち，①法がどう整備され，裁判がどういうかたちでおこなわれているか，②裁判官がどれだけ自由に裁判できるか，③法曹養成が学問的に（大学で）おこなわれているか・それともギルド的（職人養成的）におこなわれているか，④法学が学問性を重視したものであるか・それとも実務指向であるか，である．これらは国制（その時代の国のしくみ）と不可分の関係にあるから，法解釈の有り様の変化は，国制の変化，すなわち国制史と連関づけて考察されなければならない．以下ではこの観点から——拙著『法思想史講義』における，西洋での法解釈の有り様の歴史の記述を背景としつつ——，日本での法解釈を，古代から現代まで概観する．

6-1　古代・中世初期

6-1-1　法と法曹

法典編纂　　大化の改新（645）以降，国家統一が進み統治機構が整備されていく．重要な法典として，『大宝律令』（刑罰規定である「律」6巻12編と，行政・私法規定である「令」11巻28編から成る．編纂は701年．唐の永徽律令（650年）をモデルにした．とくに「律」は唐律に異ならないとされている），および，それを改訂した『養老律令』（「律」10巻12篇・「令」10巻30編．編纂は718

284　第2部　法解釈と政治社会

年頃．事業総統の藤原不比等の死 (720年) によって施行は，757年に延びた) がある．両法典は写本も現存しないが，『養老律令』は，「律」が一部残存し，残余部分と「令」とは『令集解（りょうのしゅうげ）』などの文書からかなり復元された．法典は，維新後の西洋法継受の時期 (19世紀末) まで，建前上，国家法であり続けた．

法曹養成　司法制度も，唐のモデルにならって整備された．すなわち，司法は，刑部省が管轄した (後に検非違使 (824-室町時代)，六波羅探題 (1221-1333) も設置されたが)．大学法学部も創設された．すなわち近江令 (668) によって大学寮が設置され (当初教員9名，学生400名)，それが平安時代に4学部をもった．「明法（みょうほう）」科と呼ばれる法学部 (教員2名，学生は，奈良時代10名，平安時代20名)，文学・歴史学部の「紀伝」科 (漢文学・歴史)，数学部の「算」科，一般教養のための「明経」科 (儒学を基礎とした政治的エリート養成所・学生400名) である．この大学は，学舎が1177年に火災によって焼失し閉校となるまで，機能した．

この大学法学部の出身者が，法曹 (明法家（みょうぼうか）) となって，法の運用に当たった．その伝統は，鎌倉時代前期，13世紀いっぱいまで続いた．平安時代以降，学芸の教授は一部の貴族の家が世襲するようになったため，公共性を失い型にはまった知 (たとえば漢文の訓読方式) のみが伝授され，学芸を創造的に担えなくなった．明法家も，世襲となった．しかし法の世界では，切実な日常の問題に対する対処 (法適用) が課題となるので，形式的処理ではうまくいかない．このため，ある程度現実に即した柔軟な知の伝統が持続した．

6-1-2　法解釈

法律への拘束　明法家の注釈作業の成果としては，公定の注釈書である『令義解（りょうのぎげ）』(868頃) の他に，『律集解（りつのしゅうげ）』や『令集解』(平安初期)，法律書『法曹至要抄（ほっそうしようしょう）』(11-12世紀)・『明法条々勘録（みょうぼうじょうじょうかんろく）』(1267) などがあった．これらの注釈書・法律書の前提として，官吏には，一方で，根拠条文を明示して適用することが義務づけられていたという事実がある．すなわち律中の「断獄律」16条は，「凡断罪，皆須具引律令格式正文．違者笞三十」(凡ソ罪ヲ断ズルニハ，皆須ク律令格式正文ヲ引クベシ．違フ者ニハ笞三十セヨ) とする．この前提の下では，法文を厳密に把握した上で適用すること，すなわち文理解釈から「文字通りの適用」にいたる道が支配的となる．

法律からの自由　しかし他方では，中国と同様，法の欠缺の存在とそれへの対処の必要が自覚されていた（『養老律令』の「賊盗律」13条には「金科雖無節制，亦須比附論刑」（当てはまる規定がない場合でも，比附して科刑せよ）とある）．また，①中国と日本の伝統のちがいや，制定時と後の時代との生活の変化を人びとが認識していたので，〈「文字通りの適用」だけだと不都合が生じる〉との判断があった．②日本人の実利志向も柔軟化の方向に作用した．古来日本の法実務では「折中の理」と呼ばれる，バランスをとる処理が重視されて来たのである．③中国のような厳密な官僚組織・解釈による法運用は，定着しなかった．また，司法が——中国以上に強く——国家行政の一環として位置づけられた（この傾向も，江戸時代終わりまで続く）．④日本においては，中国ほどには「法」に対する神聖視がなかった．法を担う司法官僚の地位は，中国のそれに比べて低く[109]，また司法部の独自性が弱かった．これらのことも，厳格な〈法による支配〉ではなく，法の効果的適用の重視をもたらした．以上によって，「反経従宜」（＝個々のケースでの正義のためには，条文を文理と異なって適用してよい）[110]とされた．

解釈の展開　明法家の注釈書からうかがわれるのは，(α) 条文に忠実であることと判断が社会に適合的であることとの，これら二つの要請の緊張の中で，かれらが法解釈作業を進めたこと，(β) この事情のゆえに解釈技術をかれらなりに発達させたこと，とくに時にはきわめて柔軟な解釈を展開したこと，などである．（ヨーロッパでは人文主義法学以来，法解釈方法論，すなわち（法学的）ヘルメノイティク Hermeneutik が発達した．しかし，法学者がいなかった中国・日本では，それは発達しなかった）．以下，特徴ある事例を採り[111]，本

---

[109]　中国では司法官僚は，唐代までは貴族層と結びついていた．かれらは，高位者であった（同様に法律家は，古代共和制ローマではエリート名望家であり，中世西欧では貴族待遇を受けた）．これに対して古代日本では，「明法」（法学部）の卒業者が法律の専門家になるのだが，その官位は六位止まりであった．五位以上に進みえたのは，「明経」（教養学部）で養成された政治的エリートであった．裁判所の長官・次官（かれらが判決を下す）にも，「明経」出身の政治的エリートが就いた．要するに，日本では古代においても法律家は——今日の会社の法務部職員や司法部の官僚と同様——法の知識はあっても政治的・政策的判断ができないと考えられ，トップクラスのエリートにはなれなかったのである．利光三津夫『裁判の歴史』（至文堂，1964）134頁．

[110]　利光・同上書 108-109 頁．

[111]　事例は，注に引用するものの他に，小林宏「「因循」について」（『國學院法學』第28巻3号，1991）；同「古記と令釈」（『國學院法學』第42巻4号，2005）；長又高夫『日本中世法書の研究』（汲古書院，2000）から採った．

286　第2部　法解釈と政治社会

書4頁の図の観点からコメントを加える．

解釈例（i）　幼児（本件では皇太子）は，その親族の喪に服
<small>縮小解釈の事例</small>　すべきか．明法家の惟宗善経・直本の二人は907年に，この
問いに対し次のように回答した：「名例律」30条（条番号は，『日本思想大系　3　律令』（岩波書店，1976）による．以下，同じ．新訂増補『国史大系』第22巻（吉川弘文館，1966）をも参照）によれば7歳以下の幼児は，死刑を科されない．したがってかれはもちろん，徒刑も科されない（「もちろん解釈」）．ところで，「職制律」30条は，親族の死に際し服喪しない者に徒2年の罰を科している．だとすると，7歳以下の幼児は服喪規定に反しても罰せられない．これは，「職制律」の服喪規定が7歳以下の幼児には妥当しないことを意味する，と[112]．これは，体系的解釈を踏まえた，「職制律」の縮小解釈である．すなわち，本書4頁の図で言えば，[B]→[ニ]→結論である．〔この解釈は，おかしい；もしこの論理でいくと——解釈者はもちろんそうは考えないだろうが——〈7歳以下の幼児は，責任無能力者であるため人を殺しても罰せられないのだから，人を殺してもよい〉ということにもなる．裁判規範と行為規範を混同しているのである．〕

解釈例（ii）　「僧尼令」は，僧尼の結婚を禁じている．この禁止規定をめぐって，(α)『令義解』は〈しかし，結婚した僧尼が死亡した場合，配偶者はその財産を相続できる〉と解釈した[113]．その理由は，「其若在生日，即国有恒典，然而僧尼其身既死，雖是違法，亦有妻子」（生きている間は国の法律を遵守しなければならない．しかるに僧尼はすでに死んでいる．家族をもつのは違法だが，妻子が現にいる）にある．死亡した者には禁止規定は妥当しないから，その家族に禁止規定の効果は及ばない，というのである．(β) また，『明法条々勘録』15

---

112)　「勘申，東宮聞食姨喪，雖未成人可有御服以否，又仮令無御服者，例行神事不停止否事．右蒙上宣稱，上件両事臨時有疑，宜勘申者，喪葬令云，姨服一月，仮寧令云，職事官遭一月喪給仮十日，又条云，無服之殤，一月給仮二日者，今案件文，七歳以下服親死日給仮也，七歳以下不可着親服，令条無之，名例律云，七歳以下雖有死罪不加刑，又職制律，可著服人聞喪，匿不挙哀者，共徒罪以下也，由是案之，死罪之重不可加刑，何況徒罪以下，無可更論，既無罪不可有御服，…仍勘申．」小林（前掲注12）「因准ノ文ヲ以テ折中ノ理ヲ案ズベシ」24頁．

113)　「又問，僧尼嫁聚生子，亦既私有財物，既僧尼身死，若為処分，答，僧尼嫁娶，及私蓄財物，並破戒律，犯憲章，其若在生日，即国有恒典，然而僧尼其身既死，雖是違法，亦有妻子，即所有財物，当与其妻子．」佐藤進一「公家法の特質とその背景」（『岩波　日本思想大系　中世政治社会思想』，1994）396頁；小林・同上16頁．

は，ある法曹が『令義解』の上記解釈を踏まえて〈結婚した僧尼が還俗した／させられたとき，その結婚は有効である〉と解釈した事実を伝えている．この解釈の理由は，〈結婚禁止規定は，死亡した僧尼の家族には妥当しない．だとすれば，還俗してもはや僧尼でなくなった者にも禁止規定は妥当しないのだから，その家族にも適用がないはずだ〉というものであったようである[114]．

当時の日本では（中国や朝鮮とは違って），妻帯した僧（破戒僧）が多くいた．その家族に相続を認めないと社会問題となる．そこで『令義解』は，目的論的縮小解釈で，彼女たちの救済を考えたのである．すなわち両者とも，先の図で，［E］→［ニ］→結論である．

解釈例（iii） 天平勝宝3年9月4日の格は，田地の質入れを禁止している．この禁止をめぐって『法曹至要抄』は，〈田地の質入れが許されないのは，「百姓を安堵せしめるため」（＝農民が土地を失って生活が成り立たなくなるのを防ぐため）である；したがって，農民の生活に支障が生じないかたちでの質入れは，かまわない；たとえば質地を債務者である農民に耕作させている場合には，農民は安堵（家業保障）されるのだから，質入れは許される〉とした[115]．これも，目的論的縮小解釈（一部の変更解釈とも言える）である．すなわち，先の図で，［E］→［ニ］→結論である．

『明法条々勘録』は，解釈をさらに進めて，質地を債権者に引き渡すこと（中世以降に広まった「田畑質」）も可とする．その理由は，〈債権者が質地を自分で耕作し，後日，返済期日が来た時に収益の一部を元利弁済として手元に置けば（剰余は清算金として返還），担保と弁済がともに確保でき，双方を利することになる〉というものであった．『明法条々勘録』はその際，利子付き消費貸借に関する規定（「返済がなされない場合，債権者が債務者の宅地・家屋をまず売却する．それで足りなければ，債務者に労役によって返済させる」）から，そうした田畑質を可能にする一般的な法命題を抽出して正統化に使った[116]．目的論的解釈

---

114)「以僧為夫可聴否事　准令義解文可聴之由，先達或判之」．ただし，中原章澄は，これには反対で，「僧尼嫁娶，犯法違教，典憲不容，雖設還俗，離之，科更無可用夫之理乎」と，僧尼が結婚することは法律違反であるから，還俗しても効果は発生しないとする．佐藤・同上396頁；小林・同上15頁．

115)［95］「以田宅不可為質事　天平勝宝三年九月四日格云，出挙財物，以宅地園圃為質，皆悉禁断，若有先日約契者，雖至償期，猶任住居，梢令酬償　案之，以田宅之類，不可為質之旨，格制厳重，是則為令百姓安堵也，若無妨民業者，至干償期可令梢補．」『法曹至要抄』は，『中世法制史料集』第6巻（岩波書店，2005）による．佐藤・同上397頁，小林・同上16頁以下参照．

288　第 2 部　法解釈と政治社会

と体系的解釈とを踏まえた比附である．先の図で，〔E〕・〔B〕→〔チ〕→結論である．

<u>類推の事例</u>　**解釈例（iv）**　僧尼の遺物は誰が「相続」するか．律令には，俗人の相続についての規定があるが，家族をもたない僧尼の相続規定はない．この「相続」をめぐって『法曹至要抄』は，「名例律」57 条が，僧尼の師は僧尼にとって「伯叔父」であり，弟子は僧尼にとって「兄弟之子」であると言っていることを根拠にして，〈「相続」は俗人間のそれになぞらえて処理できる；重要な物は，跡を継ぐべき一番弟子に承継させ，その他の物は弟子間で平等に配分するとすればよいのだ〉とした117)．これは，体系的解釈を踏まえた類推による処理である．すなわち，先の図で，〔B〕→〔ト〕→結論である．

<u>比附の事例</u>　先に第 1 章で見た唐代の比附が，唐律が『大宝律令』等によって継受されたのに伴って日本に導入された118)．

解釈例（v）　律令は，「養子は，同姓の者でなければならない」としている（これは中国の伝統である）．しかし日本では，すでに律令施行直後から，とくに技術継承が重要な伴部の家で，異姓の子を養子にすることがおこなわれていた．この現状を正統化するため，この規定について『明法条々勘録』は，（唐律および）日本の律令の「戸婚律」に，「其遺棄小児年三歳以下，雖異姓聴収養，即従其姓（遺棄せられた 3 歳以下の子供は，異姓であっても養子にできる）」とある点を示し，〈これは，そうした幼児を救うためである；この規定との均衡において，この幼児が置かれた情況と同様の非常事態である場合には，異姓の養子を迎えることができる．家業に跡継ぎがなくなった場合は，それに属す

---

116)　「就之案之，本主猶領彼田地，稍可令酬償其借銭歟，然而雑令云，家資尽者，役身折酬云々，准此令，物主暫知行之，返償之時，計入所取之土貢条，自叶三典之義，須絶両人之愁歟．」小林・同上 19 頁．

117)　〔136〕「僧尼遺物弟子可伝領事　名例律云，僧尼若於其師与伯叔父同，於其弟子与兄弟之子同，戸令云，無子者，聴養四等以上親於昭穆合者　説者云，四等以上者，謂兄弟之□〔子〕　儀制令五等親条義解云，兄弟之子猶子，引而進之，案之，遺財処分為俗人雖法為僧尼不立制，只以因准之父〔文〕可案折中之理　仮令，僧尼身亡有遺物　有弟子　聖教経論之類，相承護法之者，便可伝得，自余仏具衣鉢之類，各随状可均分，是則准俗人之法，兄弟之子者猶子，至収養之時，為得分之親，今僧尼於其弟子可比俗人之養子歟，且准養子之条，随事可案得欤．」『中世法制史料集』第 6 巻（岩波書店，2005）．

118)　唐代においては比附は，刑法に用いられた．これに対し日本では，<u>民事法の解釈</u>にも多く用いられた．小林（前掲注 12）「因准ノ文ヲ以テ折中ノ理ヲ案ズベシ」10 頁．

る〉とした[119]．これは，体系的解釈と目的論的解釈とを踏まえた比附によっている．すなわち，先の図で，[E]＋[B]→[チ]→結論である．現代人は，〈幼児を生命の危機から救う規定を，養親を後継者不存在の危機から救うことに使えるか〉と，この処理に疑問をもつだろうが，類推でなく比附だと見れば，無理な処理だということにはならない．

　解釈例（vi）　　勘当された子が死去したとき父母親戚は，その亡き子の喪に服せるか；また，勘当された子は，その亡き父母親戚の喪に服せるか．この問に対して『法曹至要抄』（下巻 149）は，ともに「可」と答えた．『法曹至要抄』は，その理由として，〈不義を侵して夫から義絶された母も，非公式にその子から援助を受けることはできる〉という「名例律」15 条の法文を引き合いに出し，この条文の根底にある法意は，〈法的に切り離されても，肉親間には相互の愛情は残るので，「絶道」はない〉というものだ；この法意によれば，勘当の場合にも〈子と父母・親戚の間には愛情が残るので，服喪し合える〉となる，としたのである[120]．これは，体系的解釈を踏まえた比附である．すなわち，先の図で，[B]→[チ]→結論である．

　解釈例（vii）　　律令は，「女性は養子をとることができない」と規定している．しかし，女性が養子をとることは，中世に入ると日本では慣例となる．そこで上記規定について『明法条々勘録』は，しかし，「僧尼は弟子をとることができる」との常識的事実を引き合いに出し，〈これとのバランスからすれば，寡婦が養子をとることは許される〉と解釈した[121]．これは，事実たる慣習を参照した点で体系的解釈，および政策的判断の点で目的論的解釈，を踏まえて反制定法的解釈をおこなったケースである．すなわち，先の図で，[E]＋[B]→[リ]→結論である[122]．

_{（欄外）反制定法の解釈の事例}

---

119)　「違法養子事，設制之条，令典已明，雖須改正，性命将絶故，為令継家業，令収養之条，雖異姓有何事哉」佐藤（前掲注 113）「公家法の特質とその背景」401 頁．小林・同上 21・22 頁．
120)　小林・同上 37 頁．
121)　「僧尼猶以有弟子，准拠之処，蓋許養子哉，執憲履縄，務従折中之故也」佐藤（前掲注 113）「公家法の特質とその背景」下巻 399 頁．
122)　古代の法解釈を，われわれが，今日の法解釈や西欧の法解釈を念頭に置きながら整理した 4 頁の図で説明することに対しては，「アナクロニズムだ」との批判がありえよう．しかし，筆者が示した図は，古今東西の法解釈に妥当するものであること，法解釈だけでなく日常的な思考の展開態様にもこの図が妥当すること，解釈の構造は，およそこのかたちをとる以外にはないこと，これらが筆者による検討の結論である（注 5, 16, 24 参照）．

以上七つの事例は，一方で，プラグマティックな思考で，ともに立法者の意図からかなり自由に法を運用する態様のものである（立法においても，「令」は，日本の社会に合うように，元の唐の「令」が修正されている．「律」に修正がないのも，修正の必要がないと判断してのことだ，と言われている（牧英正・藤原明久編『日本法制史』青林書院，1993，80頁）．しかしそこには，中国の影響を受けてかなり厳密に法文と向き合う姿勢もうかがわれる．

丸山眞男は，その政治思想史研究を通じて，日本人が中国人やインド人，朝鮮人に比べてプラグマティックであることを示した．徂徠学が原理・原則重視の中国的儒教（朱子学）を相対化したことや，古代以来の日本的思考に通奏低音として「つぎつぎとなりゆくいきおい」の思考があったことが，その典型例である．しかし上記の七つの事例は，法の世界において——この日本的傾向の強さを再確認するとともに——それでも古代には，中国の官僚制の影響を受けて，それにふさわしいルール・原則重視の姿勢，かなり厳密な論理的思考（今日からするとなお稚拙ではあるが）があったことをも，示しているのである．

6-2　中世中期以降

鎌倉時代には律令は，形式的にはなお妥当したが，実際には補充法にすぎなかった．それでも鎌倉時代の前半においては明法家（京都を拠点とした）は，たとえばその『裁判至要抄』が『御成敗式目』（51ヶ条，1232）の基礎となるなど，なお影響力をもった．この時代には，武士の土着や農商工業の発展に伴い民事裁判が重要となった．民事訴訟は当事者追行主義的で，書面による審理と口頭弁論が重要な意味をもっていた．そのためのルールは，『御成敗式目』をはじめとする武家法であった．これらの法は，御家人の所領の争訟，売買・質入れ・賃貸・家督相続など民事に関する規定，および刑罰を中身とし，武士の生活感覚・慣習[123]，さらには正義・衡平の観念（総称して「道理」と呼ばれた）にもとづいて制定されている．しかし，これらの法は条文も少なく不完全であっ

---

123) たとえば，女性が養子をとることについて『御成敗式目』（第23条）は，これを，「律令では禁止されているが，頼朝公の時代以来不変の無数のルールとなってきたし，都市部でも農村部でも先例が数多い」として認めている．「一　女人養子事　右如法意者，雖不許之，大将家御時以来至于当世，無其子之女人等譲与所領於養子事，不易之法不可勝計，加之都鄙之例先蹤惟多，評議之処尤足信用歟．」

たので，個々の事件もまた，道理に照らして判断するほかなかった[124]．こうしたことのため，古代に見られた厳密な制定法運用，そのための論理的構成は，次第になくなっていった．

6-3 近 世

6-3-1 法と裁判

当初江戸幕府は，「民はよらしむるべし．知らしむべからず」の立場を採った[125]ので，法典化は進めなかった（ただし，人びとに行為・不作為を求める法度・掟は，周知徹底しないと効果がないので，初期から公示方式が採られた）．やっと150年くらいが経って，法整備を重視した徳川吉宗によって『公事方御定書』が制定された（1742）．その下巻の103ヶ条を「御定書百箇条」と呼ぶ．これは刑事規定であったが，裁判規範であったこともあって，民衆にも一般の武士にも公式には知らされなかった（その後改正されることもなかった）．各藩では，藩法である自分仕置令が制定された．

刑事事件 　刑事事件（「吟味筋」）は，糾問主義的で，真実発見のため証拠・証人集めは重視された．自白が決め手として重要だったので，「死罪以上証跡既に分明なるも，本人白状せざる時」[126]には，拷問が使われた（ただし，拷問に頼らないで処理できるのがすぐれた取調官だとされていた[127]）．上級

---

124) 『御成敗式目』の51箇条と関係する諸ケースがどのような法解釈によって処理されたかは，興味深いことがらであるが，それを論じた文献を知らない．
125) 「子曰，民可使由之，不可使知之」（『論語』泰伯8）．この句は本来は，〈人は，規則・制度に従って行動はできるが，規則・制度化の趣旨・理由は——それを弁えることが大切なのに——なかなか汲み取ってくれない．〉という嘆きの表現であるが，誤解されて，〈民衆には，ルールの文言を知らせないで，ただその趣旨をまもらせるのがよい；ルールの文言を知らすと，いろいろ逃げ道を考えたりするから〉という意味にとられた．
126) 佐久間長敬他『江戸時代犯罪・刑罰事例集』（柏書房，1982）249頁．
127) 他方では，すぐれた取調官には固有の落とし穴があった．江戸時代の取調官に関する次のエピソードを参照：「昔或吟味方の役人，豫て上手と云はれし者，或日感ずる所ありて，家に帰り，役服のままにて，下男を呼び出し，汝は我手許の金子を盗取り，不届けなりと問ひしに下男は驚き，其覚なき旨，申し抜きしに段々理非をつめ責問ひ，或は憤り，或は論せしかば，終に下男，申し開き尽き服罪せり．依て役人大に驚き，我は是まで，如何なる囚人にても，白状させずといふ事なかりしに今全く覚なき下男，我調べを受け伏罪せしを見れば，是まで冤罪を出し候事多かるべしと，只今思當れり．余り此方の詞強く，少しもゆるみなく責め問へば，愚人は終に閉口し，罪に落ちる事，此僕の如し．恐るべき事なりとて，其役人は自分と職を辞し，隠居せしと云ふ事

の裁判は，将軍，老中，若年寄らが主宰した．下級の裁判は，奉行（寺社奉行，町奉行，天領・関八州管理の勘定奉行があり，主として行政官であったが同時に司法官でもあった）らが初回と判決言い渡しを主宰する．あとの実質審理や量刑は，評定所留役や吟味方与力，評定所番手配同心ら下役人がおこなった．

判決文の形式は，かなり詳しい犯罪事実と情状とを示したあとで，根拠条文・犯罪名は示さず，「詰文言（つめもんごん）」と呼ばれるいくつかの定式語を示すだけで罰を宣告する，というものであった．詰文言は，罪の重さによって，「不埒（ふらち）」・「不届（ふとどき）」・「不届至極（しごく）」が使い分けられた．たとえば，「右不埒に付，押込（おしこめ）被仰付候」，「女犯候始末不届に付，遠島被仰付候」，「右不届至極に付，引廻の上於大坂磔被仰付候」とするかたちにおいてであった．このような態様の実務を前提にしていたのでは，詳細な法解釈は期待しえない（証拠・証人，法律と量刑の先例とが厳密に参照されたのであり，判例集や訴訟記録，法実務のマニュアル書もかなり残されたのであるから[128)]，形式合理性 die formelle Rationalität はあったが）．

民事事件　民事事件（おおむね「出入筋（でいりすじ）」に該当）も多かった．江戸などで訴訟を遂行するには当事者は永く逗留する必要があった．そのための宿泊所，「公事宿（くじやど）」が江戸には百数十軒あった（江戸の場合，日本橋の馬喰町（ばくろう）や小伝馬町（こでんま）などにあった．小伝馬町には牢獄（未決囚用）もあった）．原告は，訴状（目安）をまず提出するが，その書面審査（目安糺（めやすただし））を通るだけでも大変だった（目安糺は法の専門家である下役人が，受理か不受理か等を法的に判断する手続である．ここでは先例への照らし合わせが重要であった；判例が重視されたのである）．訴状の作成は難しいので，公事宿の主人や手代が引き受けることが多かった．

訴状が受理され裏書きされると，原告はそれをもって被告の方にいく（被告召還には別途，差紙（呼出状）も使われた）．被告は答弁書を作成し，期日に出頭する（出頭しないと所払等に処せられる）．通常の民事事件も，裁判は奉行らが主宰するが，実質の審理は下役人にやらせた．審理は職権主義的だが，当事者主義の要素もあった．事実確認は徹底するものの（そのために証拠書類・証人尋問

あり．去れば吟味方程大事の者これ無し，口問ですら斯くの如くなれば，拷問などは尚更に候」（同上，『江戸時代犯罪・刑罰事例集』268-269頁）．現在の優秀な取調官にも読ませたい警告である．前述の富山地裁で 2007 (H19) 年 10 月 10 日にあった再審無罪判決（氷見事件，LEX/DB-28135488）や，2009 年 6 月 4 日に無期懲役刑の執行停止があった足利事件を考えると，遠い時代の話ではないだろう．

128）　杉山晴康「徳川時代の刑事法」（『比較法学』第 2 巻 2 号，1966，36-37 頁）．

が重視された），事件は情理によって，また，ほとんどは内済（＝第三者立ち会いの調停）によって，処理されるべきものとされた（刑事事件でも，被害者との間で内済はあった）．これは，司法が不備であったためであり，また裁判（民事）は恩恵的なもので，本来的には「御上を煩わすもの」と位置づけられたためである（訴訟費用は両当事者が払ったのだが）．したがって裁判官は，当事者を内済にいたらすため，乱暴なことばや刑罰で威嚇したり，村の世話役や僧侶に介入させた．幕府はまた，借金訴訟（＝金公事）に対しては，訴訟件数を減らすため，また旗本保護のため，1661年以降，相対（＝当事者間の話し合い）で処理すべしとする「相対済令（あいたいすましれい）」をたびたび出した（もっとも有名なのは，1719年のそれである）．

　以上の点で民事訴訟は，マックス・ヴェーバーの言うカーディ Kadi 裁判（＝情実的な裁判）的であった[129]．（京都の板倉勝重・重宗父子の裁きや，江戸の大岡裁きなどの話——ほとんどが作り話である——が生まれた背景には，このような事情が働いている．）

　法学校はなかった（後述のように，漢学校で唐や明清の律を教えること（律学）は，徳川吉宗以来盛んになったが．注138参照）．司法が国家行政の一環として位置づけられたことも（奉行は，行政官であり裁判官であった），厳格な〈法による支配〉ではなく，法の効果的運用を重視する気風をもたらした．こうした事情も，法解釈の展開を妨げた（契約の解釈や先例の解釈，日常におけるルールの解釈などで，一定の解釈技術が展開されたであろうことは，どの時代においても，普遍的現象であったと思われるのであるが[130]）．

---

[129]　江戸期の民事裁判でのこのカーディ裁判については，滝川政次郎『日本法制史』第4版（角川書店，1971）413頁．平松義郎『江戸の罪と罰』（平凡社，1988）60頁以下は，江戸期の刑事裁判における形式合理性とカーディ裁判性との併存を指摘している（たとえば，10両以上を窃盗した者は死罪になるので，「九両三分二朱」と書かせた虚偽の被害届を受理する慣習があった）．中田薫「徳川時代の民事裁判実録」『法制史論集』岩波書店，1943，第3巻下），國學院大學日本文化研究所編『法文化のなかの創造性』（創文社，2005）中の神保文夫講演も興味深い．
　　同時代の中国（＝清）の法実務についても，一方で寺田浩明「前近代中国に対する法的アプローチ—伝統中国法はどの様な意味で法であり，またどの様な意味で法ではないか」（文部科学省科学研究費補助金「アジア法整備支援」プロジェクト　名古屋大学法政国際教育協力研究センター報告書，2003）が，カーディ裁判性を指摘するが，他方で中村（前掲注12）『清代刑法研究』は，清代の刑法実務について，もっとルールに忠実で，それなりに法理にもとづく一貫性をもった思考があったことを指摘する．両議論の対比的考察に，小口彦太「清朝時代の裁判における成案の役割について」『早稲田法学』第57巻3号，1982）がある．

[130]　どこでも，契約上の紛争が生じると，契約文言の解釈が重要となる．したがって，江戸時代

6-3-2 哲学・文学における解釈学——本居宣長を中心に

(1) 江戸時代の文献学

近世における法解釈の欠如を補ったのは，文学における解釈学であった．それを提供したのは，江戸時代の漢学（儒学や律学）や国学であった．漢学や国学で発達した，解釈の伝統は，漢学や国学が明治維新後の法律家の一般教養的基礎となった点からしても，法解釈・法実務にとって重要な意味をもった．

漢学と近代化 とりわけ，漢学は，一般教養としても，明治初期の法学校である明法寮の入試に際して唯一の試験科目であった点からしても，初期近代の法律家，その法学・法実務の思考を深く規定したと考えられる．実際たとえば，ボアソナードらからフランス法理を学び1872年以来，大審院判事等を務めた三島毅（中洲，1830-1919）は，漢学塾二松学舎を創設した漢学者でもあった．明治初期の有名な法曹，加太邦憲（かぶとくにのり）（1849-1929）も，『自歴譜』によると藩校立教館等で漢学を約8年間学び1865年からは同校で漢学を教えた．後述する穂積陳重は漢学を1863年から藩校明倫館で8年間，梅謙次郎は1866年から私塾と藩校修道館で6年間，学んだ（陳重や津田真道（1829-1903）らは，国学，とくに本居宣長をも深く学んでいた）．

漢学の授業においては，まず生徒がテキストを声を出して読む「素読」があり，次いで教師がテキストの文義を理解させメッセージ・思想を会得させる「講釈」（「講義」・「講読」）があり，その後に，生徒たちがグループ討論をする「会読」（「輪講」）と独習（独看）とがあった．どう返り点を付けるか・どう訳すかだけでも，文法的・内容的理解（解釈）が前提となり，解釈の技法が重要となる．また，「講釈」と「会読」においては，語義や文脈理解，思想原理との連関付けが重要である．こうして解釈学上の実証主義・合理的思考が訓練された[131]．

担い手たち 漢学や国学における解釈学とその方法論（ヘルメノイティク）は，江戸中期以降に発達した．代表的学者として，儒学者荻生徂徠（1666-1728）と，国学者本居宣長（1730-1801）がいる．両人の先駆者としては，

でもここでは法解釈が重要であったと考えられる．また，先例に従った処理がなされたので，先例の解釈が重要であったとも考えられる．先例や条理，明清律を参照した刑事実務については，小林宏『日本における立法と法解釈の史的研究』第2巻（汲古書院，2009）が興味深い．

131) 西欧中世の教育（法学を含め）においても，まず朗読（lectio）があり，次にその語意・文意（sensus）の説明や深い意味（sententia）の解説（概念や原理・相互関係の）があり，加えて学生が演習で，教師が出した例題をめぐって応用的な討論をする，というものであった．拙著（前掲注24）『法思想史講義』上巻198頁．

儒学に山鹿素行（1622-85），伊藤仁斎（1627-1705），国学に契沖（1640-1701），荷田春満（1669-1736），賀茂真淵（1697-1769）らがいた．

ad fontes かれらは共通して——西洋的に言えば——ad fontes（「源泉へ」）を重視した．すなわち，仏教・儒教などに脚色されたそれまでの著作でなく，原典を忠実に伝える著作を求め，それに依拠して古典の時代の人びとの生き様・思考をとらえ，それを模範として生きる道（「古道」）を獲得して現代を生きようとした．たとえば宣長のスローガンは，「古言を知らでは古意は知られず，古意を知らでは古への道は知りがたかるべし」（『初山踏』）であった．古代のことばを厳密な方法で理解し（「古語」），それを踏まえて古代の作品を——古代の精神や感覚に根差すかたちで——理解し（「古意」），この基盤上で，古代の精神を獲得し自分の思想形成の背骨にする（「古への道」）という姿勢である．

解釈学の中身 すなわちここでは，次の三つの作業が重視されている．

（α）古文献の収集と，その上に立ってそれら文献の，成立年代・作者・参考にした資料などを明らかにする書誌学的研究．その際には，語句が写本時や翻訳時にどういう変形（誤写・改ざん・誤訳等）を受けたか，をも考えなければならない．

（β）諸文献から帰納的にことばの意味・文の意味を明らかにし，それにもとづいて事実の認定・思想の確認をおこなう文献学的研究．人は，意識しないままに或る傾向をもってことばを使う．それを解析しルールを自覚化するところに，文法や語用，思考の研究が成り立つ．

異なる時代のメッセージを理解するためには，exegetic（テキスト解釈的）な作業が重要である．すなわち一方で，①語句が書かれた時代の用法，その変容はどういうものだったか[132]，②その語句が含まれる文章の全体構造，前後の論理的関連などを踏まえて理解した場合，ある語句はどういう意味となるかな

---

[132] 宣長は『初山踏』で，語句の意味はその時代の使い方の観察によって理解できるということを，次のように述べている：「されば諸の言は，その然云本の意を考んよりは，古人の用ひたる所をよく考へて，云々の言は，云々の意に用ひたりといふことを，よく明らめ知るを，要とすべし，言の用ひたる意をしらをば，其所の文意聞えがたく，又みづから物を書にも，言の用ひやうたがふこと也，然るを今の世古学の輩，ひたすら然云本の意をしらんことをのみ心がけて，用る意をば，なほざりにする故に，書をも解し誤り，みづからの歌文も，言の意用ひざまたがひて，あらぬひがこと多きぞかし」（『日本思想大系』第40巻，岩波書店，1978，526頁）．

どについて，多くのサンプルを集めて分析し，そこから帰納的にことがらを把握する作業[133)134)]，他方で，文の中身を歴史的なコンテクストにおいて理解すること，すなわちその作者の生涯，対象となる時代の行為原則・感覚・思想・精神を把握し，それとの連関で作品を理解する，historical（歴史研究的）な作業，が重要である[135)]．

（γ）その上に立って，古道に根ざした哲学・世界観を構築する理論化作業[136)]を進める．

発展の土壌　　こうした運動がこの時期に開花する土壌となったのは，次の2事情である．

（i）中国における清朝考証学の影響　　清朝中国では，朱子学や陽明学の新儒教が経典を強引な読みを加えて自己の哲学思想提示の素材にしてしまったことに反発し，古代・古典の本来の姿を取り戻し，そこから新たなメッセージ

---

133) 宜長は，『答問録』（や『玉勝間』五の巻四五）において，なぜ「みちのく」（＝東北地方）を「むつ」と言うのかの問に，次のように答えている：「サテミチノ國ト云ナラヘルカラ，転テツヒニムツノ國トハ云ナルベシ，ミチトムツト，自然ニ転ルベキ音也，又陸ノ字ハ，肆伍陸〔しごろく〕ト数ノ六用ル字ナルユヱニ，ムツト心得誤レルニモアルベシ」．「ミチ」から「ムツ」へ自然に言い換えが起こったとともに，「陸」を数字の「六，ろく」の代わりに使うことがあるので，「ろく」と読めるなら「むっつ」とも読めるだろう，と勘違いしてしまったことが原因だというのである．正しいかどうかはともかく，合理的に説明しようとする例として，またことばの理解へのこだわり（文学上の文理解釈）の例として興味深い．

134) 宜長の『答問録』には，また次のような記述がある．すなわち宜長は，『古事記』には，「死セル神ト死セヌ神」とが出てくるが，両者はどういう関係になっているか，という問に，「高天原ニ坐ス神ハ，死ト云事ナク常ヘ也，國ニ坐神ハミナ死セリ」云々と答えた後で，「此趣スベテ臆断ニアラズ，古事記，書紀ニシルセル証例ニツキテ云也，ツユバカリモ，己ガ臆度ヲマジヘテ理ヲ以テ云ハ，漢意ニオツルコト也」と述べている．多くの文献からの帰納によって判断する姿勢が鮮明である．

135) 宜長は『初山踏』で，時代精神を理解しなければその時代のメッセージを得ることができないとして，次のように言う：「古人のみやびたる情をしり，すべて古の雅たる世の有さまを，よくしるは，これ古の道をしるべき階梯也，然るに世間の物学びする人々のやうを見渡すに，主と道を学ぶ輩は，上にいへるごとくにておほくはただ漢流の議論理窟にのみかかづらひて，歌などよむをば，ただあだ事のやうに思ひすてて，歌集などは，ひらきて見ん物ともせず，古人の雅情を，夢にもしらざるが故に，その主とするところの古の道をも，しることあたはず」（前掲注132『日本思想大系』第40巻，539頁）．そして時代精神を知るためには，古文献を実証的に研究する必要があるのである．

136) 以上の経緯は，15世紀の人文主義者が，中世のスコラ哲学や注釈学派による脚色から自由な古典の姿を求めたのに似ている．また，19世紀ドイツの新人文主義者が厳密な文献学 Philologie を基礎にして，古典古代の姿を再現しよう・その古典主義的精神を獲得しようとした態度と似ている．こうした点に着目して，宜長は，シュライエルマッハー（Friedlich Daniel Ernst Schleiermacher, 1768-1834）やベック（F. August Boeckh, 1785-1867）の古学 Altertumswissenschaft に比定される：村岡典嗣『本居宣長』（岩波書店，1928）参照．

を獲得しようとする運動が強まった．そのためには，原典の発掘，文献学的研究，緻密な読解が欠かせなかった．これに応えたのが清朝考証学であり，代表的人物に，黄宗羲（こうそうぎ）(1610-95) や顧炎武（こえんぶ）(1613-82) らがいる[137]．

その影響は，伊藤仁斎の古義学，荻生徂徠の古文辞学等を通じて日本に入った[138]．なかでも徂徠は，朱子学が孟子以降の文献に依拠して理論構築をしたのに対して，孔子が思考構築の基礎として使った五経を正確に復元し，それに厳密な考証を加えて思想構築の基礎にしようとした．徂徠のこの作業は，清朝考証学の思考と思想を基礎としている[139]．

この方法的自覚が，荷田春満に，そしてまた江戸に在住し春満から学んだ真淵に，そしてかれを通じて宣長に，伝えられた．宣長は，かれが京都遊学時代に 2 年半寄宿した儒学者・儒医で国文にも関心があった師，堀景山 (1688-1757) を通じても，この方法論に接した[140]（景山は荻生徂徠とも親交があった．宣長も，『徂徠集』と題した自筆の小冊をつくっている）．

(ii) 新しい学問施設の発展　学芸は，中世を通じて特定の家系や京都・鎌倉の五山の僧侶に独占されていた．その学芸が，幕府や各藩による研究・教育機関の設置によって，また私塾の発達によって，さらには交通の発達によって，全国的交流の対象となり，公共に開かれたものになった（たとえば宣長の弟子は，近畿のみならず，関東や北陸にもいた）．

(2)　**本居宣長**

(i)　宣長の方法と思想　以上の点を，本居宣長について見てみよう．

---

137)　清朝考証学は，ジェスイット教団の人文主義的な宣教者たちから影響を受けたと言われている．ヨーロッパでも人文主義は，文献学・考証学を重視した．日本の江戸中期の文献学は，したがって，ヨーロッパ人文主義＝ルネッサンスの孫に当たる．
138)　当時，中国（明・清）の法律研究（律学）も盛んであった．とくに徳川吉宗は，和歌山藩主時代から継受をリードした．同時代の徂徠には，『明律国字解』(1724 までに成立) がある．
139)　今中寛司『徂徠学の史的研究』（思文閣出版，1992）338 頁以下．また，徂徠の思想内容（功利主義）は，中国南宋期の葉適（せってき）（葉水心（しょうすいしん））ら永嘉・永康学派の思想の生き写しであるとされる．同書 94 頁，253 頁以下参照．
140)　「徂徠の学問の中心的な思想は，言（コト）は事（コト）であるという点にある．宣長は言葉（コト）によって事柄を明らかにするという徂徠の方法を，心の底深く学びとった．この方法が，後の，『古事記伝』全部を貫く基本的姿勢として確固と守り通されている．この点が極めて重要である．」大野晋『本居宣長全集』第 9 巻「解題」（筑摩書房，1968）11 頁．語ることばを徹底的に調べることによって，語られている事実を正しく認識するという，実証主義的な姿勢である．

(α) 古代内在　　宣長は，古典を，かれの時代とは異質の語・語法・精神を伝えるものと理解する．とくに『古事記』は，仏教や儒教が入る前の思考を伝える書物であり，日本人の固有の情感・世界観が表現されている，と見た．かれはこの立場から，『万葉集』・『源氏物語』などについても，これまで強かった，儒教や仏教の観点——勧善懲悪や禁欲——からの読み込みを排除し，特殊日本的なセンス（「もののあはれ」とか「やまと魂」とかと呼ばれる，素直な情感）によって理解し，またそれを身に付けようとした．ここには，〈人は自然な情を本性とし，理性や知性は，その本性にとって外部的である装飾物にすぎない；今の時代の人間は，外部的なものに毒され，本来の感受性を喪っている〉という見方も働いていた．

(β) 漢意の排除　　宣長がとりわけ警告するのが漢意(からごころ)に対してである．漢意とは，自然な人間行動・情感の表現物として素直に受け止めるべき対象（『古事記』や和歌，『源氏物語』などの日本の古典，日本の諸伝統）を，儒教とか仏教とかの原理にかなうものとして理屈っぽく理解しようとしたり，逆にそれに反するとして批判したりする傾向である．たとえば：

(β-1)　伊勢神宮の建物が茅葺き（でかつ，檜の素木を使った掘立造り）であるのを，「後世に質素を示す戒めなり」とする神道者がいる．——宣長は，かれらに対して，〈そういう様式であるのは「上つ代のよそひを重(おも)みし守りて，変へ給はざる物也」，すなわちただ伝統的な建築様式を守って来たからである；しかも，この建築物もそれなりに美麗を尽くしたものでもある．神道者も，知らず知らず「からごころ」に染められているから，そういう道学者的説明をするのだ〉と批判した（『玉勝間』一の巻四七）．

(β-2)　『古事記』には異母兄弟間の結婚が見られるが，これを反道徳的だと批判する論者がいる．——宣長はこの批判に，「それはかの漢国の定めにへつらへるもの也」，「これ〔異母兄弟間の結婚〕もとより皇祖神の定めおき給へる処なれば，後世の凡夫の小智をもて，とかく議りいふべき事にあらず」（『くず花』下巻：筑摩書房版『本居宣長全集』第8巻，1972，168頁）と反論した．神の深いお考えによるものだから，凡夫の常識で論じるな，と言うのである．

(γ) 実証・合理と超越者　　宣長は，実証的研究を重視した．かれにおいて実証は，ある命題を事実（証拠）にもとづいて定立することであり，またそうした事実から合理的に推論してことがらを確認することであった．しかし宣

長によれば，人間は卑小であり，神や宇宙，永遠の真理を知ることはできない；こうした，実証的・合理的に扱える限度を超えたものに対しては，人はただ信じる他ない；合理的推論には限界があることをわきまえず，人を超えたものをも人間的合理性で説明しようとするのは，「漢意」に侵されている徴表だ，とかれは見た．

とくに古代の書には，一見荒唐無稽の記録が多い．宣長によれば，それらの現象を，合理的に理解しようとしたり，逆に，〈幼稚だ〉とか〈矛盾だらけだ〉とかと外在的に批判したりすることもまた，人間の尺度で神や宇宙を解釈しようとすることであり，合理的精神・知性（＝小智）を前面に押し出す「漢意」に規定されたものである．そうした事象は，記されたままに受け容れる他ない．古代人は，そのような素直な心でものに臨んだのだ．宣長のこうした姿勢は，たとえば次のようなかれの議論に現れている[141]．

（γ-1）　儒学者市川匡麻呂(たずまろ)（鶴鳴(かくめい)）が 1780 年に書いて寄こした『まがのひれ』には，次の疑問が出ていた：『古事記』によると，天照大神は，太陽の女神である；実際，彼女が岩穴に隠れたら，世界は真っ暗になった；だが，『古事記』にはまた，彼女が生まれる前にも，世界には昼と夜とがあった，とある；これは，矛盾ではないか．

——宣長は『くず花』（上巻）を書いて，匡麻呂に反論した：「すべて神の御所行は，尋常の理をもて，人のよく測り知ところにあらず，人の智は，いかにかしこきも限りありて，小き物にて，その至る限の外の事は，えしらぬ物也，〔…〕己が限ある小智をもて，知がたき事をも，強てはかりしらんとする故に，その理の測りがたき事に至りては，これを信ぜず，おしてその理なしと定むるは，かしこげには聞ゆれ共，返りて己が智の小きほどをあらわすもの也」（『本居宣長全集』第 8 巻 127-128 頁），と．これも，神に属することは人智では解明できない，という議論である．

（γ-2）　上田秋成は，宣長との論争の記録『呵刈葭(かがいか)』前編[142]で言っている：『古事記』には神が世界を創ったとあるが，オランダの世界地図によれば，日本は小さな島国であり，そのような小国の創造がそのまま世界創造を意味するなどということはありえない；また，他の国には別の世界創造神話がある；日

---

141)　田中康二『本居宣長の思考法』（ぺりかん社，2005）第 2 部参照．
142)　国書刊行会編『上田秋成全集』（第 1 巻，1969）．

本の神話はこの小さな国にしか通用しないものだ；宣長よ，非合理な古典崇拝を止めよ（「大人〔宣長のこと〕の如く太古の霊奇なる伝説をひたぶるに信じ居らんぞ直かるべき」），と．

——この意見に宣長は，反論した：①理屈に合わないから信じないというのは，漢意に囚われた，人の小智によってすべてを解こうとする思考だ（「抑奇異なるによりて信ぜざるは，例の漢意にて，凡人の小智を以て大神の妙業を測らむとする物なり」），と．②しかも，理屈に合っている面もある．たとえば，『古事記』には〈太陽や月がまずつくられた〉とある．中国やインドを照らしているのも，この同じ太陽や月だ．したがって，『古事記』の史実が世界に妥当するのだ．また，日本は小さいが，侵略されたこともないし，田畑も人もはなはだ多い．世界には諸大国があるが，その土地はやせていて人も少ない．日本は，最も豊かで美しい大国だ（だから，それを創った神は偉大だ），と．世界に開かれた秋成の合理性に比して宣長には，「井の中の蛙」的に偏狭な日本中心主義が顕著である（秋成は『呵刈葭』前編において，宣長のこの狂信性を痛快にからかっている）．

(δ) **機会原因主義** では，人を超えたものに対するこのような態度からは，どういう政治的立場が帰結するか．宣長によれば，今日の社会が置かれている状態，これから進んでいく方向も，神の偉大な力が働いた結果としてある；それを人の小智であげつらってみても，埒が明かない（「皆神の御所為(しわざ)なるからは，人力の及ばざるところなれば」（『玉くしげ』））；そうであればわれわれは，評価は棚上げにして，今の状態とその変化を素直に受け容れていけばよい：

「されど物のことはりといふものは．すべてそこひもなくあやしき物にて．さらに人の心もてうかがひはかるべき物にはあらねば．しひてあきらめしらんともせず．よろづの事はただ神の御のからひにうちまかせて．をのがさかしらを露まじへぬぞ．神の御國のこころばへには有ける．」（『石上私淑言』（いそのかみのささめごと）巻三・九七：『本居宣長全集』第 2 巻，1968, 186 頁）

これは，シュミットの言う「（ロマン主義的）機会原因主義」Occasionalism の立場である．積極的に保守・反動の立場を説くのでも，逆に革新を説くのでもなく，その場その場の政治体制を——たとえ悪政であっても——神が独自の判断で創ったものとして素直に受け入れる傾向である（ただし，神の子孫が天皇だから，国学はやがて尊皇倒幕思想に向かうことにはなる）．それは，今日まで日本人

につきまとう，〈既成事実を素直に（原理原則との対置をせずに）受け入れる姿勢〉，丸山眞男の言う「つぎつぎとなりゆくいきおい」の現出である．

　考えてみれば，1970年代以降，多くの裁判官に顕著になった傾向，すなわち，合理的・実証的に訴訟に臨むが，時の権力が採る，法律を無視した理不尽な政策（再軍備や天皇崇拝）は〈統治行為であり司法の及ばぬところ〉として，また最高裁の問答無用の司法行政や判決は〈その権威に従うのが「職務上の義務」である〉として，素直に受け入れる傾向は，この宣長的思考の現代版・あるいは裁判官版ではないか．

　(ii)　宣長の和歌解釈　　以上を踏まえ，宣長とその周辺の人びとによる和歌解釈の作業例を見ておこう[143]．これらの作業例は，当時の日本人がすでにどの程度まで解釈の手法を高めていたか；もしかれらがこの手法を法解釈で使っていたら，その水準はどの程度にまで達するものであったか，を示してくれる．（もっとも，法の解釈が一般的ルールを個別事例に「適用」する作業をも含むのに対して，文学作品の以下に見るような解釈は，個別事例（ここでは和歌）をその作者ないし作品に内在的に理解することが中心課題となる．別言すれば，以下に見る文学的作業では――本書3頁の語で言えば――「解釈」・「注釈」はあるが「適用」はない．このため，以下の作業では，本書第1章冒頭の図（4頁）の左列のみが問題となる．）

①「あまのすむ里なれにけり　郭公(ほととぎす)　こよひうきねの枕にぞなく」

[A] 文理解釈的思考
これは南北朝時代の歌人頓阿(とんあ)の歌で，かれの歌集『草庵集』に収められている．宣長は，それの注釈書である『草庵集玉箒』（1767-68頃）巻三（『本居宣長全集』第2巻，1969，281頁）で，この歌の「里なれにけり」に関して，「けり」と「ける」のちがいを，重視する．この歌のそれまでの解釈は，〈海辺のこの里でよく鳴くホトトギスを，たまたま旅をしている自分もここに泊まって聴くことができた〉というものであった．宣長はこの解釈を批判して言う：「ける」であればそういう解釈になるが，ここでは「けり」となっている；「あまのすむ里なれにけり」が，強い感情表現として，上二句を成しているのだ：〈ホトトギスは，こんな海辺の寒村でもいつもよく啼くのだなあ．旅の途中の自分がたまたま泊まった一夜にも，こんなに啼いているのだから〉という意味になるのだ，と．

---

[143]　この点については，田中（前掲注141）『本居宣長の思考法』22, 51, 87, 109, 203頁参照．以下に見る歌学上の諸思考は，漢文や古文の解釈（翻訳）においても，同じものとしてある．

「まづけりにていはば．こよひわがたまたまのうきねにさへ聞事なれば．時鳥は此所の里にはなれたりけりなと．時鳥のそこの里に馴てたえず鳴ことを思ひやりたる心也．けりといひて推量る心になることおほし．又けるの時は．此里にはなれたる時鳥を．我はこよひたまたまうきねの枕にきくといへるなり．」

「けり」と「ける」の一字のちがいで，歌の後段からスタートするか，前段からスタートするかがちがい，意味理解が分かれる．前者の方が，鮮烈な体験を基にして，〈ホトトギスがいつもしきりに鳴く里〉の想像空間がはるかに広がっていく．宣長は，このように文理解釈を重視し，文の意味を理解しようとしているのである[144]．

[B] 体系的解釈的思考

②「今よりの荻の下葉もいかならむまついねかての秋風そふく」

『美濃の家づと折そへ』において宣長はこの歌（『続後撰集』藤原雅経）に，「いねかてに稲をもたせたり，秋くれはまつ稲葉を吹く風の身にしみていねかてにするを，今より後荻に吹風も又いかにあらんと也」と注釈した．〈稲を吹く風が冷たくなり寝つきにくくなった．これから荻の下葉を吹く風の時期になったら，もっと寒くて大変だなあ〉の意である．

これに対して，弟子の柴田常昭が次のように疑問を提起した：「今案，此歌荻は萩の誤なるべし，萩の下葉は常に云事，荻の下葉穏ならず，上葉は常也，さて猶萩なるへしといふ論は，此歌は，秋萩の下葉色つく今よりや独ある人のいねかてにするといふ古今集をとりてよみたるにて，意は今よりは萩の下葉もいかに色付らん，まついねかてなる秋風の吹初たると云る也，師はあしく意得られたり」，と．宣長は，『美濃の家づと折そへ疑問評』において弟子のこの批判を受け入れ，「御考へ大ニ宜シ，オノレハ荻ニナヅミテ，シヒゴトシタリ」と反省している．

すなわち，常昭は，第一に，「萩の下葉」か「荻の上葉」なら，よく使われる表現で妥当だが，「荻の下葉」は使われない．第二に，この歌は，『古今集』

---

144) 宣長は『石上私淑言』巻三・八九で「歌は詞をさきとすべきわざになん有ける」と述べている．和歌をつくるときは，古の雅やかな詞を慎重に選んで使えば，高雅な意が自ずと表現できるというのである（もともと推敲という作業の根底には，語句に対するこうした慎重な態度がある．『玉勝間』が激しい推敲の産物であることは，有名である）．これは，読み手（解釈者）にとって言えば，書き手が慎重に選んでいることばを正確に読み取り解釈する姿勢で臨めば，相手の言わんとすることが伝わる，というメッセージとなる．[A] 文理解釈重視の姿勢である．

の「秋萩の下葉色つく今よりや独ある人のいねかてにする」を本歌にしているのだから,「荻」は「萩」でなければならない,と論じた．宣長は,弟子のこの批判を受け入れ,〈自分は本歌に気がつかなかったため,「荻」だと思い込んでいた〉と反省したのである[145]．

常昭のこの議論のうち,第一点は,語の通常の意味に配慮する文理解釈に関係し,第二点は,他の歌との体系的連関による解釈に関係する．

[C] 立法者
意思的思考
③「わきてなどつれなかるらん出る日のひかりに近き峯のしら雪」

『草庵集』中のこの歌の意味は,〈どうしてとりわけ太陽に近い,山の頂の雪だけが消えないで白く輝いているのだろうか〉というものである．宣長によれば（『草庵集玉箒』巻一：『本居宣長全集』第 2 巻 247 頁）,この歌を味わうには,「歌の心,物の全体の理と,作者の見る心とをわかちて心得べ」き必要がある；ものごとの客観的論理と,作者の直感的論理とを区別しつつ照らし合わさねばならないのだ．「物の全体の理」は,〈春になって里の雪が消えても,標高が高い山頂部は気温が低いので雪が残る〉というものであり,「作者の見る心」は,〈山頂部は輝く太陽に近いから,その分暖かい光を強く受け,雪は早く消えそうなものだが〉というものである．この歌のおもしろさは,この作者の論理をも踏まえつつ現象を見ることによって,意外な観点から自然を眺め直す体験にある．ここには,解釈における [C] 立法者意思の観点からの全体の再構成に通底するものがある．

[D] 歴史的
解釈的思考
④「昔おもふ庭にうき木をつみおきて見しよにも似ぬ年のくれ哉」

（東 常縁（とうのつねより）（1401-94）が著わし,）細川幽斎（1534-1610）が増補した『新古今集聞書』は,この歌を,出家した後の西行の心境を述べた歌として,〈昔は憂きことが多かったが,出家したことによってこれまでとはちがった気持ちで――「浮き木」（＝流木のたきぎ）も十分準備しゆったりした気持ちで――年の暮れを迎えられることだ〉という意味に解釈した（「うき木」には「憂き」の意と「浮き木」の意とが重なっている）．

これに対して宣長は,『美濃の家づと』二の巻（『本居宣長全集』第 3 巻 372 頁）

145）筑摩書房版『本居宣長全集』第 3 巻（1969）613-614 頁．宣長の,謙虚な学問的姿勢がうかがわれる．

でこの理解を「みな其人の境界にかなへてとかんとするから，かかるしひごとはいふ也」と批判する．〈出家した後に詠んだのだから，そういう悟りの心の歌であるはずだ〉という解釈（＝歴史的解釈）に反対するのである．そしてこの歌を，〈この年の暮れは，これまでになく憂きことがいっぱい重なってしまった．そういうことがなかった昔が懐かしい〉という意味に解釈した．ここでも宣長は，「西行ならんからに，岩木にあらざれば，をりにふれては，などか昔をこふることもあらざらん．歌はおもふ心をいつはらず，ただありによみ出ればこそ，めでたき物にはあれ」と，「うるさきから國ごころ」を排す立場から素直に読んでいる．

　この場合は，幽斎が歴史的解釈の思考であり，これに対して宣長は「うき木」と「憂き」の結びつきを重視する文理解釈から，「文字通りの適用」にいったと言える．

[E] 法律意思的思考　⑤「武蔵野はなほ行末の遠ければ秋はけふこそ限りなりけれ」前述の『草庵集』中のこの歌について宣長は，「遠ければ」では論理が通らず，「遠けれど」の誤写だとする（『草庵集玉箒』巻九）．〈武蔵野は広く，自分がいく道は遠い；しかし，今日で秋は終わりだ〉というのが，この歌が表現したい感慨である；この歌では「武蔵野の限なきと，秋の限とを対したる」点が面白いのであって，したがって上三句と，下二句とは，逆接の関係になければならない，とする．ここには，全体の客観的な論理を考え，原文（作者ないし筆記者の）の表現をも超えようとする，ものごとの論理を尊重する思考が，よく出ている．

　⑥「松にはふまさきのかづらちりぬなり外山の秋は風すさぶらむ」
　この歌は，『新古今集』西行歌である．『八代集抄』の作者北村季吟（1625-1705）は，西行が世捨ての僧であるという観点から，「松にはふまさきのかづらちりぬなり」を無常観の表明だと理解した．〈松の木にしっかりとまといついた「まさきのかづら」さえ，激しい風で葉を散らせてしまった；世の中のすべてにはこのように終わりがあるものだ〉という感慨の表明だというのである（「なに事も，はてはある物ぞという意を，風すさぶらんとよめる也」）．
　宣長は『美濃の家づと』の中で，これを「いみしきひがごとなり．さる意あることなし」と批判する（二の巻）．かれは，端的に単なる初冬の自然描写，そ

れに動かされた心の歌として味わえばよいのであって，出家した人間だからといって常に無常観を込めて詠むといったものではないのだと考えるのである．

北村季吟が，西行は出家者であるという事実，その根底に想定される無常観からいわば目的論的に（[E] 法律意思解釈によって）歌に迫り，宣言的解釈で解説をしたのに対し，宣長は「文字通りの適用」でいったのである．もっとも，その宣長も，歌というものは人がその感動を素直に伝えようとするところに表出するものであって（＝「もののあはれ」），〈人はそれに哲学的命題を託しているのだ〉と考えるのは漢意にとらわれた発想だ，というかれ独自の認識をもっていた．歌ないし歌詠みのことがらの本質を宣長はそのように見ていたのであり，かれの⑥の解釈は，そこに根ざしていた．つまり，かれの⑥の解釈は，[E] 法律意思解釈としてある．

⑦「さびしさにたへたる人の又もあれな庵ならべむ冬の山里」

これも，⑥と同様の西行歌である．北村季吟は『八代集抄』において，「さびしさにたへたる人の又もあれな」とは「富貴栄花に心をうごかさぬ人あれかし」の意であるとの解釈を示した．西行は世捨て人として，世の栄花を避け「冬の山里」に庵を結んでいる；したがって，その西行がいっしょに「庵ならべむ」と言っているのだから，かれが求めている隣人はそういう同類の世捨人に違いない，と季吟は考えたのである．一つの論理ではある．

これに対して宣長は，〈山里に庵を結び一人だけで暮らしておれば，冬ともなると誰しも寂しさがつのる；それは，出家の身であろうと変わりはない；西行は，その孤独の心を表現したのであって，それを素直に感じ取ればよいのである〉とした．出家者が求めるのだから，相手は「富貴栄花に心をうごかさぬ人」でなければならない，などと解釈するのは，「からごころなり」と宣長は批判する（二の巻）．

ここにも，季吟が文の根底にある思想から目的論的に（法律意思解釈によって）考えつつ宣言的解釈に向かったのに対して，宣長がそれに対置した「もののあはれ」の人間観から（同様に法律意思解釈を通じて）「文字通りの適用」にいったというちがいが出ている．

江戸時代の古学におけるこうした，語のちがいによるニュアンス比較を厳密

に検討する姿勢，文全体の論理から語を確定しようとする姿勢，作者の意図・認識・歴史的背景・根本原理から文の意味を理解しようとする姿勢などは，明治維新後においても，（儒学にも通底する）知識人の思考枠組みとなることによって，厳密な西洋式法解釈が入ってきたとき，それにすばやく対応することを可能にした，と考えることができる．

6-4 近代

6-4-1 法創設期

1867年の明治維新以来，日本の近代化の一環として，ヨーロッパからの近代法の継受が進んだ．法継受のためには，(1) 法の学識者を養成すること，(2) 司法制度を確立すること，(3) 法典を整備すること，が重要であった．

(1) 法の学識者養成

幕末以来の律学　徳川吉宗の和歌山藩と熊本藩とは，中国の唐律，明・清律の研究（律学）に熱心であった．とりわけ熊本藩は，刑法典（「刑法草書」，1754年施行）をもっていた数少ない藩の一つであり，藩校時習館を拠点にして，明治期の第一世代法律家をも多く世に送り出した．なかでも熊本で漢学塾を開き律学をも教えた木下犀潭（昌平黌に学び，考証学派の松崎慊堂にも師事し安井息軒を友人とした）の門下生が重要である．すなわち，①鶴田皓(1835-88) は，ボワソナードと議論しつつ，1880(M13)年公布の刑法典の編纂を進めた法曹であった．②井上毅（毅．1844-95）は，高級司法官僚として憲法や教育勅語編纂上，重要な役割を担った．③岡松甕谷(1820-95)は，漢学者であり法律家ではなかったが，後述する岡松参太郎(1871-1921) の父として，また中江兆民(1847-1901)の師として，法史上でも重要である．④元田東野（永孚．1818-91）も，漢学者であったが，教育勅語編纂上重要である．

法学校開設　維新4年後の1871年には，司法省明法寮が創設され，フランス法を中心とする法学教育が進められた（最初の定員は20名）．この法学校は，1885年に東京大学法学部に合流した．その他に，いくつかの私立大学も創設され，イギリス法ないしフランス法の教育がおこなわれだした．また，フランスからブスケ（Georges Hilaire Bousquet, 1837-82 ; 在日1872-76）やボ

ワソナード (Gustave Emile Boissonade, 1825-1910；在日 1873-95) など法の学識者を招聘し，法学教育と法整備を進めた．若者たちは，かれらから西洋語で西洋の法を直接学んだことによって，その精神や思考を急速に自分のものとしていった．

俊秀たちの留学　加えて，後に民法典編纂の中心となる3名をはじめ，若い俊秀たちが外国留学した．3名のうち，①穂積陳重 (1855-1926) は，1876年にロンドン大学キングス・カレッジに入学し，同年中にミドル・テンプルに転学した．かれは，1879年に同校を卒業し，バリスター (法廷弁護士) の資格を得た．そしてその後，ドイツに移りベルリン大学に入学し，1881年には同校を卒業した．②富井政章 (1858-1935) は，1877年に私費でフランスに留学した．すなわちかれは，リヨン大学法学部に入学し，1883年にリヨン大学より法学博士号を授与された．③梅謙次郎 (1860-1910) は，1885年にフランス・リヨン大学に入学し，トップの成績で博士号を授与された．次いでかれは1889年にベルリン大学に入学し，1890年に帰国した．これら俊秀は，若くしての長期留学ということもあって，西洋の感覚・文化と法情報に素早く同化し，法継受の基礎をすみやかに形成しえた (青年の長期留学は，今も昔も異文化受容にとって大切なことである)．

開かれた法学　以上のように，明治維新後から1910年頃までは，日本の法の世界には相対的にフランスの影響が強かった．しかし，①・②・③の3人は，フランスだけでなくイギリスやドイツの法とも接触していた．かれらは，このことによって，どこか一国の法を絶対化せず，各国の法を比較しつつ，日本の法にふさわしい取り入れ方を工夫しえた (陳重がイギリスからドイツへと留学先を移した理由の一つは，比較法学が重要だが，それを学ぶにはドイツが最適だという点にあった)．当時の日本法・日本法学は，ヨーロッパ各国に対して開かれた精神的態度をもちえたのである．かれらは思考においても柔軟で，日本の現実と切り結び，その生活上の必要を法形成に反映させることを重視した．

(2) ごく初期大審院の法解釈

ここでは法制度整備に関わらせて，大審院が1875年に設置された直後 (1年後の，判決が出だした時期) の刑事事件判決から，この時代の法解釈の一つの特

徴を見ておこう．

(i) 「密通ノ件」判決

1876 (M9) 年2月25日判決：喜次郎は，恋人であったユタが他の男に嫁いだ4ヶ月後に，治療のためにいった石風呂でユタに偶然出会い，二人は「入治〔浴〕中姦通」した．姦通の噂を聞いた，ユタの夫光次郎は，ユタの手紙を偽作して喜次郎を誘い出して捕らえ，「刃物ニテ陰茎ノ頭ヲ切落」す傷害を与えた．喜次郎がこれを告訴したところ，逆に姦通罪で逮捕され，広島県裁判所で1875 (M8) 年6月24日，『改定律例』(1873年) 260条の「和姦夫」(既婚女性と合意で姦通した男) に当たるとして懲役1年の判決を受けた（暴行を働いた光次郎は，「姦夫」（姦通犯）に対する行為であるとして，二等を減じられた）．この不当を訴えて上告した喜次郎を，大審院は下記のように論じて，無罪にした：

「廣島縣ニ於テ喜次郎ト「ユタ」トヲ改定律例第二百六十條和姦夫アル者ニ擬シ懲役一年申付ケ〔…〕然ルニ光次郎ノ父豊蔵ト「ユタ」ノ父啓次郎ト其子女婚姻ノ事ヲ戸籍ニ登記セサルヲ以テ明治八年六月廿四日ニ違式ノ刑ニ処セラレタルヲ見ルトキハ明治八年六月廿四日以前ニ光次郎ト「ユタ」ト婚姻ヲ爲シタルコトヲ戸籍ニ登記セサリシハ判然タリ依テ之ヲ明治八年十二月九日太政官第二百九號布達婚姻又ハ養子養女ノ取組若クハ其離婚離縁縱令ヒ相対熟談ノ上タリトモ双方ノ戸籍ニ登記セサル内ハ其効ナキ者ト看做スヘクト有ルニ照シ今日ヨリ之ヲ観レハ明治七年五月中喜次郎カ石風呂入治〔浴〕中ニ密通ヲ爲シタル女子ハ長島啓次郎ノ女ニシテ中島光次郎ノ妻ニ非ストス既ニ光次郎カ妻ニ非サル時ハ喜次郎ノ所爲ヲ以テ和姦夫アル者ノ罪犯ト看做スコトヲ得ス」

【コメント】原審が有罪としたのは，〈結婚式を挙げ婚家で夫婦として生活している以上，婚姻関係にある〉と当時の観念に従って考えたからである（江戸時代，庶民には婚姻届制度はなかった）．姦通罪は，結婚生活上の道徳秩序を確保するためにあり，人びとは婚姻届を出したか否かにかかわらず，結婚における道徳を重んじてきたので，原審の解釈は自然であった．しかし大審院は，「婚姻」を厳密に法的に扱い，「媒酌ヲ以テ「ユタ」ヲ娶リ入籍未タ爲サス」として，刑法上の構成要件としての婚姻とは言えないと考えた．姦通をこのように厳密に法形式的に扱うことは，儒教観念が強く法的思考がそれに従属しているかぎ

り，困難である（法を道徳から自立させる思考を貫くことは，江戸時代の徂徠学派に始まるが（拙著『法思想史講義』上巻 234 頁以下），明治に入ってもなお課題であった）．

もっとも，この大審院判決には疑問も残る．大審院の認定によれば，「光次郎ノ父豊蔵ト「ユタ」ノ父啓次郎ト其子女婚姻ノ事ヲ戸籍ニ登記セサルヲ以テ明治八年六月廿四日ニ違式ノ刑ニ処セラレ」た．大審院はこの事実を，婚姻届が出されていなかったということの証拠として使っている（「婚姻ヲ爲シタルコトヲ戸籍ニ登記セサリシハ判然タリ」）．しかし，二人の父親が罰せられたのは，「其子女婚姻ノ」事実があるのに，それを戸籍に登記しなかったからである（二人が結婚していなかったら，罰せられることはない）．つまり，「喜次郎カ石風呂入治〔浴〕中ニ密通ヲ為シタル女子ハ長島啓次郎ノ女ニシテ中島光次郎ノ妻ニ非ストス」とすること（登記のない婚姻を婚姻と認めないこと）は，二人の父親が「其子女婚姻ノ事ヲ戸籍ニ登記セサル」罪を負ったことの前提と，矛盾するのである．

(ii) 「賭博自首ノ件」判決

1876 (M9) 年 8 月 12 日判決：秀吉は，賭博をしている時，巡査に見つけられて質問を受けたので逃走し（「被見咎レ直ニ其場ヲ逃走」），潜伏の後，4 日後に自首した．愛媛県裁判所は，賭博の罪に加え，逃走した点をとらえて，『新律綱領』中「捕亡律」の「罪人拒捕條」の「凡罪ヲ犯シテ逃走シ追補ヲ拒ク者ハ各本罪上ニ二等ヲ加フ」に該当するとして二等を加え，他方，自首したことによって一等を減じ，懲役 90 日（に換えて杖罪九十）とした．逃走したことを理由に二等を加えたのは不当であるとして秀吉が上告した．大審院は，上告を認め，破棄自判し懲役 70 日とした：

「罪人拒捕條ニ凡罪ヲ犯シテ逃走シ追捕ヲ拒ク者ハ各本罪上ニ二等ヲ加フトアルハ其重ンスル所拒捕ノ上ニ在テ逃走トハ拒捕ヲ爲スノ手續ヲ掲ケシコトトス故ニ律文逃走ト拒捕トノ間ニ「及」ノ字ヲ加ヘサルヲ以テモ逃走ト拒捕トノ二項ナラサルヲ見ル可シトス各本罪上ニ二等ヲ加フ云々ノ各ハ是亦逃走拒捕ノ二項ヲ指スニ非ス即チ獄囚脱監條各本罪上ト同文例ニシテ強窃盗鬪殴犯姦等各自犯ス所ノ本罪上ニ二等ヲ加フルナリ由テ逃走ノミニシテ拒捕セサルハ等ヲ加ヘサルヲ至當トスルヲ以テ愛媛縣ノ裁判ハ法律ニ違フ者ナリトス．」

【コメント】大審院は,「罪人拒捕條」の目的論的な解釈(と,「及」の字が欠如しているという文理解釈と)によって,この条文が「追捕ヲ拒ク」(=「拒捕」.逮捕に抵抗すること)者の処罰にあり,したがって,「逃走シ追補ヲ拒ク者」とは,「追捕ヲ拒ク」一環として「逃走」する者だ,と解釈した.この解釈に立てば,秀吉は,「逃走」はしたが,それは巡査が逮捕行動を起こす前にその場から逃れる行動に過ぎず,巡査の逮捕行動に服さないことの一環としておこなわれた「逃走」ではなかった.すなわち,「罪人拒捕條」の構成要件には該当していない,と.これは,[E]法律意思解釈から宣言的解釈を経て結論にいたった解釈である.(これに対して原審の愛媛県裁判所は,「逃走シ追補ヲ拒ク者」を,「逃走」と「追捕ヲ拒ク」が併記されている,とする文理解釈をした.)

(iii) 「拘留中逃走ノ件」判決

1876(M9)年8月28日判決:キヨノは,窃盗し巡査に拘束されて警察署に「拘置」されたが,スキを窺って逃走し,逃亡の後,捕縛された.愛媛県裁判所は,窃盗の罪に加えて,『改定律例』中「捕亡律(ほもうりつ)」の「責付内ニ逃走スル者」に依拠して,一等を加え懲役60日とした.警察からの上告に対し,大審院はこれを容れ,次のように,「捕亡律」中の「獄囚脱監逃走条」293条の「凡脱監及ヒ越獄シテ逃走スル者」に依拠して二等を加えた:

「「キヨノ」儀巡査ニ於テ其盗タルヲ認メ収捕シテ拘留スルヲ逃走シタルモノニシテ未タ監獄ニ囚禁セストイヘトモ既ニ屯所ニ拘置シ巡査ノ監護スルモノナレハ凡人ニ責付中逃走スルモノト比較スヘカラス尚脱監越獄シテ逃走スル者ニ同シトス然ルヲ愛媛縣裁判所ニ於テ捕亡律責付内ニ逃走スル者ニ擬シ処断シタルハ適当ノ裁判ニアラス」

【コメント】愛媛県裁判所は,〈キヨノは警察に「留置」中に逃亡したのであるから,まだ監獄に囚禁されておらず,したがって293条「脱監」としては罰せない:しかし,297条「責付内ニ逃走スル者」に似ているので,その規定を類推適用できる〉と判断した.「脱監」とは,未決勾留中に逃亡することである.脱監は罪が重く,二等を加えられる.これに対して「責付(せきふ)」とは,勾留中の被疑者・被告人(女性)を民間人(夫・親族・隣保の人)に預ける,『新律綱領』中「断獄律」の「婦人犯罪」等に見られる制度である.「責付内ニ逃走スル者」と

は，責付中に逃亡する者のことであり，これには一等が加えられる．

これに対して大審院は，「未ダ監獄ニ囚禁セストイヘトモ既ニ屯所ニ拘置シ巡査ノ監護スルモノナレハ」，すなわち厳密な意味では囚禁中でないのだが，警察署において巡査の監視下にあるのにそこから逃れる行為は——民間人の監視下にある責付とは異なるのだから責付中の逃亡ではなく——脱監として扱うべきだとした．これは，「脱監」の拡張解釈であるが，拡張が過度である．（今日からすれば，原審・大審院の解釈はともに問題がある．）

(iv) 「送籍ヲ遅延セシ件」判決

1876 (M9) 年 8 月 28 日判決：被告人は，次男卯平を養子にやる縁談を結び，卯平を戸籍上で移動させるべく戸長役場から卯平の送籍状を請い受けたが，事情があってその縁談は解消になった．送籍状は直ちに元の役場に還付すべきところ，被告人は数ヶ月放置した．原審で被告人は，『改定律例』中「雑犯律」の「違令条例」288 条に関わる罪に当たるとして，懲役 10 日と罰金 75 銭を宣告された．警部側から，本人が自首したので刑は全免すべきとして上告があった．これに対して大審院は，法律の欠缺を理由に，無罪判決を下した：

「送籍ヲ為スノ順序タル縁組転籍等総テ本人若クハ戸主ノ情願ニ任セ甲区ノ役場ヨリ其ノ送籍状ヲ願人ニ渡シ願人之ヲ乙区ノ役場ニ収メシ上初メテ送籍ノ整頓シタルモノナリ然ルニ大塚卯平ノ送籍ニ於ルモ縁約中途ニシテ破談シタルヲ以テ未ダ乙区ニ差出ササレハ<u>卯平ノ身分ハ無論甲区ノ在籍ニシテ之ヲ落籍ト看做可キモノニアラス然レトモ五郎一ニ於テハ送籍状ヲ戸長役場ニ請受ケタル後淹留数月ヲ彌リタル怠リアリト雖モ素ヨリ送籍日数ニ定規ナキ上ハ式ニ違フ者ヲ以テ論ス可キニ非ス</u>依テ該件ノ如キハ送籍ノ効ナキモノナレハ五郎一ニ於テ罪ヲ問フヘキノ理由ナシトス」

【コメント】本件において大審院は，形式的な法解釈に訴えて人間的に処理した．すなわち，ここで大審院は——その論理は判然とはしないが——次のように解釈した：養子の約束が破談になったので，卯平の送籍は不可能となった；したがって送籍遅れの罪は，元々ない；他方，送籍状の還付が遅れたのは事実だが，還付について〈送籍が不可能となった日から何日以内におこなえ〉との規定はない；したがって，遅延に対し刑罰を科すことはできない，と．大審院

はここでは,「文字通りの適用」を貫いたのである.

「文字通りの適用」ないし罪刑法定主義には,(古代次来の)官憲国家的なものと近代的なものとがある.前者は,君主の意思を絶対としたので官僚がその文言に忠実になることから来る.後者は,国民の権利保護のために法を厳密に運用することから来る.大審院はここでは後者を採っている,と言える.

(v) 「喚出遅参ノ件」判決

1876 (M9) 年9月22日判決:弁蔵は,民事裁判の被告として裁判所から呼び出しを受け,自分の判断で午後1時に出頭した.ところが,裁判はすでに終わっていた.このため弁蔵は,東京府甲第10号布達の定める「出頭スヘキ時限ヲ無届ケニテ遅参スル」罪を犯したとされ,即座に逮捕・起訴され,原審で10日の懲役と75銭の罰金を科された.弁蔵の上告を受けた大審院は,上記布達には裁判所への出頭刻限に関する定めは見当たらないとして,無罪の判決を下した:

「村上弁蔵カ東京裁判所第四支庁訟庭ヘ出頭遅参シタルヲ該支庁ニ於テ明治九年四月二十日東京府甲第拾號布達ノ旨ニ犯觸シ遅参ニ該ルモノナリト裁判シタル廉ヲ推究スルニ右東京府布達ノ文意ハ明治九年四月二十四日ヨリ東京裁判所各支庁ノ官員午前第八時出頭午後第二時退出トアルニ付訴訟其他諸願等総テ午前第九時限可差出トアルノミニシテ訴訟審理ニ係リ呼出ヲ受ル者該時限ニ出頭スヘキトノ旨ヲ明載シタル布達ニ非ルニ付該布達ヲ以テ訴訟ノ審理ヲ受クヘキ出頭刻限ヲ示サレタル布達ト看做スヲ得ヘカラストス明治七年十二月二十日司法省甲第二十一號布達裁判所取締規則第九條改正ノ文ニ刻限呼出ヲ受タル者若シ無届ニテ遅参致ス者ハ断獄課ニ廻シ違式ノ軽重ニ問ヒ相當ノ罰金ヲ科ス可キトアルハ即チ遅参ヲ爲シタル者ヲ罰スルノ原規則ナリトス今弁蔵ノ口供ヲ閲スルニ來ル五月十五日出頭スヘキ旨請書差出シタリトアリ又裁判中申渡シニモ出頭申付シ期日遅参ストノミアリテ出頭刻限ノコトヲ言ハサルニ依レハ弁蔵ニ於テ該日何時ニ出頭ス可シト裁判官ノ申付ヲ受ケタルコト無キノ証ナリトス左スレハ弁蔵ノ出頭遅参シタル廉ハ右裁判取締規則ニ犯觸シタル者ニ非サルニ依リ違式ノ軽重ニ問フヲ得サル者ナルヲ該支庁ニ於テ無届遅参ノ科ニ処シ違式軽ニ問ヒ懲役十日ノ贖罪金七拾五銭申付クルハ法律ニ適當セサルノ裁判ナリトス」

【コメント】ここにも,当時のきわめて牧歌的な雰囲気がよく出ている.裁判

所の方も，○○時に開廷するから△△時までに出頭せよと示さなかったし，本人も出頭時刻を自分で勝手に判断し，裁判所が通常閉まる時刻の1時間前ならよいだろうと考えたのである（この時期の大審院判決には他にも，収監された被告人本人が上告しないでその家族が上告して却下された事例とか，刑法にある「姦通」とは「密通」のことだとは知らなかったという事例（上記 (i) 判決）とかが記録されている）．大審院は，東京府甲第10号布達が定めているのは，裁判所官吏が午前8時から午後2時まで勤務することと，当事者は「訴訟其他諸願等総テ午前第九時限可差出」こととだけであって，呼び出しを受けた当事者が何時までに出頭すべきかの規定はない；したがって，弁蔵を責めることはできない，と考えた．ここにも「罪刑法定主義」尊重の萌芽が出ている．民事裁判の開廷に遅れた被告に刑罰を加えることは，江戸時代の名残（292頁）でもあるが，この時代の国家の，人民に対する変わらぬ高圧的姿勢を物語っている．

(vi) 「警察官ノ手先ト詐称セシ件」判決

1876 (M9) 年8月28日判決：綱平は，他人から借金の取り立てを依頼され，その家に赴き，「西条警察出張高橋成政ノ手先ニテ探索ニ出タル小野辰三郎」と偽って，もし支払わなければ「監倉入リ」（牢屋送り）になるぞと脅かした．しかし相手が支払わないので，あきらめて退散した．綱平は，この行為が『新律綱領』中「詐偽律」の「詐称官」條2項の「見任官ノ子孫弟姪家令等ト詐称シテ求為スル所アル者ハ杖九十犯ス所軽キ者ハ笞三十」に抵触するとして裁かれ，原審で「笞三十」の宣告を受けた．検察が罪が軽すぎるとして上告したところ，大審院は下記の理由により，綱平を無罪にした：

「綱平ノ犯罪ヲ案スルニ其求ムル所他人ノ預金ヲ取戻シ其謝金ヲ得ルニ在リテ警察出張ノ手先ト詐リタルハ右取戻談判ニ付キ一箇ノ役名ヲ假リ其事ヲ遂ケントシタル迄ニテ右手先ノ者ハ最前愛媛縣下ニ於テ人民互称シタル警察附属人ノ旧名ニシテ警察官ニテ雇入タル者等ニ非サレハ愛媛縣ニ於テ詐偽律詐称官條第二項見任官ノ子孫弟姪等ニ擬シ処断シタルハ法律ニ違ヒタルモノトス又武藤正体ノ上告ニ於テハ詐称官條第一項ニ可照依云々申立ルモ警察官ノ手先ハ前述ノ如ク縣庁或ハ警察官ニテ雇入ルルモノニアラサルニ付官等中ニ斑ス可キモノニモ非サル旨同縣警察官ヨリノ申立アリタレハ固ヨリ無官ニシテ有官ト詐称スル者ニ比擬ス可キモノニモ無之且詐偽律詐称官律第一項ニ所謂官司ノ差遣ハ元是犯人拿捕上ノ事件

ニシテ綱平ノ取戻談判ヲ爲スハ仲裁ノ取扱ヲ爲シ謝金ヲ得ルノ目的ニシテ他人ヲ捕縛スルノ目的ニ非サルニ付官司ノ差遣ニ擬セントスルモ是亦不當ノ事ナリトス左レハ上告ノ旨趣モ適当ノ見込ト爲ヲ得ス」

【コメント】大審院は，次の2点に無罪の理由を見出した．第一に，「警察官の手先」（とされた「小野辰三郎」）は，警察が正規に雇った者ではないから，「詐偽律」・「詐称官」條2項の構成要件に該当しない．「手先」とは，江戸時代の目明（＝岡っ引，御用聞）のことである．目明は同心に私的に雇われ，捜査の補助者となった．当時はまだこの名残があった．第二に，「詐偽律」・「詐称官」條2項の立法目的は，官吏と偽って他人を逮捕することを防ぐことにあり，本件のように，官吏と偽って借金返済を促すことの防止にはない，と．「小野辰三郎」とは，「最前愛媛縣下ニ於テ人民互称シタル警察附属人ノ旧名ニシテ」とあるように，愛媛県人の間で一種のマスコットとなっていた「手先」であり，被告人がその名をかたったことには無邪気さもあった．本判決にも，罪刑法定主義につながる，「文字通りの適用」による刑事法律の厳密な運用が見られる[146]．

(3) 江木衷の『法律解釈学』

江木衷（えぎ・まこと／ちゅう，1858-1925）は，初期のすぐれた法曹であり，陪審制を準備した高級官僚・弁護士として有名である．法学者としては，『現行刑法汎論』（1887年）と『現行刑法各論』（1888年）が爆発的に売れ，一躍法学界の寵児となった（出版元の有斐閣（1877年創業）は，この2著によって急成長した）．かれが27歳の1885（M18）年（東京大学法学部卒業の翌年）に出版した『法律解釈学』は，キケロ，プーフェンドルフ，ポティエ，トックヴィル，イェーリングらの学説を参照し，また英米独仏の法制度・法実務などに関わる資料を渉猟し，その法解釈の精神をマスターした上で，比較法的考察をも踏まえつつ

---

146) 当時の刑法は，明清の刑法をモデルにした『新律綱領』（1870（M3））と，その修正・補充部分の『改定律例』（1873（M6））とであった（フランス刑法をモデルにした「旧刑法」が1880（M13）年に公布されるまで併用が続いた）．『新律綱領』の「雑犯律」不応為条には「凡律令ニ正条ナシト雖モ情理ニ於テ爲スヲ得応カラサルノ事ヲ爲ス者ハ笞三十」とあり，罪刑法定主義は採用されていなかった．したがって，上記諸判決における罪刑法定主義は，ボワソナードら外国人による教育ないし外国書の影響によるものと思われる．ちなみに，旧刑法は，第2条に「法律ニ正条ナキ者ハ何等ノ所爲ト雖モ之ヲ罰スルコトヲ得ス」と罪刑法定主義を明記した．

日本法実務への適用を考えている．このような高度の法解釈方法論を，このような早い時期に，27歳の青年が（おそらく大学で外国人教師から学んだことを踏まえて）日本化したことは，特筆に値する．本書を読めば，5年後の大津事件における大審院の姿勢は，すでにかなり成熟していた法律家的思考に定礎しえた可能性がある，と言える．

本書で江木は，次のように法解釈上の諸原則を提示する：①
法律意思的解釈 語のもっとも自然な意味による正確な解釈を前提とすべし
(131頁以下)；しかし，②「法文ノ不備，曖昧ナル場合ニ当リテ其ノ真義ヲ発見スルハ法律ノ精神主旨如何ヲ考察スルヲ以テ最モ重要ナリトス」(117頁)；「法律條例ノ解釈ハ其ノ目的タル事物ヲ考察スルコトヲ要ス」(121頁)；つまり，単なる文理解釈に留まらず，法の全体を見通した目的論的解釈を追求すべきである．③「法律條例ハ適用ノ結果ヲ考察シテ解釈ヲ施スコトヲ得」(130頁)；すなわち政策的判断も，重要である．

人民に有利に かれはこの観点から，「法律ノ能ク人民ノ財産生命ヲ保護スルハ法律ノ真義ナリ」(54頁)と，法律の全体目的を確認し，したがって解釈においては，「法律ハ人民ノ自由安全ヲ得ベキ方法ニ解釈シ国家ノ権力ノ為メニハ可成不利ナルヲ宜シトス」(147頁)といった一般原則を提示する．そしてかれは，国民の自由を制限する刑事法の解釈と，国民に自由・権利を保障した法律の解釈とでは，その法の全体性格からして解釈の基本姿勢が区別されるべきだと考え，「刑事ニ関スル條例ハ可成其ノ意ヲ狭溢ニシテ無辜ヲ罪スルコトナキ様解釈ヲ下ザシ救済ヲ目的トスル條例ハ可成其ノ意ヲ拡張シテ救済ヲ広フスル様解釈ヲ下サザルベカラザルガ如シ」(50-51頁)とする．かれは，この刑事法の位置づけに立って，さらに「刑事ニ関スル條例ハ可成其ノ意義ヲ狭縮シ有罪無罪ノ区分疑ハシキモノハ推測ニ由リテ之レヲ有罪ノ意義ニ解釈スルコトナキヲ要シ」(146頁)という，刑事法の厳格運用・罪刑法定主義の姿勢を前面に押し出してもいる．

(4) 大津事件と法解釈

事の起こり 1891 (M24) 年，来遊中のロシア皇太子ニコライが大津で，琵琶湖遊覧の直後，警護担当の巡査，津田三蔵に斬りつけられ負傷するというショッキングな事件が起こった（三蔵は，〈ニコライは，日本侵略の

ための偵察に来ているのだ）という妄想にとりつかれていた）．大津事件と呼ばれるこの事件は，司法の独立との関係でよく取り上げられるが，ここではこの事件に見られる法解釈の態様を見よう．

大審院の法解釈　大国ロシアの軍事的報復を恐れた政府（当時「恐露病」に罹っていた）は，三蔵を死刑にすることが不可避だと考え，当時の刑法（旧刑法．1880年公布）116条「天皇三后皇太子ニ對シ危害ヲ加ヘ又ハ加ヘントシタル者ハ死刑ニ處ス」における「皇太子ニ對シ危害ヲ加ヘ」に該当するものとして死刑判決を求めた．

大審院の判事たちも，当初はこれに同調していた（このため，三蔵は重大国事犯として大審院によって直接裁判されることになったのである）．しかしかれらは大審院長児島惟謙（こじま・これかた／いけん）の説得を受けて，そのような解釈は無理であり，適用すべきは，刑法292条「予メ謀テ人ヲ殺シタル者ハ謀殺ノ罪ト為シ死刑ニ処ス」，および刑法112条「罪ヲ犯サントシテ已ニ其事ヲ行フト雖モ犯人意外ノ障礙若クハ舛錯ニ因リ未タ遂ケサル時ハ已ニ遂ケタル者ノ刑ニ一等又ハ二等ヲ減ス」であるという立場を固めた．

この点について，大審院の担当判事の一人木下は，次のように述べている：「最初，刑法第百十六条に「日本ノ」文字なきに依り，同条は諸外国の君主皇族に適用するも妨げなしと軽卒なる解釈を下したるも，なお昨今篤と考究するに，天皇の文字は我が国固有の名称にて，外国の君主に用ゆる名称にあらざることを覚知したるを以て，前説はこれを取消し，津田三蔵事件は普通人に対する謀殺未遂を以て処断するを相当とす」と判断した，と（尾佐竹猛『大津事件』(1924-25. 岩波文庫，1991) 202頁．以下，この本の頁番号を示す）．

児島自身もまた，次のように言っている：「皇室と云い天皇と云いもしくは三后・皇太子と云うは，我が皇室の天皇・三后・皇太子に限りたるものなること最も明白にして争うべからず．加之，当時草案起草者は特に天皇の上に日本の文字を加えたりしも，該法条は我が君臣の情義に基き社会の必要に依りて制定したること，もっとも明白の事実なるを以て，我立法者はことさらにこれを置くに及ばずとなし，ついに日本の文字を削除せしものにして，その外国の君主皇族を包容するを得ると云うはただに立法の精神に背反せるのみならず，また法文を解釈する能力なきものと云うも過言にあらざるべし．しかして他に外国の君主等に対する犯罪を特に規定せざる以上は，一般謀殺未遂を以て論ずべきはもとより当然の処分にして，少しも疑惧すべき所なきなり．」（『大津事件』189-199頁．児島惟謙の松方正義首相・山田顕義法相宛意見書）ここで児島は，[A]文

理解釈（とくに「天皇」等の語のそれ自体としての意味），および立法者意思（「日本の天皇」の「日本の」を贅語として削除した）を参照して，刑法116条には「外国の君主皇族」は含まれないとしたのである[147]．ちなみに，児島は引用文中で，「その外国の君主皇族を包容するを得ると云うはただに立法の精神に背反せるのみならず，また法文を解釈する能力なきものと云うも過言にあらざるべし」と述べている．大審院判事たちが審理中の事件について，大審院長がこういう発言をしていたのである[148]．

近代法の精神 厳密な法運用を貫こうとした児島らが根底にもっていたのは，「刑法は公法に属し決して比附援引を許さざるを以て」という原則だった（189-199頁．児島の松方首相・山田法相宛意見書）．この罪刑法定主義的原則は，前述の初期大審院諸判決にすでに見られたし，注146にあるように，「旧刑法」2条に規定されてもいた（これに対して『新律綱領』中「名例律下」の「断罪無正条」は「援引比附」を認めていた）．児島らはこの基盤上で，大審院がこの原則を政治的判断で歪めることなく粛々と法的に処理すべきだとしえたのである（もっとも単なる刑法116条違反であれば，大審院は自判すべきではなかった）．ロシアをはじめ西洋諸国が本判決に納得したのも，司法部のこの選択が国際的なレヴェルのものだったからである．

政府の法解釈 以上に対して政府（の中枢部分）は，大審院判事たちの文理解釈からする厳密な「文字通りの適用」に対して反感をもった．たとえば，松方首相は言う：「法律の解釈は然らん，しかれども国家存在して始めて法律存在し，国家存在せずんば法律も生命なし．故に国家ありての法律なり，法律は国家よりも重大なるの理由なし．国家一旦の大事に臨みては，

---

147) これに対し，〈刑法116条に「外国の君主皇族」も含まれる〉とする説の根拠は，梅謙次郎の整理によれば次のようなものであった：「外国ノ君主ハ我邦ニ於テモ君主ナリ何處ニ到ルモ其主権ヲ失ハス全ク独立不羈他国ノ法律ニ服従スルヲ要セス又充分君主タルノ待遇ヲ受クヘキナリ」（安岡昭男「大津事件に関する梅謙次郎意見書」，『法学志林』第94巻第3号．梅自身は，これを牽強付会の解釈と批判している）．外国の官吏は日本では官吏たりえない．これに対して外国の君主は，日本でも君主として待遇される．だから，官吏と同等には扱えない；君主のままである，というのである．これは，[E] 法律意思中の「事物のもつ論理」による解釈である．
148) 児島惟謙が大審院判事たちの判断に影響を与えたことの問題性は，しばしば指摘される（たとえば，田岡良一『大津事件の再評価』新版，有斐閣，1983，162頁以下）．ただし児島自身は，松方首相に対し次のように述べていた；「小官の一身を犠牲として左右しえらるるものとせば，幸いに閣下らの満足を表せしむるを得ざれども，裁判官の職務は独立にして，不羈なり．大審院長といえども，その員に加わらざれば，その事件に対して意見を述ぶる権限なし」．尾佐竹猛『大津事件』（1924-25．岩波文庫，1991）173頁．児島は問題があることを承知の上で，政府の介入から司法を護る点で超法規的な違法性阻却事由がある，と判断して行為したのであろう．

区々たる文字論に拘泥せずして，国家の生命の維持を計るべし」(157 頁)．同様に山田法相は，「もし司法官にして，事の軽重を顧みずして，一に法律の文字にのみ拘泥して，その頑見を翻さざれば，外露国に対して内閣の責任を全うする能わざるのみならず，その極ついに国家の大事を裁判官に託するを得ざるに至り，あるいは戒厳令の発布により臨機の処断を試みんとの議起るべし．しかして帰する所は，司法官の信用を内閣に失い，司法大臣たる予もまた大いに苦しまざるをえざるべし」(161 頁) と述べている．かれらは，刑法の厳格な適用よりも政治的判断を優先し，刑法 116 条には「外国の君主皇族」が含まるとする宣言的解釈でいこうとしたのである．

本事件から見えてくる興味深い点としては，①政府（の中枢部分）には近代的な「法の支配」の精神が未定着であったこと，および，②法原則を破ってでも大国に迎合しようとする日本政治家の体質がすでにこの時期から鮮明であったこと，が挙げられる[149]．

(5) 日本民法典の編纂

法典編纂のうち，ここでは民法典の制定について見ておこう．1896 年に制定された日本民法典の構成は，19 世紀ドイツで発達したパンデクテン方式（〈総則・物権・債権・親族相続〉の構成）であり，かなりの点でドイツ民法の規定が採用されてもいる．しかしこの民法典は，次のような点においてドイツ民法を離れている．①条文の数は，ドイツ民法の半分に削減されている．②ボワソ

[149) 自国の憲法ないし法原則をまげてでも大国に迎合しようとする姿勢は，第二次世界大戦後になると司法部自身のものともなる．砂川事件や板付空港事件に見られるように，最高裁は，判決の政治的影響に配慮して動くようになる．上にある「その極ついに国家の大事を裁判官に託するを得ざるに至り」(高度に政治的な事件を裁判官に委ねられるわけがない) という松方首相の発想こそ，今日における最高裁の統治行為論の根底を成す．ここには，粛々と法的に処理した大津事件での大審院の姿勢は，ない（2008 年 4 月 30 日付各紙の報道によると，〈マッカーサー駐日アメリカ大使は砂川事件第一審判決（伊達判決）に激怒し，日本政府に働きかける一方，上告について最高裁長官田中耕太郎と密談し，田中はその場で上告審の見通しを語った〉という事実が，2008 年 4 月 29 日，アメリカ公文書館所蔵文書から確認された）．

とはいえ，戦後の最高裁だけが問題であるわけではない．大審院判事をふくめ裁判官たちは，1870 年代のそのスタートの時から，国民に対しては権威主義的で，治安立法違反事件（たとえば新聞法・治安維持法違反事件など）では強面で臨んだ．かれらは，人事・監督において法務大臣に服していたし，ともに天皇の官吏として政治姿勢において政府と変わらなかった．このため，大概の場合には，政府がわざわざ介入するまでもなかった．家永三郎『司法権独立の史的考察』(日本評論社，1962)．

ナードの指導下で作られた旧民法の条文が，かなり継承されている．③上述のように，穂積・富井・梅の3人の中心人物は，イギリス法やフランス法の知識が豊富であった．それゆえかれらは，ヨーロッパ各国の民法を参考にしえた．このためかれらは，必ずしもドイツ民法のみを継受したわけではない．④かれらは解釈においても，柔軟でプラクティカルであった．⑤根本思想は，穂積は社会進化論，富井は法律実証主義，梅は自然法論，と多様で，日本民法のもつ視点を日本独自の，均衡あるものにした．

6-4-2 ドイツ法学化の時期

民法制定後，ドイツ法学の学問的手法が主流となった．すなわちドイツ的に，概念の精緻化・詳細な分類，概念・原理（近代法としての原理，論者の社会論・哲学から来る原理）の論理的連関づけが進められた．代表的法学者として，岡松参太郎，川名兼四郎 (1875-1914)，石坂音四郎 (1877-1917)，鳩山秀夫 (1884-1946) らがいる．日本法学がドイツ法学へ傾斜していった背景には，次の事情があった：(i) すでに1890年施行の大日本帝国憲法（ドイツ帝国憲法をモデルとし，ロエスラー (Karl Friedrich Hermann Roesler, 1834-94) やモッセ (Albert Mosse, 1846-1925) の諮問を得て立法された）や，1896年施行の民法，1907年の刑法（「旧刑法」はフランス刑法の影響下に作られ，1880年の治罪法（刑事訴訟法）とともに1882年に施行されたのであったが）では，ドイツ・モデルが強まっていた．(ii) 当時ドイツの法学は世界を制覇していた．多くの優秀な法学者がドイツに留学した．(iii) ドイツの学問は，他にも，医学・哲学・文学・自然科学などでも，当時の日本の学界を席巻した．

鳩山秀夫を例に取ると，かれは，一方では，日本の民法典や判決を，〈実務から独立した学問的な法学〉を追求する立場から批判した．①たとえばかれは，法人についてミッシュ (Michould) や サレイユ (Saleilles) らの「組織体説」を採り，法人の行為能力を前提とする立場から，（法人擬制説を前提にしている）日本民法44条（「法人は，理事その他の代理人がその職務を行うについて他人に加えた損害を賠償する責任を負う．」）に異議を唱え，〈理事は法人の代理人でなく機関である〉と主張する（これは，法人実在説を採っても同様となる）．②かれはまた，解除権・取消権・相殺権等の，債権と不可分の権利について，それらは「形成権」であって債権とは性質を異にするから，その時効期間は，債権に準じて定めるのではなく，民法167条1項によって原則20年

とすべきだとして，判例を批判する[150].

とはいえ，この時期には，ドイツにおいても「概念法学」批判が広がり，その基盤上に自由法論・利益法学が発達していたのであるから，純粋の古典的「概念法学」は展開しにくかったし，それをするには日本人は体質的に，実務・現実指向が強すぎた．

たとえば鳩山秀夫について見ると，かれは，上述のような法人論・形成権論の調子とは異なる学風をもまた，示している．すなわちかれは，他方では，ドイツ法学だけでなく英米法学・フランス法学等をも踏まえ，政策的配慮を重視した議論をする．その例としては，次のようなものがある．①かれは，初期の論文「法的生活の静的安全及び動的安全の調節を論ず」(1915) で，法現象の社会学的考察を踏まえて法を解釈すべきことを提言している．すなわち鳩山は法的安定性 Rechtssicherheit を，静的安定性 statische Sicherheit と動的安定性 dynamische Sicherheit とに分け，両者の衝突を各法分野において観察しつつ，妥当な実務を追求する立場から，その調整を重視する．②かれはまた，意思表示論で，「当事者ノ公平ナル保護」とともに「取引ノ安全」をも配慮し，表示主義を原則としつつ意思主義をも押し出すという立場をとった．③かれは，ある学説を批判する際に「理論ニ反シ実際上ノ理由に乏シキ」(『日本民法総論』1927；増訂改版 360頁) という表現で，理論と実益の両方を重視する姿勢を示す．④かれは『債権法における信義誠実の原則』(有斐閣，1955) で，実際上の妥当性を尊重して「信義誠実」の原則を重視した．

日本法学のこの実用志向（実用法学の強化）は，1921年以降に顕著になる．

---

150) 以上，鳩山秀夫『日本民法総論』改版（岩波書店，1930) 130頁以下，および646条以下．末弘厳太郎は，これらを批判して「かくのごときはいわゆる理論にとらわれて形式論理の末に堕した誤れる解釈であること明らかである」と言う（前掲注45『末弘著作集II』49頁).ところが，当時の法学の概念法学ぶりをこのように批判する末弘にも，概念法学ぶりが見られる．たとえば，「被害者即死シタルトキハ傷害ト同時ニ人格消滅シ損害賠償請求権発生スルニ由ナシ」という点をめぐって当時の法学界で議論が錯綜していた．末弘はこの難問に対処するため，「権利が甲人格より乙人格に移転するのではなくして，権利づけられた抽象的な人格がまず存在し，その人格を前には甲なる人間が事実上占めており，次には乙なる人間が占めるのだと考えるべきである」と考える．こうすれば，甲の肉体が即死しても，その法人格は損害賠償請求権を獲得する，そしてこの法的人格が相続によって乙の法人格となり，乙はそれによって甲の損害に対する賠償を得るのだ，と言うのである（初出：『文芸春秋』1929年9月号．『末弘著作集V・役人学三則〔第2版〕』1955, 68頁以下).19世紀ドイツのパンデクテン法学の有名な議論（プフタとイェーリングの相続財産法人論）の再生である．拙著『近代ドイツの国家と法学』（東京大学出版会, 1979, 243頁以下).拙著（前掲注8）『法思想史講義』下149頁以下．末弘は，転向後のイェーリングと同様，この法的技巧は実践的に妥当な帰結をもたらすゆえに正当と考えたのであった．

この時期には，牧野英一（1878-1970），末弘厳太郎（1888-1951）と，その弟子たちや我妻栄（1897-1973）らによって，自由法運動，法社会学，プラグマティズム法学，リアリズム法学，ゲルマン法思想，社会法思想，マルクス主義法学，さらにはナチスの法思想が継受され，パンデクテン法学的な，学問至上的な近代法学（やそれが前提にしている抽象的な近代法）は，批判にさらされる（この時期以降については多くの記述があるので，本書では扱わない）[151].

おわりに

以上，日本史の中の法解釈を総括して印象深いのは，第一には，それぞれの時期における外国文化の影響の大きさである．日本人は，一面，プラグマティックな思考傾向をもつのであるが，他面，外国の影響を受けたとき，その論理的（合理的）思考を忠実に取り入れ，時には外国人以上にそれを徹底するのでもあった．こうした2種の思考の共存が，外国から受容したものを日本化し独自に発展させる上で，重要だった．すなわち，①古代においては，唐文化の強い影響下に律令法制・法学教育・法実務が展開し，その基盤上で論理的・合理的な法解釈も見られた．②鎌倉時代以降においては，武士の文化を反映して慣習法や正義・衡平が基軸となり，法解釈そのものは後退した．しかしここでも，中国文化の影響によって，その学問の場（京都・鎌倉の五山）で，禅宗・儒学が革新され，また他の鎌倉仏教を生み出すことになった．ここでも解釈作業は，重要な位置を占めていた．③江戸時代に入ると，法実務は公示された法典にもとづくものではなくなり，また司法を担ったのは行政官でもある奉行たちであったため，法解釈とその学は発達しなかった．しかしこの時代には，新たに明朝・清朝中国の文化的影響を受けて，漢学（儒学・律学）と国学における，実証尊重の考証学や解釈学が発達した．④明治時代に西洋の影響下に法・法学が

---

[151] 本第6章の参考文献（前掲書を除く）：小林宏「古記と令釈」『國學院法学』第42巻4号，2005）；仁井田陞『中国法制史』（岩波書店，1952）；中田薫『法制史論集』全4巻（岩波書店，1926-64）；村岡典嗣『日本思想史概説』（創文社，1961）；梅谷文夫「国学における学問的自覚——契沖について」（『講座　日本思想』第2巻，東京大学出版会，1983）；星野英一「日本民法典に与えたフランス民法の影響」（『民法論集』第1巻，有斐閣，1970）；同「日本の民法解釈学」（『早稲田法学』58巻3号，1983）；北川善太郎『日本法学の歴史と理論：民法学を中心として』（日本評論社，1968）；日本評論社『日本の法学』（1950）他．本章については，浅古弘教授から貴重なご教示を多数いただいた．ここに明記して深謝の意を表したい．

革新されたが，その根底には，このような異文化摂取の伝統，解釈学の蓄積が重要な土壌となっていたと思われる．

　第二に印象に残るのは，異文化摂取時における日本人の即応の速さと深さである．古代以来の各時代に青年たちが，中国や西洋に留学し，あるいは国内で外国人教師に学び，単に知識においてのみならず，思考方法・感覚においても異文化の神髄を理解しえたことが，そのスムーズな摂取を可能にしたのである（ただし，当時の人がどこまで理解した上で摂取したか，どこまで日本臭さから自由な摂取だったかは，たとえば明治期における摂取について夏目漱石（『三四郎』冒頭部の車中談議）や永井荷風（『ふらんす物語』・『新帰朝者日記』――この2作品は，実に痛快である）等が証言しているところから推し測ると，かなり否定的にならざるをえないのであるが）．

事項索引

ア 行

相対済令　293
『悪徳の栄え』　31
ad fontes　295
アブダクション　10f.
アメリカ合衆国憲法第 9 修正　199
アメリカ合衆国憲法第 14 修正　197
遺棄毒ガス　181f.
異姓の養子　288
遺体秘匿（の殺人犯）　188ff.
一般的な法の基本原則　130
一般的法原則　20
違法性　192f., 209f., 271
入会権　172
淫行　50ff.
インターネット　185ff.
『ヴェニスの商人』　43
営造物　172, 208
エヴァンズ事件　85
équité　157
exegetic　295
LRA の基準　31, 218f., 271
欧州裁判所　22
大阪空港公害事件　100ff., 224ff.
大津事件　315ff.
御定書百箇条　291

カ 行

カーディ裁判　293
外形理論・外形標準説　62
外国人の基本的人権　52ff.
解釈（狭義の）と適用（狭義の）　3, 26, 301
解釈学（江戸期の）　294ff.
改定律例　308ff.
買戻特約付売買　58ff.
火炎瓶　54ff.
拡張解釈　9, 13, 61ff.
学問の自由　160ff.

貸金業規制法　41
ガソリンカー　110ff.
可動性及ヒ管理可能性　105ff.
可罰的違法性　→　違法性
蒲田事件　100
漢意・からごころ・から国ごころ　298ff.
漢学　294ff.
関税定率法 21 条　45ff.
祇園歌舞練場　175ff.
機会主義　300
「企業社会」化　245ff.
企業秩序　271ff.
企業の人権　→　法人の人権
期限の利益喪失約款　39ff.
擬制　127
偽装離婚・偽装分家　81f.
機能的思考　207ff.
旧刑法 2 条　314, 317
旧刑法 366 条　105ff.
旧訴訟物理論　175
行政事件訴訟法 31 条　128f.
強制連行・強制労働（中国人の）　166f., 180f.
共犯者の自白　86ff.
虚偽仮装の所有権移転登記　123ff.
金権政治　275ff.
吟味筋　291
公事宿　292
熊本藩　306
警察官ノ手先ト詐称セシ件　313f.
刑事訴訟法 255 条　182
刑事訴訟法 319 条 2 項　75
刑法 129 条　110ff.
刑法 175 条　28f.
刑法 245 条　105
原意主義　197ff.
欠缺（法律の）　9
限定解釈　47
憲法 9 条　24, 199, 236
憲法 13 条　101

324　事項索引

憲法 14 条　　52ff., 120ff., 28ff., 238ff.
憲法 19 条　　274f.
憲法 20 条　　231, 237
憲法 21 条　　30, 32ff., 44ff., 100, 218
憲法 22 条 1 項・98 条　　240ff.
憲法 23 条　　161
憲法 28 条　　213ff.
憲法 29 条 3 項　　102ff.
憲法 31 条　　50f., 83ff., 218
憲法 38 条 3 項　　72ff.
憲法 38 条 3 項　　86
憲法 39 条　　91
憲法 76 条 3 項　　164ff., 200, 262
憲法 81 条　　163ff.
権利外観法理　　147
公安条例　　98ff.
公共の福祉　　86, 211, 224
公共用財産　　172
衡平　　158, 208
拷問　　291
拘留中逃走ノ件　　310f.
国学　　294ff.
国際司法裁判所規程 38 条 1 項　　22
国籍法 3 条 1 項　　117ff.
国体明徴　　169
国鉄分割民営化　　273
国労札幌駅事件　　271ff.
御成敗式目　　290
国家公務員法 98 条　　219ff.
国家公務員法 102 条・110 条　　34f., 217ff.
国家法人説　　167f.
国家無答責　　166f., 208
コモン・ローの基本準則　　194
婚姻予約　　115f., 173ff.

サ　行

罪刑法定・課税法律主義　　9
罪刑法定主義　　6, 9, 17, 25, 97f., 110, 312ff.
債権者代位　　139ff.
最高裁事務総局　　258
最高裁の強面と温顔　　235
最高裁変化の兆し？　　262
財政民主主義　　221ff.
裁判官協議会・会同　　260

裁判事務心得　　157
札幌税関検閲違憲訴訟　　44ff.
猿払事件　　31ff., 217ff.
参議院議員選挙の無効請求事件　　238ff.
三権分立　　163ff.
三段論法　　28, 30, 38, 209ff., 224, 236, 266, 274, 277
ジープ無断使用　　61ff.
自衛官合祀訴訟　　230ff.
死刑合憲判決　　83ff.
事情判決　　130
事情変更の原則　　208
施設管理権　　271ff.
自然法　　157, 167, 196
実質的意味における民法　　170
シティズ貸金訴訟　　39ff.
志布志事件　　73
事物の本性　　158
事物のもつ論理　　6f., 60, 158ff.
司法省明法寮　　306
市民社会　　169, 171
市民法　　171f.
ジャクソニアン・デモクラシー　　203
衆議院選挙無効請求事件　　128ff.
自由主義原理　　198, 200ff., 211, 223
自由法論　　9
従軍慰安婦　　201
儒学　　294ff.
縮小解釈　　9, 13, 71ff., 286ff.
準婚理論　　115f.
準正子・非準正子　　119ff.
準用　　126
譲渡担保　　58f., 63ff.
少年法　　90ff.
条理　　38, 157ff.
昭和女子大事件　　273ff.
職務専念義務　　268ff.
「諸事項」　　13
除斥期間　　35ff., 180ff., 188ff.
自力救済　　171
人格権にもとづく差止　　100, 171, 225
信義・誠実　　37, 57f., 80, 94f.
信教の自由　　230ff.
清朝考証学　　296f.

事項索引　325

審判不開始決定　90ff.
人文主義　297
新律綱領　309ff.
森林法違憲判決　242f.
推定　127
巣鴨事件　98ff.
砂川事件　318
正義・公平　173ff.
政教分離　234, 237f.
政治資金規正法　279
青年法律家協会（青法協）　248ff.
税理士会政治献金　278
折中の理　285
宣言的解釈　9, 12f., 44ff.
戦後処理　180
全逓中郵事件　210ff., 249
全逓名古屋中郵事件　222
先入見（Vorurteil）　26
全農林事件　210, 219ff., 249f.
総合類推　137
送籍ヲ遅延セシ件　311f.
僧尼の遺物　288
僧尼の結婚　286
尊属殺人　218

　　タ　行

大学の自治　160ff.
大学寮　284
体系（的）解釈　6ff., 302
第三者（登記）　77ff.
退職願撤回　56ff.
大審院（初期の）　307ff.
大清律例　15, 18ff.
大成観光リボン闘争事件　268ff.
大東水害損害賠償請求事件　226ff.
大宝律令　283ff.
代理権消滅後の権限踰越　144ff.
田植機総代理店契約　93f.
多元的思考　207ff.
太政官布告103号　157
単純思考　207ff.
団体の人権・権利　→　法人の人権
地方税法　64ff.
『チャタレー夫人の恋人』　28

超過制限利息　148ff.
つくること・認識すること　203f.
津地鎮祭事件　236ff.
詰文言　292
定款　66f.
抵当権に基づく妨害排除請求権　140ff.
出入筋　292
適用（ガダマー的意味での）　26
適用（狭義の解釈に対する）　3, 26ff., 301
寺西和史裁判官処分事件　252
電気窃盗　105ff.
田地の質入れ　287
天皇機関説　167
ドイツ法学　319f.
同一労働同一賃金　131f.
動態的思考　207ff.
統治行為論　162f., 197, 318
道理　290
唐律　16, 18ff., 283, 306
都教組事件　210, 215ff., 249ff.
賭博自首ノ件　309f.
苫米地事件　162ff.

　　ナ　行

内縁　114ff.
内済　293
長沼ナイキ基地訴訟　249ff.
ナチス刑法2条　19
2ちゃんねる　187f.
ニフティサーブ　185f.
女人養子　289f.
根抵当　152ff.

　　ハ　行

爆発物　54ff.
反経従宜　285
判検交流　253, 260
反制定法解釈　9, 23f., 148ff., 289
ハンセン病　202
反対解釈　9, 14, 82ff.
比附　9, 13ff., 66, 114, 125, 127ff., 175, 182, 184, 188ff., 191, 195, 288
氷見事件　73, 292
百里基地訴訟　223

326　事項索引

評価法学　20
表現の自由　30ff., 45f., 99
平賀書簡・平賀メモ　249ff.
「ヒラメ」　262
比例原則　31, 218f., 241, 271
風俗を害すべき　47
福岡県青少年保護育成条例　49ff.
複合思考　207ff.
物権的請求権　142f.
不動産取得税　63ff.
踏切（事故）　67ff.
プライバシーの権利　21,
文献学　295ff.
踏んだり蹴ったり事件　79ff.
文理解釈　6ff., 301ff.
penumbra　21
ヘルメノイティク　285, 294
変更解釈　→　反制定法解釈
法意　17, 139ff., 183f., 191
法解釈（狭義の）　3
法解釈の構造図　3
法解釈論争　ii
法原則（ドヴォーキン的意味での）　193ff.
暴行　209
法人の人権　233f., 264f., 274, 277ff.
包摂　3, 10
法曹一元　260
法秩序・法生活（「法律」に対する「法」）
　　6, 42, 58, 116f., 133, 157, 169f., 175, 193, 195
法廷での自白　72ff.
法の支配　201, 318
法発見　9
法理　10, 18, 23, 195
「法律意思」解釈　6ff., 304ff.
法類推　137
捕獲　108ff.
法曹至要抄　284ff.
ポポロ座事件　160ff.
本質的類似性　13

マ　行

maxim　194
丸子警報機　130ff.
マレーシア航空事故　177f.

密通ノ件　308f.
三菱樹脂事件　263ff.
見なし弁済　41f.
明法・明法家　284
明法条々勘録　284ff.
民主主義原理　198, 200ff., 211, 223
民法典制定　318f.
民法1条2項　37f., 57f., 80, 94f.
民法90条　132
民法94条　81f., 123ff.
民法94条2項・110条　146ff.
民法109・110・112条　144ff.
民法158条　184f.
民法160条・915条1項　188ff.
民法175条　152ff.
民法177条　76ff.
民法423条　139ff.
民法491条　149ff.
民法709条　68ff.
民法711条　133ff.
民法715条　61ff.
民法717条　68ff.
民法724条　35ff., 180ff., 188f.
民法770条　79ff.
民法772条　126f.
民法778条　82
ムジナ・タヌキ事件　108ff.
明治憲法4条　167
明治憲法99条　201
目黒電報電話局事件　270
目安糺　292
目的論的解釈と目的的解釈　7, 71f.
文字通りの適用　9, 12, 27f.
もちろん解釈　9, 14, 16, 96ff.

ヤ　行

薬事法違憲判決　240ff.
八幡製鉄所政治献金事件　275ff.
有責配偶者　80
遊動円棒事故事件　208
幼児の服喪　286
養老律令　16, 283
預託金請求事件　178ff.
喚出遅参ノ件　312f.

予防接種禍事件　102ff., 182ff

ラ・ワ　行

らい予防法　202
ratio legis　6
legal principles　→　法原則
利息制限法　39ff., 148ff.
律学　293, 306
Riggs v. Palmer　194
立法者意思解釈　6ff., 303
リボン闘争　268f.
類推　9, 13., 104ff., 288

歴史的解釈　6ff., 303f.
Less Restrictive Alternatives　→　LRA（ア行）
連帯主義（フランスの）　229
労働基準法3条　131ff., 263ff.
労働基準法違反被告事件　96ff.
労働基本権　213ff.
Roe v. Wade　197
論理（的）解釈　6

わいせつ　30, 45f.
和歌解釈（宣長の）　301

人名索引

ア 行

青井秀夫　20, 72
秋山賢三　258ff.
芦部信喜　218
天野武一　255
イェーリング（R. von Jhering）　19
五十嵐清　5
石坂音四郎　319
石田和外　248, 254ff., 258
石田穰　20
市川匡麻呂　299
伊藤仁斎　295, 297
伊藤正己　269
井上梧陰（毅）　306
上田秋成　299
ウォレン（S. D. Warren）　21
内田貴　95
梅謙次郎　294, 307, 319
江木衷　314f.
大久保史郎　263
大塚喜一郎　256
岡原昌男　255
岡松参太郎　306
岡松甕谷　306
荻生徂徠　294, 297
奥田昌道　140f.

カ 行

カウフマン（A. Kaufmann）　11
荷田春満　295, 297
ガダマー（H.-G. Gadamer）　26
カナーリス（C.-W. Canalis）　20
加太邦憲　294
賀茂真淵　295, 297
川名兼四郎　319
カント（I. Kant）　10
岸盛一　256. 258
北村季吟　304f.

木下犀潭　306
木村篤太郎　255
黄宗羲　297
孔子　8
香城敏麿　35, 222
顧炎武　297
児島惟謙　316f.
小林宏　14, 285ff., 294

サ 行

西行　303ff.
佐久間長敬　291
佐藤進一　286ff.
シェークスピア（W. Shakespeare）　43
滋賀秀三　15
下田武三　255
シュライエルマッハー（F. D. E. Schleiermacher）　296
末弘厳太郎　142, 193, 320f.
杉原泰雄　168
葉適（葉水心）　297

タ 行

高辻正巳　256
高野達男　263
ダグラス（W. O. Douglas）　21
田中慶二　299, 301
田中耕太郎　318
田中二郎　31, 91, 255f.
環昌一　223, 226
団藤重光　87ff., 222, 226
津田三蔵　315ff.
鶴田晧　306
デカルト（R. Descartes）　11
寺島直　153
ドヴォーキン（R. Dworkin）　9, 194f.
徳川吉宗　291, 297
富井政章　79, 307, 319

ナ 行

永井荷風　322
中川善之助　116
中野次雄　282
中村茂夫　16, 18f., 293
中村治朗　200, 225
夏目漱石　322

ハ 行

パース（C. S. Peirce）　11
鳩山秀夫　319f.
早川武夫　257
林修三　20, 209
原島重義　253
平賀健太　249f.
広中俊雄　58, 116, 137, 170f., 196
フォイエルバッハ（A. von Feuerbach）　107
福島重雄　249ff.
藤田宙靖　123
藤林益三　255
藤原不比等　284
ブスケ（G. H. Bousquet）　306
ブランダイス（L. D. Brandeis）　21
ベック（A. Boeckh）　296
星野英一　194
穂積重遠　74
穂積陳重　294, 307, 319
堀景山　297
ボワソナード（G. E. le Boissonade de）
　　157, 306f.

マ 行

牧野英一　321
松方正義　316f.
真野毅　74
丸山眞男　290
三島毅　294
美濃部達吉　167ff.
宮本康昭　249ff.
村岡典嗣　296
孟子　8
本居宣長　221, 294ff.
元田東野（永孚）　306

ヤ 行

安井息軒　306
山鹿素行　157, 295
山田顕義　316ff.
山中康雄　169f.
山本祐司　255
横田正俊　149f., 255ff.
吉田豊　257

ラ・ワ 行

ラーン（G. Rahn）　235
ラレンツ（K. Larenz）　20
利光三津夫　285

我妻栄　321
渡辺洋三　171f.

著者略歴

1947年　兵庫県に生まれる
1970年　東京大学法学部卒業
現　在　早稲田大学法学部教授

主要著書

『近代ドイツの国家と法学』1979年，東京大学出版会
『丸山真男論ノート』1988年，みすず書房
『法の歴史と思想』（共著）1995年，放送大学教育振興会
『新現代法学入門』（共編）2002年，法律文化社
『法哲学講義』2002年，東京大学出版会
『丸山眞男の思想世界』2003年，みすず書房
『法思想史講義　上・下』2007年，東京大学出版会

法解釈講義

2009年11月20日　初　版
2010年 1 月28日　第 2 刷

〔検印廃止〕

著　者　笹倉秀夫
発行所　財団法人　東京大学出版会
代表者　長谷川寿一
113-8654 東京都文京区本郷 7-3-1 東大構内
電話 03-3811-8814　Fax 03-3812-6958
振替 00160-6-59964

印刷所　株式会社三陽社
製本所　牧製本印刷株式会社

Ⓒ 2009 Hideo Sasakura
ISBN 978-4-13-032356-7　Printed in Japan

Ⓡ〈日本複写権センター委託出版物〉
本書の全部または一部を無断で複写複製（コピー）することは、著作権法上での例外を除き、禁じられています。本書からの複写を希望される場合は、日本複写権センター(03-3401-2382)にご連絡ください。

本書はデジタル印刷機を採用しており、品質の経年変化についての充分なデータはありません。そのため高湿下で強い圧力を加えた場合など、色材の癒着・剥落・磨耗等の品質変化の可能性もあります。

法解釈講義

2017年10月20日　発行　①

著　者　笹倉秀夫
発行所　一般財団法人　東京大学出版会
　　　　代　表　者　吉見俊哉
　　　　〒153-0041
　　　　東京都目黒区駒場4-5-29
　　　　TEL03-6407-1069　FAX03-6407-1991
　　　　URL　http://www.utp.or.jp/
印刷・製本　大日本印刷株式会社
　　　　URL　http://www.dnp.co.jp/

ISBN978-4-13-009131-2
Printed in Japan
本書の無断複製複写（コピー）は、特定の場合を除き、
著作者・出版社の権利侵害になります。